江苏省社科基金项目《义务教育阶段教育惩戒权的法理基础研究》阶段性成果

高等学校教师教育专业教材

教育法律法规概论

主编 段冰 王曦 高路

南京大学出版社

图书在版编目(CIP)数据

教育法律法规概论 / 段冰，王曦，高路主编. —
南京：南京大学出版社，2022.1(2023.2 重印)
ISBN 978-7-305-25175-7

Ⅰ．①教… Ⅱ．①段… ②王… ③高… Ⅲ．①教育法
—中国—教材 Ⅳ．①D922.16

中国版本图书馆 CIP 数据核字(2021)第 236250 号

出版发行　南京大学出版社
社　　址　南京市汉口路 22 号　　　　邮　编　210093
出 版 人　金鑫荣

书　　名　**教育法律法规概论**
主　　编　段　冰　王　曦　高　路
责任编辑　钱梦菊　　　　　　　编辑热线　025-83592146

照　　排　南京南琳图文制作有限公司
印　　刷　丹阳兴华印务有限公司
开　　本　787×1092　1/16　印张 16.5　字数 380 千
版　　次　2022 年 1 月第 1 版　2023 年 2 月第 2 次印刷
ISBN 978-7-305-25175-7
定　　价　45.00 元

网址：http://www.njupco.com
官方微博：http://weibo.com/njupco
官方微信号：njupress
销售咨询热线：(025) 83594756

前　言

　　教育事业的改革与发展是与不断加强教育法制建设相联系的。随着习近平总书记全面依法治国理念的贯彻和实施,在原有基础上继续完善我国教育法律体系,增强教育从业人员的法治意识,寻求运用法治精神妥善处理教育系统的诸多矛盾是我们今后努力的方向。由此也要求我们有必要继续深入学习教育法律法规,深入探讨有关教育法制建设的诸多问题。

　　近几年来,为了提高教师的综合素质,教师资格制度进行了一系列的改革。其中最重要的是国家统一教师资格考试的实施。在国家统一教师资格考试中,"教育法规"作为《综合素质》中的重要内容,体现了依法治教对教师的要求。当代的教师必须学习和掌握《中华人民共和国教育法》《中华人民共和国义务教育法》《中华人民共和国教师法》《中华人民共和国未成年人保护法》《中华人民共和国预防未成年人犯罪法》《学生伤害事故处理办法》等法律法规的内容,并学会用这些法律法规分析和解决实际工作中出现的问题。因此在师范生的培养中,"教育法规"也成了必修课程。为了配合国家教师资格考试的要求,更为了提高师范生的法律素养,我们编写了这本教材,以配合师范院校学生的学习以及相关教师的研究。

　　《教育法律法规概论》是一本为教师教育服务的教材。该书的目的是使师范院校的学生了解学校、教师、学生权利义务的具体内容,提高学生的教育法律意识,培养学生依法审视教育活动的习惯,能自觉运用教育法学知识分析和解决教育实际问题,能对教育法律现象依法进行分析和评价,从根本上促进教育法的实施,提高教育法的实施效益。本教材以最新的法律法规为编写依据,立足于"立德树人"根本要求,体现出鲜明的思想性、时代性和新颖性。

参与本书编写的有:江苏第二师范学院教授王曦(第一章),江苏第二师范学院副教授段冰(第二、三章),江苏第二师范学院副教授段冰和学生熊烨、唐云洁、倪晓雁、赵静、曲乐(第四章),南京工业大学讲师高路(第五、六、七章)。全书由段冰统稿。

在写作中,我们参考、借鉴和引用了诸多学者的研究成果和大量的资料,在文尾的参考文献中做了标注。江苏第二师范学院资助本书的出版。对于所有的指导和帮助,我们在此表示最真挚的感谢!

由于我们的知识有限,书中难免有纰漏之处,还望各位读者批评指正。

编　者

2021 年 12 月

C目 录
CONTENTS

微信扫一扫

课件申请

教学资源

教师服务入口

法律条文

教学视频

教师资格考试真题

学生服务入口

第一章
我国教育法律法规概述

本章导学

十年树木,百年树人,国之兴衰,系于教育。当今社会,日益激烈的竞争归根到底是知识的竞争,是人才的竞争,而培养人才的关键在于教育。为了保证教育事业稳定有序地发展,德国行政管理学家施泰因首先倡导国家运用法律对教育事业进行干预,加强教育立法成为大势所趋。所谓教育立法,是指国家立法机关依照法定程序制定有关教育的法律法规。世界各国尤其是美国、日本、法国等发达国家,都特别重视教育立法工作,教育立法取得了显著的成果,促进了教育事业的快速发展。

我国自新中国成立到20世纪70年代末,由于对教育立法建设不够重视,再加上当时复杂的政治、经济环境,导致在相当长的一段时间内,教育立法工作没有取得切实性的进展。改革开放以来,国家对教育立法建设日益重视,《教育法》《中国教育改革和发展纲要》都明确规定了教育事业优先发展的战略地位,再加上学习发达国家的先进经验,总结我国教育立法工作中的经验教训,我国的教育立法工作逐渐步入正轨,取得了长足的进步,至今已经形成了一个相对比较完备的教育法体系,在我国的社会主义现代化建设中发挥了举足轻重的作用。但与国外发达国家相比,我国的教育立法还存在着相当大的差距,亟待对其深入研究,使教育立法更加全面化、规范化、科学化。

案例导航

齐玉苓、陈晓琪均系山东省滕州市八中1990届初中毕业生。陈晓琪在1990年中专预考时成绩不合格,失去了升学考试资格。齐玉苓则通过了预选考试。随后,山东省济宁市商业学校发出录取齐玉苓为该校1990级财会专业委培生的通知书。但齐玉苓的录取通知书被陈晓琪领走,并以齐玉苓的名义到济宁市商业学校报到就读。1993年毕业后,陈继续以齐玉苓的名义到中国银行滕州市支行工作。1999年,齐玉苓在得知陈晓琪冒用自己姓名上学并就业的情况后,以陈晓琪及其父亲、滕州八中等为被告,向枣庄市中级人民法院提起民事诉讼,要求被告停止侵害,并赔偿经济损失和精神损失。

最高人民法院经反复研究,于2001年公布了《关于以侵犯姓名权的手段侵犯宪法保护的公民受教育的基本权利是否应承担民事责任的批复》,明确指出:根据本案事实,陈晓琪等以侵犯姓名权的手段,侵犯了齐玉苓依据宪法规定所享有的受教育的基本权利,并造成了具体的损害后果,应承担相应的民事责任。

第一节 中国教育法制建设进程

一、我国原始社会的教育法制建设

远古时期,人们住在山洞里、大树上,每天为了温饱而奋斗,那时候没有学校可读书。直到商朝,商朝的统治者认为,应该找一个场所,请精通某些技能的人来当老师,教会了学生之后,将来可以帮助国王管理好国家。所以,他们设立了"学校",但当时的学校数量很少,只有贵族或官员的孩子可以上学。

商代的人在遇到大事的时候,会用龟甲或牛骨来占卜,问一问神灵有关这件事的发展如何。三千年后,人们发现了一片甲骨,上面刻着这样的文字:"子弟们上学回来,会不会遇上大雨呢?"

还有一片甲骨,上面刻着有关国王命令官员必须认真教学的文字。还有一块甲骨片上,刻着五行重复、相同的字。第一行是老师刻的范本,字迹工整美丽;其余则是学生的练习,字迹生硬歪斜。从以上考古发现中,我们看到,虽然商代已经有了学校,而且国王和贵族非常重视教育,但当时学校和教育的发展主要依靠国王的行政命令,没有形成真正的教育法制。

二、我国封建社会的教育法制建设

在我国两千余年的封建社会时期,封建法律的发展是相当可观的。伴随着维护封建地主阶级教育特权的封建官学制度形成的同时,法律成为帝王管理教育的重要手段,教育法律法规的建设也取得了相当的成就。从其表现形式来看,开始只是皇帝对与教育有关的具体事务发布的诏令,隋唐以后,其逐步发展为行政法典的一部分。具体来说,主要包括学校设置、教学经费、教师管理、学生学业、品行管理、科举制度等。

在中国,封建教育的主要目的是培养官吏,学校的任务则主要是"养士"。学成之后,经选士或科举,优秀者授予官职。封建统治阶级选拔统治人才,逐渐形成一套选士制度和科举制度。隋唐以前是"选士",以推举为主;隋唐以后是"科举",以考试为主。这些制度对学校教育的影响很大。取士的标准和科试的内容,在很大程度上决定着学校的培养目标和教育内容。自汉武帝确立"独尊儒术"以后,儒家思想成了占统治地位的正宗思想,儒家的经典变成了学校的教育内容。历代的选士和科举,虽在形式上或重经义,或重诗赋,或用八股取士等有所不同,但在内容上大都限定以儒家经书为标准。封建统治者通过科举控制了全国的教育,用儒家的封建伦理思想奴役人民,使教育服务于培养忠于封建主的奴才,因而也使学校逐渐成为科举的附庸。这就严重地阻碍了学校教育的发展,使教育内容日趋形式化、教条化,更加脱离实际。

三、中国近代教育法制建设

真正的中国教育立法,可以说从中国近代开始。近代的教育立法主要体现在对学制的规定上。学制是学校教育制度的简称,在现代教育制度的形成过程中,最先形成和完善起来的是学校教育系统,最初的教育制度就是学校教育制度,简称学制。

(一) 壬寅学制

1902 年,光绪二十八年,清朝政府颁布了《钦定学堂章程》,亦称"壬寅学制"。晚清重臣张百熙,值庚子国变后,临危受命出任管学大臣,倾力规复并整顿京师大学堂,卓有成效,使之成为中国近代第一所具有现代意义的大学堂。同时,他掌理全国学务兴革大计,主持制订中国近代第一个学制——壬寅学制。张百熙经过半年多的"谨上溯古制,参考列邦"的反复修订,终于在 1902 年 8 月 15 日上奏所拟章程,贯彻了"端正趋向,造就通才,明体达用"的旨意,含有大学堂以及考选入学、高等学堂、中等学堂、小学堂、蒙学堂的六个章程等,共 8 章 84 节(因为自大学堂成立之日起就含统管全国教育的任务,直到 1904 年 2 月起才另立相当于教育部的"学务"专管全国的教育工作)。由于是慈禧太后钦准颁行,所以叫作《钦定京师大学堂章程》。又因为该年为"壬寅年",所以又叫"壬寅学制"。

这个学制具体规定了各级各类学堂的性质培养目标、入学条件、入学年限、课程设置和相互关系,将教育分成三个阶段:第一阶段为初等教育,第二阶段为中等教育,第三阶段为高等教育,全学程共二十年。与高等小学堂平行的有简易实业学堂;与中学堂平行的有中等实业学堂、师范学堂;与高等学堂平行的有仕学馆、高等实业学堂、师范馆。

这个学制的特点有:第一,注重国民教育;第二,注重实业教育;第三,重男轻女的传统思想依旧存在;第四,保留着科举制度的痕迹,规定高等小学、中学、师范、高等学堂和大学堂毕业生,分别给以附生、贡生、举人、进士等称号,同时,对于科举出身的人,也可以分别送入高等小学、中学、高等学堂和仕学馆,名义上是沟通学校与科举,实则科举还影响着学校。

(二) 癸卯学制

由于主持"壬寅学制"的张百熙素以偏护新学遭谤议,再加上壬寅学制制定仓促,存在诸多不足,公布后即有人提出不同意见,其中湖广总督张之洞提出了较为系统的建议。在这种情况下,管学大臣张百熙、荣庆于 1903 年 6 月以"学堂为当今第一要务,张之洞为当今第一通晓学务之人",奏请派张之洞会同商办学务。

1904 年 1 月 13 日(光绪二十九年十一月二十六日),清政府公布了由张之洞、荣庆、张百熙主持重新拟定的一系列学制系统文件,包括《学务纲要》《各学堂管理通则》《蒙养院章程及家庭教育法章程》《初等小学堂章程》《高等小学堂章程》等,统称《奏定学堂章程》。这是中国近代史上由中央政府颁布并首次得到实施的全国性法定系统,较"壬寅学制"更为系统详备。历史上称该学制为"癸卯学制"。

学制主系列划分为三段七级,共25—26年。第一阶段为初等教育,包括蒙养院4年、初等小学堂5年和高等小学堂4年。蒙养院是幼儿教育机构,招收3—7岁幼儿,将其纳入学制系统标志我国幼儿教育已进入到国家规划发展的新阶段。初等小学堂规划为强迫教育阶段5年,属普及教育性质,宗旨是"启其人生应有之知识,立其明伦理爱国家之根基,并调护儿童身体,令其发育",课程有:修身、读经讲经、中国文字、算术、历史、地理、格致、体操等,视地方情形可增加手工、图画1科或2科。贫瘠地区可设简易科,课程酌减。高等小学堂4年,宗旨是"培养国民之善性,扩充国民之知识,强壮国民之气体",课程有:修身、读经讲经、中国文字、算术、中国历史、地理、格致、图画、体操等,视地方情形可增设手工、农业、商业等科。第二阶段为中等教育,中学堂5年。属普通教育性质,兼有升学和就业两重任务。课程有修身、读经讲经、中国文学、外国语(东语、英语或德语、法语、俄语)、历史、地理、算学、博物、物理及化学、法制及理财、图画、体操。第三阶段为高等阶段,设高等学堂,"以教大学预备为宗旨"。根据大学堂分科的需要,分为3类:第1类为升入大学经学科、政法科、文学科、商科做准备;第2类为升入大学格致、工科、农科做准备;第3类为升入大学医科做准备。大学堂亦称分科大学,"以端正趋向,造就通才为宗旨",分8科,下设若干门。经学科大学:设周易、尚书、毛诗、春秋左传、春秋三传、周礼、仪礼、礼记、论语、孟子、理学11门。政法科大学:设政治、法律两门。文学科大学:设中国史学、万国史学、中外地理学、中国文学、英国文学、法国文学、德国文学、俄国文学、日本国文学9门。医科大学:设医学、药学两门。格致科大学:设算学、星学、物理学、化学、动植物学、地质学6门。农科大学:设农学、农艺化学、林学、兽医学4门。工科大学:设土木工学、机器工学、造船学、造兵器学、电气工学、建筑学、应用化学、火药学、采矿及冶金学9门。商科大学:设银行保险学、贸易及贩运学、关税学3门。学制除政法科及医科修业4年外,余均为3年。大学堂还设有通儒院,"为研究各科学精深意蕴,以备著书制器之所",以5年为限。

"癸卯学制"的指导思想是"中学为体,西学为用",并且大部分借鉴了日本教育体制的思想。在课程设置上,特别注重读经,具有浓厚的封建性。中小学均把修身列为课程之首,并特设读经讲经课。但各类学堂的培养目标和人才规格有所分化,突破了传统教育培养官僚精英的单一目标。癸卯学制对蒙养院的规定是中国幼儿教育制度正式建立之始。小学堂、中学堂均分官立、公立、私立三种,在教学内容上也打破了儒家经典一统天下的局面。以中学堂为例,其学习科目包括:修身、读经讲经、中国文字、外国语、历史、地理、算学、博物、物理及化学、法制及理财、图画、体操等12门,每周上课36点钟,读经讲经为每周9点钟。"癸卯学制"单独建立了师范教育体系,分为初级师范学堂和优级师范学堂两级,并规定师范生不交纳学费,从而吸引了许多贫寒家庭的子弟入学。此外,还建立了实业教育系统。实业学堂分为实业教员讲习所、农业学堂、工业学堂、商业学堂、商船学堂五类。"癸卯学制"排除了对女子的教育,是一个单纯男性教育的学制,学制年限也较长。但它毕竟是中国废除科举制度后第一个正式颁布施行的新式学制,对旧中国学校教育制度在组织形式上影响是较大的。癸卯学制自1904年开始逐步实行,至1911年辛亥革命以后废止。它自公布起,一直沿用到1911年清朝覆灭为止。"癸卯学制"对旧中国的学校制度影响很大,以后的学校制度实际上是这个学制演变而来的。

(三)壬子学制、壬戌学制和戊辰学制

1911 年 10 月 10 日革命党人成功发动武昌起义,并在随后的两个多月带动中国各地的革命响应。12 月 29 日,清朝原有的 22 个行省中业已独立的 17 个省,派出代表,推选刚刚返国的孙中山先生为中华民国临时大总统。1912 年 1 月 1 日,孙中山宣誓就职,亚洲第一个民主共和国——中华民国正式成立。

1912 年 9 月初,中华民国教育部正式公布了学制系统框架,因当年为壬子年,所以又称作"壬子学制"。这一学制近似于法、德学制,普通、职业、师范三种教育各成系统,师范教育完全公立,学生公费。与清政府公布的学制相比,在课程设置上取消了忠君尊孔内容,增加了自然科学和生产技能训练,并缩短了学习年限。

壬子学制公布后至 1913 年 8 月,教育部又陆续公布了《小学校令》《中学校令》《大学校令》《实业学校令》等一系列法令规程,使壬子学制更加充实和具体,突出近代学科和资本主义文化在教育中的地位,但同时对中国传统文化也采取了批判继承的态度;关注对学生的美感和情感教育,注意课程的应用性、平民化和手脑协调发展的特色。

这一阶段学校教育中开始推行白话文和国语,中等教育开始注意科学和实用。为提高教学质量,教学方法的研究与改革首先在小学开展起来。出现了一系列新的教学组织形式和方法。值得一提的是,1913 年教育部调整全国师范教育布局,筹划直隶、东三省、湖北、四川、广东、江苏六大师范区,每区设一所高等师范学校。

1922 年 11 月 1 日中华民国进行了"新学制"的改革,以大总统令公布了《学校系统改革案》。这一学制也称为"壬戌学制"。由于该学制采用的是美国式的六三三分段法,又称"六三三学制"。新学制根据学龄儿童的身心发展规律,划分教育阶段;六三三学制中各教育阶段基本上是依据我国青少年身心发展特点来划分的,这在我国近代史上是第一次;初等阶段教育趋于合理,更加务实;注意生活教育,使教育易于普及;新学制增加了职业教育;师范教育方面种类增多,程度提高;高等教育阶段缩短年限,取消大学预科。但是新学制的缺点也很明显,那就是脱离中国实际,照搬了美国的模式。

1928 年中华民国大学院召开第一次全国教育会议,以 1922 年学制为基础并略加修改,提出《整理中华民国学校系统案》,即"戊辰学制"。分原则与组织系统两部分。第一部分提出 7 项原则:根据中国国情,适应民生需要,提高教育效率,提高学制标准,谋个性发展,使教育易于普及,留地方伸缩之可能。第二部分分为学校系统,分设中学、师范、职业三种学校。"戊辰学制"只是在 1922 年新学制基础上,根据时局需要做出局部变通而已。

四、中国现代教育法制建设

(一)新中国成立时期(1949—1956)

1949 年 10 月,随着中华人民共和国宣告成立,新中国教育立法迎来了发展的新时期,出现了可以将人民利益作为依归的新型立法。为贯彻落实党和政府关于文化教育的

方针政策,1949 年 12 月 23 日至 31 日,教育部在北京召开第一次全国教育工作会议。会议在吸取革命根据地时期法制工作经验的基础上,先后颁布一系列教育法规及法规性文件,如《私立高等学校管理暂行办法》《关于处理接收美国津贴的文化教育救济机关及宗教团体的方针的决定》《关于学制改革的决定》等。继第一次全国教育工作会议之后,教育部又相继召开了第一次全国高等教育会议、全国工农教育会议、全国中等教育会议、全国初等教育与师范教育会议、全国民族教育会议等几个方面的首次全国性会议。这些会议研究、讨论了各级各类学校教育的方针、政策和发展方向以及领导关系,分门别类地制定了一系列的暂行规程、规定、条例、方案、办法等教育法规及法规性文件,教育事业也因此迎来了第一个立法高潮。据统计,这一时期共制定了各类教育法规、规章及规范性文件 400多件。这些教育法规、规章有力地配合了建国初期的学制改革、旧学校的接管与接办、院系调整及新的教育体系的初步建立等教育工作,从而使新中国的教育事业一开始就有章可循,为新中国全面恢复教育事业提供了法律保障,使中国社会主义教育法制建设有了一个良好的开局,同时也为今后教育立法积累了经验,奠定了基础。

(二) 探索时期(1957—1965)

1956 年后,中国教育立法获得了可以稳定发展的时机。从 1961 年起,国家纠正了过去教育方针中"左"的错误,遵循"调整、巩固、充实、提高"的方针,以"八字"方针为标志,国家进入一个新的时期,即调整时期,教育法制也得到恢复。从 1961 年至 1963 年,中共中央先后批准了《教育部直属高等学校暂行工作条例(草案)》《全日制中学暂行工作条例(草案)》和《全日制小学暂行工作条例(草案)》三个工作条例,全面系统地总结了新中国成立以来我国学校教育工作正反两方面的经验,确立了社会主义教育事业的重要原则,制定了各级学校思想政治工作的规范,为各级学校工作规定了明确的工作方针。这三个条例在我国的教育工作中占有重要地位,其中的许多内容至今仍具指导意义。

(三) "文革"时期(1966—1976)

"文革"十年,整个教育体系遭到了前所未有的破坏。当时"教育革命"发生重大影响的指示主要体现在《五七指示》《十六条》《七二一指示》《全国教育工作会议纪要》等几个文件中。文件中过分强调政治和生产劳动,忽视科学文化知识学习,完全排斥德育、体育的全面发展等。党的教育立法指导思想一度偏离了正轨,指导教育工作中的各项法规、规章受到批判,整个教育工作陷入无法可依、无章可循的局面,教育法制建设的发展也就无从谈起。

(四) 改革开放以后(1978—至今)

1976 年后,特别是党的十一届三中全会的召开,随着全党工作重点转移到以经济建设为中心的社会主义现代化建设上来,教育的重要战略地位越来越为人们所认识,教育法制建设也日益得到加强。在邓小平理论的指引下,为了适应我国改革开放和社会主义现代化建设的需要,党和国家提出了一系列新的教育方针政策,我国教育事业蓬勃发展,进入深化改革和建设具有中国特色的社会主义教育体系的发展阶段,教育法规建设也迎来了快速发展的新时期。

1. 教育立法启动阶段(1978 年—1985 年)

1978 年 4 月,邓小平同志在《全国教育工作会议上的讲话》中提出:"把毛泽东同志提出的培养德、智、体全面发展、有社会主义觉悟的有文化的劳动者的方针贯彻到底,贯彻到整个社会的各个方面。"1985 年 5 月,中共中央颁布了《关于教育体制改革的决定》,要求我们不但必须放手使用和努力提高现有的人才,而且必须极大地提高全党对教育工作的认识,面向现代化、面向世界、面向未来,大规模地准备新的能够坚持社会主义方向的各级各类合格人才。这是在新的历史时期对教育方针的一次较为全面的概括,进一步确立了教育事业的服务方向。

1978 年 10 月,经过修订的《教育部直属高等学校暂行工作条例》《全日制中学暂行工作条例》《全日制小学暂行工作条例》的重新颁布,标志着我国教育法制建设第二个春天已经来临。不仅国务院、教育部着手制定了许多有关的教育法规文件,国家最高权力机关也开始了教育立法,各省、自治区、直辖市及有立法权的城市的人大及政府也制定了许多地方性教育法规和规章。1980 年 2 月 12 日,五届人大常委会十三次会议通过了新中国成立以来第一部有关教育的法律——《中华人民共和国学位条例》,并于第二年 5 月由国务院出台了《中华人民共和国学位条例暂行实施办法》,将我国教育法制建设工作推上了更高一层台阶。这一阶段,主要是根据改革开放的要求将教育恢复到"文革"前的状态,恢复高考制度、管理制度等。教育法律问题开始进入到研究者的视野,一些讨论教育法律问题的文章开始见诸报端。

2. 教育立法发展阶段(1985 年—1992 年)

1985 年中共中央召开了第一次全国教育工作会议,公布了《中共中央关于教育体制改革的决定》(以下简称《决定》)。该《决定》是与《中共中央关于经济体制改革的决定》相配套的,标志着中国教育的改革和发展要与经济的改革和发展相同步。而且,在《决定》中明确指出:"在简政放权的同时,必须加快教育立法工作。"还提出了要制定义务教育法的提案。1986 年我国颁布了《义务教育法》,进一步掀起了教育立法的热潮,被看作新时期教育立法的真正启动。该法对保护未成年人的教育权、提高民族素质起到了重要的作用。随后,1991 年通过《未成年人保护法》,对未成年人受教育的权利和义务做了特别规定。1992 年,国家教委发布了《中华人民共和国义务教育法实施细则》,对义务教育的具体实施做了全面的规范。由此,以法律作为普及义务教育的重要保障,很好地调动了各级政府和人民群众办学的积极性,增强了依法治教的观念,从而使基础教育进入了新的发展阶段。在这一阶段,还有一系列的教育行政法规和大量的教育行政规章出台,为后来教育立法的高速发展做了比较充分的准备,立法工作取得了切实性的进展。

3. 教育立法成熟阶段(1993 年—1998 年)

这一时期,随着我国法制化程度的提高,我国教育发展开始全面走上法治的轨道。1993 年 2 月,《中国教育改革和发展纲要》中强调必须"加快教育法制建设,建立和完善执法监督系统,逐步走上依法治教的轨道"。原国家教委把"加快教育法制建设"作为转变政府职能的重要方面,把教育立法工作列入了重要的议事日程,1993年提出了我国教育法律法规体系的总框架,即由教育法律、教育行政法规和教育部门规章三个层次构成,并制定了教育立法进度表,提出一年制定一部法。这一阶段,教育成为继经济之后立法工作进展最快的领域。1993年10月,第八届全国人民代表大会第四次会议通过了中国教育史上第一部有关教师的专门法律——《教师法》,它规定了教师的基本权利和义务,明确了教师队伍建设的各项制度和逐步提高教师待遇的基本原则。1995年3月,我国教育法规体系中最重要的法律《教育法》出台,它全面总结了新中国成立以来,特别是改革开放以来,我国教育改革和发展的成功经验,第一次以国家法律的形式确定了"教育是社会主义现代化的基础"的战略地位和"国家保障教育事业优先发展"的基本原则,为落实教育优先发展的战略地位、建立适应社会主义市场经济的教育体制提供了法律保障,也为制定其他教育专项法律和配套的法规规章提供了法律依据及保障。这是我国教育立法的重大成果,对我国的教育改革和发展有着非常深远的意义,标志着中国从此走向了全面依法治教的道路。此后不久,1996年5月《职业教育法》颁布。

4. 教育立法平稳阶段(1999年至今)

这一时期,教育立法的势头明显放缓,进入了平稳发展的阶段。1999年3月,国务院批准了教育部的《面向21世纪教育振兴行动计划》,其中指出了我国教育法规体系基本框架已初步形成的现状,并且在此基础上提出了新世纪教育改革和发展的宏伟蓝图。2002年底出台的《民办教育促进法》、2003年的《中外合作办学条例》和2004年的《民办教育促进法实施条例》是这一时期出台的主要的教育行政法规;此外,2004年8月28日第十届全国人民代表大会常务委员会第十一次会议《关于修改〈中华人民共和国学位条例〉的决定》、2006年6月29日第十届全国人民代表大会常务委员会第二十二次会议对《义务教育法》的修订、2015年《教育法》的修订、2020年《未成年人保护法》《预防未成年人犯罪法》的修订,是这一阶段教育立法工作中的主要大事。

5. 改革开放以来教育立法取得的突出成就及原因

总而言之,改革开放以来,我国教育立法建设取得了长足的发展,从无到有,基本形成了具有中国特色的社会主义教育法体系。其突出成就主要体现在以下几个方面:第一,大力推进教育立法工作,教育法律法规数量大幅增加,从无到有、从有到不断完善。在地方,各地一方面坚持法制统一原则,另一方面因地制宜,结合当地的实际情况,出台了若干教育行政法规、规章。教育法规数量之多、层次等级之分明是前所未有的,基本形成了比较完善的法律体系。第二,教育立法涉及面广泛,逐渐涵盖了教育改革与发展的各个方面,从学前教育、义务教育、高等教育到职业教育、民办教育以及教育管理等各个领域基本都已涉及,因此在广度上也已相当完备。第三,教育立法技术有所提高,教育立法质量也有了显著的提高。教育立法技术主要涉及构造技术、语言技术、系统化等方面,虽然还存在缺陷,但是正在逐步提高,名称规范性显著增强、法规结构逐渐完善。

第二节 我国教育法制建设的基本要求——依法治教

2014年10月，党的十八届四中全会审议通过了《中共中央关于全面推进依法治国若干重大问题的决定》（以下简称《决定》），这是当前我国各级各类学校全面实施依法治国要求，切实推进依法治教的纲领性文件。全面推进依法治国，实现法治国家、法治政府和法治社会，不仅仅是战术问题，《决定》在很多方面都显示出对国家前途命运的战略思考，显示出是把法治作为治国理政基本方式的战略定力。深入学习贯彻十八届四中全会精神，联系实际，全面推进依法治教，坚持立德树人，已成为摆在我们面前的一项迫切而艰巨的任务。依法治国与依法治教密切联系，依法治国涵盖依法治教，依法治教是依法治国的重要组成部分。建设法治社会的重要基础在教育，教育必须在法律规范的作用下才能有序进行。教育法律规范在教育实践中具有十分重要的作用，它不仅是我国教育改革发展的客观要求，也是落实教育创新和教育持续发展的重要保证。在新形势下，依法治教与依法治校的地位与作用比以往任何时候都显得更加突出和重要。

一、依法治教的基本含义

依法治教就是指依据法律来管理教育，规范教育行为，即全部的教育活动都应当符合教育法律的有关规定，所有的教育法律关系主体在从事各类教育活动时都应当遵守或不违背教育法律的规定和精神。具体来说，即在社会主义民主的基础上，使教育工作逐步走上法制化、规范化轨道。用法律来规范教育管理、协调教育关系、指导教育活动、解决教育纠纷，保护学校和师生的合法权益，促进教育事业的健康快速发展。

二、依法治教的主体

凡是和教育相关的政府机关、权力机关、司法机关、人民团体、企事业单位和公民，都可依照宪法和有关法律规定，通过各种途径和方式参与管理、监督教育事业和有关教育的工作。不能把依法治教仅仅看成是政府的事情，更不能只看成是学校的事情。依法治教的主体，就是参与教育法律关系的主体。具体有：

各级权力机关，即各级人民代表大会及其常务委员会，它们有权制定教育方面的法律法规；听取政府有关教育工作的报告；审议有关教育经费的预算和决算；对政府的教育工作提出质询；检查、监督教育法的实施情况。

各级行政机关，即各级人民政府及其职能部门，各级教育行政部门及其他有关行政部门。它们在各自的职责范围内，行使自己的管理职权，履行自己的管理责任，依法行使教育管理职能。

各级审判机关、检察机关，即各级人民法院和人民检察院。其中，人民法院依法审理有关教育的案件，人民检察院依法进行检察监督。

各级各类学校及其他有关机构，学校及其他教育机构依法进行学校管理。

企事业单位、社会团体及公民个人等，依法参与教育事业的管理和监督。

三、推进依法治教的必要性

依法治教是实施依法治国方略的重要组成部分，是提高全民族法律素质，培养现代化建设人才的基础性工程，是维护社会稳定和青少年合法权益的重要措施，是教育发展的内在要求和广大学生家长的迫切期望。

依法治教是发扬社会主义民主、加强党的领导在教育领域的直接体现和必然要求。既是贯彻依法治国方略的必然要求，也是教育领域发扬社会主义民主的体现。

依法治教是社会主义市场经济条件下，教育进一步改革与发展的客观要求。教育行政管理体制的变革、教育法律关系主体间关系变化以及民办教育的兴起等教育领域的新问题、新情况都需要依法治教。

依法治教是教育行政部门改变领导方式、依法行政、提高行政管理效率与水平的必然选择。使教育事业在微观上搞活，在宏观上健康有序发展。

依法治教是培养新世纪一代新人、实施科教兴国战略的有力保证。让广大青少年学生在日常学习、生活的潜移默化中，逐步培养法律意识，树立法制观念，养成守法习惯，提高依法保护自身合法权益、参与国家和社会事务的能力。为提高国民素质、推进民主法治进程提供强有力保证。

四、依法治教的内容

依法治教的内容，主要包括教育立法、教育执法、教育司法、教育守法、教育法律监督、教育法律救济等方面。依法行政、依法治校是依法治教的核心体现。

（一）教育立法

教育立法就是教育法的制定，是指一定的国家机关依照其法定职权制定（修改和废止）教育规范性文件的活动。根据我国宪法和有关法律的规定，全国人民代表大会及其常委会行使国家立法权，有权制定教育法律；国务院作为最高行政机关有权制定教育行政法规；国务院的各部、各委员会有权制定部门教育规章；省、自治区、直辖市的人民代表大会及其常务委员会和省、自治区人民政府所在地的市和经国务院批准的计划单列市的人民代表大会及其常委会，根据本地的具体情况和实际需要，在不同宪法、法律相抵触的前提下，有权制定地方性教育法规；省、自治区、直辖市以及省、自治区的人民政府所在地的市和经国务院批准的计划单列市人民政府有权根据法律和行政法规，制定地方政府教育规章。

（二）教育行政执法

"徒法不足以自行"。依法行政是依法治教的重要组成部分，是对教育行政部门及其他有关部门提出的基本要求。是否具有严格而公正的教育执法制度，是否具有一支秉公

廉洁的执法队伍,是决定依法治教能否全面实现的关键因素。而要做到依法行政、严格执法,必须具备以下条件:

1. 实现教育行政机关职能的转变

教育管理工作要真正由主要依靠行政手段转变为主要依靠法律手段,并综合运用多种手段,要善于运用法律引导和保障教育的改革和发展。

2. 具有健全的教育行政机关法制工作机构

明确其承担的综合执法职能,在教育行政执法中由其牵头组织办理重大和涉及综合性的行政执法案件,审核业务职能机构做出的行政处罚决定,承担对本部门提出的行政复议、行政赔偿请求的受案和处理工作。

3. 法律职责明确

在教育执法过程中,各有关部门及其工作人员必须依据现行的法律、法规,明确各自的职责、权限与程序,做到各司其职、各负其责,确保教育经费投入及其他物质保障条件,依法保障学校正常的教学秩序,依法调解和处理各类教育纠纷,积极维护学校、教师、学生等教育法律关系主体的合法权益。

4. 教育执法队伍高效

法律制定出来以后,能否得到全面贯彻执行,与执法者的业务素质、道德素质及工作态度、能力等直接相关,教育执法人员的素质是依法治教的关键。因此,必须建立完善的行政执法人员和机关工作人员的法制培训、考核和持证上岗制度,不断提高行政执法人员的政治素质和业务水平,建设一支法律素养较高、品质优良、秉公执法的教育执法队伍。

5. 具备严格的教育行政执法程序和完善的监督机制

严格执法,不仅要求有明确的法律依据,而且处理程序必须合法。因而必须具有完备的规范行政行为的实体性与程序性制度,形成完善的行政权力制约机制与监督机制。为此,必须依照法律要求,建立完备的教育行政处罚制度、行政复议制度、教育申诉制度、教育仲裁制度、教育行政诉讼制度、教育行政赔偿制度等一系列教育法律制度,以及行政许可程序、行政裁决程序、行政听证程序、采取行政强制措施程序等一整套教育行政执法程序,建立对行政权力的制约机制,确保教育执法活动的有效实施,依法保护公民在教育领域内的合法权益。

(三) 教育司法

教育司法是国家机关依照法定权限和程序运用法律处理教育违法案件和裁决教育纠纷的专门活动。这里所指的教育司法不仅包括国家司法机关处理教育案件的专门活动,还包括国家行政机关依法作出裁决的活动。我国的教育司法处于起步阶段,很多地方都在进行积极探索。依法治教要求充分发挥司法机关解决教育纠纷、制裁违法行为的作用。司法机关应认真查处教育违法案件,运用司法手段合理、公正地解决教育纠纷,制裁违法行为,并对教育行政机关的具体行政行为予以监督,做到有法必依、执法必严、违法必究。

(四) 教育守法

教育守法即教育法的遵守。遵守法律是针对一切组织和个人而言的。一切国家机关及其公职人员、社会团体、企事业组织和全体公民应自觉按照教育法律规范行为,正确行使自己的权利,严格履行自己的法定义务。促进教育守法建设的一个重要手段是教育普法。教育普法主要指教育法制的宣传与普及。自 1986 年起,我国有计划地在全民中开展了法制宣传教育工作,教育法制普及教育是全民法制宣传教育的重要组成部分,开展此项活动,对增强公民的教育法律意识,提高教育管理人员和教育工作者的法律素质,保证教育法律法规的顺利贯彻实施,具有重要意义。

(五) 教育法律监督

在加强教育立法、教育执法的同时,必须进行教育法律监督,以保证教育法律的有效实施。国家机关、社会组织和公民有权对教育法律、行政法规、规章、地方性法规的实施情况予以监督。我国目前教育法律监督的方式主要有权力机关监督、行政机关监督、司法机关监督、政党监督、社会组织监督、社会舆论监督、人民群众监督等。

(六) 教育法律救济

当教育法律关系主体的合法权益受到侵犯并致损害时,可依法通过法律救济途径使得自己的合法权益获得恢复和补救。教育法律救济的根本目的就在于补救受损者的合法权益,为其合法权益提供法律保护。我国的教育法律救济制度主要包括教育申诉制度、教育行政复议、教育行政诉讼、教育民事诉讼、教育刑事诉讼、教育行政赔偿制度等。

五、依法治教的基本原则

(一) 坚持教育的社会主义方向

《教育法》第 3 条规定:"国家坚持中国共产党的领导,坚持以马克思列宁主义、毛泽东思想、邓小平理论、'三个代表'重要思想、科学发展观、习近平新时代中国特色社会主义思想为指导,遵循宪法确定的基本原则,发展社会主义的教育事业。"坚持教育的社会主义方向,是我国教育工作必须始终不渝地贯彻实施的一项根本性原则,也是我国教育区别于西方国家及其他国家教育的根本标志。

(二) 受教育机会平等

《教育法》第 9 条规定:"中华人民共和国公民有受教育的权利和义务。""公民不分民族、种族、性别、职业、财产状况、宗教信仰等,依法享有平等的受教育机会。"这种平等还应包括过程的平等,即入学上的平等、就学过程的平等和学业成就上的平等。

(三) 教育活动符合国家和社会公共利益

《教育法》第 8 条规定:"教育活动必须符合国家和社会公共利益。"教育活动必须符合国家和社会公共利益,是现代教育的重要特征,也是国家对教育活动的基本要求。在我国,教育活动必须符合国家利益和全体人民的共同利益。

(四) 权利和义务相一致

权利和义务相一致是法制的基本精神,正如马克思所说的"没有无义务的权利,也没有无权利的义务"。教育领域中的权利和义务相一致的原则,要求教育法律关系的主体,不管是教育管理者、教育者还是受教育者,既依法享有权利,又必须依法履行义务。

(五) 教育法制统一

教育法制统一是指有关教育法律、法规由国家机关统一制定、统一实施,对全体公民和法人组织具有普遍约束力。教育法制统一的原则,体现为教育法律法规制定权只能由国家机关在各自的职责权限内行使;教育法律法规的效力按发布机关,调整对象及适用范围,形式层次有序,协调统一的整体。教育法制统一的原则,在法律效力上体现为:"下位法服从上位法""后法优于先法""特别法优于一般法"。

第三节　我国教育法制体系的基本构成

一、教育法规的体系结构

教育法规体系是指教育法作为一个专门的法律部分,按照一定的原则组成的一个相互联系、相互协调、完整统一的法律有机整体。

二、教育法规的纵向结构

教育法规体系的纵向结构,即教育法规的表现形式,是指由不同层级的教育法律文件组成的等级、效力有序的纵向体系。我国教育法律体系的纵向结构为:

(一)《宪法》中有关教育的条款

《宪法》由国家最高权力机关(全国人民代表大会)制定,具有最高的法律地位和法律效力,是国家的根本大法,是其他一切法律法规制定的依据。

(二) 教育基本法律

教育基本法律是由全国人民代表大会制定,调整教育内部、外部相互关系的基本法律准则。对整个教育全局起宏观调控作用,或称为"教育宪法""教育母法"。我国的教育基本法律为 1995 年第八届全国人民代表大会第三次会议通过的《中华人民共和国教育法》。

(三) 教育单行法律

教育单行法律一般是由全国人民代表大会常务委员会制定的,规定教育领域某一方面具体问题的规范性文件,其效力低于《宪法》和教育基本法。

(四) 教育行政法规

教育行政法规是行政法规的形式之一,是由国家最高行政机关(国务院)依据《宪法》和教育法律制定的关于教育行政管理的规范性文件。其效力低于《宪法》和教育法律,高于地方性教育法规和教育规章。教育行政法规的名称一般有三种:条例、规定、办法或细则,如《国务院征收教育费附加的暂行规定》《中华人民共和国义务教育法实施细则》《教师资格条例》等。

(五) 地方性教育法规

地方性法规是地方国家权力机关制定的规范性文件的专称。制定地方性教育法规,须报全国人大常委会备案。地方性教育法规只在该行政区域内有效,不得同宪法、法律、行政法规相抵触,其名称通常有条例、办法、规定、规则、实施细则等。

(六) 教育规章

教育规章是中央和地方有关国家行政机关依照法定权限和程序制定颁布的有关教育的规范性文件,有的称为教育行政规章,包括部门教育规章和地方政府教育规章。部门教育规章是国务院所属各部、各委员会发布的有关教育的规范性文件。这类文件主要是就国家有关教育的法律、行政法规的实施问题制定出相应的实施办法、条例、大纲、标准等,以保证相关法律、法规的实施,如《教育行政处罚暂行实施办法》。地方政府教育规章是整个教育法规体系的重要组成部分。

三、教育法规的横向结构

教育法规体系的横向结构是指依据教育法规所调整的教育社会关系的特点或教育关系构成要素的不同,划分出若干处于同一层级的部门教育法,形成法规调整的横向体系。我国教育法规体系的横向结构主要包含以下几个部类:

(一) 教育基本法

教育基本法奠定了我国教育制度的基础,是决定我国教育发展的基本法,即已颁布施行的《中华人民共和国教育法》。

(二) 基础教育法

基础教育法是学前教育、义务教育、初等教育、中等教育、特殊教育等教育领域的教育法律的总称。已颁布施行的《中华人民共和国义务教育法》即基础教育法的一个组成部分。

(三) 高等教育法

高等教育法是以高等教育为调整对象,涵盖大学专科、本科、研究生教育以及非学历高等教育的法律法规的总称,即已颁布施行的《中华人民共和国高等教育法》。

(四) 职业教育法

职业教育法是以各级各类职业技术教育和培训为调整对象的教育法律法规的总称,即已颁布施行的《中华人民共和国职业教育法》。

(五) 成人教育或社会教育法

成人教育或社会教育法以各类在职人员和职后人员的教育为调整对象,包括成人教育、继续教育、终身教育等。从内容上应是横向结构不可缺少的方面,但是否单独立法正在进行论证。

(六) 学位法

学位法主要就学位工作的领导和管理、学位的等级、学位授予的条件和程序等做出规定,即已颁布施行的《中华人民共和国学位条例》。

(七) 教师法

教师法是以各级各类学校教育教学人员的地位、权利、义务、职称、考评、进修、培养等为调整对象的教育法律法规,即已颁布施行的《中华人民共和国教师法》。

(八) 教育投入法或教育财政法

教育投入法或教育财政法是以教育经费的来源、分配、使用、核算及教育基建和教学设备等办学物质条件保障为调整对象的教育法律法规。从教育发展的实际来看,需要制定该法律。

💡 测 试 题

一、填空题

1. 中华人民共和国公民有受教育的_____。

2. _____是国家统一实施的所有适龄儿童、少年必须接受的教育,是国家必须予以保障的公益性事业。

3. 义务教育法规定,国家实行_____年义务教育制度。

4. 义务教育法规定,实施义务教育,不收_____。

5.《中华人民共和国教育法》自_____之日起开始实施。

6.《中华人民共和国义务教育法》是 1986 年 4 月 12 日中华人民共和国_____第

三十八号令公布的。

7. 新修订的《中华人民共和国义务教育法》施行时间为 _____ 。

8. 1993 年中国教育史上第一部有关教师专门法律 _____ 出台。

9. 中共中央 国务院《关于深化教育改革全面推进素质教育的决定》进一步强调指出："全面推进素质教育,根本上要靠_____靠_____来保障"。

二、单项选择题

1. 某小学给学生订购校服,校长从中拿回扣,尚未构成犯罪。依照《中华人民共和国教育法》的规定,应没收非法所得,并对校长(   )。

    A. 给予行政处分   B. 给予强制措施

    C. 给予刑事处罚   D. 给予治安处罚

2. 钱某闯入某乡中心学校寻衅滋事,破坏了一间教室的门,依据《中华人民共和国教育法》的规定,对于钱某(   )。

    A. 应由乡人民政府给予治安管理处罚   B. 应由公安机关给予治安管理处罚

    C. 应由该中心学校给予教育行政处罚   D. 应由教育行政部门给予行政拘留

3. 某农村小学使用未经审定的教科书,依据《中华人民共和国义务教育法》的规定,责令其限期改正的机关是(   )。

    A. 乡镇人民政府   B. 县级人民政府教育行政部门

    C. 市级人民政府教育行政部门   D. 省级人民政府教育行政部门

4. 某地区教育行政部门未经公开招标,直接将当地两所较为薄弱的公办学校移交给一家民办教育集团承办,并规定对该校所有学生按市场价格收费。该地区教育行政部门的做法(   )。

    A. 合法,有利于促进薄弱学校本身的内涵发展

    B. 合法,有利于实现优质教育资源的均衡共享

    C. 不合法,不得以任何名义改变或变相改变公办学校的性质

    D. 不合法,不得以任何方式或理由规避公开招标的原则要求

5. 某偏远山区,交通不便,儿童居住较为分散,为保障当地适龄儿重接受义务教育,根据《中华人民共和国义务教育法》的规定,县级人民政府可以采取的措施是(   )。

    A. 设置走读学校   B. 设置寄宿制学校

    C. 设置家庭学校   D. 设置半日制学校

三、论述题

1. 结合实际,谈谈如何实施依法治校、构建和谐校园。

2. 简述教育法体系中的横向结构和纵向结构。

第二章
教育法基本理论

本章导学

进入现代社会之后,为了保障教育秩序的稳定和教育事业的健康发展,教育法制建设问题引起各国的普遍重视。教育法律法规也成为国家法治化建设进程中的重要法律部分,并逐步趋向完善。本章以传统的法理学理论为基础,主要介绍了教育法的含义和地位、教育法的渊源、教育法的作用、教育法律法规、教育法律关系及教育政策。通过本章的学习,可以对教育法理论有一个全面的了解,理清各种概念之间的关系,为分析教育法律关系打下良好的基础。

案例导航

某班黑板旁边贴着一张班规:值日卫生不整洁者,每人每次罚款1元;上课教师提问回答不出者,每人每次罚款2元;上课迟到者,每人每次罚款3元;上课不专心听讲或交头接耳者,每人每次罚款4元;考试不及格者,每人每科罚款5元。罚款由生活委员统一收取、保管,由学习委员奖给每次考试前五名的学生。钟某是该班的学生,其父在外地工作。有一天,他的母亲突然生病,为了照顾母亲,他上学迟到了,成了第一位受罚者。第二天,他以买笔为由,向母亲要了3元钱,"主动"交给了班上的生活委员。这条班规制定实施仅1个月,就有13位同学受罚。对此,学生们众说纷纭,褒贬不一。而老师们认为对违纪者实行经济处罚,会起到激励先进、鞭策后进的作用。

请问:这样的班规合法吗? 学校是否有罚款权?

第一节　教育法的含义和地位

一、教育法的基本含义

广义的教育法是指国家机关(包括权力机关和行政机关)依照法定权限和程序制定并公布的所有有关教育的规范性文件的总称,包括法律、行政法规、部门规章、地方性法规以及各种规章和制度。狭义的教育法专指由国家权力机关制定的教育法律。我们一般从广义上使用教育法的概念。教育法在形式上是一种行为规范;在其来源上是由国家制定或认可的行为规范;在其运行上是以国家强制力保证实施的行为规则。

二、教育法在法律体系中的地位

(一) 法律部门、法律体系

一个国家的现行法律规范尽管在形式上多种多样,在具体内容上各不相同,在功能上也存在着差异,但它们并不是杂乱无章的。若干相关的法律规范构成了法律制度,若干相关的法律制度又构成了一个法律部门。法律部门,又称为部门法,是运用特殊调整方法调整一定种类社会关系的法律规范的总和。在现行法律规范中,由于调整的社会关系及其调整方法不同,可分为不同的法律部门,凡调整同一类社会关系的法律规范的总和就构成一个独立的法律部门。传统的法律部门包括:宪法、行政法、民法、刑法、诉讼法、经济法、劳动法等。法律体系是由不同法律部门的现行法律规范所组成的有机统一的整体。

(二) 教育法律在法律体系中的地位

教育法律在法律体系中的地位,是指教育法律在法律体系中所处的位置,这是教育法学研究极为关注的一个重要问题。特别是由于教育法学是一门较新的、基础较为薄弱的学科,因而研究教育法律法规在国家法律体系中的地位更具有迫切而又重要的意义。

当然,学界也有人主张教育法律应当成为一个独立的法律部门或至少是一个二级的独立法律部门。从发展的眼光看,随着教育事业的发展,教育法律关系正在不断深入和扩展,教育法律法规的调整对象的广泛性、复杂性正在显示出来,法律必然向教育各个层面、各个阶段、各个环节渗透,教育法律体系也会逐步完善,教育法律将会从行政法部门中独立出来成为一个单独的法律部门。目前,我国教育法律体系已经初具规模,把教育法律从行政法部门中独立出来,建立相对独立的教育法律部门,既具有可能性,也具有必然性。

首先,随着教育终身化发展,教育已经成为现代社会中一个最为重要的职能部门,其涉及的社会面最广,参与人数最多,由此产生的教育关系不仅是各种社会关系中最为复杂的关系之一,也是一种区别于其他社会关系的具有特殊性和相对独立性的社会关系,教育法律的完善及其所调整的教育关系的广泛性使教育法律构成相对独立的法律部门具有了可能性。

其次,教育法律自身体系建设发展迅速。20世纪80年代以来,我国加快了教育立法步伐,教育法律在数量上增长迅速,教育法律的内容不断丰富。1981年1月1日,新中国的第一部教育法律《中华人民共和国学位条例》正式实施,拉开了中国依法治教的帷幕。特别是在世纪之交,我国教育立法呈现出加速发展的趋势,《中华人民共和国义务教育法》《中华人民共和国教师法》《中华人民共和国教育法》《中华人民共和国职业教育法》《中华人民共和国高等教育法》《中华人民共和国民办教育促进法》等的相继颁布和实施,标志着具有中国特色的社会主义教育法律体系的基本框架初步形成,标志着我国开始走上依法治教的轨道。特别是具有国家基本法地位的《中华人民共和国教育法》的颁布实施和一系列单行教育法律法规的不断推出,作为法律部门应有的各层次法律规范表现形式已经基本具备。教育法律调整的教育关系范围不断扩大,不再仅仅局限于教育行政关系,已远远超出了行政法规调整的范围。教育法制建设实践发展的需要将会使教育法律建设成为一个独立法律部门。

第二节　教育法的渊源

法的渊源一词在中外法学著述中是一个有种种诠释、包括多种含义而并非特指某一确定含义的概念。它可以指法的实质渊源,即法是根源于社会物质生活条件还是神的意志、君主意志或人民意志;可以指法的形式渊源,即法的各种具体表现形式,如宪法、法律、法规;可以指法的效力渊源,即法产生于立法机关还是其他主体,产生于什么样的立法机关或其他主体;可以指法的材料渊源,即形成法的材料来源于成文法还是来源于政策、习惯、宗教、礼仪、道德、典章或理论、学说;等等。但无论中西方法学著述,对法的渊源的解说,有一点是共同的,就是认为法的渊源主要指法的效力来源,即根据法的效力来源不同对法所做的基本分类。在中国,法的渊源的含义的规范化表述,是指由不同国家机关制定、认可和变动的,具有不同法的效力或地位的各种法的形式。

同样,本书中所说的教育法的渊源是指教育法的法律效力的来源,包括教育法的创制方式和教育法律规范的外部表现形式。

教育法的渊源的研究包括两个方面的问题:一是教育法律规范的创制机关、创制权限和创制方法(如制定、认可),即哪些国家机关可以在什么领域内以何种方式创制教育法律规范;二是教育法律规范有哪些表现形式、不同形式的教育规范之间的效力等级和相互关系如何。教育法的渊源是指其"形式渊源",因为它并未涉及法的内容或力量的真正根源,仅仅是指出了法律规范的效力在形式上的来源,即国家的制定和认可,并着重说明法律规范的外部表现形式。

我国教育法的基本渊源是有权创制法律规范的国家机关制定发布的规范性法律文件。规范性法律文件,简称规范性文件,是指由国家机关制定并发布的、具有普遍约束力的法律文件。而非规范性法律文件是指国家机关在适用法的过程中发布的个别性文件,如判决、裁定、行政措施等。在我国这类文件的效力仅及于特定案件或相关的主体、客体及行为,没有普遍的约束力,不是法的渊源。这与英美法系国家法官具有法的创制权很不相同。我国教育法的主要渊源是宪法、教育法律、教育行政法律、地方性教育法规、地方性教育规章等。

一、宪法中有关教育的条款

宪法在我国法的渊源体系中占据首要地位,具有最高的法律效力,是我国全部立法工作的基础和根据。一切规范性文件皆不能与宪法相抵触。只有全国人民代表大会有宪法的制定和修改权。宪法作为教育法的渊源,规定了我国教育的社会性质、目的任务、结构系统、办学体制、管理体制,规定了公民有受教育的权利和义务,规定了对少数民族、妇女和有残疾的公民在教育方面予以帮助,规定了对未成年人的保护,规定了学校的教学用语,规定了宗教与教育的关系,这些都是各种形式和层级的教育立法的主要依据和最高依据。任何形式的教育法都不得与宪法相抵触,否则便是违宪。

二、教育法律

教育法律是国家最高权力机关——全国人大及其常委会制定的教育规范性文件,其效力仅次于宪法。教育法律又分为两种形式:基本法律和基本法律以外的法律。

基本法律一般由全国人民代表大会制定,它比较全面地规定和调整某一方面带根本性、普遍性的社会关系。1995 年 3 月 18 日通过、1995 年 9 月 1 日起开展施行的《中华人民共和国教育法》即教育基本法律。

基本法律以外的法律一般由全国人大常委会制定(但《中华人民共和国义务教育法》是个例外),它是调整某类教育或教育的某一具体部分关系的法律,我国现在已通过的这类法律有《中华人民共和国学位条例》(1980 年 2 月 12 日通过,1981 年 1 月 1 日起施行)、《中华人民共和国义务教育法》(1986 年 4 月 12 日通过,1986 年 7 月 1 日起施行)、《中华人民共和国教师法》(1993 年 10 月 31 日通过,1994 年 1 月 1 日起施行)、《中华人民共和国职业教育法》(1996 年 5 月 15 日通过,1996 年 9 月 1 日起施行)。

此外,全国人大或其常委会发布的关于教育的具有规范性内容的决议和决定,也属于教育法律的范畴,与教育法律有同等效力,如 1985 年 1 月 21 日第六届全国人民代表大会常委会第九次会议通过的《关于教师节的决定》就属于此类。

三、教育行政法规

教育行政法规由国家最高行政机关即国务院制定的关于教育的规范性文件,其效力仅次于宪法和教育法律。教育行政法规一般有两种发布方式:一是由国务院直接发布,如

《残疾人教育条例》(1994年8月24日发布)、《教师资格条例》(1995年12月12日发布)；二是由国务院批准、教育部发布，如《中华人民共和国义务教育法实施细则》《学校体育工作条例》《学校卫生工作条例》《幼儿园管理条例》。教育行政法规不论采取哪种发布形式，其效力都是一样的。

四、部委教育规章

部委教育规章是指国务院各部委(主要是教育部)根据法律和行政法规在本部门权限内所制定的关于教育的规范性文件。相对于教育法律和教育行政法规而言，部委教育规章的数量是很大的，三者在数量上呈金字塔状。

五、地方性教育法规

地方性教育法规是由地方人大或其常委会制定的关于教育的规范文件。依宪法和《中华人民共和国地方各级人民代表大会和地方各级人民政府组织法》的规定，地方各级人民代表大会在本行政区域内，有权依照法律规定的权限通过和发布决议。省、自治区、直辖市的人大及其常委会，在不同宪法、法律、行政法规相抵触的前提下，可以制定地方性法规，报全国人大常委会备案。省、自治区人民政府所在地的市和经国务院批准的市的人大常委会，可以拟定本市需要的地方性法规草案，提请省、自治区人大常委会审议制定，并报全国人大常委会和国务院备案。由此可见，并不是所有的地方人大及其常委会皆有权制定地方性教育法规。

六、地方性教育规章

也称政府教育规章，由地方政府制定。有关法律规定，省、自治区、直辖市以及省、自治区人民政府所在地的市和经国务院批准的较大市的人民政府，可以根据法律和行政法规，制定规章。地方性教育规章的效力低于同级的地方性教育法规的效力。

以上所列是教育立法的几种主要表现形式，从此可以看出，我们所讲的教育法是广义的，它不是仅指1995年通过的《中华人民共和国教育法》，而是指一个庞大的、包括不同层级在内的法律体系。这个体系中，既有中央所立的法，亦有地方所立的法；既有立法机构(人大及其常委会)所立的法，也有行政机构(国务院、部委、地方政府)所立的法。

一般而言，在效力上，中央立法高于地方立法，人大(及其常委会)立法高于同级政府立法。

第三节 教育政策

一、教育政策概述

教育政策是一个政党和国家为实现一定历史时期内的教育发展目标和任务,依据党和国家在一定历史时期内的基本任务、基本方针而制定的关于教育的行动准则。

教育法与教育政策既有联系,也有区别。

(一)教育法与教育政策的联系

(1)一致的目的。两者都是上层建筑的组成部分,其目的都是为了调整和规范教育活动和教育关系,规范和调整教育主体的权利和义务,为教育事业保驾护航,以使教育有效地发展,培养德智体全面发展的社会主义事业的建设者和接班人,使教育更好地为社会主义现代化建设服务。

(2)共同的意志。教育政策和教育法律所体现的意志是相同的,都是国家和人民的意志。教育政策和教育法规并不是针对某些个人而制定的,而是针对公共教育问题而制定的。只有当社会上大多数人或相当一部分人遇到了共同的教育问题,且这些问题迫切需要解决时,政府才会制定相应的教育政策和教育法规。我国作为工人阶级领导的社会主义国家,教育政策和教育法规都是广大人民群众共同意志的体现。

(3)相互依存。两者相互支持和补充,教育政策和教育法规在本质上是一致的,教育政策是制定教育法规的依据,教育法规是教育政策得到实施的保证,成熟的教育政策可以转化为教育法规。

(二)教育法与教育政策的区别

(1)制定机关和约束力不同。国家的教育法规是由国家机关制定的,而教育政策既可以由国家机关制定,也可以由政党制定。

政党在教育政策制定过程中起着重要作用,尤其是处在执政地位的政党。在我国,从国务院到地方各级人民政府,从教育部到地方各级教育行政部门,都直接参与了教育政策的制定。如《中共中央关于教育体制改革的决定》是中共中央制定的,《中国教育改革和发展纲要》是由中共中央和国务院共同制定和发布的,这些政策文献成为指导我国教育事业发展的纲领性文件。所以,教育法规的执行机关只能是国家机关,而教育政策除了国家机关,还有其他有关组织。

教育法规的作用主要表现为国家强制性,对全社会成员都有约束力,必须向全社会公布;而教育政策不具有国家强制性,只对某部分人有约束力,主要是指导性作用,只在一定范围内公布。教育法规是调整教育关系的法律规范的总和,包括国家机关制订与认可的一切有关教育方面的规范性文件,体现了法的本质属性,具有一般法的特征,如程序性、规范性、确定性、普遍约束性和强制性。

(2) 表现形式不同。教育政策通常是以决议、决定、纲要、通知、意见、指示等文件形式出现的,而法律则是以法律条款规范性文件的形式再现的。

(3) 规范和稳定的程度不同。法律表述严谨,逻辑性强,比较正规具体,但比较单调枯燥。政策形式多样,表述丰富生动。

教育法规的稳定程度更高,而教育政策的灵活性更高。教育政策是制定教育法律的依据,很多教育法律条款都是从较为稳定的、对全局有重大影响的,以及在实践中获得了巨大成功的那些教育政策的基础上发展起来的,成为教育政策的具体化和条文化。教育法规一旦确定下来又会对教育政策产生影响和制约,任何新的教育政策出台都不能与教育法律法规相抵触。如果两者发生矛盾,应以法律为准绳,依法办事。

(4) 实施方式不同。教育法规以国家强制力作为其实施的保证。除了具有一般法律的特征外,教育法规尚具有行政主导性、教育性和广泛性等特点。而教育政策的实施主要通过人们的表率作用、组织约束、舆论引导等途径来实现,一般不具有直接的强制性。但教育政策也不是一纸空文,它通过一定的宣传途径和行政措施,同样能发挥巨大的作用。在实施过程中和对违反者的惩戒过程中,它主要依靠宣传教育的手段,而不依赖于国家的强制力。因此,教育法规的实施方式是以国家强制力为后盾,要求社会成员必须遵照执行,违反了会受到惩罚和制裁;而教育政策主要靠组织与宣传教育,启发人们自觉遵循。

(5) 要解决的问题不同。教育法规与教育政策都是要解决比较重大的社会问题,但是它们也存在区别。对于那些急于解决的、暂时的、尚未定型的教育问题,采用制定政策的方式去协调和解决为好。比如我国现行的教育人事制度还不能适应市场经济发展的需要,但有没有形成一套行之有效的模式来解决,这只能有赖于制定一些暂时性的政策来规范我国教育人事制度的改革,等到累积了相当成功的经验并找到一套有效的方法后,就可以通过立法的形式来确定我国的教育人事制度。所以对于那些需要严格界定的、严肃对待的、比较稳定的教育关系,需要用教育法律来做出具体的、明确的、稳定的、可操作的规范和调整。如对高等教育中学位问题要有严格的法律规范,这样才能保证学位授予的严肃性和质量。

二、《中国教育现代化 2035》

改革开放以来,党中央、国务院先后颁布《中国教育改革和发展纲要》《国家中长期教育改革和发展规划纲要(2010—2020 年)》等纲领性文件,在不同历史时期有力指导推动了教育改革发展。2035 年是我国基本实现社会主义现代化的重要时间节点,面向 2035 目标描绘好教育发展的远景蓝图,为新时代开启教育现代化建设新征程指明方向,培养造就新一代社会主义建设者和接班人,具有重要的现实意义和深远的历史意义。

《中国教育现代化 2035》是我国第一个以教育现代化为主题的中长期战略规划,是新时代推进教育现代化、建设教育强国的纲领性文件,定位于全局性、战略性、指导性,与以往的教育中长期规划相比,时间跨度更长,重在目标导向,对标新时代中国特色社会主义建设总体战略安排,从两个一百年奋斗目标和国家现代化全局出发,在总结改革开放以来特别是党的十八大以来教育改革发展成就和经验基础上,面向未来描绘教育发展图景,系统勾画了我国教育现代化的战略愿景,明确教育现代化的战略目标、战略任务和实施路径。

《中国教育现代化2035》分为五个部分:一是战略背景;二是总体思路;三是战略任务;四是实施路径;五是保障措施。

《中国教育现代化2035》提出推进教育现代化的指导思想:以习近平新时代中国特色社会主义思想为指导,全面贯彻党的十九大和十九届二中、三中全会精神,坚定实施科教兴国战略、人才强国战略,紧紧围绕统筹推进"五位一体"总体布局和协调推进"四个全面"战略布局,坚定"四个自信",在党的坚强领导下,全面贯彻党的教育方针,坚持马克思主义指导地位,坚持中国特色社会主义教育发展道路,坚持社会主义办学方向,立足基本国情,遵循教育规律,坚持改革创新,以凝聚人心、完善人格、开发人力、培育人才、造福人民为工作目标,培养德智体美劳全面发展的社会主义建设者和接班人,加快推进教育现代化、建设教育强国、办好人民满意的教育。将服务中华民族伟大复兴作为教育的重要使命,坚持教育为人民服务、为中国共产党治国理政服务、为巩固和发展中国特色社会主义制度服务、为改革开放和社会主义现代化建设服务,优先发展教育,大力推进教育理念、体系、制度、内容、方法、治理现代化,着力提高教育质量,促进教育公平,优化教育结构,为决胜全面建成小康社会、实现新时代中国特色社会主义发展的奋斗目标提供有力支撑。

《中国教育现代化2035》提出了推进教育现代化的八大基本理念:更加注重以德为先,更加注重全面发展,更加注重面向人人,更加注重终身学习,更加注重因材施教,更加注重知行合一,更加注重融合发展,更加注重共建共享。明确了推进教育现代化的基本原则:坚持党的领导、坚持中国特色、坚持优先发展、坚持服务人民、坚持改革创新、坚持依法治教、坚持统筹推进。

《中国教育现代化2035》提出,推进教育现代化的总体目标:到2020年,全面实现"十三五"发展目标,教育总体实力和国际影响力显著增强,劳动年龄人口平均受教育年限明显增加,教育现代化取得重要进展,为全面建成小康社会做出重要贡献。在此基础上,再经过15年努力,到2035年,总体实现教育现代化,迈入教育强国行列,推动我国成为学习大国、人力资源强国和人才强国,为到本世纪中叶建成富强民主文明和谐美丽的社会主义现代化强国奠定坚实基础。2035年主要发展目标:建成服务全民终身学习的现代教育体系、普及有质量的学前教育、实现优质均衡的义务教育、全面普及高中阶段教育、职业教育服务能力显著提升、高等教育竞争力明显提升、残疾儿童少年享有适合的教育、形成全社会共同参与的教育治理新格局。

《中国教育现代化2035》聚焦教育发展的突出问题和薄弱环节,立足当前,着眼长远,重点部署了面向教育现代化的十大战略任务:

一是学习习近平新时代中国特色社会主义思想。把学习贯彻习近平新时代中国特色社会主义思想作为首要任务,贯穿到教育改革发展全过程,落实到教育现代化各领域各环节。以习近平新时代中国特色社会主义思想武装教育战线,推动习近平新时代中国特色社会主义思想进教材进课堂进头脑,将习近平新时代中国特色社会主义思想融入中小学教育,加强高等学校思想政治教育。加强习近平新时代中国特色社会主义思想系统化、学理化、学科化研究阐释,健全习近平新时代中国特色社会主义思想研究成果传播机制。

二是发展中国特色世界先进水平的优质教育。全面落实立德树人根本任务,广泛开展理想信念教育,厚植爱国主义情怀,加强品德修养,增长知识见识,培养奋斗精神,不断提高学生思想水平、政治觉悟、道德品质、文化素养。增强综合素质,树立健康第一的教育理念,全面强化学校体育工作,全面加强和改进学校美育,弘扬劳动精神,强化实践动手能力、合作能力、创新能力的培养。完善教育质量标准体系,制定覆盖全学段、体现世界先进水平、符合不同层次类型教育特点的教育质量标准,明确学生发展核心素养要求。完善学前教育保教质量标准。建立健全中小学各学科学业质量标准和体质健康标准。健全职业教育人才培养质量标准,制定紧跟时代发展的多样化高等教育人才培养质量标准。建立以师资配备、生均拨款、教学设施设备等资源要素为核心的标准体系和办学条件标准动态调整机制。加强课程教材体系建设,科学规划大中小学课程,分类制定课程标准,充分利用现代信息技术,丰富并创新课程形式。健全国家教材制度,统筹为主、统分结合、分类指导,增强教材的思想性、科学性、民族性、时代性、系统性,完善教材编写、修订、审查、选用、退出机制。创新人才培养方式,推行启发式、探究式、参与式、合作式等教学方式以及走班制、选课制等教学组织模式,培养学生创新精神与实践能力。大力推进校园文化建设。重视家庭教育和社会教育。构建教育质量评估监测机制,建立更加科学公正的考试评价制度,建立全过程、全方位人才培养质量反馈监控体系。

三是推动各级教育高水平高质量普及。以农村为重点提升学前教育普及水平,建立更为完善的学前教育管理体制、办园体制和投入体制,大力发展公办园,加快发展普惠性民办幼儿园。提升义务教育巩固水平,健全控辍保学工作责任体系。提升高中阶段教育普及水平,推进中等职业教育和普通高中教育协调发展,鼓励普通高中多样化有特色发展。振兴中西部地区高等教育。提升民族教育发展水平。

四是实现基本公共教育服务均等化。提升义务教育均等化水平,建立学校标准化建设长效机制,推进城乡义务教育均衡发展。在实现县域内义务教育基本均衡基础上,进一步推进优质均衡。推进随迁子女入学待遇同城化,有序扩大城镇学位供给。完善流动人口子女异地升学考试制度。实现困难群体帮扶精准化,健全家庭经济困难学生资助体系,推进教育精准脱贫。办好特殊教育,推进适龄残疾儿童少年教育全覆盖,全面推进融合教育,促进医教结合。

五是构建服务全民的终身学习体系。构建更加开放畅通的人才成长通道,完善招生入学、弹性学习及继续教育制度,畅通转换渠道。建立全民终身学习的制度环境,建立国家资历框架,建立跨部门跨行业的工作机制和专业化支持体系。建立健全国家学分银行制度和学习成果认证制度。强化职业学校和高等学校的继续教育与社会培训服务功能,开展多类型多形式的职工继续教育。扩大社区教育资源供给,加快发展城乡社区老年教育,推动各类学习型组织建设。

六是提升一流人才培养与创新能力。分类建设一批世界一流高等学校,建立完善的高等学校分类发展政策体系,引导高等学校科学定位、特色发展。持续推动地方本科高等学校转型发展。加快发展现代职业教育,不断优化职业教育结构与布局。推动职业教育与产业发展有机衔接、深度融合,集中力量建成一批中国特色高水平职业院校和专业。优化人才培养结构,综合运用招生计划、就业反馈、拨款、标准、评估等方式,引导高等学校和职业学校及时调整学科专业结构。加强创新人才特别是拔尖创新人才的培养,加大应用型、复合型、技术技能型人才培养比重。加强高等学校创新体系建设,建设一批国际一流的国家科技创新基地,加强应用基础研究,全面提升高等学校原始创新能力。探索构建产学研用深度融合的全链条、网络化、开放式协同创新联盟。提高高等学校哲学社会科学研究水平,加强中国特色新型智库建设。健全有利于激发创新活力和促进科技成果转化的科研体制。

七是建设高素质专业化创新型教师队伍。大力加强师德师风建设,将师德师风作为评价教师素质的第一标准,推动师德建设长效化、制度化。加大教职工统筹配置和跨区域调整力度,切实解决教师结构性、阶段性、区域性短缺问题。完善教师资格体系和准入制度。健全教师职称、岗位和考核评价制度。培养高素质教师队伍,健全以师范院校为主体、高水平非师范院校参与、优质中小学(幼儿园)为实践基地的开放、协同、联动的中国特色教师教育体系。强化职前教师培养和职后教师发展的有机衔接。夯实教师专业发展体系,推动教师终身学习和专业自主发展。提高教师社会地位,完善教师待遇保障制度,健全中小学教师工资长效联动机制,全面落实集中连片特困地区生活补助政策。加大教师表彰力度,努力提高教师政治地位、社会地位、职业地位。

八是加快信息化时代教育变革。建设智能化校园,统筹建设一体化智能化教学、管理与服务平台。利用现代技术加快推动人才培养模式改革,实现规模化教育与个性化培养的有机结合。创新教育服务业态,建立数字教育资源共建共享机制,完善利益分配机制、知识产权保护制度和新型教育服务监管制度。推进教育治理方式变革,加快形成现代化的教育管理与监测体系,推进管理精准化和决策科学化。

九是开创教育对外开放新格局。全面提升国际交流合作水平,推动我国同其他国家学历学位互认、标准互通、经验互鉴。扎实推进"一带一路"教育行动。加强与联合国教科文组织等国际组织和多边组织的合作。提升中外合作办学质量。优化出国留学服务。实施留学中国计划,建立并完善来华留学教育质量保障机制,全面提升来华留学质量。推进中外高级别人文交流机制建设,拓展人文交流领域,促进中外民心相通和文明交流互鉴。促进孔子学院和孔子课堂特色发展。加快建设中国特色海外国际学校。鼓励有条件的职业院校在海外建设"鲁班工坊"。积极参与全球教育治理,深度参与国际教育规则、标准、评价体系的研究制定。推进与国际组织及专业机构的教育交流合作。健全对外教育援助机制。

十是推进教育治理体系和治理能力现代化。提高教育法治化水平,构建完备的教育法律法规体系,健全学校办学法律支持体系。健全教育法律实施和监管机制。提升政府管理服务水平,提升政府综合运用法律、标准、信息服务等现代治理手段的能力和水平。健全教育督导体制机制,提高教育督导的权威性和实效性。提高学校自主管理能力,完善学校治理结构,继续加强高等学校章程建设。鼓励民办学校按照非营利性和营利性两种组织属性开展现代学校制度改革创新。推动社会参与教育治理常态化,建立健全社会参与学校管理和教育评价监管机制。

《中国教育现代化2035》明确了实现教育现代化的实施路径:一是总体规划,分区推进。在国家教育现代化总体规划框架下,推动各地从实际出发,制定本地区教育现代化规划,形成一地一案、分区推进教育现代化的生动局面。二是细化目标,分步推进。科学设计和进一步细化不同发展阶段、不同规划周期内的教育现代化发展目标和重点任务,有计划有步骤地推进教育现代化。三是精准施策,统筹推进。完善区域教育发展协作机制和教育对口支援机制,深入实施东西部协作,推动不同地区协同推进教育现代化建设。四是改革先行,系统推进。充分发挥基层特别是各级各类学校的积极性和创造性,鼓励大胆探索、积极改革创新,形成充满活力、富有效率、更加开放、有利于高质量发展的教育体制机制。

为确保教育现代化目标任务的实现,《中国教育现代化2035》明确了三个方面的保障措施:

一是加强党对教育工作的全面领导。各级党委要把教育改革发展纳入议事日程,协调动员各方面力量共同推进教育现代化。建立健全党委统一领导、党政齐抓共管、部门各负其责的教育领导体制。建设高素质专业化教育系统干部队伍。加强各级各类学校党的领导和党的建设工作。深入推进教育系统全面从严治党、党风廉政建设和反腐败斗争。

二是完善教育现代化投入支撑体制。健全保证财政教育投入持续稳定增长的长效机制,确保财政一般公共预算教育支出逐年只增不减,确保按在校学生人数平均的一般公共预算教育支出逐年只增不减,保证国家财政性教育经费支出占国内生产总值的比例一般不低于4%。依法落实各级政府教育支出责任,完善多渠道教育经费筹措体制,完善国家、社会和受教育者合理分担非义务教育培养成本的机制,支持和规范社会力量兴办教育。优化教育经费使用结构,全面实施绩效管理,建立健全全覆盖全过程全方位的教育经费监管体系,全面提高经费使用效益。

三是完善落实机制。建立协同规划机制、健全跨部门统筹协调机制,建立教育发展监测评价机制和督导问责机制,全方位协同推进教育现代化,形成全社会关心、支持和主动参与教育现代化建设的良好氛围。

第四节 教育法的作用

在教育法的具体实施过程中,教育法的作用表现为教育法的规范作用和社会作用。

一、教育法的规范作用

（一）指引作用

教育法是通过规定人们教育上的权利和义务,确定人们哪些可作为,哪些必须作为,还有哪些禁止作为,以及违法行使权利、不正确履行义务、不遵守禁止性规定而应当承担怎样的教育法律责任,以此来指引人们的行为。教育的指引作用有两种形式:通过授予教育法权利进行不确定性的指引,人们有一定的选择机会;通过规定教育法义务进行确定性指引,要求人们必须作为一定行为或禁止人们作为一定的行为。从教育法律后果来看,确定性指引的目的在于防止人们作为某种行为,不确定性指引的目的在于鼓励人们从事教育法所允许的行为。

（二）评价作用

教育法作为一种行为标准和尺度,具有判断、衡量人们行为是否有效、是否合法的作用。通过这种评价,能够有效地影响人们的价值观、是非标准,从而达到指引人的行为的教育法律作用。教育法的评价与道德等其他社会规范的评价不一样,教育法的评价具有客观性、普遍有效性。客观性表现在:在实体法中,有明确的权利、义务和教育法律责任的规定。这些规定对所有人都适用,在程序法中,法律规定了严格的诉讼程序、申诉程序和复议程序,确保案件审理的客观性。普遍有效性表现在:不管人们的主观愿望如何,只要他的行为进入了教育法规定的范畴,教育法对他的评价就是有效的。由于人们的道德标准不一样,对同样的行为,人们可能有多种评价。而教育法的评价相对具有普遍性。

（三）预测作用

预测作用是指根据教育法规定,人们可以预先知晓或估计到某种行为是否会发生、行为会怎样发展、会产生什么样的后果。及时对人的行为进行教育法预测可以避免行动的偶然性和盲目性,可以提高行动效率。两个属限制民事行为能力的学生在上学期间打架,其中一个被打伤,我们可根据《民法典》和相关法律法规,预测伤害人及其监护人应担负的教育法律责任。由于教育法具有预测作用,人们就可以根据教育法来合理地处理自己的教育行为。

（四）教育作用

教育法的教育作用首先表现为:通过把国家或社会对人们教育行为的基本要求转化为人们的固定的教育行为模式,进而影响人们的思想、意识,并使这种影响内化为一定的认知结构。当出现类似教育行为时,因为已有固定的教育行为模式和已经内化的认知结构,人们就会有合乎教育法的行为。通过发挥教育法的教育作用,人们可以不知不觉地认同教育法,形成守法的教育作用通过对违法者和被迫守法者成为主动守法者。其次,教育法的教育作用通过对违法者的制裁、对合法行为的褒扬而影响个人今后的行为。教育法的教育作用有利于提高公民的教育法律意识、权利意识、义务观念、责任感等。

（五）强制作用

教育法的强制作用在于制裁教育违法行为。通过对违法行为的制裁，促使人们正确行使权利，严格履行义务和遵守禁止性规定。教育法的强制作用的发挥依靠国家强制力来推行。

二、教育法的社会作用

教育法不仅具有上述直接的规范作用，而且还有间接的社会作用。当代中国教育法的社会作用是通过建立和维护稳定的社会秩序，为建设中国特色社会主义政治、经济、文化服务，保障、引导和推进社会主义市场经济、社会主义民主政治和社会主义精神文明建设。教育法的社会作用表现在：

教育法确认和保障教育的性质和方向。教育的性质和方向是教育工作的首要问题，它对我国教育事业的成败具有决定性的作用。教育的基础不管多么好，多么发达，如果教育的性质和方向错了，就不能实现教育的目的，教育也不能完成其在国民经济和社会发展中的使命。所有教育法的社会作用，首先表现在确认和保障教育的社会主义性质和方向上。《教育法》在第5条中明确规定了我们国家的教育方针："教育必须为社会主义现代化建设服务、为人民服务，必须与生产劳动和社会实践相结合，培养德智体美劳全面发展的社会主义建设者和接班人。"这个方针明确指出，我国的教育是社会主义性质的，教育服务于社会主义现代化建设这个大局，即"促进社会主义物质文明和精神文明建设"。教育的目的也必须是社会主义性质的，要"培养德智体美劳全面发展的社会主义建设者和接班人"。要实现教育目的，必须贯彻马克思主义教育的基本原则，即教育"必须与生产劳动和社会实践相结合"。另外，《教育法》是教育法律体系中的基本法律，是制定其他教育法律法规的基本依据之一，具有高于其他教育法的效力，因而其对我国教育的性质与方向的确定、为制定和实施其他教育法律法规具有制约和规范作用，从而确保整个教育法律体系具有社会主义的性质和方向。

教育法促进和保障教育平等。重点是强化教育普及，以教育法的形式保障公民的受教育地位平等和受教育机会均等。以教育法形式保障公民的受教育地位平等，就是要求所有的公民不分民族、种族、性别、年龄、财产状况、信仰等都有受教育的权利。以教育法形式保障公民的受教育机会均等，就是要求国家提供足够的教育资源，以保证公民在任何时候、任何年龄、任何地方需要接受任何层次和类别教育的时候，都能够得到满足。

通过教育法的实施能够提高教育管理的效率。教育法明确规定和保障与教育相关各教育法律关系主体的合法权益，确保它们严格履行义务，对不履行义务和违反禁止性规定的行为予以制裁，以此为教育事业的发展创造良好的外部和内部环境，促进教育法律关系主体按照教育规律办事，从而大大提高教育管理的效率和效益。

第五节 教育法律规范

一、教育法律规范的基本含义

教育法律规范是指通过一定的法律条文表现出来的、具有自己内在逻辑结构的一般行为规则,教育法律规范是教育法、教育法律文件及教育法律条文的基本内容,是组成教育法律的基本细胞,具有概括性和规范性的特点。

二、教育法律规范的结构

教育法律规范的结构是指构成教育法律规范内容的各个组成部分及相互关系。从逻辑结构上看,教育法律规范通常由法定条件、行为准则和法律后果三个要素组成。法定条件指法律规范适用的条件和情况;行为准则指法律规范中规定的行为准则的基本要求;法律后果是指在某种条件或情况出现时,法律关系主体做出或没有做出"行为准则"要求的某种行为,而应承担的法律责任。

三、教育法律规范的分类

(一) 按照要求人们行为的性质分

按照教育法律规范要求人们行为的性质,可分为义务性规范和授权性规范。

(1) 义务性规范:指"行为准则"要素中规定的教育法律关系主体必须为一定行为或不为某种行为的法律规范。义务性规范在文字表述形式上通常采用"必须""应当""义务""禁止""不准""不得"等字样。

(2) 授权性规范:指"行为准则"要素中规定教育法律关系主体有权做出或不做出某种行为的法律规范。授权性规范在表述形式上通常采用"可以""有权""不受……干涉""有……的自由"等字样。

(二) 按照强制性程度分

按照法律规范表现的强制性程度,可分为强制性规范和任意性规范。

(1) 强制性规范:指规定法律关系参加者在某种条件或情况出现时,必须做出或禁止做出一定行为的规范,它所规定的权利和义务十分明确具体,不允许任何人以任何方式加以变更或违反,一般表现为禁止性和义务性的两种形式。

(2) 任意性规范:指法律关系参加者可做出一定行为的规范,它对权利与义务的内容一般不作具体规定,允许法律关系参加者自行确定其权利和义务的具体内容,但在当事人经过协商确定了权利与义务以后,这种权利和义务就受法律的保护。在教育法规中,主要出现在关于教学技术装备、校办企业及私人办学的规范性文件中。

(三) 按照法律后果分

按照法律规范的法律后果,可分为制裁性规范和奖励性规范。

(1) 制裁性规范:指规定对法律关系参加者做出违反"行为准则"的有过错行为进行制裁的规范。这种规范是否定性的,在事前起到预警作用,在事后起到惩戒作用,是必不可少的一类规范。

(2) 奖励性规范:指规定对法律关系参加者做出有益于社会的行为时给予奖励的规范。这种规范具有指引人们行为的导向作用。

第六节　教育法律关系

在教育活动中,要形成种种教育关系;在法律活动中,要形成种种法律关系。当以法律手段作为规范教育关系的手段,使教育活动与法律活动相互渗透、有机结合时,便产生了教育法律关系。了解和掌握教育法律关系的构成要素及其产生、变更和消灭的法律事实,对正确理解教育法、处理教育活动中各种教育关系具有十分重要的意义。

一、教育法律关系的含义

教育法律关系是教育法律规范在调整人们有关教育活动的行为过程中形成的权利和义务关系。

教育法律关系是法律关系的一种,而法律关系又是社会关系中的一类。人们在社会生活中以不同形式结成了广泛的社会关系,如公民关系、行政关系、经济关系、婚姻关系、教育关系等,但并非所有的社会关系都是法律关系。某一社会关系只有当它适用法律规范来调整,并在这一关系的参加者之间形成一定的权利和义务关系时,才构成法律关系。而经法律规范调整所构成的法律关系中,根据不同部门的法律规范,形成各种不同的法律关系,如民事法律关系、刑事法律关系、行政法律关系、经济法律关系等。适用教育法律规范调整的社会关系,就转化为教育法律关系。这里的社会关系具体就是教育关系。

教育法律关系也是教育关系的一种。在教育活动中,教育活动主体之间可结成各种教育关系,如教与学的关系、教师与家庭、社会的关系等,但并非所有的教育关系都会转化成为教育法律关系。教育法律关系与其他教育关系的区别就在于它是一种由具有法律强制性的行为规则所规范或调整的教育关系。可见,教育法律关系的产生以教育法律规范的存在为前提,只有适用教育法律规范调整的教育关系才能转化成为教育法律关系。

二、教育法律关系的分类

教育法律关系从不同角度可以分为不同类别。

(一) 按照主体的社会角色分

依据教育法律关系主体的社会角色不同,可以分为教育内部的法律关系和教育外部的法律关系。

教育内部的法律关系主要是指以教育法律规范调整的教育系统内部各类教育机构、教育工作人员、教育对象之间的关系。如学校与教师的关系、学校及其管理人员与教育行政机关及其工作人员之间的关系等。教育外部的法律关系主要是指适用教育法律规范调整的教育系统与其外部社会各方面之间发生的法律关系,这种联系的具体表现也是多种多样的。这两类教育法律关系的划分是相对的,在教育活动中常常同时发生,甚至交织在一起。如教师和学生家长之间既有共同教育学生的权利和责任,又有相互配合的义务。

(二) 按照主体间的关系分

依据主体之间关系的类型可以区分为隶属型教育法律关系和平权型教育法律关系。

隶属型教育法律关系是以教育管理部门为核心,向外辐射,与其他主体之间形成的教育法律关系。这类教育法律关系具有纵向隶属的特征,是管理主体与管理对象之间的关系。隶属型教育法律关系通常是指教育行政法律关系,但具有区别于一般行政法律关系的独特特征。如,行政法律关系的形成或变更通常不取决于当事人双方是否达成共同意愿,而是取决于具有法定职权的行政机关一方的决定,即行政机关可以不考虑其行政相对人的意愿单方面作出处置决定。行政机关一旦作出了决定,下达了行政命令,行政法律关系就形成了。在这种关系中,行政相对人必须无条件服从,否则可追究其行政法律责任。而在教育行政法律关系中虽然也存在着这种"强迫型"的行政法律关系,如教育行政部门对教育事业的宏观调控权力等,但其强迫程度明显弱于其他类型的行政法律关系。即教育行政机关在作出某些决定时还需要在一定程度上考虑其行政相对人的意愿。尤其是在扩大学校的办学自主权以后,教育行政机关与学校的关系就更是如此。由于行政自由裁量权的存在,这在实践中也是做得到的。因此,教育行政关系与一般行政管理之间的领导与服从、命令与执行的隶属关系不同,它必须同时体现教学民主和学术民主。

在国家组织的各种教育考试中,教育行政部门与考生就共同形成一种教育行政法律关系,前者是行政主体,它有义务公平、公正地组织考试,同时有权对违反国家考试有关规定的考生作出一定的教育行政处罚;后者考生是行政相对方,他有权利参加国家组织的各种考试并获得公正评价,也有义务遵守考试规程,否则,就要承担一定的法律责任,受到相应的教育行政处罚。

平权型教育法律关系是两个具有平等法律地位的教育关系主体之间产生的教育法律关系,通常视为教育民事法律关系。这类教育法律关系与一般民事法律关系一样,具有横向平等的特征。但又不能完全等同于一般民事法律关系,而是有一些明显的教育特征。

由于教育活动的特殊性,其主体双方享有权利和履行义务的方式与状况很难用一般的民法规则来确定和衡量。因而,它们虽然具有民事法律关系的平等特征,但却不属于民法的调整范围,确切地说,这是一类具有教育特征和民事性质的教育法律关系,如联合办学、委托培养,学校事故赔偿等。随着教育民主化的发展,平权型的教育法律关系的范围将会逐步扩大。

教育法律关系之所以会与其他法律关系产生种种差别,是因为在制定教育法律规范,设定教育法律关系的一般模式时,必须充分考虑教育自身的特点和规律。

(三) 按照教育法律规范的职能分

根据教育法律规范的职能,可以区分为调整性教育法律关系和保护性教育法律关系。

这是一种与法律规范职能分类相对应的分类。调整性教育法律关系是按照调整性教育法律规范所设定的教育关系模式,主体的教育权利能够正常实现的教育法律关系。如学生按照规定入学,教师按照《教师法》允许或要求的限度行使教育职权等。调整性教育法律关系的成立以主体的合法行为为基础,不需要适用法律制裁手段,它是实现教育法规的规范职能的表现。

保护性教育法律关系是在教育主体的权利和义务不能正常实现的情况下,通过保护性教育法律规范,采取法律制裁手段而形成的教育法律关系。与调整性教育法律关系相对,保护性教育法律关系的产生以主体的违法行为为基础,由国家行使制裁的权力,要求违法者承担相应的责任,它是实现教育法规的保障职能的表现。

由于保护性教育法律关系与制裁手段相联系,而法律制裁又主要采用行政、民事和刑事等方式,因而按照国家的法律强制运行机制,又可区分为教育行政法律关系、教育民事法律关系和教育刑事法律关系,其违法主体分别承担行政责任、民事责任和刑事责任。这也表明,教育法律关系的上述分类是交叉出现的。掌握教育法律关系的不同分类及其关系有利于正确认识教育法律关系的性质,也有助于我们在实践中处理好教育法律关系。

三、教育法律关系的构成要素

教育法律关系的构成要素有:主体、客体和内容。

(一) 教育法律关系的主体

教育法律关系的主体是指教育法律关系的参加者,亦称作权利主体或权利义务主体,包括教育法律关系中权利的享受者和义务的承担者,享有权利的一方称为权利人,承担义务的一方称为义务人。任何一种法律关系,没有享有一定的权利和承担一定的义务的主体参加,都是不可能成立的。

教育法律关系主体具有多样性的特点,并不只是教育行政机关、学校及其他教育机构、教育者、学生及其他受教育者才会成为教育法律关系的参加者,其他一些个人和组织也可以成为教育法律关系的参加者。教育活动包括兴办教育、管理教育、实施教育、接受教育、参与和支持帮助教育等诸多方面。这些活动涉及教育行政机关、其他国家机关、社会组织（包括企业、事业单位、农村集体组织）、学校、社会团体和几乎每个家庭和公民。这些公民、法人、组织在教育活动中享有广泛的权利和承担着多方面的义务，从而使教育法的主体呈现多元性。我国教育法律关系的主体可分为三类：

1. 自然人，即个人主体

公民是自然人中最基本的、数量上占绝对优势的主体。教师、学生、学生家长、其他公民等皆可在教育法律关系中成为个人主体。

2. 集体主体

集体主体包括两类，一类是国家机关，包括权力机关、行政机关、审判机关和检察机关等，它们在职权范围内活动，能够成为宪法关系、行政法关系、诉讼法关系等多种法律关系的主体；另一类是社会组织，如学校、社会团体、企事业单位等。

3. 国家

国家作为一个整体，是某些重要法律关系的参加者，既可以作为国家所有权关系、刑法关系的主体，又可以成为国际法关系的主体。

（二）教育法律关系的客体

法律关系客体又称权利客体，是法律关系主体的权利与义务所指向的对象（标的）。没有客体，权利和义务就失去目标。但并不是一切独立于主体而存在的客观对象皆能成为客体，只有那些能够满足主体利益的并得到国家法律确认和保护的客观对象（如物、行为）才能成为法律关系的客体，成为主体的权利与义务所指向的对象。有些行为如买卖假币行为中买方与卖方也发生一定的关系，但这种关系不为法律确认和保护，故不构成法律关系，买卖假币的行为、假币等也不能构成法律关系的客体。

教育法律关系的客体一般包括物质财富、非物质财富、行为三大方面。教育领域中存在的法律纠纷，往往都是因之而引起的。

1. 物质财富

物质财富简称物，它既可以表现为自然物，如森林、土地等自然资源，也可以表现为人的劳动创造物，如建筑、机器等各种产品；既可以是国家和集体的财产，也可以是公民个人的财产。物一般可分为动产与不动产两类：① 不动产，包括土地、房屋和其他建筑设施，如学校的场地，办公、教学、实验用房及其必要的附属建筑物。② 动产，包括资金和教学仪器设备等。教育资金包括国家教育财政拨款、社会捐资等，其表现形式为货币以及其他各种有价证券，如支票、汇票、存折、债券等。

2. 非物质财富

非物质财富包括创作活动的产品和其他与人身相联系的非财产性的财富。前者也被称作智力成果，在教育领域中主要指包括各种教材、著作在内的成果，各种有独创性的教案、教法、教具、课件、专利、发明等。其他与人身相联系的非物质财富包括公民（如教师、学生和其他个人主体）或组织（如教育行政机关、学校和其他组织）的姓名或名称，公民的肖像、名誉、身体健康、生命等。

案例讨论

1990年1月,原告高丽娅调入被告重庆市南岸区四公里小学从事小学语文教学工作。根据该校的管理规定,从事教学工作的教师必须在课前备课,编写教案,并在每学期期末向学校上交教案备学校检查。从1990年至2002年,高丽娅先后交给学校教案本48册。2002年,高丽娅提出要求返还教案,学校曾返还给高丽娅教案本4册,但其余的44册教案学校说下落不明。2005年9月7日,重庆市第一中级人民法院第三次受理此案,2005年10月20日,法院第三次公开开庭进行了审理。法院此次审理认为,根据《最高人民法院关于民事诉讼证据的若干规定》的规定以及根据《中华人民共和国著作权法实施条例》的规定,教学过程等栏目中记载的内容具有独创性,应当属于著作权法上所称的作品。即教案属于高丽娅的作品,学校应负责返还教案。

3. 行为

行为是指教育法律关系主体实现权利义务的作为与不作为。一定的行为可以满足权利人的利益和需要,可以成为教育法律关系的客体。在教育领域中,教育行政机关的行政行为(如查处学校乱收费)、学校的管理行为(如对学生、教师的处罚和奖励)和教育教学行为(如辅导员、教师对学生日常的管理)都是教育法律关系赖以存在的最基本的行为。学校、教师、学生的物质财富、非物质财富以及这些主体依法进行的教育行为和教育活动都受法律的承认和保护,都是教育法律关系的重要客体。

(三) 教育法律关系的内容

权利与义务构成法律关系的内容,法律的实质是要确定法律关系参加者的权利和义务。权利和义务是法律关系的核心,没有权利和义务为内容,无所谓法律关系。

法律上的权利,是指法律关系主体依法享有的某种利益或资格,表现为权利人可以做出一定的作为或不作为,并能要求义务人实施一定的作为或不作为。一切法定的权利,国家都以其强制力给予保障,当法定的权利受到侵害时,权利人有权向有关国家机关请求法律保护。

法律上的义务,是指法律关系主体依法承担的责任。表现为义务的承担者(即义务人)必须依法实施一定的作为或不作为。一切法定的义务,不论是积极义务(作为),还是消极义务(不作为),国家都以其强制力强制义务人履行,当义务的承担者拒绝履行其应尽的义务时,国家的司法机关或其他有关机关有权采取措施强制其履行,甚至要求义务的承担者负相应的行政、民事或刑事法律责任。

权利与义务是不可分的,没有无义务的权利,也没有无权利的义务。在任何一种法律关系中,权利人享受权利依赖于义务人承担义务,否则权利人的权利就会受到侵害。权利与义务表现的是同一行为,对一方当事人来讲是权利,对另一方来讲就是义务,权利和义务所指向的对象(即法律关系的客体)也是同一的,比如在债权债务法律关系中,权利和义务指向的都是同一个客体。权利与义务的统一性还表现在不能一方只享受权利不承担义务,另一方只承担义务不享受权利,法律面前人人平等的法律原则要求任何一个法律关系主体在享受权利的同时也必须承担相应的义务。另外,权利与义务的统一性还表现在,在有些法律关系中尤其是在行政法律关系中,权利与义务具有交叉性,如学校校长依法管理学校,这既是校长的法定权利也是校长的法定义务。再如适龄儿童接受九年制义务教育,既是其权利,又是其义务。

四、教育法律关系的产生、变更和消灭

教育法律关系的产生是指教育法律关系主体之间权利义务关系的确立,如因委托培养合同的签订产生了用人单位与学校以及学生之间的权利和义务关系。

教育法律关系的变更,是指法律关系构成要素的变更,即主体、客体、内容的变更。主体变更是指主体的增加、减少和改变。如学校与企业间的委托培养学生因原委托企业破产而改变委托方。再如几所学校合并为一所学校也会使法律关系发生变更。客体的变更是指标的变化,如学校基建合同的地点、面积的变更。内容的变更是指权利、义务的变更,如学校之间签订的协作合同,经过协商后修改某些法定义务或履行期限及条件等。

教育法律关系的消灭,是指教育法律关系主体、客体的消灭,主体间权利义务的终止。如学校向某一企业借款而形成了民事法律关系(债权关系),学校为债务人,企业为债权人。届时学校依照合同返还了借款则与该企业的债权债务民事关系则归于消灭。

教育法律关系以教育法律规范的存在为前提。但教育法律规范是设定了教育法律关系的一般模式,其本身并不创造教育法律关系。真正能够引起教育法律关系的产生、变更和消灭的是符合教育法律规范所设定的条件的法律事实。

所谓法律事实,是依法律规定能够引起法律关系发生、变更和消灭的客观情况。按其与个人意志的关系,可分为事件和行为两种。事件是指与个人意志无关的客观现象。如某教师的死亡,会导致一系列法律关系的变化。它使该教师与学校、学生之间原有的权责关系消灭了,也使其家庭之间的夫妻关系消灭了,并产生了继承遗产这一新的法律关系。行为是指人的活动,是在人的意志支配下产生的客观情况。因此,按其性质可分为积极行为和消极行为,其表现形式分别是作为和不作为。如高考舞弊、挪用教育经费、体罚学生、聘任教师、父母送适龄子女接受义务教育等,是作为行为;而校舍失修倒塌伤人、明知某种事物或活动可能对学生产生伤害但不采取预防或制止措施等,是不作为行为。按其是否符合法律规范的要求,又可分为合法行为和违法行为。无论是合法行为还是违法行为,都会引起法律关系的发生。如社会力量依法举办学校,就会围绕办学与相关主体——学生及其家长等确定相应的教育法律关系;而教师侮辱学生,造成学生精神伤害,就会在教师和学生之间形成侵权性教育法律关系。由此也可以看出,法律规范、法律事实、法律关系三者之间有着密切的联系。法律规范是判定法律事实是否成立的依据;法律事实是引起法律关系发生、变更或消灭的直接原因;法律关系是法律事实导致的结果,也是法律规范作用于社会关系的表现。

测试题

一、填空题

1. 根据我国《宪法》的规定,国务院有权制定和发布_____。

2. 省、自治区、直辖市、省会、经国务院批准的计划单列城市的人大及其常委会,有权制定_____。

3. 1981 年 1 月 1 日,新中国的第一部教育法律_____正式实施,拉开了中国依法治教的帷幕。

4. 法的渊源的含义的规范化表述,是指由不同_____制定、认可和变动的,具有不同法的_____的各种法的形式。

5.《中华人民共和国教育法》是 1995 年 3 月 18 日通过,_____起开展施行的。

6. _____是国家的根本大法。

7. 教育法律又分为两种形式:_____和_____。

8. 政府教育规章一般由各级_____制定。

9. 教育法律规范的结构是指构成教育法律规范内容的各个_____及_____。

10. 教育法律规范的逻辑结构通常由_____、_____和_____三个要素组成。

11. 按照教育法律规范要求人们行为的性质,可分为_____和_____。

12. 按照法律规范表现的强制性程度,教育法律规范可分为_____和_____。

13. 教育法律关系的构成要素有:_____、_____和_____。

二、单项选择题

1. 以下属于法律部门的是( )。
   A. 民法　　　　　B. 刑法　　　　　C. 教师法　　　　　D. 行政法

2. 下列由全国人大常委会制定的法律法规有( )。
   A.《中华人民共和国学位条例》　　　B.《中华人民共和国义务教育法》
   C.《中华人民共和国教师法》　　　　D.《中华人民共和国职业教育法》

3. 有权制定地方性教育法规的部门有( )。
   A. 省、自治区、直辖市的人大
   B. 省、自治区、直辖市的人大常委
   C. 省、自治区人民政府所在地的市的人大常委
   D. 经国务院批准的较大的市的人大常委

三、分析题(分析下列法律规范的结构)

1. 教师在教育教学中应当平等对待学生,关注学生的个体差异,因材施教,促进学生的充分发展。教师应当尊重学生的人格,不得歧视学生,不得对学生实施体罚或变相处罚或者其他侮辱人格尊严的行为,不得侵犯学生的合法权益,否则将对其依法行政处分或者解聘。

2. 学校或教师在义务教育工作中违反教育法、教师法规定的,依照教育法、教师法的

有关规定处罚。

3. 学校、幼儿园、托儿所不得在危及未成年人人身安全、健康的校舍和其他设施、场所中进行教育教学活动。

4. 学校和教师按照确定的教育教学内容和课程设置开展教育教学活动，保证达到国家规定的基本质量要求。

5. 国务院和地方各级人民政府鼓励和支持城市学校教师和高等学校毕业生到农村地区、民族地区从事义务教育工作。

6. 民办学校在扣除办学成本、预留发展基金以及按照国家有关规定提取其他的必需的费用后，出资人可以从办学结余中取得合理回报。

四、简答题

1. 论述教育政策与教育法的区别和联系。

2. 论述教育法的渊源。

3. 论述教育法的规范作用。

4. 论述教育法律关系的构成要素。

五、案例分析题

村民李某一无组织机构和章程，二无合格教师，三无标准的教学场所，四无必备的办学资金和稳定的经济来源，未经县教育行政部门批准，以营利为目的，在其住处办起"辅导班"。对李某非法办学的行为，县教育局两次发文，责成李某停办，但李某拒不执行。县教育局申请人民法院强制执行，法院对李某私人办学实施了查封。请问：(1)请试用相关法律知识分析上述案例中的法律关系。(2)县教育局行使了什么样的权利？(3)试说明县教育局处罚李某的法律依据。

第三章
学校管理法律制度

本章导学

学校是组织教育教学活动的实体,是教育法律关系中最重要的主体之一。明确学校的法律地位和学校的权利义务关系,是规范办学行为,正确处理学校与社会的关系,维护学校自主管理、自我约束的权利,使学校正常运行的前提。本章介绍了学校的性质和法律地位、学校的权利义务、和学校有关的法律关系以及学生伤害事故的处理。通过本章的学习,同学们可以了解学校的权利义务,知道在不同情况下学生伤害事故责任的承担,从而在法律层面对学校有一个新的认识。

案例导航

王某是某省一所高校外语系二年级的本科生。2016 年 10 月下旬的一天傍晚,他在学校宿舍里私自用电炉煮饭不慎失火,造成部分公私财物毁损,本人也被轻微烧伤。因其行为严重违反了学校关于禁止在学生宿舍使用燃煤、燃油炉具和各种用于煮饭、烧水的电热器的规定,故受到记大过处分。同时学校总务处依据学校有关规定给予其罚款 100 元的行政处罚。在这期间,王某通过看报了解了《中华人民共和国行政处罚法》。王某认为学校行政科不是国家行政机关,无权对他实施行政处罚,要求退还 100 元罚款,但学校认为自己有权按照学校的规章制度进行管理,罚款不予退还。于是,王某将此事反映到省教育委员会,要求撤销学校做出的"行政处罚",责令学校退还该项罚款。

学校做出的罚款合法吗?

第一节　学校的性质和法律地位

一、学校的概念

学校是指经教育行政主管机关批准或登记注册,以实施学制系统内各阶段教育为主的教育机构。

我国学制系统内的基本教育阶段分为幼儿教育、初等教育、中等教育和高等教育。主要包括幼儿园、小学、初级中学、高级中学或完全中学、各类中等专业学校、职业学校、技工学校、普通高等学校、具有颁发学历证明资格的成人学校,以及其他专门实施学历性教育的教育机构。

二、学校的法律地位

所谓学校的法律地位,是指法律根据学校这种社会组织的目的、任务、性质和特点而赋予其的一种同自然人相似的"人格"。主要是指学校作为实施教育教学活动的社会组织和机构,在法律上所享有的权利能力、行为能力及责任能力。

我国《教育法》第 32 条第 1 款规定:"学校及其他教育机构具备法人条件的,自批准设立或者登记注册之日起取得法人资格。"也就是说,学校只要具备法人条件,并经批准设立或登记注册就能取得法人资格,在民事活动中依法享有民事权利,承担民事责任。学校法律地位的实质是其法律人格。学校的法律人格,主要从其从事教育教学活动的权利和义务中反映出来,是其办学自主权的抽象化、形象化。

(一)学校的法人地位

民法规定的法人成立条件有四个:一是依法成立;二是有必要的财产或经费;三是有自己的名称、组织机构和场所;四是能够独立承担民事责任。下面结合学校的情况具体分析如下:

1. 依法成立

所谓依法成立,是指学校要具备法人资格,必须符合相关法律关于学校成立的规定。学校要取得法人资格,必须在举办者资格、举办手续等各方面合法。教育法、社会力量办学条例等教育法律法规对学校成立做出了一系列规定,这些规定包括学校成立的举办者资格、举办手续、举办时应提交的材料、学校的举办条件等多方面的内容。依法成立的学校往往具备正常开展教育教学工作和保证教育教学工作一定的质量水平的条件,而非法成立的学校往往不具备办学的基本条件,无益于甚至有损于社会教育事业的发展,有可能危害公共利益并且损害受教育者及其监护人的利益。所以说,只有依法成立的学校才应取得法人资格,依法成立应成为学校取得法人资格的首要条件。

2. 有必要的财产或经费

必备的办学资金和稳定的经费来源也是学校成立的一个法定条件。经费和财产是法人存在的必备条件。无论是从事经济活动还是从事非经济活动的法人组织,要正常运转,完成它的使命,都必须以一定的财产或经费作为基础。学校基本建设的进行、设备的购置、正常教育教学活动中的物资消费以及教职员工工资奖金的发放等都离不开一定的教育经费。没有充足的教育经费,教育教学活动的质量将很难得到保证,经费短缺导致的教育教学活动质量低下或无法正常进行一直是一个影响我国教育发展的现实问题,所以强调学校要取得法人资格必须拥有一定的经费在我国具有一定的现实意义。

3. 有自己的名称、组织机构和场所

名称、组织机构和场所都是取得法人资格的必备条件。名称是法人作为民事法律关系主体区别于其他民事法律关系主体的重要标志。组织机构和场所则是法人从事其基本活动的前提。有法人资格的学校必须有自己的名称、组织机构和场所。没有自己的名称、组织机构和场所的学校,不具备成为独立的法律关系主体的基本要素,不能取得法人资格。

4. 能够独立承担民事责任

作为民事法律关系的主体,法人依法享有各种民事权利,依法履行民事义务,在违法时它也必须承担民事责任。能够独立承担民事责任是法人承担民事责任的重要前提,所以能够承担民事责任是法人应具备的一个基本条件,否则,因法人违法行为而利益受到损害的法律主体将无法得到相应补偿。学校要取得法人资格,也应该能够独立地承担法律责任。

结合《中华人民共和国教育法》《中华人民共和国义务教育法》的有关规定,对学校的法人地位可以从以下几个方面理解:

（1）学校取得法人资格是有条件的。除了具有法人成立的一般条件外,学校应符合《中华人民共和国教育法》规定的设立学校、取得法人资格的条件。它包括四个方面:必须有组织机构和章程;必须有合格的教师;必须有符合规定标准的教学场所及设施、设备等;必须有必备的办学资金和稳定的经费来源。学校同时具备了这四个条件,才能取得法人资格。

（2）学校取得法人资格是有限制的。法人资格的确立使学校具有一般法人所具有的一般民事权利与义务。但是学校的设立目的,非为参加民事流转(但参加民事流转是其必要条件,如购买办学设备等),也不是为一般的社会公益,而是为社会培养人才。因此,作为特别法人的学校的民事权利能力要受到必要的限制。这种限制主要表现在以下三个方面:

第一,《教育法》第 32 条第 3 款规定:"学校及其他教育机构中的国有资产属于国家所有。"国有资产是当前我国学校,特别是国家举办的教育机构中重要的教育资源,学校依法享有对这部分国有资产的占有权和使用权,但在对其进行使用和管理的同时,必须保证国有资产的国家所有,任何部门、组织和个人都不得侵占、挪用、截留,甚至破坏、私分。学校

应根据国家的有关规定用好、管好国有资产，不得随意改变用途、挪作他用，不得用于作抵押或为他人担保等，以确保国有资产不被流失。

第二，《教育法》第 32 条第 4 款规定："学校及其他教育机构兴办的校办产业独立承担民事责任。"学校在保证正常的教育教学活动和科研活动所需资产的前提下，可以利用自有资金，面向社会，投资兴办产业，以其所获收益，补充学校办学经费的不足。但是，校办产业应当取得法人资格，以其全部法人财产独立承担民事责任，学校不对校办产业的行为承担连带民事责任，也不得以用于教学和科研的资产为校办产业提供担保。

第三，各级各类学校法人在权利能力和行为能力方面是存在限制的。它必须严格按照本校章程规定的活动范围来从事有关教育的活动。例如，中小学校不能实施与基础教育培养目标不相符合的活动。另外，学校承担民事责任的能力，特别是公立学校的民事责任能力也有其特殊性。

（3）学校取得法人资格是有程序的。《教育法》第 28 条规定："学校及其他教育机构的设立、变更和终止，应当按照国家有关规定办理审核、批准、注册或者备案手续。"具备法人资格的学校，并不当然地取得法人地位，还要依法履行相应的手续。

学校取得了法人资格，其在民事法律关系中的地位也得以明确。明确学校的法人地位，有利于保障学校享有的民事权利，如法人财产权、债权、知识产权以及名称权、名誉权、荣誉权等。学校能够以独立法人身份从事一些民事和经济活动，使其民事权利能力和行为能力得以运用；同时，也要以独立法人的身份依法承担一切因自己的行为而引起的民事责任，包括违反合同的民事责任、侵犯其他社会组织和公民个人合法权益的民事责任等。

（二）学校的事业单位法人地位

按照法律界对法人性质定位有多种标准，常见的有以是否营利为目的将法人组织划分为企业法人和非企业法人。企业法人是以营利为目的，从事经济活动的法人；非企业法人是主要从事非经济活动，并不以营利为目的的法人，包括机关法人、事业单位法人和社会团体法人。学校属于非企业法人中的事业单位法人。

学校作为事业单位法人，跟其他法人相比，有以下特点：

1. 公益性

学校的主要任务是贯彻国家教育方针，通过教育教学活动为国家和社会培养人才，这就决定了学校具有公益性质。学校法人的公益性体现在两方面：

（1）学校法人是非营利性组织。我国《教育法》第 26 条规定，以财政性经费、捐赠资产举办或者参与举办的学校及其他教育机构不得设立为营利性组织。这不仅直接明确了学校及其他教育机构的办学目的、宗旨，而且也是对学校及其他教育机构的性质的合理定位。公益性不仅仅体现在公立学校，而且也是私立学校的应有属性。《民办教育促进法》第 3 条规定：民办教育事业属于公益性事业。需要明确的是，"不以营利为目的"并不等于"不能营利"。学校在法律允许的限度内，可以通过合法的营利行为获得合理的收益。判断是否以营利为目的的标准，关键在于学校是否将这些收益用于学校自身的建设和发展。如果收益主要用于在学校法人成员之间或投资者之间进行分配，就属于以营利为目的的办学,是违反教育法律规定的。

（2）学校的活动要符合国家和社会公共利益的要求。教育活动必须对国家和社会负责,不能因个人或小团体的利益而损害国家和社会的公共利益。

2. 办学自主性

办学自主性体现于学校的办学自主权。办学自主权是指学校作为独立的社会组织所享有的,为实现其办学宗旨,利用各种教育资源,独立自主地进行教育教学管理,实现教育教学活动的资格和能力。办学自主权既是学校的法定权利,也是学校持续发展的内在规律。这可以使学校根据自身的发展需求以及社会的要求做出决策,保障学校法人的合法权益,独立面向社会,依法独立办学。学校法人的办学自主权包括两方面内容:一是基于学校法人属性而拥有的自主权利。这些权利是学校在不具备法人地位的情况下不能享有的;二是基于学校是从事教育教学活动的社会组织而享有的教育权利。不过,学校的办学自主权是相对的、有条件的。学校一方面有权按照教育教学工作的特点和规律开展教育教学工作,另一方面政府和主管部门也有权对学校进行必要的监督和管理。因此,强调学校的办学自主权并不意味着学校完全摆脱政府及主管部门的监督和调控,而是政府在简政放权的改革中赋予学校更多的自主管理、自我发展的权利。民办学校和公立学校办学主体、资金来源、组织形式等方面存在很大的差异,民办学校比公立学校享有更多的办学自主权。这一点也得到了相关法律法规的认可。《民办教育促进法》第5条规定:"民办学校与公办学校具有同等的法律地位,国家保障民办学校的办学自主权。"《民办教育促进法实施条例》第29条规定,民办学校依照法律、行政法规和国家有关规定,自主开展教育教学活动。

3. 财产独立性

学校法人对以自己学校名义取得的财产享有完整的法人财产权。这是学校办学自主权的物质基础和保障,也是其独立享有民事权利和承担民事义务的物质基础。投资人在投资给学校前,资产可以由其独立自由地支配,一旦投入学校后,这部分财产和其他投入学校的资产一起构成学校法人的财产。法律赋予和保证了学校法人行使财产的占有、支配、使用和处置等权利。在学校存续期间,任何人都不能损害学校资产,学校财产的独立性受法律保护。举办者不能将用于学校办学的财产和资金私自撤回或挪作他用。对于侵占校园土地、破坏校舍及其他财产的行为,对于挪用、克扣教育经费的行为,等等,其行为人或单位都要承担相应的法律责任。学校对其财产拥有相当的独立性,不仅有利于学校的自主和稳定发展,也有利于提高学校以及整个教育系统的管理效率。在法律实践中必须注意以下问题:学校资产和举办者、捐赠者的财产相分离;校办产业以其独立法人资格独立承担民事责任,学校不对校办产业的行为承担连带责任,也不得以学校用于教学和科研的财产为校办产业提供担保。

案例讨论

民办学校能否作为夫妻共有财产分割？

刘立民与赵淑华于 1987 年 1 月登记结婚。1993 年 12 月双方在沈阳开办一所民办学校，法定代表人为刘立民。1995 年 9 月，赵淑华向沈阳市中级人民法院提起离婚诉讼。审理中，经委托评估，该学校的房产、汽车等校产价值近 200 万元，并有 20 万元学校经费在刘立民处。双方对学校的共同财产分割问题有争议，未能达成协议。一、二审法院审理后，都将学校财产（包括学校房产与汽车等动产）及 20 万元经费全部认定为夫妻共同财产而进行了分割。后刘立民向最高人民检察院申诉。最高人民检察院经审查，以办学积累的财产应归国家所有，原判将学校的全部财产认定为夫妻共同财产错误为由，向最高人民法院提出抗诉。最高人民法院将该案交由辽宁省高级人民法院再审。再审过程中，法院对适用的法律问题形成了两种不同意见并向最高人民法院请示。最高人民法院经研究，于 2003 年 8 月 7 日以（2002）民监他字第 13 号做出以下答复：（1）刘立民、赵淑华夫妻共同投资办学，应共同享有办学积累中属于夫妻的财产权益。原一、二审判决将办学积累全部财产认定为刘立民、赵淑华两人的共同财产进行分割没有法律依据。（2）刘立民、赵淑华夫妻离婚，已丧失了共同办学的条件。对其共同享有的财产权益应予以分割。根据本案具体情况，为维护学校完整，学校由赵淑华单独管理，赵淑华应对刘立民丧失的财产权益以及由此丧失的期待利益予以补偿。补偿数额可参照原二审判决的数额。

本案的核心是民办学校的财产处置问题。根据"谁投资谁拥有产权"的原则，投资人投入民办学校的资产的最终所有权属于投入者所有，国有资产投入部分属于国家所有；民办教育受赠的资产属于学校所有。《民办教育促进法》第 36 条规定："民办学校对举办者投入民办学校的资产、国有资产、受赠的财产以及办学积累，享有法人财产权。"这就直接规定了在民办学校存续期间，民办学校对其所有资产享有法人财产权，民办学校的投资人不能凭借其对原始资产的所有权来任意分割学校法人财产权。投资人不能凭借所有权来破坏学校法人财产权的完整性和独立性，既不能实际地占有学校的资产，也不能任意地支配学校的资产，除非民办学校终止或解散，而且，只有依照相应法律程序，所有者才可以分配剩余资产。当然，投资者有从学校的办学积累中取得收益的权利，这是一种权益与期待利益，是受法律保护的。《民办教育促进法》第 19 条："营利性民办学校的举办者可以取得办学收益，学校的办学结余依照公司法等有关法律、行政法规的规定处理。"校产的增值部分，其中国家允许举办者取得合理回报的部分归举办者，其余增值部分的产权归学校所有。因此在本案中，该民办学校的办学积累只有部分属于夫妻双方，原判决将全部办学积累认定为夫妻二人的共同财产并进行分割没有法律依据的。刘立民、赵淑华不直接享有学校校产的财产权，仅部分享有学校的权益（另一部分权益属国家），离婚时，接收学校的一方应对另一方丧失的财产权益以及由此丧失的期待利益予以补偿。该补偿与校产的直接分割在法律意义上不同，一是财产的收益，一是权利转让之后的收益。

第二节　学校参与的法律关系

学校及其他教育机构作为一种社会组织,与其所处的内外环境之间形成了一系列复杂的社会关系。这些社会关系根据性质的不同主要分为教育行政关系和教育民事关系。在参与行政法律关系时,它就是行政法律关系主体;在参与民事法律关系时,学校具有了民事法律关系主体的性质,是民事法律关系中享有权利、承担义务的参与者。

一、学校参与的行政法律关系

在学校参与的行政法律关系中,学校既可以作为行政主体,也可以作为行政相对人。在学校管理教师与学生所发生的法律关系中,学校可以作为行政主体。在学校与教育行政机关发生的法律关系中,学校常常是以行政相对人的身份出现的。

(一) 学校作为行政主体的法律关系

行政主体是指依法享有国家行政权力,能以自己的名义实施行政管理,并能独立承担由此产生的相应法律责任的组织。行政主体要符合三个条件:享有国家行政权;能以自己的名义行使行政权;能独立承担法律责任。根据这些条件,学校是具备行政主体资格的。

(1) 学校享有国家行政权。行政主体主要有两类:一类是职权性行政主体,即行政机关;一类是授权性行政主体,即法律法规授权的组织。学校显然不是行政机关,但却属于法律、法规授权的非行政机关组织,法律赋予了学校实施和管理教育教学活动的权利,而这属于国家行政权的一部分——教育行政管理权。因此,学校是享有国家行政权的。

(2) 学校能以自己的名义作出行政决定。学校从依法成立之日起,法律就赋予其实施教育教学活动的资格和能力,如对内自主管理权、对外招生权、对学生的学籍管理权和颁发学业证书权等。学校在行使这些权利、在其职权范围内作出行政决定时完全有权使用自己的名义。

(3) 学校能独立承担法律责任。学校在实施教育教学活动中,如果超越法定的权利范围或不履行法定的义务,其法律责任由学校独立承担,而不是由学校的行政主管部门来承担,也不是由学校的内部组织机构来承担。如学校不遵守国家有关规定收取费用并公开收费项目,违反国家规定向受教育者收取费用,由教育行政部门责令学校退还所收费用,并对直接负责的主要人员和其他直接责任人员,依法给予行政处分。

案例讨论

原告樊兴华于 1999 年考入郑州航空工业管理学院,2002 年樊兴华代替同学参加

CET-4 考试,被校方发现给予留校察看一年的处分。2003 年 6 月,各门功课均已合格,论文也通过答辩的樊兴华却仅取得了本科毕业证,未取得学士学位证。樊兴华询问学校原因,被告之,校方依据学校《学生手册》规定:"在校期间,因违反纪律受到行政记过(含记过)以上处分;考试舞弊者,不授予学士学位……"樊兴华认为,自己已经改正了错误,且已达到学士学位要求的学术标准,校方不授予学位的处罚明显太重,在请求不成的情况下,遂向法院提交了行政起诉状。

本案的核心是学校能否作为行政法律主体的问题,如果学校能成为行政行为的主体,则学校必须对其所作出的行为及结果承担相关的责任,如果学校不被承认是行政主体,则学校不应承担相关的责任。法院审理认为,原、被告之间因授予学位而引发的争议是行政诉讼。《中华人民共和国学位条例》规定:高校本科毕业生,成绩优良,达到下述水平者,授予学士学位:(一) 较好地掌握本门学科的基础理论、专门知识和基本技能;(二) 具有从事科学研究工作或担负专门技术工作的初步能力。被告所制定的《学生手册》中关于"在校期间因违反纪律,受到行政记过(含记过)以上处分;考试舞弊者,不授予学士学位"的规定与上述国家法规相抵触,应属无效。因此认定,被告根据校规作出取消原告授予学士学位资格的处理决定,属适用依据错误。法院最后判令被告须在 60 日内,对原告进行学士学位资格审核,作出是否授予学士学位的决定,本案受理费由被告承担。

(二)学校作为行政相对人的法律关系

行政相对人,是指行政法律关系中与行政主体相对应的另一方当事人,即行政主体的行政行为影响其权益的个人或组织。学校与教育行政机关的关系主要属于行政法律关系。教育行政机关是行政主体,学校是行政相对人。在学校与教育行政机关的行政法律关系之中,教育行政机关代表着国家对学校行使行政管理权,处于领导和管理的地位;学校不履行其法定义务时,行政机关可强制其履行。作为行政相对人,学校是教育行政机关的管理对象,其管理与被管理的内容主要由一系列教育法律、法规所规定。只要是国家行政机关依法下达的行政指令,学校应遵照执行,而不得各行其是。如果学校认为某项行政指令有违背法律法规的地方,可以通过一定的程序向上反映或依法提出行政诉讼。但在没有做出否决之前,仍然要遵照执行。

教育行政部门对学校的行政管理主要体现在以下几个方面:在行使这些行政权的过程中,会和学校发生相应的行政法律关系。

(1) 教育行政许可权:教育行政机关应行政相对方的申请,通过颁发许可证、执照等形式,依法赋予行政相对方从事某种教育活动的法律资格或实施某种教育行为的法律权利。各级各类学校的设立都需要教育行政部门的许可。

(2) 教育行政处罚权:教育行政部门对学校的处罚权主要有三种,即申诚罚、财产罚和行为罚。

申诚罚是教育行政机关对违法相对方的名誉、荣誉、信誉或精神上的利益造成一定损害以示警诫的行政处罚,又称为声誉罚或精神罚。其主要形式有警告、通报批评等。财产罚是指使被处罚人的财产权利和利益受到损害的行政处罚。主要表现为没收其不合法占有的财物和金钱，或使其缴纳一定数额的金钱，即没收违法所得、没收非法财物和罚款。行为罚包括责令停止招生；撤销违法举办的学校和其他教育机构；取消颁发学历、学位和其他学业证书的资格；撤销教师资格；停考、停止申请认定资格；吊销办学许可证。

案例讨论

某文化艺术学院属教育培训机构，2014 年散发严重失实的招生简章，擅自许诺"招收美术专业四年制大学本科生，学成合格者，颁发毕业证书，可取得国家承认学历的毕业文凭"，2014 年共招收学生 90 余人。该市教育行政主管部门责令该学院对此事做出深刻检查，并对要求退学的学生退还全部学费。

评析：本案中，该市教育局是行政主体，是权利人，文化艺术学院违规招生，是行政相对方，违法主体，双方之间发生的是行政法律关系。该文化艺术学院是经批准成立的教育机构，根据《教育法》，它拥有"招收学生或者其他受教育者"的权利，但同时负有"遵守法律、法规；……依法接受监督"的义务。《教育法》第 22 条第 2 款规定："经国家批准设立或者认可的学校及其他教育机构按照国家有关规定，颁发学历证书或者其他学业证书。"在该案例中，文化艺术学院擅自扩大其招生范围，是一种典型的不履行法定义务的违法行为。该市教育局对文化艺术学院违规招生行为处理恰当。根据《教育法》第 76 条规定："学校或者其他教育机构违反国家有关规定招收学生的，由教育行政部门或者其他有关行政部门责令退回招收的学生，退还所收费用；对学校、其他教育机构给予警告，可以处违法所得五倍以下罚款；情节严重的，责令停止相关招生资格一年以上三年以下，直至撤销招生资格、吊销办学许可证；对直接负责的主管人员和其他直接责任人员，依法给予处分；构成犯罪的，依法追究刑事责任。"因此，该市教育局对文化艺术学院违规招生行为依法行使了行政处罚权。

二、学校参与的民事法律关系

学校参与的民事法律关系主要表现在学校作为法人与社会上的其他组织或个人发生的民事法律关系以及学校与学生（家长）发生的民事法律关系。

首先，对于学校的民事主体资格而言，《教育法》第 32 条规定："学校及其他教育机构具备法人条件的，自批准设立或者登记注册之日起取得法人资格。学校及其他教育机构在民事活动中依法享有民事权利，承担民事责任。"这表明学校具有法人资格，其法人性质属《民法通则》第 50 条中的事业单位法人，是具备独立法律人格参与民事活动的主体。学校作为民事主体，在民事活动中依法享有民事权利，包括财产权和人身权，对于学校的这些合法权益，应该依法受到民法保护。《教育法》第 29 条也规定，"国家保护学校及其他教育机构的合法权益不受侵犯"，此处所称"不受侵犯"，除了不受学校之外的其他民事主体的侵犯外，当然包括不受学校在校学生的侵犯，例如，学生不得损坏学校的教学设施使学校的财产权受到侵害、不得以侮辱或者诽谤等方式损害学校的名誉等，如果学生侵犯学校的合法权益,学校有权要求学生承担民事责任。

其次,对于学生而言,与学校在民事法律上是人格彼此独立的主体。但在学生处于受教育者和被管理者的地位时,人们往往忽视了学生是具有独立人格的民事主体。其实,学生在学校就学期间,在与所属学校的关系上仍然享有广泛的人身权和财产权,如生命健康权、名誉权、荣誉权、隐私权、财产所有权、知识产权等。与国家保护学校的合法权益不受学生侵犯一样,学生的合法权益同样不应受到学校的侵犯,如果学生的人身权、财产权等合法权益受到学校侵犯时,学校应向学生承担民事责任。另外,2002年教育部颁布的《学生伤害事故处理办法》也规定学校在实施教育教学活动或者学校组织的校外活动中,以及在学校负有管理责任的校舍、场地、其他教育教学设施、生活设施内发生的学生人身伤害事故,学校应依民事侵权行为规则承担民事责任。

⚖ 案例讨论

适龄儿童、少年不接受义务教育,学校的义务是什么?

张氏夫妇开了个副食店,生意红火。由于缺少人手,夫妇俩心想正念初一的儿子学习成绩不怎样,多识几个字未必能致富,于是让孩子辍学在家帮忙打点生意。孩子辍学后,学校多次去张家,要求其回校完成义务教育,张氏夫妇置若罔闻。学校把情况反映到镇政府。镇政府派人到张家要求子女回校,张氏夫妇仍未加以理睬。在这种情况下,学校向法院起诉,要求张氏夫妇尽义务让孩子接受义务教育。问:学校这样的做法对不对?

评析:该案例中,法律关系主体是镇政府和张氏夫妇。学校与家长是平权型的法律关系,对其无行政管理权,因此没有起诉家长的义务(不当),法院也不应该受理起诉。镇政府对张氏夫妇有行政管理权,可对其予以行政处罚并责令送子女就学。如果拒不执行,镇政府可申请人民法院强制执行。接受义务教育,既是适龄儿童、少年的法定权利,也是法定义务。无正当理由辍学违反义务教育法。该案例中,儿童在法律上不是完全行为能力人,其父母作为监护人,是法律责任主体,应对其行为负责。《义务教育法》第58条规定:"适龄儿童、少年的父母或者其他法定监护人无正当理由未依照本法规定送适龄儿童、少年入学接受义务教育的,由当地乡镇人民政府或者县级人民政府教育行政部门给予批评教育,责令限期改正。"《义务教育法实施细则》规定,"经教育仍拒不送其子女或者其他被监护人就学的,可视具体情况处以罚款,并采取其他措施使其子女或者其他被监护人就学"。不执行可强制执行。

处理:县人民法院裁定,对张氏夫妇强制执行接受九年义务教育,责令其立即让儿子返校上学,并处以罚款1000元。

⚖ 案例讨论

2011年12月23日,全国保险代理从业人员基本资格考试在三门峡市举行,由三门峡电大统一组织,寿险三门峡分公司的一名司机驾驶本单位汽车负责拉考试卷。12月20日晚,拉试卷的车返回三门峡职院,因当时学校东大门未关,司机就开车直接从该门驶入校园,将三门峡职院学生刘某、胡某撞伤,其中刘某经鉴定为一级伤残,需终身康复治疗。由于索赔协商医疗费未果,两学生将寿险三门峡分公司告上法院,审理中,根据保险公司的申请,法院依法追加三门峡电大、三门峡职院为共同被告。

法院经审理后认为,寿险三门峡分公司的司机在驾驶本单位车辆执行职务时,未尽到司机的注意义务,且采取措施不力,致使两学生撞伤,寿险三门峡分公司对学生的伤残应承担主要责任。三门峡电大对由其组织的此次考试负有管理职责,但其未对由其安排寿险三门峡分公司车辆拉取考卷这一环节负相应管理义务,因此对原告伤残应承担相应的责任。刘某、胡某系被告三门峡职院的在校学生,三门峡职院疏于管理,没有在校园内设立限速牌等明显标志,同时事发当晚学校东大门没有关闭,使事发车辆直接进入校园内,故其亦应对原告的伤残承担相应的责任。

评析:该案例中,三门峡电大、三门峡职院和受伤的学生之间是平等的民事法律关系,而非管理与被管理的行政法律关系。此案中学生具有人身权,任何主体不得侵害其人身权。侵害者无论是学校还是其他组织,都需要承担侵权民事责任。

第三节 学校的权利和义务

一、学校的权利

根据我国《教育法》规定,凡经合法手续设立的学校,具有以下基本权利:

(一) 按照章程自主管理学校权

章程是指学校为保证正常运行,对内部管理进行规范而制定的基本制度,是实行依法治校,提高学校管理水平和效率的重要保证。学校依法制定章程,确立其办学宗旨、管理体制及各项重大原则,制定具体的管理规章和发展规划,自主地做出管理决策,并建立、完善自己的管理系统,组织实施管理活动,这是建立现代学校管理体制的重要前提。

(二) 组织实施教育教学活动权

这是学校的一项最基本权利。学校有权根据自己的办学宗旨和任务,依据国家教育主管部门有关教学计划、课程、专业设置等方面的规定,自行决定和实施自己的教学计划,决定具体课程、专业设置,决定选用何种教材,决定具体课时和教学进度,组织教学评比、集体备课,对学生进行统一考核、考试等。

（三）招收学生权

学校有权依据国家招生法律、法规和主管部门的招生管理规定,根据自己的办学宗旨、培养目标、任务以及办学条件和能力,制定本机构具体的招生办法,发布招生广告,决定具体数量和人员,确定招生范围和来源。学校招收学生必须符合国家有关规定,其招生简章和广告内容必须真实、准确,严格按规定履行审核手续。不得制发虚假招生简章和广告。

案例讨论

湖南岳阳市9名初中学生因为没有考上高中,将母校宜登学校告上了法庭。岳阳市岳阳楼区人民法院判决宜登学校赔偿9名学生8万多元。这起教学质量纠纷案的起因是该校的招生广告。在招生广告中该校声称,"90%以上的学生都能够进入重点中学和大学学习"。提起诉讼的9名学生认为当初就是看了这则广告后,考虑到该校可能教学质量很高,才交了比其他学校高出很多的学费(每年近6 000元)到这里来上学的。2000年,该校共有18人参加了初中升高中毕业会考。但结果和学校当初宣称的90%以上的升学率相去甚远,这18人中,不仅没有一人考上重点中学,而且没有一人超过普通中学录取分数线。在讨不到理想说法的情况下,9名学生联合起来,以违约为由将学校告上了法庭,要求学校退还学费并赔偿损失共计17万元。

法院开庭审理了此案。法庭认为,学校当初在招生广告中声称的"90%以上的学生都能够进入重点中学和大学学习",应该视为一种广告承诺。但在会考后却无一人考上高中,因此应该视为校方违约,当初的招生广告也应该视为虚假广告。校方应该对学生没有升入高中负责。但学生没有升入高中,显然和自身的努力也有关系,因此学校只应该赔偿部分损失。法院最后判决学校赔偿9名学生损失共计8.55万元。

（四）学籍管理权

所谓"学籍管理",主要是指学校针对受教育者的不同层次、类别,制定有关入学与报名注册、成绩考核、纪律与考勤、留、降级转专业与转系、退学、休学与复学、转学的管理办法,并对其实施具体的管理活动。学校根据教育部关于学籍的管理规定,制定相应的具体学籍管理办法。根据国家有关学生奖励、处分的规定,结合本校的实际,制定具体的奖励与处分办法;并可以根据这些管理办法,对受教育者进行具体的管理活动。

案例讨论

王某等四人,2015年9月4日经考试被某技工学校录取。录取前,该学校与四原告家长所在单位分别签订了定向招生、分配合同、并收取了各原告学杂费3 540元或者4 340元。入学后四原告分别进入电工班、厨工班或者维修班学习。2016年4月30日上午原告王某、张某在数学科目考试中抄纸条作弊;2016年5月2日上午原告刘某、马某在电子技术、机械基础科目考试中抄纸条作弊。该学校于2016年5月2日公告开除四人学籍。又于2016年5月3日以"××技校〔2016〕18号"文对王某等四人作出责令退学、注销学籍的处分决定。该校做出该处分未报告主管部门。四名学生不服该处分,向某区人民法院提起行政诉讼。

原告认为,王、张虽然在考试中抄纸条作弊,但已向学校写出书面检查、承认错误,而被告仍作出开除学籍的处罚属处分过重,侵犯了未成年人受教育的合法权益,而且处分程序违法,请求法院判决撤销该处分,恢复学籍。被告认为,作出该处分是学校内部的管理行为,技工学校不属于国家行政机关,原告无权提起行政诉讼。某区人民法院认定该学校是法律法规授权的组织,起诉符合行政诉讼法收案范围,该校的处分程序违法,显失公正,而且超越职权,判决撤销该处分决定,限制判决生效后三日内恢复王某等四人学籍。该技校上诉,二审法院驳回上诉,维持原判。

评析:在这起案例中涉及两个问题,一是学校是否能作为被告,即学校是否具有行政主体资格;该技工学校对四原告做出的责令退学、注销学籍的处理,是学校行使法律授予的行政职权做出的具体行政行为,学生不服可以提起行政诉讼。二是学校是否正确运用了法律,学校的学籍处理认定程序是否合法。学校在这件事情上在程序上违法,在实体上显失公正。

(五) 对受教育者颁发相应的学业证书权

学校依据国家有关学业证书的管理规定,根据自己的办学宗旨、培养目标和教育教学任务要求,有权对经考核、成绩合格的受教育者,按其类别,颁发毕业证书、结业证书等学业证书。学业证书制度是我国的教育基本制度之一。学校作为从事教育教学活动的事业法人,法律授予了学校行使对受教育者颁发学业证书、学位证书的行政权力,这种权力是代表国家行使的在学位、学历证书方面的行政管理职权。

(六) 聘任并管理教师及其他职工权

学校根据国家有关教师和其他教职工管理的法规、规章规定,从本校的办学条件、办学能力和实际编制情况出发,有权自主决定聘任、解聘有关教师和其他职工,可以制定本校的教师及其他职工聘任办法,签订和解除聘任合同,并可以对教师及其他员工实施包括奖励、处分在内的具体管理活动。教育机构在聘任、奖励、处分教师和其他职工时,应根据教师和其他职工的职责要求,重点考虑本人的表现及业绩。此项权利是学校实施教育活动的保证,也是学校作为法人被法律所确认的权利之一。

(七) 对本单位设施和经费的管理和使用权

学校作为其法人单位,对其占有的场地、教室、宿舍、教学设备等设施、办学经费以及其他有关财产,享有财产管理权和使用权,必要时可对其占用的财产进行处置或获得一定的收益。同时学校行使此项权利,也应遵守国家有关国有资产管理、教育经费投入及学校财务活动的管理规定,符合国家和社会公共利益,有利于学校发展和实现学校的办学宗旨,有利于合理利用教育资源,不得妨碍学校教育和管理活动的正常进行,不得侵害举办者、投资者等有关权利人的财产权利。

案例讨论

2013年经教育部决定,成立A市B大学,并在该市郊区某村征得土地500亩,用于修建这所大学。因为当时征地时500亩土地是作为一块整耕地征用的,后来因为城市规划需要将此块地中间修一条马路,将此500亩地分成东西两块。由于基建资金紧张,B大学决定先在西块土地上进行建筑施工,东块土地暂缓建设一年。B大学用围墙将东块土地围住。某村农民发现B大学有闲置的土地未用,遂将围墙推倒并在土地上种上庄稼和一部分果树,B大学领导发现后进行劝阻,农民不听,于是,B大学决定将推倒的围墙修复。

修复围墙后的某天夜晚,农民连夜再次将其推倒,并用拖拉机等工具阻挠B大学再次修复,B大学感到为难,便找某村村委会协商,晓之以理,某村村委会人员称:虽然征地属于你们,但此地为空地,农民种种也没有什么不对,如你们现在用地,你们要赔偿农民种地未收获前所投资的本钱。B大学自然不同意,协商不成,只好起诉到法院,要求某村农民撤出被征用的土地。法院判决责令停止侵害行为,退出土地,负责修复围墙。

评析:在这起案例中,涉及学校对其单位设施的管理和使用权。按《土地管理法》有关规定,国家进行经济、文化、国防建设以及兴办社会公共事业,按一定的手续和程序办理征地手续,可以享有土地使用权。B大学业经原国家教委批准成立,土地管理部门批准其征用某村土地500亩,是符合法律规定的。征得土地后应当充分合理地利用土地。B大学因基建资金紧张,将东块土地暂缓建设1年也在《土地管理法》规定闲置年限之内。某村农民进入东块地围墙之内进行耕种的行为是侵权行为。因为土地的使用权已归B大学所拥有,某村已丧失了对此地的占有、利用的权利。因此,无权对东块土地进行耕种,村委会要求赔偿农民的投资本钱没有法律依据。因此,法院判决责令停止侵害行为,退出土地,负责修复围墙是正确的。

(八)拒绝对教育教学活动的非法干涉权

依据《教育法》规定,学校有权"拒绝任何组织和个人对教育教学活动的非法干涉"。即学校对来自行政机关(包括教育行政机关)、企业事业组织、社会团体、个人等任何方面的非法干涉教育教学活动的行为,有权拒绝和抵御。

(九)其他合法权益

其他合法权益是指除前述八项权利外,现行法律、行政法规以及地方性法规,赋予学校民法中规定的一般法人的权利和其他法律法规规定的权利。同时,还包括将来制定的法律、法规确立的有关权利。此项规定,是对学校享有除前述八项权利外的其他合法权利的概括。做出此项规定,有利于将来制定有关教育法律、法规,进一步完善学校的办学自主权。

二、学校的义务

学校的义务是指其在教育活动中必须履行的法律义务,即学校在教育活动中必须做出一定行为或不得做出一定行为的约束。它根据法律产生,并以国家强制力保障其履行。规定学校的义务,一是为保证学校实现育人宗旨、实施教育教学活动的需要;二是保障学校相对一方特别是学生受教育权利和教师的合法权益的需要。从深层次上说,它也是权利义务一致的体现。

(一) 遵守法律、法规

学校是培养人的社会组织,遵守法律、法规是其必须履行的基本义务。此项义务中的"法律",包括宪法和国家权力机关制定的法律;"法规"包括国务院制定的行政法规和地方性法规。《教育法》做出此项规定,并不是对《宪法》有关内容的简单重复。它包括两层含义:既包括学校在一般意义上的守法,不得违背法律;也包括教育法律、法规、规章中为学校及其他教育机构确立的特定意义上的义务,这些义务与实施教育教学活动,实现其办学宗旨有密切联系。

(二) 贯彻国家的教育方针,执行国家教育教学标准,保证教育教学质量

(1) 学校及其他教育机构在整个教育教学活动中,要坚持社会主义办学方向,贯彻国家教育方针,走教育教学与生产劳动和社会实践相结合的办学道路,从德智体美劳方面全面教育、培养学生。

(2) 要执行国家教育教学标准,努力改善办学条件,加强育人环节,保证教育教学活动和培养学生的质量达到国家的教育教学质量要求,并不断提高教育教学质量。

(三) 维护受教育者、教师及其他职工的合法权益

(1) 学校自身的行为不得侵犯受教育者、教师及其他职工的合法权益,如不得克扣、拖欠教职工工资,不得拒绝合乎入学标准的受教育者入学,尊重学生的受教育权,包括学籍权、学历、学位证书权、上课权。

(2) 当教育机构以外的其他社会组织和个人侵犯了本校学生、教师及其职工合法权益时,学校应当以合法方式,积极协助有关单位查处违法行为的当事人,维护其合法权益。

(四) 以适当方式为受教育者及其监护人了解受教育者的学业成绩及其他有关情况提供便利

所谓"适当方式",是指学校通过设立"家长接待日""家长会议""教师家访"等合法的、正当的方式,保障家长及其他监护人、学生本人的知情权。但不得采取"考试成绩排队""公布学生档案"等非法的、侵犯学生合法权益的方式进行。所谓"监护人",是指未成年人

的父母,父母没有监护能力或者不能履行监护职责时,由未成年人的其他成年亲属或者所在基层组织担任监护人。所谓"提供便利",一是学校不得拒绝受教育者及其监护人了解学业成绩、在校表现等情况的请求;二是学校应当提供便利条件,帮助受教育者及其监护人行使此项知情权。学校在履行此项义务时,要特别注意不得侵犯受教育者的隐私权、名誉权等合法权益。

案例讨论

2016年5月,某小学进行了期中考试。三年级某班主任将学生考试成绩进行了排榜。该班女生张某原来是班级尖子生,成绩一直名列前茅。但是这次期中考试却排在中游。班主任在全班同学面前,公布排榜名次时,不问青红皂白,严厉地批评了张某。张某因为妈妈住院而影响学习成绩自觉委屈,老师当面批评使她抬不起头。孩子回家后,神情沮丧、少言寡语,茶不思饭不想,躲进自己小屋不出来,并告诉父母她不想念书了。家长因此向学校提出申诉,认为老师排榜行为客观上造成孩子沉重的精神负担,伤害了孩子自尊心,侵犯了孩子名誉权。并依据《教师法》第8条,教师应履行"关心、爱护全体学生,尊重学生人格,促进学生在品德、智力、体质等方面全面发展"的规定,要求学校对班主任进行批评教育并公开向学生道歉。

学校接受张的家长申诉书后,找学生、老师进行核实。确认家长反映情况属实。学校认为:该班主任考试排榜行为违反了《教育法》第30条第4款"学校以适当方式为受教育者及其监护人了解受教育者的学业成绩及其他有关情况提供便利"和《教育法》第43条第3款"受教育者在学业成绩和品行上获得公正评价"以及《教师法》第8条第4款教师应"关心、爱护全体学生,尊重学生人格"之规定,构成了侵害学生的知情权和名誉权。责令班主任撤销排榜并向学生本人及家长赔礼道歉。

(五)遵照国家有关规定收取费用并公开收费项目

学校是公益性机构,公民依法享有受教育权利,同时应按所入学校的不同性质依照有关规定缴纳一定费用。学校应当按照中央和地方各级政府及其有关部门的收费规定,确定收取学杂费的具体标准,不得巧立名目,乱收费用,甚至把办学当作牟利的工具。同时,收费项目应向社会公开,接受家长和社会各界的监督,维护办学机构的公益性质。

(六)依法接受监督

这项义务是指学校对各级权力机关、行政机关依法进行的检查、监督以及社会各界依法进行的监督,应当积极予以配合,不得拒绝,更不得妨碍检查、监督工作的正常进行。这是学校作为行政管理相对人和独立法人应承担的法定义务。特别是符合《教育法》确立的"教育活动必须符合国家和社会公共利益"原则的基本要求,有利于促进学校自觉地把教育教育和管理活动置于主管部门和社会的监督之下,全面贯彻国家的教育方针。

第四节　学生伤害事故处理办法

近几年来,因学生伤害事故而引起的人身伤害赔偿案件逐年增多,成为人们普遍关注的社会热点问题。学生伤害事故及其所引发的学校法律纠纷也越来越多,许多学校在出现了学生伤害事故后常常表现出不知所措,要么为了息事宁人而以牺牲学校或教师合法权益为代价,要么不恰当地维护学校或教师权益而导致事态难以收拾。正确处理好学生伤害事故赔偿案件,理清学校在案件中所应承担的民事责任,对于保障我国教育事业的健康发展和平等地保护学校、学生合法权益,维护学校正常的教学秩序和管理秩序,都具有十分重要的意义。

一、学生伤害事故的概念

学生伤害事故一般是指在学校实施的教育活动或学校组织的校外活动中,以及在学校负有管理责任的校舍、场地、其他教育教学设施、生活设施内发生的,造成在校学生人身权受到损害,导致其受伤、残疾或者死亡的人身伤害事故。学生伤害事故既是一个时间概念,也是一个空间概念,不能把两者割裂开来。把学生伤害事故仅仅理解为"学生在学校期间发生的人身伤害事故""在学校管理下的学生所发生的事故"或者就是"校园内发生的事故"等,都是不全面且不科学的。学生伤害事故可能发生在校园内,也可能发生在校园外;可能发生在教学上课期间,也可能发生在放学及下课期间;还可能发生在寒假、暑假期间。关键要看是不是学校组织的教育教学活动或者学校负有管理责任的范围之内。

二、学生伤害事故的特点

学生伤害事故与交通事故、医疗事故及劳动安全事故等相比,具有自身的特点:① 绝大多数学生伤害事故的受害者为不满 18 周岁的未成年学生,学生活泼好动的天性是造成事故的重要原因。② 事故的处理涉及多方利益。往往牵涉到学生、学生家长、教师、学校以及校外有关部门等多方关系。③ 独生子女的增多为学生伤害事故的处理带来巨大压力,因学生伤害事故常常引发学校教学和管理秩序的混乱。④ 教育经费不足使学校难以承受赔偿费用。

三、学生伤害事故的构成要件

从法律角度分析,学生伤害事故必须具备五个构成要件:

(1) 受害方必须是学生。即在国家或者社会力量举办的全日制学校(包括中小学校、特殊教育学校和高等学校)中全日制就读的受教育者。幼儿园内的幼儿、其他教育机构的学生及在学校注册的其他受教育者发生伤害事故,严格意义上不属于学生伤害事故,但可以参照学生伤害事故的处理方式予以处理。

（2）必须有伤害结果发生。依据有关法律法规规定，这类伤害不仅仅指身体的直接创伤或死亡，也包括精神上的伤害。

（3）必须有导致学生伤害事故的行为或者不可抗力。导致伤害结果的原因可以是不可抗力，但更多的是行为，既包括学校领导、教师或者其他管理人员的行为，也可以是学生自身及其他学生的行为。同时，来自校外突发性、偶发性或者其他形式的侵害也是导致学生伤害事故的原因之一。

（4）主观方面，绝大多数是过失，在某些情况下也可能是故意。

（5）从时间和地点上看，伤害行为或者结果必须有一项是发生在学校对学生负有教育、管理、指导、保护等职责的期间和地域范围。

四、学生伤害事故的种类

（一）学校责任事故

学校责任事故是学校由于过失，未尽到相应的教育管理职责而造成学生的伤害事故。包括学校提供的教育教学设施、设备不符合国家安全标准或有明显的不安全因素；学校的管理制度存在明显疏漏或者管理混乱，存在重大安全隐患；学校教职工在履行教育教学职责中违反有关要求及操作规程；学校组织课外活动时未进行安全教育或未采取必要的防范措施；学校统一提供的食品、饮用水不符合安全及卫生标准等。

（二）意外事故

意外事故是指学生在正常教育教学活动中发生的伤害事故。它包括由于自然因素及不可抗力造成的学生伤害事故；学生特异体质、疾病，学校和学生自身不了解或难以了解而引发的事故等。

（三）第三方责任事故

第三方责任事故是指学校本身提供的各种场地设施和教育教学过程没有问题，而是由第三方的原因导致的伤害事故。它包括校外活动中，场地、设施提供方违反规定导致学生伤害事故；学生明显违反校规而对其他学生造成的伤害事故等。另外，从事故原因角度也可以将学生伤害事故分为教育活动事故、学校设施事故及学生间事故。

五、学生伤害事故的法律责任

法律责任是指违法行为人或违约行为人对其违法或违约行为依法应承受的某种不利的法律后果。法律责任分为刑事责任、民事责任和行政责任三类。学生伤害事故的民事责任是一种侵权的民事责任，不是违约或者其他民事责任。侵权的民事责任是指侵权人由于过错侵害他人的财产权和人身权而依法应当承担的民事责任。在学生伤害事故中，法律责任承担的主体通常有学校、学生及监护人、第三人等。

(一) 学校责任

学校责任是指由于学校或者从事职务行为的教师及其他工作人员的过错行为(包括作为和不作为)导致学生伤害事故应承担的民事责任。一直以来,由于法学研究和司法实践对学校责任理解的泛化,一旦出现学生伤害事故,往往被认为是学校在教育管理上并不"尽善尽美"所致,并由此认定学校应对此承担一定的损害赔偿责任。学校事故责任认定不清,不论对学校和教育工作者的积极性,对教育改革和发展,还是对法律精神的捍卫和法治国家建设都将带来严重的消极影响。因此,对学生伤害事故中学校责任和赔偿范围做出科学界定,即对校方过错做科学认定,已成为正确解决类似法律纠纷的一个核心问题。可喜的是,《学生伤害事故处理办法》出台后,对学生伤害事故的学校责任做了规定,基本上明确了学校的责任范围。依据规定,下列行为学校必须承担相应的责任:① 学校的校舍、场地、其他公共设施,以及学校提供给学生使用的学具、教育教学和生活设施、设备不符合国家规定的标准,或者有明显不安全因素的;② 学校的安全保卫、消防、设施设备管理等安全管理制度有明显疏漏,或者管理混乱,存在重大安全隐患,而未及时采取措施的;③ 学校向学生提供的药品、食品、饮用水等不符合国家或者行业的有关标准、要求的;④ 学校组织学生参加教育教学活动或者校外活动,未对学生进行相应的安全教育,并未在可预见的范围内采取必要的安全措施的;⑤ 学校知道教师或者其他工作人员患有不适宜担任教育教学工作的疾病,但未采取必要措施的;⑥ 学校违反有关规定,组织或者安排未成年学生从事不宜未成年人参加的劳动、体育运动或者其他活动的;⑦ 学生有特异体质或者特定疾病,不宜参加某种教育教学活动,学校知道或者应当知道,但未予以必要的注意的;⑧ 学生在校期间突发疾病或者受到伤害,学校发现,但未根据实际情况及时采取相应措施,导致不良后果加重的;⑨ 学校教师或者其他工作人员体罚或者变相体罚学生,或者在履行职责过程中违反工作要求、操作规程、职业道德或者其他有关规定的;⑩ 学校教师或者其他工作人员在负有组织、管理未成年学生的职责期间,发现学生行为具有危险性,但未进行必要的管理、告诫或者制止的;⑪ 对未成年学生擅自离校等与学生人身安全直接相关的信息,学校发现或者知道,但未及时告知未成年学生的监护人,导致未成年学生因脱离监护人的保护而发生伤害的;⑫ 学校有未依法履行职责的其他情形的。另外,在发生不可抗力、校外侵害、学生自杀、自伤,及具有对抗性或者具有风险性的体育竞赛活动中造成的学生伤害事故,学校没有履行相应的职责、行为措施存在不当等情况的,也要承担相应的责任。除此之外,学校对其他学生伤害事故无须承担法律责任。这样一来,以往那种凡是出现学生伤害事故学校无一例外都要承担法律责任的观念和做法可望得到较大改善,从而有利于学校的生存与发展。

在民法的理论中,法人应当对其法定代表人以及其工作人员的职务行为承担相应的替代责任。即当学校的法定代表人或其他教职工在执行职务时致人损害,应当由作为法人的学校作为赔偿义务的主体,对工作人员的致害行为承担责任。在《学生伤害事故处理办法》中也提到因学校教师或者其他工作人员与其职务无关的个人行为,或者因学生、教师及其他个人故意实施的违法犯罪行为,造成学生人身损害的,由致害人依法承担相应的责任。换言之,教师的职务行为应由学校承担替代责任,而职务外的行为,如教师课外补课造成的学生伤害等,由教师自行负责。

一般情况下,判断教师的行为是否属于职务行为,一般要从以下几个方面综合考虑:① 造成损害的行为是否发生在执行职务过程中。② 造成损害的行为是否发生在执行职务的工作场所。③ 造成损害的行为是否以完成工作任务为目的。④ 造成损害的行为是否为行为人所属学校利益的作为。⑤ 造成损害的行为是否为行为人所属学校明示或知晓。⑥ 学校是否有权对行为人造成的损害的行为进行监督和制止。

(二)学生及未成年学生监护人的责任

学生及未成年学生监护人的责任是指学生及未成年学生的监护人由于过错造成学生伤害事故而应承担的责任。主要包括以下几个方面:① 学生违反法律法规的规定,违反社会公共行为准则、学校的规章制度或者纪律,实施按其年龄和认知能力应当知道具有危险或者可能危及他人的行为的;② 学生行为具有危险性,学校、教师已经告诫、纠正,但学生不听劝阻、拒不改正的;③ 学生或者其监护人知道学生有特异体质,或者患有特定疾病,但未告知学校的;④ 未成年学生的身体状况、行为、情绪等有异常情况,监护人知道或者已被学校告知,但未履行相应监护职责的;⑤ 学生或者未成年学生监护人有其他过错的。

从法的角度明确规定了学生及未成年学生的监护人在造成学生伤害事故当中的法律责任,既有利于学生及未成年学生监护人提高安全意识,减少事故发生,也有利于发生事故后责任的认定,有利于学校教育教学工作。

(三)第三人责任

第三人责任是指学校及受害方之外的主体由于过错造成学生伤害事故而应承担的责任。第三人责任包括两种情况,一是在学校安排学生参加的活动中,因提供场地、设备、交通工具、食品及其他消费与服务的经营者,或学校以外的活动组织者的过错造成学生伤害事故而应承担的责任;二是在校学生由于过错给其他学生造成伤害事故而应由本人或者其监护人承担的责任。

需要指出的是,学生伤害事故的发生,其责任并非一定是某类责任主体单独承担的,也可能是两类甚至三类主体共同承担。这就涉及责任的有无及责任的大小问题。在这种情况下,就应当根据三类主体的行为与损害后果之间的关系及行为过错程度的比例来分担。

案例讨论

北京市丰台区一小学 12 岁的学生王某在上体育课踢球时被同学李某不小心踢伤腿部,王某的父亲认为儿子的同学李某和学校对此事故存在过错,遂代儿子诉至法院,要求李某及学校支付医疗费、精神损害抚慰金共计 3 万余元。

王某的父亲代儿子起诉称,儿子是被告小学的学生。2009年4月22日上午,儿子在学校上体育课期间,在征得体育老师同意后,和其他同学一起到足球场踢足球。在此期间体育老师并未在足球场进行现场指导和监督。在踢球过程中,儿子的同学李某将儿子的小腿踢伤,经诊断为右胫骨骨折。王某的父亲认为学校和儿子的同学李某均对此事故存在过错,因此诉至法院,要求李某和学校支付医疗费、误工费、后续治疗费、精神损害抚慰金等共计3万余元。

法院经审理认为,王某事发时为限制民事行为能力人,对危险有一定的判断和认知能力,其进行铲球是事发的起因。李某踢到王某腿部致其受伤事发突然,并非故意所为。关于校方的责任问题,本案中,事故发生在体育课,此时学校负有组织、管理和保护学生的职责。学校体育教师对男生正在进行的有一定风险性的足球运动没有进行监督,对王某的危险动作没有及时发现并制止,故学校对其疏于管理的行为应承担相应的过错赔偿责任。本院确定王某、李某、学校各自承担的比例为40%、30%、30%。据此,法院作出判决。丰台法院一审判决学校赔偿王某医疗费等经济损失5 568元,判决李某的父母赔偿王某医疗费等经济损失5 568元。

学校教师对在校的学生有注意的义务与保护的职责。学校教师及其他工作人员的致害行为,可以表现为直接的行为,如教师或其他工作人员殴打、体罚或变相体罚学生,造成学生人身损害,也可以表现为未尽保护职责,如教师或其他工作人员发现学生的危险行为不予制止,或预见到危险性的行为不理会。教师的职务致害行为不由本人直接承担责任,学校作为法人组织代替教师承担责任。在本案中,体育课属于学校户外的活动课,学生要求进行激烈的足球运动时,教师应预料到足球运动的激烈对抗性,可以预见其受伤的可能性,教师应做好管理工作以降低受伤的可能性,具体表现在教师应向学生讲解足球运动的危险性,组织学生进行热身活动,活动过程中对活动进行监督等等。本案中,教师没有在现场监督,学校应对其疏于管理的行为承担相应的责任。

六、学生伤害事故法律责任的归责原则

所谓"归责",即确认和追究侵权行为人的法律责任。归责原则是指以何种根据确认和追究侵权行为人的法律责任,它所解决的是侵权的民事责任的基础问题,同时也是法院判罚的标准。我国学生伤害事故中民事责任的归责原则,包括过错责任原则、过错推定原则、公平责任原则。在特定教育契约合同中也采用无过错原则判定。在当今复杂多样的学生伤害事故中,单一的归责原则已不能很好地解决所有的案件,多元归责原则体系是现代民事法律的发展趋势。但多元归责原则体系中,必然有一种归责原则居于主导地位——普遍、绝大多数的校园侵权必须依该归责原则进行责任认定,该原则被称为一般归责原则。在学生伤害事故中,过错责任原则为一般归责原则,过错推定原则、公平责任原则为补充原则,无过错责任原则为特殊归责原则,在法律规定的特殊情形下适用。

过错责任原则是指以侵权人行为的主观过错作为归责根据的归责原则,即学校承担人身损害赔偿的民事责任的前提是,学校有过错才承担赔偿责任,无过错即无责任。因学

校、学生或者其他相关当事人的过错造成的学生伤害事故,相关当事人应当根据其行为过错程度的比例及其与损害后果之间的因果关系承担相对应的责任。当事人的行为是损害后果发生的主要原因,应当承担主要责任。当事人的行为是损害后果发生的非主要原因,承担相应的责任。《民法典》第 1200 条规定:"限制民事行为能力人在学校或者其他教育机构学习、生活期间受到人身损害,学校或者其他教育机构未尽到教育、管理职责的,应当承担侵权责任。"因此,对于限制民事行为能力人(10 周岁以上的未成年人)发生的伤害事故,适用过错责任原则。

过错推定原则是指不是由受害人举证证明,而是从损害事实本身推定加害人有过错,并据此确定加害人侵权责任的归责原则。认同过错推定原则在伤害事故中的判决的学者认为,由于未成年学生心理和生理上的特点,难以对事故发生的情形准确地加以描述,其次学校作为管理学生的一方,更容易获得主动的证据,如果按照"谁主张、谁举证"的一般举证原则来处理,显然对未成年学生一方有失公允。《民法典》第 1199 条规定,无民事行为能力人在幼儿园、学校或者其他教育机构学习、生活期间受到人身损害的,幼儿园、学校或者其他教育机构应当承担侵权责任;但是,能够证明尽到教育、管理职责的,不承担侵权责任。我们可以得知,无民事行为能力人(不满 8 周岁)在学校受到不法侵害的,可以适用过错推定原则,即学校在不能证明自己没有过错的情况下推定学校有过错,而承担赔偿责任。

公平责任原则一般是适用于双方均无过错的情况,由法院根据公平原则决定责任大小。在学生伤害事故案件中,有时学校无责任,但基于道义和公平原则,也会对受伤害的学生进行一定数额的补偿。

⚖ 案例讨论

今年 15 岁的小涛原是全日制寄宿学校南昌少春中学高一(2)班的寄宿生。一天下午,小涛利用课间活动的时间打篮球,结果不慎摔倒,造成右胫腓骨骨折。小涛的父母认为,少春中学疏于管理,应该负有责任。于是一方面向学校要求休学一年,一方面要求学校支付小涛的医疗费并退回学费和择校费。但少春中学认为小涛的伤是他自己在打篮球时上篮造成的,并没有和其他同学发生碰撞,学校也及时派人将小涛送到医院医治。在整个过程中学校都不存在过错,所以不承担责任。于是,双方争执不下,小涛的父母终于将少春中学告上了法庭,要求学校赔偿医疗费、残疾赔偿金等费用共计 4 万余元。

南昌市中级人民法院经审理认为,体育运动中遭受意外损伤可以说是不可避免,但体育运动依然是国家鼓励发展的一项增强人民体质的事业,而且对正处于生长发育阶段的学生尤为重要。所以不能因为人们执意从事可能带来损伤的体育运动而认定为主观过错。本案原告小涛年满 14 周岁,完全可以参加篮球运动,而对于发生在极短时间内的运球、投篮等连续性动作中的损伤,小涛不可能预见到,一般人也不能预见,所以小涛对自己受到的伤害不负有过错责任。

篮球运动是自由的集体运动,学校所应该做的是教导而不是监护,是提供符合标准的运动场所,而原告无证据证明少春中学提供的运动场地有瑕疵而导致小涛受伤,所以少春中学对小涛的损伤亦不承担过错责任。由于原、被告双方对小涛的损伤无过错,所以本案适用民法中的无过错公平原则,小涛因损伤产生的损失,双方各承担一半。遂判决南昌少春中学赔偿小涛 1.5 万余元。

七、学生伤害事故的防范措施

不论是从理论还是从实践看,学生伤害事故大多是由于各方的过错造成的。既然存在过错,就存在减少甚至消除过错的可能;即使是没有过错方的学生意外伤害事件,也在一定程度上存在防范意外发生的可能。因此,全面、深入地剖析学校事故的防范举措,具有重要的现实意义。

(一) 进一步完善学生伤害事故法规

① 提高立法的层级定位,如果能够上升到行政法规,更为有利,因为处理伤害事故不可避免地要涉及一些教育以外的一些关系,也涉及人身和财产关系,这些规章难于做出有效的规定。② 处理办法在程序的设计上应当建立一个从事故发生到处理的完整程序。③ 处理办法中可进一步加强和体现人文关怀的精神,促进学校增加对学生的关心和爱护。④ 根据立法目的,还应当建立进一步的制度保障。

(二) 坚持以防范为主的处理方针

鉴于学生伤害事故发生后对学生本人及学生家庭所带来的巨大不幸和对学校、社会带来的不良影响,一定要把立足点放在事故的防范上,尽可能地减少和避免事故的发生。具体对策包括:① 要在学校、教师、家长中大力强化事故防范意识,切实落实各项安全保护措施。② 增加教育投入,改善学校设备。很多事故的发生,都与学校的设备陈旧有关。然而解决这一问题,只有通过增加教育投入的方式才能解决。③ 加强教师工作责任心,端正教育思想,增强教师及其他工作人员的法律意识,选择正确的教育方法,严禁体罚和变相体罚。

(三) 争取社会支持和参加学校责任保险

学校事故的发生以及不能妥善处理,有时也与社会对学校的关心、支持程度有关。如学校的周围环境不当,就很可能会引发事故;事故发生后有关部门消极介入甚至坐视不管,会给事故的解决增加难度。在事故发生前与社会各方面充分沟通预防事故发生、事故发生后及时沟通以防止事态扩大,都是十分必要的。另外,由于学校一直以来办学经费都比较紧张,而有些学生伤害事故所引发的巨额赔偿直接影响到学校特别是中小学校的生存与发展。因此,有必要参加学校责任保险,把由于学校疏忽或过失造成的学生的人身损害,在法律上应由学校承担的经济赔偿责任转移到保险公司身上,由保险公司负责赔偿。转移学校教育风险,是走出学校面临的学生伤害事故困境的一条出路。

（四）对在校学生进行系统的遵纪守法教育、心理健康教育和安全教育

学校应当结合入学教育、安全教育日、法制教育课、班会、展览等多种形式，针对学生年龄、认知能力和法律行为能力的不同，对在校学生进行系统的遵纪守法教育、心理健康教育和安全教育。学校应当会同公安、消防、交通部门组织师生开展火灾等自然灾害和交通事故等其他意外事故的逃生避险及自救互救训练，提高自我保护能力。有条件的学校应当开设游泳课，组织学生学习水中自救互救技能。但学生在校期间，未经学校组织，禁止到江河湖海、山塘和水库洗澡或者游泳。

测 试 题

一、单项选择题

1. 我国教育法规定："学校及其他教育机构具备法人条件的，自（　　）取得法人资格。"

  A. 批准登记或登记注册之日起   B. 批准登记之日起

  C. 登记注册之日起   D. 办理执照之日起

2. 根据《中华人民共和国教育法》的规定，依法保证适龄儿童、少年按时入学的责任人是（　　）。

  A. 当地政府   B. 被监护人本人

  C. 户籍所在地学校   D. 其父母或者法定监护人

3. 户籍在某市的小亮要在本地上学，他应该选择（　　）。

  A. 户籍所在地的任意学校入学

  B. 家庭住址所在地的任意学校入学

  C. 户籍所在地就近入学校

  D. 家庭住址所在地的学校考试入学

4. 放学途中，11岁的强强在人行道上被同班同学小刚撞到，导致骨折。对该事故承担赔偿责任的主体是（　　）。

  A. 小刚   B. 小刚的监护人 C. 学校   D. 班主任

5. 某公立小学塑胶跑道不达标，导致一些学生身体不适。应对该事故承担赔偿责任的是（　　）。

  A. 教育行政部门   B. 学校

  C. 教师   D. 校长

6. 某中学化学老师宋某正组织学生上实验课，学生李某因借用坐在实验桌对面的同学的钢笔，碰倒了酒精灯，酒精溅在本组同学韩某的手上并燃烧，致使韩某手部皮肤被灼伤。在这起事故中，应当承担赔偿责任的是（　　）。

  A. 学校和宋某   B. 宋某和李某的监护

  C. 学校和李某的监护人   D. 李某的监护人和韩某的监护人

7. 在一次雷雨天气中,某中学教学楼遭到雷击,多名学生被不同程度地击伤。后经调查得知,由于教学楼没有采取防雷措施,这才导致学生被雷击伤。对于这起事故的法律责任,下列说法中正确的是(   )。

    A. 学校无法律责任   B. 学校应承担过错责任

    C. 学校应承担无过错责任   D. 学校应承担补充责任

8. 某小学女生小丽在放学的路上被数名同校的女生扇耳光,施暴者宣称打人的目的是为了教育小丽。下列说法中正确的是(   )。

    A. 应追究施暴者的刑事责任和民事责任

    B. 学校应承担小丽所受伤害的赔偿责任

    C. 不会自我保护的小丽也要承担部分责任

    D. 施暴者的监护人应对小丽承担赔偿责任

9. 六年级女生朱某学习不好,经常在课堂上讲话。一天上课,朱某又和同桌的男生说活,教师张某批评朱某说:"你怎么这么贱啊,能不能不招惹男生呀!"朱某听后立刻大哭,用头部在课桌上猛烈撞击,造成额头出血。关于朱某所受的伤害,下列说法正确的是(   )。

    A. 学校承担朱某伤害的主要赔偿责任

    B. 张某侵犯了朱某的言论自由权

    C. 朱某家长承担朱某伤害的赔偿责任

    D. 张某承担朱某伤害的部分赔偿责任

10. 小学生小凡在学校教学楼门口发现一条狗,想赶走它,却不慎被咬伤,经查,这条狗是学生小伟从家里带来的。对于小凡所受伤害应当承担赔偿责任的是(   )。

    A. 小凡的监护人和学校   B. 小伟的监护人和学校

    C. 小伟的班主任和小伟的监护人   D. 小凡的班主任和小伟的监护人

11. 初中生孙某在课间活动时跌倒摔伤,其亲属在事故处理过程中无理取闹,扰乱学校教育教学秩序。依据《学生伤害事故处理办法》,此种情形下,学校应当(   )。

    A. 报告教育行政部门处理   B. 报告公安机关处理

    C. 报告纪检监察部门处理   D. 报告人民法院处理

二、案例分析题

1. 某学校学生人数严重超标,每班超出标准30人,全体学生集中在一栋教学楼内上课。教学楼本来有两个楼梯供师生使用,但为了方便管理,其中一个楼梯被长期封闭,楼道里也没有应急灯。有天晚上突然停电,当下晚自习的学生走到二楼时,一名学生恶作剧地喊了一声"地震了",结果造成严重拥挤,有些学生被挤倒,受到踩压,造成多名学生受伤的严重后果。请用教育法律知识分析这一事件中的相关法律责任。

2. 四川某小学的学生在课间休息时,经常在学校空置的教室内玩耍。下午1时40分左右,学生玩耍的教室房顶突然坍塌,造成1人死亡,3人重伤,18人不同程度的伤害。事故发生后,学生得到及时的救治。所有受伤学生病情得到稳定。请分析本案的责任类型及承担的法律责任。

3. 某市民办学校,由于场地不达标、消防未通过、法人资料缺少等诸多原因,导致了办学条件不具备,为此,区教育局拒绝给该校发放办学许可证。然而,在开学之初,投资方却无视教育行政部门的劝阻,大张旗鼓违法招生和办学。由于该校学费相当便宜,所以有很多家长将孩子送到该校读书,生源充足。几天后,区教育局对该校进行例行检查时,发现诸多问题,并给该校下达了整改通知书,指出该校未经教育行政部门批准办学的行为系属违法,并要求整改完成后于13日内交齐、办理办学许可证的各项证照与资料,否则将发通知责令停办。请根据教育法律法规分析上述材料中办学者的行为是否合法,并分析材料中教育法律关系的构成要素。

4. 市第一小学三年级两名学生(均为9岁)在课间休息时,在操场上相互嬉闹,学生张三将学生李四摔倒在地,致使李四脊椎受伤,当时,李四下肢不能活动。其他同学将此事报告了班主任张老师,张老师立即与李四的家长取得联系,要求其迅速前往学校处理此事。家长来到学校后,立即将李四送往医院治疗。李四住院治疗26天,共花医疗费用8 674元。出院后,李四的右腿仍行走不便。李四的父母遂以李四作为原告,将张三的父母、其所在学校列为共同被告,向人民法院提起了民事赔偿之诉。请问:在本材料中,学校是否应该承担法律责任?请说明理由。

5. 市第一小学一年级的学生在学校的倡议及班主任老师的指导下,成立了"学雷锋活动小组",共有成员12人,均是不满10周岁的未成年人。星期天,该小组组织全体成员去一个"五保户"家做好事,事前未告知班主任及学校。不料,在打扫卫生的过程中,女生小丽在擦洗房间的玻璃时,失足从椅子上摔下来,造成左脚骨折。事后,小丽的父母要求学校赔偿部分医药费。但学校认为小丽摔伤是她自己不小心所致,与学校无关。请问:(1)小丽摔伤,学校是否需要承担赔偿责任?为什么?(2)小丽的监护人是谁?监护人在本案中是否有过错?为什么?(3)你认为学校有必要给予适当的经济补偿吗?

6. 市公立小学新校区开始招生报名,当市民李先生来到现场,将户口簿交给工作人员时,工作人员却让他出示工作证。李先生很奇怪,询问原因,工作人员告诉他,此次招生只招市委、市政府机关工作人员的子女。李先生又问:"那为什么不招别的学生呢?"工作人员答复:"我们新校区主要解决市委、市政府工作人员子女就读难的问题,今年只开4个班,资源有限。"请问:该校的做法合法吗?为什么?

第四章
教师管理法律制度

本章导学

振兴民族的希望在教育,振兴教育的希望在教师。1993 年 10 月 31 号,《中华人民共和国教师法》颁布,对教师的地位和权利进行了详细的规定。该法的颁布和实施对建设一支师德高尚、业务精湛、结构合理、充满活力的高素质专业化老师队伍,促进社会主义教育事业的发展,产生了积极、深远的影响。本章以《中华人民共和国教师法》的规定为基础,介绍了教师的地位、教师的权利和义务、有关教师的主要法律制度,剖析了教师和学生的法律关系。通过本章的学习,同学们可以理解老师职业的特殊性,明确教师的权利和义务,从而在法律层面对教师工作有一个新的认识。

案例导航

教师王某在学校放学后,义务为其班级学生张某补习数学,但张某心不在焉,并多次顶撞老师,情急之下,王老师掐了张某的脸。事后,张某父亲大闹学校,辱骂王某,并带来当地电视台记者进行采访、曝光,大肆渲染。区教育局迫于媒体压力,局长当即拍板:对王某马上解聘,并赔偿学生张某损失费 3 000 元,同时要求该校有关领导做严肃检查,并通报全市各级学校就此事展开讨论,自查反省,引以为戒。

请结合相关教育法律法规,分析该案例。

第一节　教师的权利和义务

一、教师的概念与法律地位

(一) 教师的概念

1993 年 10 月 31 日颁布的《中华人民共和国教师法》,赋予"教师"特定的法律含义。

该法第 3 条明确规定："教师是履行教育教学职责的专业人员，承担教书育人，培养社会主义事业建设者和接班人、提高民族素质的使命。"这就是教师的法律概念。这一概念包含以下几层含义：

（1）教师是专业人员，这是就教师的身份特征而言的。如同医生、律师一样，教师是一种从事专门职业活动的专业人员。必须具备专门的资格，符合特定的要求。主要有三个条件：一是教师要达到符合规定的学历；二是教师要具备相应的专业知识；三是教师要符合与其职业相称的其他有关规定，如语言表达能力、身体状况等。教师必须专门从事教育教学工作。

（2）教师的职责是教育教学，这是就教师的职业特征而言的。只有直接承担教育教学工作职责的人，才具备教师的最基本条件。否则，就不能认为是教师。比如，学校中不直接从事教育教学工作，未履行教育教学职责的行政管理人员、后勤服务人员、校办产业公司人员、教学辅助人员等，就不能认为是教师，而分属教育职员或其他专业技术职务系列。需要指出的是，在学校及其他教育机构中承担其他职责的同时，也承担教育教学职责，并达到教师职责的基本要求的人员，也可以认为是教师。

（3）教师的使命是教书育人，培养社会主义事业建设者和接班人，提高民族素质，这是就教师的工作目的而言的。教师所有教育教学工作必须服务于这个目的，并认真履行自己的职责。

（二）教师的地位

1. 教师的社会地位

教师的社会地位是由经济地位、政治地位、文化地位等多因素构成的总体性范畴。其中经济地位决定了教师的职业声望、职业吸引力以及教师从事该项职业的积极性和责任感；政治地位体现了社会对教师的评价以及教师在政治上应享有的各种待遇；文化地位体现了教师在社会文化、观念、道德等构成的综合形态中的地位。

在人类社会发展的不同历史阶段，由于社会生产力发展水平不同，政治经济制度的性质不同、文化背景不同，教师所处的地位是不同的。古代社会教师的社会地位具有复杂性。一方面官学教师的社会地位较高，不少有识之士极力倡导尊师重教，而另一方面普通教师尤其是私学教师的社会地位缺乏保障。统治阶级推崇拥戴那些亦官亦师或有钱有势的名师大儒，而广大的普通教师，特别是私学教师在社会上属于受压迫受剥削的行列，这种状况一直延续到新中国成立前夕。

西方资本主义社会，教师成为被资产阶级雇佣的脑力劳动者，他们处于被统治阶级压迫的地位。马克思在其《剩余价值理论》中明确指出，在当时资本主义社会的学校里，教师对于学校的老板，可以说是纯粹的雇佣劳动者，老板用他的资本交换教师的劳动能力，通过这个过程使自己发财。20 世纪中期以后，由于认识到了智力投资在经济、社会发展中的重要作用，一些发达国家对教师采取了较为"开明"的政策，积极培养，选拔教师，使教师的社会地位和物质待遇有所提高。

我国社会主义制度的建立，使教师从根本上摆脱了受剥削、受奴役的境地，成为社会主义革命和建设的一支重要力量。新中国成立后,在党和政府的重视和关怀下,教师的社会地位得到了明显的提高。尤其是十一届三中全会以来,党和政府把教师视为四化建设的宝贵财富,进一步落实知识分子政策,并采取了一系列切实有效的措施,提高教师的社会地位。比如提高教师工资水平、确立教师节、颁布保障教师合法权益的法律、设立"中小学、幼儿教师奖励基金会"等。《教师法》第 4 条规定:"各级人民政府应当采取措施,加强教师的思想政治教育和业务培训,改善教师的工作条件和生活条件,保障教师的合法权益,提高教师的社会地位。全社会都应当尊重教师。"《教师法》专门就教师的权益、待遇做了具体规定。这为提高教师社会地位提供了重要法律保障。

教师地位的提高既受政治经济制度的制约,又受生产力水平等因素的制约。由于我国生产力水平还较为落后,加之教师队伍的庞大等因素,我国教师的经济地位和物质待遇等方面还有不尽人意之处。与国民经济的其他行业相比,教师工资收入还有待提高,教师工资被拖欠的现象也较为严重。要从根本上解决教师经济地位问题,需要社会各界的共同努力。

2. 教师的法律地位

(1)教师的职业性质。对于教师职业性质的定位主要是看其是否具有专业性。对此,人们的认识经历了一个漫长的发展变化过程,直到现在仍存有分歧。古代社会,由于教育的水平较低,传授知识有限,人们普遍认为教师就是有知识的人,只要有知识就可以当教师。现代学校出现后,由于受教育者人数增多,教学内容不断增加。人们认为有知识同时掌握所教学科知识并懂得如何教的人,才能当好教师。人们对于教师职业有了一定认识。

现代社会,职业门类固然很多,但并非所有的职业都具有专业性,这需要以一定的标准加以衡量。一般认为这些基本标准涉及的主要内容有:① 职业人员是否运用专门的知识与技能,具有不可替代性;② 是否经过长期的专业教育和训练;③ 是否享有相当的独立自主权;④ 是否具有自己的专业团体和明确的职业道德;⑤ 是否具有重服务、非营利的观念。1966 年 10 月联合国教科文组织发表的《关于教师地位的建议》明确指出,"教育工作应被视为专门职业。这种职业是一种要求教师具备经过严格并持续不断的研究才能获得并维持专业知识及专门技能的公共业务"。世界上大多数国家都采纳了这一建议。从我国的现实情况看,教师工作是一种专门的职业,只有经过严格培养和专门训练的人才能胜任。教师职业作为一种专门职业,具有不可替代性。

(2)《教师法》对教师身份的规定。对于教师的身份定位,不同国家有不同规定,从世界范围讲,大致有公务员、雇员、公务员兼雇员三种类型。一些国家如法、日等国将公立学校教师规定为国家公务员,由政府任用,享有公务员规定的各项权利,基于教育者地位,还享有诸如教员会议权、教育自由等特殊权利。与此同时,也要履行与公务员身份相应的义务。世界上几乎所有的私立学校教师均属于雇员身份。也有一些国家的公立学校教师属于公职雇员。比如德国公立学校的兼职教师以及暂时尚未达到公务员任命条件的一些专职教师即属公职雇员教师。他们虽不享有听证权、申诉权、行政诉讼权等公务员教师特有的一些权利,但也不可随便解约。还有一些国家如英、美等国公立学校的教师则兼有公务员和雇员双重身份。一方面,基于公务员身份,他们享有公务员法律规定的各项权利;另一方面,基于雇员身份,他们又具有契约中所规定的权利和义务。根据我国现行的《国家公务员条例》,教师不属于国家公务员行列。根据《教师法》的规定,"教师是履行教育教学职责的专业人员",这种定位既不同于传统的自由职业者,也有别于国家公务员,是一种专业人员。作为专业人员,教师必须符合专门规定的相应条件,同时也享有一定的专业自主权。教育教学、教书育人是教师的基本职责。

(3) 从教师与教育行政机关的关系看教师的法律地位。教师与教育行政机关之间是行政管理者与行政相对人之间的教育行政法律关系。这种法律关系主体之间的地位是不对等的。作为法律关系主体一方的教育行政部门是代表着国家并以国家的名义来行使管理职权的,居于主导地位。教育行政机关正是通过依法管理、依法行政来规范教师的教育教学行为,维护教师合法权益。其主要职责:① 合理配置教师,制定教师培养、培训规划。② 认定教师资格,依照国家规定举行教师资格考试。③ 管理、使用教育经费,保证教师的教育教学工作条件。④ 受理教师的申诉。对于教师对学校或者其他教育机构提出的申诉,主管教育行政部门应当在接到申诉后,在对申诉人的资格、申诉条件审查的基础上,分别情况,做出处理。⑤ 确定教师考核的标准及方法,对教师的考核工作进行指导、监督。⑥ 对教师进行奖惩。⑦ 保证学校正常的教育教学秩序,维护学校、教师的合法权益。作为行政管理相对人,教师应认真执行教育行政机关的决定、命令和指示,并对教育行政机关的工作予以监督。当教师认为当地教育行政部门侵犯其根据《教师法》规定享有的权利时,可以向同级人民政府或者上一级人民政府主管部门提出申诉,并可依法提起行政复议或行政诉讼。

(4) 从教师与学校的关系看教师的法律地位。教师与学校的关系主要表现为任命制、聘任制等形式。西方许多国家表现为一种雇佣关系。学校在其权限范围内,可以决定教师雇用和解雇,向教师布置任务,监督评价教师的工作;教师在任用期限内享有教育自由权以及公民应享有的权利。对于校方侵害教师权利的行为,教师可依法提出申诉。① 我国传统上实行任命制。目前我国正在进行教师任用制度改革。《教师法》第 17 条明确规定:"学校和其他教育机构应当逐步实行教师聘任制。"我国《教育法》规定,学校有权聘任教师及其他职工,实施奖励或者处分。就我国教师任用现状看,我国学校与教师之间的关系不是雇佣关系,而是聘任或任命的关系。② 对于学校而言,有权对符合条件的教师进行聘任;有权组织管理教师的教育教学活动,对教师实施包括奖励、处分在内的管理活动;有权对在聘教师的政治思想、业务水平、工作态度、工作成绩进行考核,为教师受聘任教、晋升工资、实施奖惩等提供依据。学校应为教师的教学、科研、社会服务及进修提高提供相应的条件。对于教师而言,必须认真履行自己的职责,要从学校大局出发,服从学校安排。但基于教师劳动的特殊性,学校对教师必须加以合理使用,要给予教师一定的自主权,充分发挥其工作主动性和创造性。教师认为学校侵犯其教学科研、职务聘任、民主管理、工作条件、培训进修、考核奖惩等方面合法权益的,或者对于学校或者其他教育机构做出的处理不服的,可以依法提出申诉。

二、教师的权利

(一) 教师权利的含义

教师在法律上的权利分为两部分,一是教师作为一般公民所享有的权利,二是教师作为教育者的权利。作为普通公民,教师享有《宪法》所规定的公民的基本权利,如公民的政治权利,宗教信仰自由,社会经济权利,文化教育权利等。作为专业人员,教师在从事教育教学活动中有其特殊的权利。这是一种职业特定的法律权利。而我们这里所谈的教师权利是针对教师的职业权利而言的。

教师权利,是指教师在教育教学活动中依法享有的权益,是国家对教师能够做出或不做出一定行为,以及要求他人相应做出或不做出一定行为的许可与保障。法律上的教师权利包括教师实施某种行为的权利以及要求义务人履行义务的权利。当教师的权利受到侵害时,有权诉诸法律,要求确认和保护其权利。

(二) 教师的基本权利

关于教师的权利,我国《教育法》规定,教师享有法律规定的权利,履行法律规定的义务。我国《教师法》对此做了具体规定。依据《教师法》规定,我国教师享有以下基本权利:

1. 教育教学权

教师有权进行教育教学活动,开展教育教学改革和实验。这是教师的最基本权利。作为教师,有权依据其所在学校的教学计划,教育工作量等具体要求,结合自身教学特点自主地组织课堂教学;有权依照教学大纲的要求确定其教学内容、进度,不断完善教学内容;有权针对不同的教育教学对象,在教育教学的形式、方法、具体内容等方面进行改革和实验。任何人不得非法剥夺在聘教师行使这一基本权利。而不具备教师资格的人不得享有这项权利。虽取得教师资格,但尚未受聘或已被解聘的人员,此项权利的行使处于停顿状态,待任用时方能行使这一权利。学校及其他教育机构依法解聘教师的,不属于侵犯教师权利的行为。

2. 科学研究权

教师有权从事科学研究、学术交流,参加专业的学术团体,在学术活动中充分发表意见。这是教师作为专业技术人员所享有的一项基本权利。作为教师,在完成规定的教育教学任务的前提下,有权进行科学研究、技术开发、撰写学术论文、著书立说;有权参加有关的学术交流活动,参加依法成立的学术团体并在其中兼任工作;有权在学术研究中发表自己的学术观点,开展学术争鸣。教师在行使此项权利时,要注意处理好教学与科研的关系,使之相辅相成,更好地提高教育教学质量。

3. 管理学生权

教师有权指导学生的学习和发展,评定学生的品行和学业成绩。这是与教师在教育教学过程中的主导地位相适应的一项基本权利。教师有权根据教育规律和学生的身心发展特点,因材施教,有针对性地指导学生的学习,并在学生的升学、就业等方面给予指导;有权对学生的思想品德、学习、文体活动、劳动等方面给予客观公正的评价;有权运用正确的指导思想和科学的方式方法,使学生的个性和能力得到充分发展。教师在行使管理学生权时,要注意加强对学生的各方面管理,将关心爱护学生与严格要求相结合,促进学生德、智、体等方面全面发展。

4. 获取报酬待遇权

教师有权按时获取工资报酬,享受国家规定的福利待遇以及寒暑假期的带薪休假。这是教师的基本物质保障权利。教师的工资报酬,一般包括基础工资、职务工资、课时报酬、奖金、教龄津贴、班主任津贴及其他各种津贴在内的工资性收入。福利待遇主要包括教师的医疗、住房、退休等方面的各项待遇和优惠,以及寒暑假期的带薪休假。作为教师,有权要求所在学校及其主管部门根据国家教育法律、教师聘任合同的规定按时足额地支付工资报酬;有权享受国家规定的福利待遇。要动员全社会力量,采取有效措施,依据法律的规定,切实保障教师这一基本权利的行使。

案例讨论

安徽合肥红星机械厂子弟学校教师殷宗印,因不服学校以"联考"成绩差为由扣罚其浮动工资、奖金,于1998年9月16日,将红星厂及子弟学校告上法庭。"联考"是指红星厂和附近企业的子弟学校约定的联合考试,每学期举行一次,学校依据学生成绩对授课教师进行奖惩,并排名次,决定课时多少。"联考"风刮起后,一些教师为获取奖金或避免处罚而抢占课时、搜罗资料、竞猜考题,使学生负担加重,积极性受挫。而教师人人自危,有的把素质教育抛掷脑后。

学校以"联考"成绩为由扣罚教师工资、资金合法吗?

5. 民主管理权

教师有权对学校教育教学、管理工作和教育行政部门的工作提出意见和建议,通过教职工代表大会或者其他形式,参与学校的民主管理。这是教师参与教育管理的民主权利。是宪法中所规定的"公民对任何国家机关和国家工作人员,有提出批评和建议的权利"的具体体现,有利于调动教师参政议政的自觉性和积极性,发挥教师的主人翁作用,加强对学校和教育行政部门工作的监督。作为教师,有权通过教职工代表大会、工会等组织形式以及其他适当方式,参与学校民主管理,讨论学校改革、发展等方面的重大事项,保障自身的民主权利和切身利益,推进学校的民主建设。以教职工代表大会形式为例,教师的参与管理权体现在以下方面:听取校长的工作报告,讨论学校年度工作计划、发展规划、改革方案、教职工队伍建设等重大问题;讨论职工奖惩办法以及其他与教职工有关的基本规章制度;讨论教职工的住房分配以及其他有关教职工的一些福利事项;监督学校管理工作。教师在行使民主管理权时,应注意遵循民主集中制的原则,并充分发挥自己对学校、教育行政部门工作的监督作用。

案例讨论

高老师在某县一中任教长达 25 年,先后获市先进教师、特级教师等称号。1997 年 7 月,因他对学校乱收费不满,向有关部门提意见,如实反映了学校存在的问题,学校领导一气之下将其解聘。一天,校长项某突然对他说:"因工作需要,学校决定不用你,这事我跟县教委说过几次了,你去教委吧!"高老师问项某为什么要解聘他,项某不耐烦地说:"没啥说的。"当天,高老师到县教委,县教委说:"一中是校长负责制,不用你,我们也没办法。"接着,高老师带着材料到有关部门申诉。县委组成调查组展开调查。后来,调查组形成初步意见:高老师仍回一中上班,但必须"对过去有一个认识,对将来的工作有一个态度。"后来一个由县纪委、县教委和该中学中层以上干部及高老师参加的特殊会议在一中举行。会议结束两天后,高老师回到一中找副校长说:"我来要工作了。"副校长没有给他安排工作,对他说:"项校长说你没有向他做检讨。"

上述案例中校长报复提意见的教师,侵犯了教师的什么权利? 校长解聘高老师是否符合法律规定?

6. 进修培训权

教师有权参加进修或者其他方式的培训。这是教师享有的继续教育的权利。现代社会和科技的飞速发展,要求教师及时更新知识,不断提高自身素质。作为教师,有权参加进修或其他多种形式的培训,以提高思想政治觉悟和业务水平。教育行政部门、学校及其他教育机构,应采取多种形式,开辟多种渠道,努力为教师的进修培训创造有利条件,切实保障教师权利的实现。当然教师培训权的行使,要在完成本职工作的前提下有组织有计划地进行,不得影响正常的教育教学工作。

三、教师的义务

(一) 教师义务的含义

如同教师的权利一样,教师的义务也分为两部分。一是教师作为公民应承担的义务,二是教师作为教育者应承担的义务。这两部分义务既有联系又有区别。一方面教师作为公民应承担的一部分义务体现在教师的特定义务之中,另一方面教师特定义务中的一部分又是公民义务的具体化和职业化。还有一部分内容是相互独立的。在此我们是针对教师特定义务而言的。

所谓教师的义务,是指依照法律规定教师从事教育教学工作必须履行的责任。表现为必须做出或不做出一定行为。依据不同的标准可以进行多种划分:① 积极义务和消极义务。积极义务是必须做出一定行为的义务,消极义务是不做出一定行为的义务。② 绝对义务和相对义务。绝对义务是一般人承担的义务,相对义务则指特定人承担的义务。③ 第一义务和第二义务。第一义务是指不侵害他人的义务,第二义务则指由于侵害他人的权利而发生的义务。

（二）教师的基本义务

关于教师的义务,《教师法》第3条规定:"教师是履行教育教学职责的专业人员,承担教书育人,培养社会主义事业建设者和接班人、提高民族素质的使命。教师应当忠诚于人民的教育事业。"我国《教师法》第2章第8条专门对教师义务做了具体规定。依照《教师法》之规定,我国教师应当履行下列义务:

(1)遵守宪法、法律和职业道德,为人师表。宪法和法律是国家、社会组织和公民活动的基本行为准则。任何组织和公民都必须遵守。教师要教书育人,就应模范地遵守宪法和法律,而且要在教育教学工作中,自觉培养学生的法制观念和民主精神。教师职业是一种专门化的职业,有着自身的职业道德准则,教师应当自觉遵守职业道德,做到敬业爱岗、热爱学生、诲人不倦、博学多才、关心集体、团结奋进。教师是人类灵魂的工程师,担负着培养下一代的任务,他们在传授科学文化知识的同时,对学生的思想品德、个性形成有着重要影响,所以教师要注意言传身教,做到为人师表。

(2)贯彻国家的教育方针,遵守规章制度,执行学校的教学计划,履行教师聘约,完成教育教学工作任务。教师在教育教学活动中,应当全面贯彻国家关于教育必须为社会主义现代化建设服务、为人民服务,必须与生产劳动和社会实践相结合,培养德智体美劳全面发展的社会主义建设者和接班人的方针;自觉遵守教育行政部门和学校及其他教育机构制定的教育教学管理的各项规章制度;认真执行学校依据国家规定的教学大纲、教学计划或教学基本要求制定的具体教学计划;严格履行教师聘任合同中约定的教育教学职责,完成规定的教育教学任务,保证教育教学质量。

(3)对学生进行宪法所确定的基本原则的教育和爱国主义、民族团结的教育,法制教育以及思想品德、文化、科学技术教育,组织、带领学生开展有益的社会活动。这是对教师教育教学工作内容方面的全面规范。作为教师,应结合自身教育教学业务特点,将政治思想品德教育贯穿于教育教学过程之中。对学生进行政治思想品德教育,不仅是政治思想品德课教师的职责,也是每一位教师的基本义务。在对学生进行政治思想品德教育的内容上,教师要遵循我国宪法确定的坚持社会主义道路,坚持人民民主专政,坚持中国共产党的领导,坚持马克思列宁主义、毛泽东思想、邓小平理论、"三个代表"重要思想、科学发展观、习近平新时代中国特色社会主义思想,并将其作为对学生进行思想政治教育的首要内容。教师应当有意识地对学生进行爱国主义教育、民族团结教育、法制教育、文化科学技术教育,弘扬中华民族优良传统,引导学生逐步树立科学的人生观和世界观,教育学生热爱祖国、爱人民、爱劳动、爱科学、爱社会主义,把学生培养成为有理想、有道德、有文化、有纪律的社会主义新人。在德育教育的形式和方法上,应注意根据学生身心发展的特点,采用灵活生动的形式,注重实效,反对形式主义。

(4)关心、爱护全体学生,尊重学生人格,促进学生在品德、智力、体质等方面全面发展。我国《宪法》规定:"中华人民共和国公民的人格尊严不受侵犯。"人格尊严是宪法赋予公民的一项基本权利。由于学生在教育教学活动中居于受教育者的地位,其人格尊严往往容易受到侵犯。作为教师要关心爱护全体学生,对学生应一视同仁,不因民族、性别、残疾、学习成绩等因素歧视学生,尤其是对那些有缺点的学生,教师应给予特别关怀,要满腔热情地教育指导,绝不能采取简单粗暴的办法,不能侮辱、歧视学生,不能体罚或变相体罚学生,不能泄露学生隐私。因侮辱学生影响恶劣或体罚学生经教育不改的,应依法承担相应的法律责任。

(5)制止有害于学生的行为或者其他侵犯学生合法权益的行为,批评和抵制有害于学生健康成长的现象。保护学生的合法权益和身心健康成长,是全社会的共同责任。作为教师自然更负有此项义务。教师履行此项义务具有特定的范围。主要是制止在学校工作和与教育教学工作相关的活动中,对侵犯其所负责教育管理的学生合法权益的违法行为;批评和抵制社会上出现的有害于学生身心健康成长的不良现象。

(6)不断提高思想政治觉悟和教育教学业务水平。教育教学工作是一项专业性较强的工作,担负着提高民族素质的使命,这就要求教师具有较高的思想觉悟和业务水平。同时这也是社会进步和科学技术发展对教师提出的要求。为此,教师应加强学习,调整知识结构,不断提高思想政治觉悟和教育教学业务水平,以适应教育教学的实际需要。

教师的基本权利、义务基于教育活动产生,由教育法律规范所设定,是一种职业特定的法律权利和职业特定的法律义务。它们之间是对立统一、相互依存的关系。"没有无义务的权利,也没有无权利的义务。"教师,既是权利的享有者,又是义务的承担者,因此应正确行使自己的权利,严格履行自己的义务。

案例讨论

四川益阳市某小学四年级班主任蔡某,发现一食品袋扔在教室,里面放着塑料,便问班里学生:"是谁放的?"无人回答,蔡某认为是对老师不尊敬,竟一气之下找来剪刀,将塑料剪成碎片,然后令买了零食的22名学生逐个取一份吞下。由于塑料片嚼不烂,有的学生停下不肯吃。蔡某强调:"都要吞下去!"有个学生被卡住喉咙,很吃力地求救。蔡某说:"那就喝点水咽下去!"那学生只得喝水艰难地将塑料片吞下。之后蔡某嘱咐学生不准对家长说。事发后,孩子们头痛、喉咙痛、呕吐等种种不适现象接连发生。当日,17名因吞食塑料片出现不适反应情况的学生被送往人民医院检查治疗。6月9日,益阳市教育局对此做出处理:给予蔡某行政处分,降工资一级,并调离城区,取消教师资格,改作后勤人员。

(1)试分析本案的法律关系。

(2)试问益阳市教育局对教师蔡某的处理是否恰当?法律依据是什么?

(3)假若本案中某一学生因吞咽塑料窒息而死亡,蔡某将还要承担何种法律责任?

评析:(1)该案例中,有两个法律关系。一是益阳市教育局和蔡某间的行政法律关系。行政主体是益阳市教育局,行政相对方是蔡某,前者是权利人,后者是义务人,双方之间发生的是行政处罚法律关系。二是蔡某和学生的侵权关系。蔡某的行为侵犯了学生的人身权,从而在双方之间形成侵权的民事法律关系。

(2)益阳市教委依法行使管理教师的行政权力,对体罚学生的教师蔡某处理恰当。

蔡某体罚学生,情节恶劣,符合《中华人民共和国教师法》《教师资格条例》中处罚规定。《教师法》第37条规定:"教师有下列情形之一的,由所在学校、其他教育机构或者教育行政部门给予行政处分或者解聘:(一)故意不完成教育教学任务给教育教学工作造成损失的;(二)体罚学生,经教育不改的;(三)品行不良、侮辱学生,影响恶劣的。教师有前款第(二)项、第(三)项所列情形之一,情节严重,构成犯罪的,依法追究刑事责任。"《教师资格条例》第十九条规定:"有下列情形之一的,由县级以上人民政府教育行政部门撤销其教师资格:(一)弄虚作假、骗取教师资格的;(二)品行不良、侮辱学生,影响恶劣的。"

(3)假如上述案件中,某学生因吞咽塑料窒息而死亡,根据《教师法》第三十七条规定,蔡某将要承担刑事责任。

案例讨论

某小学五年级学生杨某在上语文课时,偷看小说《西游记》,被王老师发现。王老师以杨某在课堂上偷看课外书为由,将该小说收缴后放在讲台上。下课后,王老师忘记将该书带走,结果造成该书丢失。次日,当杨某向王老师要书时,王老师发现书已丢失,便搪塞说书给没收了。杨某父亲得知自己花了220元钱新买的精装本《西游记》被没收后很是气愤,赶到学校进行交涉。王老师以书被没收为由拒绝赔偿,杨某父亲便将王老师告上法庭。

评析:

(1)教师是否有权制止学生的违纪行为?对学生进行教育和管理既是教师的权利,也是应尽的义务。《教师法》第7条规定,教师有"指导学生的学习和发展,评定学生的品行和学业成绩"的权利;第8条规定,教师应当履行"制止有害于学生的行为或者其他侵害学生合法权益的行为,批评和抵制有害于学生健康成长的现象"的义务。据此规定,当学生的行为影响了教育教学秩序,有害于学生身心健康时,教师就有义务采取管教措施加以制止。在本案中,王老师为维持课堂纪律,对杨某的违纪行为进行管理无可非议。

(2)教师是否有权没收学生的物品?法律意义上的没收是一种行政处罚形式。《行政处罚法》第17条规定:"行政处罚由具有行政处罚权的行政机关在法定职权范围内实施。"第20条规定:"行政机关依照法律、法规、规章的规定,可以在其法定权限内书面委托符合本法第21条规定条件的组织实施行政处罚。行政机关不得委托其他组织或者个人实施行政处罚。"根据上述法律规定,学校和教师都不具备没收的行政主体资格,当然无权实施行政法意义上的没收。在教育实践中,教师的"没收"只是一种对学生物品的暂时控制,是教师行使管教权的表现。确定教师是否有必要对学生的物品进行暂时性控制或保管,关键是看学生携带或者使用物品的行为是否具有正当性。如果学生携带或者使用物品的行为违反了正常的教育教学秩序,而且造成了或可能造成一定的不良影响,那么学生携带或者使用这种物品的行为就不具有正当性。

(3)教师对物品的遗失是否应当承担赔偿责任呢?《物权法》第64条规定,私人对其合法收入、房屋、生活用品、生产工具、原材料等不动产和动产享有所有权;第66条规定,私人的合法财产受法律保护,禁止任何单位和个人侵占、哄抢、破坏;第 37 条规定,侵害物权,造成权利人损害的,权利人可以请求损害赔偿,也可以请求承担其他民事责任。学生的物权同样受法律保护,在一般情况下,教师不能将没收来的物品据为己有、不予返还或者任意毁坏。如果教师侵害了学生的物权,应该承担相应的法律责任。因此要求教师尊重学生的物权,不得侵占、毁坏、丢失或者非法没收学生的物品。王老师在下课后应及时将书归还学生。可是王老师非但没有归还反而因自身的过失将书遗失,存在主观上的过错,其行为已构成对学生物权的侵犯。由于这种侵权行为的后果是王老师履行管理职责造成的,属于职务行为,所以应由王老师所在的学校承担赔偿责任,学校在赔偿后可向王老师追偿。

第二节 当前我国有关教师的法律制度

当前我国有关教师的法律制度通常由教师资格制度、教师职务制度、教师聘任制度、教师培养与培训制度、教师考核与奖惩制度、教师待遇制度、教师申诉制度等组成。

一、教师资格制度

教师资格是国家对专门从事教育教学工作人员的最基本要求。它规定着从事教师工作必须具备的条件。教师资格制度是国家对教师实行的一种特定的职业许可制度。世界上许多国家对教师的资格标准都有严格的规定,不少国家建立了教师许可证制度或教师资格证书制度。我国的《教师法》《教师资格条例》对教师资格的分类、取得条件、认定程序等一系列问题做了具体规定,以法律的形式确立了我国的教师资格制度。

(一) 教师资格分类

关于教师资格分类,《教师资格条例》明确规定,教师资格分为幼儿园教师资格;小学教师资格;初级中学教师和初级职业学校文化课、专业课教师资格;高级中学教师资格;中等专业学校、技工学校、职业高级中学文化课、专业课教师资格;中等专业学校、技工学校、职业高级中学实习指导教师资格;高等学校教师资格。成人教育的教师资格,按照成人教育的层次,依照上述规定确定类别。

对于取得教师资格的公民而言,可以在本级及其以下等级的各类学校和其他教育机构担任教师;但取得中等职业学校实习指导教师资格的公民只能在中等专业学校、技工学校、职业高级中学或者初级职业学校担任实习指导教师。高级中学教师资格与中等职业学校教师资格相互通用。

（二）教师资格条件

我国《教师法》第 10 条规定："中国公民凡遵守宪法和法律，热爱教育事业，具有良好的思想品德，具备本法规定的学历或者经国家教师资格考试合格，有教育教学能力，经认定合格的，可以取得教师资格。"它包括以下四个条件：

1. 必须是中国公民

这是成为教师的先决条件。凡符合规定条件的中国公民均可取得教师资格。需要指出的是，虽然外国公民符合规定的条件，也可以进入中国学校及其他教育机构任教，但并不等于他们取得了中国教师的资格，他们在中国学校任教须经过一定的审批手续。

2. 必须具有良好的思想道德品质

这是取得教师资格的一个重要条件。这一要求主要表现在全面贯彻执行党和国家的教育方针、热爱教育事业、实事求是、探求真理、忠于职守、爱护学生、作风正派、团结协作等方面，教师要教书育人、为人师表，必须具备良好的思想政治道德素质。

3. 必须具有规定的学历或者经国家教师资格考试合格

从某种意义上讲，学历是一个人受教育程度和文化素质的一个标志，是人们从事一定层次工作所应具备的基本条件。许多国家都对教师资格的取得规定了相应的学历要求。比如美国各州规定小学教师必须具有学士学位；日本政府规定小学或初中教师必须具备学士学位；朝鲜政府规定，中小学教师必须是师范大学和教员大学毕业生；英国、法国等国要求中小学教师必须由受过高等师范教育的人来担任。

结合我国实际，我国《教师法》对各类教师应具备的相应学历做了明确规定：① 取得幼儿园教师资格，应当具备幼儿师范学校毕业及其以上学历。② 取得小学教师资格，应当具备中等师范学校毕业及其以上学历。③ 取得初级中学教师、初级职业学校文化、专业课教师资格，应当具备高等师范专科学校或其他大学专科毕业及其以上学历。④ 取得高级中学教师资格和中等专业学校、技工学校、职业高中文化课、专业课教师资格，应当具备高等师范院校本科或者其他大学本科毕业及其以上学历；取得中等专业学校、技工学校和职业高中学生实习指导教师资格应当具备的学历，由国务院教育行政部门规定。⑤ 取得高等学校教师资格，应当具备研究生或者大学本科毕业学历。⑥ 取得成人教育教师资格，应当按照成人教育的层次、类别，分别具备高等、中等学校毕业及其以上学历。

2015 年起，国家统一教师资格考试开始在全国试点实施。中小学教师资格考试（以下简称"教师资格考试"）是评价申请教师资格人员（以下简称"申请人"）是否具备从事教师职业所必需的教育教学基本素质和能力的考试。所有新入职教师必须通过国家教师资格考试，才能申请认定教师资格。教师资格考试实行全国统一考试。参加教师资格考试并取得合格证书是教师职业准入的前提条件。申请幼儿园、小学、初级中学、普通高级中学、中等职业学校教师和实习指导教师资格的人员须分别参加相应类别的教师资格考试。这一制度对提高教师的准入门槛，增强教师的整体素质起到重要的作用。下面对这一考试进行简单的介绍。

（1）考试目的：通过实施中小学教师资格考试，考查申请人是否具备教师职业道德、基本素养、教育教学能力和教师专业发展潜质。严把教师入口关，择优选拔乐教、适教人员取得教师资格。

（2）考试类别：中小学教师资格考试包括幼儿园教师资格考试、小学教师资格考试、初级中学教师资格考试、高级中学教师资格考试。申请认定中等职业学校文化课教师资格、中等职业学校专业课和中等职业学校实习指导教师资格者参加高级中学教师资格考试。

（3）考试性质：中小学教师资格考试是由国家建立考试标准，省级教育行政部门组织的全国统一考试。

（4）考试对象：试点省份内所有申请幼儿园、小学、初级中学、高级中学、中等职业学校教师资格和中等职业学校实习指导教师资格的人员须参加中小学教师资格考试。试点工作启动前已入学的全日制普通院校师范类专业学生，可以持毕业证书直接认定相应的教师资格。试点工作启动后入学的师范类专业学生，申请中小学和幼儿园教师资格也应参加教师资格考试。

（5）报考条件：中华人民共和国公民；拥护中国共产党领导，拥护社会主义制度；无犯罪记录。原则上应具备《教师法》规定的相应学历条件，并应符合本省确定并公布的学历要求。应届在校生报考中小学教师资格考试应提供学校出具的在籍学习证明。

（6）考试方法：中小学教师资格考试包括笔试和面试两部分。笔试各科目采取纸笔考试。笔试各科成绩合格者，方可参加面试。

（7）考试标准：教育部制定并颁布幼儿园教师资格考试标准、小学教师资格考试标准、初级中学教师资格考试标准、高级中学教师资格考试标准。考试标准规定了教师教育教学能力的基本要求，是确定考试科目和考试大纲的依据。

（8）考试科目

类　别		笔试科目			面　试
		科目一	科目二	科目三	
幼儿园		综合素质	保教知识与能力	—	教育教学实践能力
小　学		综合素质	教育教学知识与能力	—	教育教学实践能力
初级中学		综合素质	教育知识与能力	学科知识与教学能力	教育教学实践能力
高级中学				学科知识与教学能力	教育教学实践能力
中职	文化课教师			学科知识与教学能力	教育教学实践能力
	专业课教师			（试点省自行组织）	（试点省自行组织）
中职实习指导教师				（试点省自行组织）	（试点省自行组织）

（9）考试大纲：教育部考试中心根据中小学教师资格考试标准，制定各科考试大纲。

中小学教师资格考试大纲规定了考试内容和要求、试卷结构、题型示例等,是考生学习和考试命题的依据。幼儿园教师资格考试大纲(2科):《综合素质考试大纲》《保教知识与能力考试大纲》。小学教师资格考试大纲(2科):《综合素质考试大纲》《教育教学知识与能力考试大纲》。初级中学教师资格考试大纲(17科):《综合素质考试大纲》《教育知识与能力考试大纲》《语文学科知识与教学能力》等15科。高级中学教师资格考试大纲(16科):《综合素质考试大纲》《教育知识与能力考试大纲》《语文学科知识与教学能力》等14科。其中,初级中学和高级中学的《综合素质考试大纲》和《教育知识与能力考试大纲》是相同的。面试考试大纲分为三类:《幼儿园教师资格考试面试大纲》《小学教师资格考试面试大纲》《中学教师资格考试面试大纲》。

(10)命题:教育部考试中心负责教师资格考试笔试和面试命题,建立试题库,为各省试点提供试题。

(11)命题原则:中小学教师资格考试命题依据考试标准和考试大纲,主要考查申请人从事教师职业应具备的职业道德、心理素养和教育教学能力。突出育人导向、能力导向、专业化导向和实践导向。

(12)题型:中小学教师资格考试采用多种类型试题,强化能力考核。题型分为选择题和非选择题。其中,非选择题包括简答题、论述题、解答题、材料分析题、课例点评题、诊断题、辨析题、教学设计题、活动设计题。

(13)考试日期:教师资格考试每年考试日期由教育部公布。

(14)考试方式:笔试各科目均采用纸笔方式。笔试各科考试时间均为120分钟。面试采用结构化面试、情景模拟等方法,通过备课、试讲、答辩等方式进行。使用教育部考试中心统一研制的面试测评系统。

(15)报名方式:考试实行网上报名。考生可在报名期间登录教育部考试中心网站(www. neea. cn),中小学教师资格考试项目主页,按照栏目指引进行网上报名。省级教育考试机构负责考生网上报名、缴费,审查和确认考生信息。

(16)面试考官:面试实行考官主考制度,考官由高校专家、中小学和幼儿园优秀教师、教研机构专家等组成,考官须经过省级或以上教育考试机构统一培训后持证上岗。评审组由3名考官组成。

(17)打印准考证:准考证格式由教育部考试中心统一规定。考生可在正式考试前一周登录教育部考试中心网站,中小学教师资格考试项目主页网上报名系统,自行下载并打印准考证。

(18)成绩查询:考试结束后,国家确定并公布笔试各科成绩合格线。考生可在公布日期后登录教育部考试中心网站,中小学教师资格考试项目主页"成绩查询"栏目查询考试成绩。笔试单科成绩两年有效。

(19)合格证明:教育部考试中心为笔试、面试均合格考生,提供《中小学教师资格考试合格证明》。该证明是申请教师资格认定的必要条件。

(20)违规处理:考试违规按照《国家教育考试违规处理办法》处理。

4. 必须具有教育教学能力

教育教学是教师的本职工作。教育教学能力是教师完成教育教学任务的必备条件，主要包括语言表达能力，科学地选择、运用教育教学方法的能力，课堂管理能力，组织能力，提高教学水平的能力等。此外，教师的身体状况也应当符合有关规定。

（三）教师资格认定

1. 教师资格的认定机构

教师资格的认定机构，是指依法负责认定教师资格的行政机构或依法委托的教育机构。依照《教师法》《教师资格条例》有关规定，幼儿园、小学和初级中学教师资格，由申请人户籍所在地或者申请人任教学校所在地的县级人民政府教育行政部门认定。高级中学教师资格，由申请人户籍所在地或者申请人任教学校所在地的县级人民政府教育行政部门审查后，报上一级教育行政部门认定。中等职业学校教师资格和中等职业学校实习指导教师资格，由申请人户籍所在地或者申请人任教学校所在地的县级人民政府教育行政部门审查后，报上一级教育行政部门认定或者组织有关部门认定。受国务院教育行政部门或者省、自治区、直辖市人民政府教育行政部门委托的高等学校，负责认定在本校任职的人员和拟聘人员的高等学校教师资格。在未受国务院教育行政部门或者省、自治区、直辖市人民政府教育行政部门委托的高等学校任职的人员和拟聘人员的高等学校教师资格，按照学校行政隶属关系，由国务院教育行政部门认定或者由学校所在地的省、自治区、直辖市人民政府教育行政部门认定。

2. 教师资格认定程序

（1）提出申请。认定教师资格，应当由本人提出申请。申请人应当在受理期限内提出申请，并提交教师资格认定申请表和有关证明材料。① 身份证明；② 学历证书或者教师资格考试合格证明；③ 教育行政部门或者受委托的高等学校指定的医院出具的体格检查证明；④ 户籍所在地的街道办事处、乡人民政府或者工作单位、所毕业的学校对其思想品德、有无犯罪记录等方面情况的鉴定及证明材料。

（2）受理。教育行政部门或者受委托的高等学校在接到公民的教师资格认定申请后，应当对申请人的条件进行审查。对符合认定条件的，应当在受理期限终止之日起 30 日颁发相应的教师资格证书；对不符合认定条件的，应当在受理期限终止之日起 30 日内将认定结论通知本人。

（3）颁发证书。申请人提出的教师资格认定申请经认定合格后，由教育行政部门或受委托的高等学校颁发国务院教育行政部门统一印制的教师资格证书。教师资格证书终身有效，且全国通用。

（四）教师资格丧失

教师教书育人、为人师表的职业特性对教师的思想品德、道德修养提出了严格的要求。我国《教师法》第 14 条明确规定："受到剥夺政治权利或者故意犯罪受到有期徒刑以上刑事处罚的,不能取得教师资格;已经取得教师资格的,丧失教师资格。"《教师资格条例》进一步规定,依照教师法第十四条丧失教师资格的,不能重新取得教师资格,其教师资格证书由县级以上人民政府教育行政部门收缴。对于弄虚作假、骗取教师资格的或者品行不良、侮辱学生、影响恶劣的,由县级以上人民政府教育行政部门撤销其教师资格。被撤销教师资格的,自撤销之日起5年内不得重新申请认定教师资格,其教师资格证书由县级以上人民政府教育行政部门收缴。

二、教师任用制度

(一)教师职务制度

教师职务是根据学校教学、科研等实际工作需要设置的有明确职责、任职条件和任期,并需要具备专门业务知识和相应的学术技术水平才能担负的专业技术工作岗位。教师职务制度是国家对教师岗位设置及各级岗位任职条件和取得该岗位职务的程序等方面规定的总称。我国《教育法》《教师法》规定了国家实行教师职务制度。

1. 职务设置

根据国家有关规定,教师职务设高等学校教师职务、中等专业学校教师职务、中学教师职务、小学教师职务、技工学校教师职务五个系列。其中,高等学校教师职务设助教、讲师、副教授、教授;中等专业学校设教员、助教、讲师、高级讲师;普通中小学及幼儿园教师职务设有三级教师、二级教师、一级教师、高级教师,其中三级教师、二级教师、小学一级教师为初级职务,中学一级教师和小学高级教师为中级职务,中学高级教师为高级职务;技工学校文化、技术理论课教师职务设教员、助理讲师、讲师、高级讲师;生产实习课教师职务设三级、二级、一级、高级实习指导教师。各级成人学校,结合成人教育的特点和层次,分别执行普通高等学校、中专、中小学、技工学校教师职务试行条例。

在教师职务设置上,不同类型、不同任务学校的职务结构不尽相同。各级职务数额应视各校定编、定员的基础,按照教学科研工作需要来合理设置。

2. 任职条件

担任一定的教师职务,必须具备相应的任职条件。从我国教师职务系列各试行条例的规定来看,担任教师职务的任职条件一般包括:① 具备各级各类相应教师的资格;② 遵守法纪,具有良好的思想政治素质和职业道德,为人师表,教书育人;③ 具有相应的教育教学水平、学术水平,能全面、熟练地履行职务职责;④ 具备学历、学位以及工作年限的要求;⑤ 身体健康,能坚持正常工作。除符合上述条件外,各级各类教师任职条件要求视岗位而有所差异。

3. 职务评审

一般而言,各级教师职务由同行专家组成的教师职务评审小组依据现行各教师职务试行条例的有关规定予以评审。关于教师职务评审的程序、权限以及评审组织的组成办法等,在教师职务系列各试行条例中,都有明确规定。

(二) 教师聘任制度

教师聘任制,就是聘任双方在平等自愿的前提下,由学校或者教育行政部门根据教育教学岗位设置,聘请有资格的公民担任相应教师职务的一项教师任用制度。我国《教育法》规定,国家实行教师聘任制度。《教师法》第 17 条规定:"学校和其他教育机构应当逐步实行教师聘任制。教师的聘任应当遵循双方地位平等的原则,由学校和教师签订聘任合同,明确规定双方的权利、义务和责任。"这些规定使得我国教师任用进一步制度化和规范化。

1. 教师聘任制度的特征

教师聘任作为教师任用的一种基本制度,具有以下三个特征:

(1) 教师聘任是教师与学校或教育行政部门之间的法律行为。通过聘任确定了聘任人和受聘人双方的法律关系。聘任双方关系基于独立而结合,基于意见一致或相互同意而成立,并在平等地位上签订聘任合同。

(2) 以平等自愿、双向选择为依据。作为聘任人,学校或教育行政部门可根据国家有关规定和学校教学科研需要,自主确定教师结构比例;作为受聘人,教师有权根据本人的知识水平、业务能力选择适合于自己的工作岗位。

(3) 聘任双方依法签订的聘任合同具有法律效力。学校与教师之间在平等地位上签订的聘任合同,对于双方均有约束力。它以聘书的形式明确规定了双方的权利、义务和责任。对于学校而言,有权对受聘教师的政治思想、业务水平、工作态度、工作成绩进行考核,并作为提职、实施奖惩的重要依据。同时有义务按合同为教师提供教育教学、科研、进修等工作条件,并支付报酬。教师在聘期间,无特殊理由,一般不能辞聘或解聘。确需变动,应提前与当事人协商,意见达到一致后方可变更或解除。对于教师来讲,按照合同,享有权利,承担义务,要遵守学校规章制度,执行学校的教学计划,履行教师聘约,完成教育教学任务。聘任期满后,校方可根据教师的实际表现及岗位需要等决定是否续聘;教师可根据单位工作情况、专业要求等决定去留。

(4) 教师聘任有着严格的程序。一般说来,第一是根据工作需要设置专业技术岗位;第二是在定编定岗的基础上确定职务结构;第三是聘任。关于中小学教师职务聘任,中学高级、一级教师职务由地市一级教育局聘任,二、三级教师职务,由县级教育局聘任;小学高级教师由地市级教育局聘任,小学一、二、三级教师由县级教育局聘任。由聘任机构颁发聘书。

实行教师聘任制,既是国际上的一种通行做法,也是确保教育教学质量的需要。它打破了教师终身任用制,有利于建立"公平、平等、竞争、择优"的教师人才选拔机制,促进人才的合理流动,提高教师队伍的整体素质,调动教师的教育教学和科研工作积极性。我国自 1986 年颁布各个系列教师职务试行条例以来,在教师聘任工作方面,取得了一定成绩,为我国教师人事制度的进一步完善打下了基础。但是我们也应看到现行的教师聘任制还不是完全意义上的聘任制。在职务评聘工作中还存有一些问题,教师任用制度改革还有待于进一步深入和加强。如何推进教师任用制度改革? 笔者认为,应着力做好以下工作:

第一，拓宽教师来源，利用人才市场，面向社会公平选聘教师。学校按照国家规定根据学校教育教学工作需要，确定职位定额，明确任职条件，发布招聘信息，面向社会公开招聘。第二，加大职改力度，实行评聘分离。所谓评聘分离，就是教师学术称号（亦指职务任职资格）的评定与教师职务的聘任分开。职称是教师学术和教学水平的标志，不受编制数量、结构比例的限制，不与工资待遇挂钩。职务是学校根据实际工作需要所设置的专业技术工作岗位，是把具有相应称号职称的教师聘任到职务岗位上履行岗位职责，它与工资待遇挂钩，有数额限制，有明确的职责和任期，有明确的任职条件，与工作岗位紧密联系，只能依附于岗位而存在。实行评聘分离，不仅有利于业务水平高、科研能力强的优秀人才走上力所能及的岗位，实现人尽其利、人尽其才，而且有助于形成合理的人才流动机制，实现教师队伍的优化组合，提高教育教学质量。第三，加强履职考核，完善激励机制。教师受聘后，是否履行了相应的岗位职责，是否真正具有承担岗位工作的能力，需要通过考核予以确认。通过履职考核，可促进教师不断提高自身素质。

2. 教师聘任制的形式

教师聘任制依其聘任主体实施行为的不同分为以下几种形式：

（1）招聘。即用人单位面向社会公开、择优选择具有教师资格的应聘人员。一般是用人单位经人才交流部门批准后，将所需人员的任职条件、职责及工资待遇等，以广告或启示的形式提出来，并对应聘者进行审查和考核，符合条件即予以聘任。招聘、受聘双方签订聘任合同，明确双方的权利、义务和责任。聘任合同一经成立，即具有法律效力。招聘形式具有公开、直接、透明度高等优点。

（2）续聘。即聘任期满后，聘任单位与教师继续签订聘任合同。通常是聘任期间双方合作愉快，聘任单位对在聘教师的工作满意，教师对自己的工作状况和报酬满意，双方自愿续签聘任合同。聘任书一经签订，即具有法律效力。续聘合同的内容可与上次聘任相同，也可以根据实际需要进行一定变更。

（3）解聘。即用人单位因某种原因不适宜继续聘任教师，双方解除合同关系。这里的原因可能是用人单位发现聘任后受聘者不符合原定聘用条件，也可能是受聘者不称职或违反有关规定，已不适合继续聘任。聘任合同具有法律效力，用人单位在解聘教师时，须有正当理由，否则应承担相应的法律责任。

（4）辞聘。即受聘教师主动请求用人单位解除聘任合同的行为。对辞聘原因要正确区分。教师因某种原因，不能继续履行聘任合同，给用人单位造成损失的，应依合同规定承担相应的法律责任。

三、教师培养与培训制度

（一）教师培养的含义

教师培养是指专门教育机构为各级各类学校教师的补充更新而进行的一种专业性学历教育，属教师职前教育。我国教师培养主要是通过师范教育渠道而进行的。

教师职业是一种专业性很强的社会职业，教育活动有其独特的规律，只有经过严格培养和专门训练的人才能胜任。同时教师承担着教书育人,培养合格人才,提高民族素质的使命,在培养、造就人才的活动中,起着十分重要的作用。因此加强职前教育尤为必要。

(二)师范教育的举办

师范教育是教育工作的基础,是培养师资的主要阵地。从一定意义上讲,师范教育办得好坏,意味着师资培养质量的高低,决定着师资培养工作的成败。

1. 教师培养机构

各级师范院校是师资培养的专门教育机构。师范大学(师范学院),主要招收高中毕业生,学制4年。我国《教师法》规定:"各级人民政府和有关部门应当办好师范教育,并采取措施,鼓励优秀青年进入各级师范学校学习。""非师范学校应当承担培养和培训中小学教师的任务。"《义务教育法》规定,国家采取措施加强和发展师范教育,加速培养师资;师范院校毕业生必须按照规定从事教育工作。以法律的形式确立了师范院校的教师培养主体地位。

2. 教师培养的形式

就世界范围而言,师资培养教育大体上分为三种类型:①"定向型"师范教育,即在独立设置的师资培养机构培养师资,其培养目标是定向的,以苏联为代表;②"开放型"师范教育,即在普通高等学校培养师资,以美国为典型;③"混合型"师范教育,即在一个国家同时采用"定向型""开放型"两种师范教育制度,日本、西欧许多国家都采取了这一做法。就我国情况而言,目前我国主要采取的是"定向型"师范教育,各级师范院校成为师资培养的主体,但仅靠师范院校培养师资还满足不了当前教育事业发展的需要,所以我国《教师法》也规定,非师范学校应当承担培养中小学教师的任务。

3. 教师培养的内容

一般而言,培养合格教师,要给以思想品德、文化专业知识、身心素质和教育专业等方面的教育和训练。其中,教育专业训练是师范教育的特殊要求。这主要体现在师范学校的培养目标和教学计划之中。

(三)教师的培训

教师职前在学校系统学习,主要是为将来从事的工作打基础、做准备,在科技迅猛发展,知识不断更新的今天,要完成教书育人的重任,仅靠职前教育是不够的,必须不断提高自身素质,培训是提高教师思想政治觉悟和教育教学业务水平的重要途径。

1. 教师培训的含义

教师培训是指专门教育机构为提高教师的素质、能力对在职教师进行的一种继续教育。教师培训是相对于职前教育而言的,它也是师范教育的重要组成部分,具有补偿、更新知识的功能。教师培训包括两方面内容:一是帮助教师提高学历水平;二是了解教育科研的新成果,充实专业文化知识,提高教学技能。教师培训制度是提高教育教学质量的前提和条件。

随着科技的发展和教育改革的兴起,世界许多国家十分重视教师在职培训,并以立法形式为在职教师培训提供法律保障。我国《教师法》列专章对教师的培养和培训做了规定,并将教师在职培训作为教师的一项基本权利和义务。教育部发布了《中小学教师继续教育规定》《高等学校教师培训工作规程》等规章,从而使我国的教师在职培训工作法律化和制度化。

2. 中小学教师培训

中小学教师培训就是为取得教师资格的中小学在职教师提高思想政治和业务素质进行的培训。我国《教育法》规定,要通过培养和培训,提高教师素质,加强教师队伍建设。《教师法》第 19 条规定:"各级人民政府教育行政部门、学校主管部门和学校应当制定教师培训规划,对教师进行多种形式的思想政治、业务培训。"据此规定,教育部制定了《中小学教师继续教育规定》,并于 1999 年 9 月 13 日正式发布。该规定就中小学教师培训的原则、内容、类别、管理、考核与奖惩、条件保障等方面做了全面规定。

(1)中小学教师培训的原则。中小学教师培训应坚持"因地制宜、分类指导、按需施教、学用结合"的原则。中小学教师培训应紧密结合不同地区的实际,在合理规划的前提下,因地制宜,统筹安排;要按照在职教师培训的规律,分类指导,多渠道、多形式、多层次地开展培训;在职培训要从教育教学实际需要出发,在培训的内容、方式等方面根据教师工作需要和所任学科的性质、内容而定;教师在职培训要紧密结合教师教学工作实践,重视文化科学知识、教育教学理论与技巧的掌握与学习,提高教师的教育教学能力,做到学用结合。

(2)中小学教师培训的内容。主要包括思想政治教育和师德修养;专业知识及更新与扩展;现代教育理论与实践;教育科学研究;教育教学技能训练和现代教育技术;现代科技与人文社会科学知识等,以提高教师实施素质教育的能力和水平为重点。

(3)中小学教师培训的类别。分为非学历教育和学历教育。其中非学历教育包括新任教师培训、教师岗位培训和骨干教师培训三种。新任教师培训,是为新任教师在试用期内适应教育教学工作需要而设置的培训;教师岗位培训是为教师适应岗位要求而设置的培训;骨干教师培训是对有培训前途的中青年教师按教育教学骨干的要求和现有骨干教师按更高标准进行的培训。学历教育是对具备合格学历的教师进行的提高学历层次的培训。

(4)中小学教师培训的组织管理。各级人民政府教育行政部门管理中小学教师培训工作。国务院教育行政部门管理全国中小学教师培训工作;省级人民政府教育行政部门主管本地区中小学教师培训工作。国务院教育行政部门的主要职责是:制定有关的方针、政策;制定中小学教师培训教学基本文件,组织审定统编教材;建立中小学教师培训评估体系;指导各省、自治区、直辖市中小学教师培训工作。省、自治区、直辖市人民政府教育行政部门的职责是:制定本地区中小学教师培训配套政策和规划;全面负责本地区中小学教师培训工作的实施、检查和评估工作。市、县人民政府教育行政部门在省级人民政府教育行政部门指导下,负责管理本地区中小学教师培训工作。各级教师进修院校和普通师范院校在主管教育行政部门领导下,具体实施中小学教师培训的教育教学工作。

（5）中小学教师培训的条件保障。中小学教师培训经费以政府财政拨款为主，多渠道筹措，在地方教育事业费中专项列支。由县级及以上教育行政部门统一管理。地方各级人民政府教育行政部门应当采取措施，依法保障中小学教师培训工作的实施。

（6）考核与奖惩。地方各级人民政府教育行政部门要建立中小学教师培训考核和成绩登记制度。各级人民政府教育行政部门对中小学教师培训工作成绩优异的单位和个人，要予以表彰和奖励。对中小学教师培训质量达不到规定要求的，教育行政部门应责令其限期改正。对于无正当理由拒不参加培训的中小学教师，所在学校应督促其改正，并给予批评教育。

3. 高校教师培训

高校教师培训是为高校教师更好地履行岗位职责而进行的继续教育。《高等教育法》规定，高等学校应当为教师参加培训提供便利条件。国家教委1996年4月8日发布的《高等学校教师培训工作规程》对高校教师培训的原则和方针、培训的组织与职责、培训形式、培训的考核与管理等方面做了具体规定。

（1）高校教师培训的方针和原则。高校教师培训工作应贯彻思想政治素质和业务水平并重，理论与实践统一，按需培训、学用一致、注重实效的方针；坚持立足国内、在职为主、加强实践、多种形式并举的原则。

（2）培训的组织与职责。国务院教育行政部门负责全国高校教师培训工作的宏观管理和政策指导。各省、自治区、直辖市教育行政部门和国务院有关部委教育主管部门负责本地、本部门的高校教师培训的规划、管理和经费投入等工作。

在高校教师培训工作中，教育行政部门和教育主管部门、高等学校、受主管部门委托接受培训教师的重点高校及各级教育行政部门所属的高校师资培训机构应履行其相应的职责。具体来说，教育行政部门和教育主管部门的主要职责是：制定教师培训的规划，保障经费投入；加强各部门的协调、配合，理顺关系；检查督促教师培训规划和学年度计划的落实；完善培训途径、形式，总结推广经验；加强师资培训机构建设，完善其管理体制；表彰奖励培训工作中做出成绩的单位及个人。高等学校的主要职责：做好教师培训规划，保证培训经费的落实；调动和提高教师培训积极性；关心外出培训教师的思想、学习和生活，积极配合接受单位做好工作；明确校、系、教研室的责任，并纳入对其工作实绩的考核。接受培训教师的重点高校的主要职责：制定并完善教师培训管理办法，严格管理，保证培训质量；关心培训教师的思想、学习和生活，配合原学校做好工作；加强学校各部门的协调配合，为参加培训教师提供必要条件。各级教育行政部门所属的高校师资培训机构主要开展有关的师资培训、研究咨询、信息服务等工作，完成上级主管部门委托的其他任务。

（3）高校教师培训的形式。目前，我国高校教师培训的形式主要有岗前培训、助教进修班、骨干教师进修班、国内访问学者、国外进修等。

高校教师培训对象以青年教师为主。教师职务不同，其培训内容与方式也有所不同。助教培训以进行教学科研基本知识、基本技能的教育和实践为主，主要有岗前培训、教学实践、助教进修班，以毕业研究生同等学力申请硕士学位教师进修班、社会实践、计算机培训等形式。讲师培训以增加、扩充专业基础理论知识为主，注重提高教学水平和科研能力,主要有骨干教师进修班、短期研讨班、单科培训、出国培训、国内访问学者、在职攻读硕士、博士学位或以毕业研究生同等学力申请硕士、博士学位等形式。副教授培训主要是通过教学科研工作实践及学术交流,熟悉和掌握本学科发展前沿信息,进一步提高学术水平,主要有短期研讨班、讲习班、国内访问学者、高级研讨班、出国培训等形式。教授主要通过高水平的科研和教学工作来提高学术水平。

（4）高校教师培训的考核与管理。教师培训时间在 3 个月以上的,应进行考核及鉴定,并记入业务档案,作为职务任职资格、奖惩的依据。学校要依法保障教师参加培训的权利,教师应当服从学校安排的培训计划和培训形式。对于无正当理由拒绝接受培训的,培训成绩不合格的,培训期间违反校规校纪,影响恶劣的,无正当理由,未认真履行职责的,由教师所在学校和接受培训教师院校分别不同情况,给予必要处理。

（5）培训的保障与有关待遇。教育行政部门和主管部门要设立教师培训专项经费。各高校的教育事业费中,要有一定比例用于教师培训。根据需要或计划接受培训的教师,学习及差旅费应由学校支付,其工资、津贴、福利、住房分配等待遇原则上应不受影响,培训期间已符合条件的,其职务任职资格评审不应受到影响。对于外出参加培训半年以上的教师,可根据各地不同物价水平和教师的实际困难,由学校给予一定生活补贴。

四、教师考核制度

（一）教师考核的概念

所谓教师的考核,是指各级各类学校及其他教育机构依法对教师进行的考察和评价。教师考核制度是教师规范化管理制度的重要组成部分。

我国《教育法》第 35 条规定,通过考核加强教师队伍建设。《教师法》列专章对教师考核的机构、内容、原则、结果做了具体规定。为教师考核工作提供了重要的法律依据。这不但有利于学校全面贯彻教育方针,提高教育质量和办学效益,又有利于增强教师的事业心、责任感,调动教师的工作积极性和创造性,激励教师忠于职责,努力进取,不断提高政治思想和业务素质。

（二）教师考核的内容、原则和结果

教师考核是由教师所在的学校或其他教育机构组织进行。学校及其他教育机构的主管教育部门,负责指导和监督。

1. 教师考核的内容

《教师法》第 22 条规定:"学校或者其他教育机构应当对教师的政治思想、业务水平、工作态度和工作成绩进行考核。教育行政部门对教师的考核工作进行指导、监督。"由此可见,教师考核内容主要包括以下四个方面:

（1）政治思想。主要包括政治态度和职业道德。政治态度指教师坚持四项基本原则,遵纪守法,热爱祖国,拥护党的路线、方针和政策,认真学习马列主义、毛泽东思想、邓小平理论、"三个代表"重要思想、科学发展观、习近平新时代中国特色社会主义思想。职

业道德主要包括爱岗敬业,教书育人等。2008年修订的《中小学教师职业道德规范》对中小学教师修养提出了六点要求:爱国守法、爱岗敬业、关爱学生、教书育人、为人师表、终身学习。

(2)业务水平。主要是指与教师所任职务相应的专业知识水平和业务能力。专业知识水平包括学历水平,专业知识理论和教育教学理论水平,工作经验,外语水平等。业务能力包括教育教学能力、科研能力、表达能力、管理学生的能力、创新能力等。

(3)工作态度。指教师在履行教育教学职责中的工作积极性、事业心和责任感。主要包括:教师是否履行其义务;治学态度如何;是否积极承担教育教学任务;是否关心学生;是否刻苦钻研业务、努力进取等。

(4)工作成绩。指教师在教育教学工作中的成绩和贡献,是教师政治思想、业务水平、工作态度的综合反映。教师工作成绩主要包括工作量、教育教学质量及研究成果、论著等。

2. 教师考核的原则

《教师法》第23条规定:"考核应当客观、公正、准确,充分听取教师本人、其他教师以及学生的意见。"据此,教师考核应当遵循以下原则:

(1)客观性原则。主要指对教师的考核要从客观实际出发,实事求是,全面地对教师做出合理的评价。坚持这项原则,要注意排除主观主义和非正常心理因素的干扰。

(2)公正性原则。主要指对教师的考核严格按照考核的标准、程序和办法进行,对教师一视同仁,不偏不倚。考核公正与否直接关系到教师考核工作的成败。

(3)准确性原则。指在客观、公正的基础上,做出与教师实际表现相符的评价。这项原则要求严格依据考核内容和标准进行考核。对教师的优、缺点做出恰如其分的评价,并将教师本人的工作成果与其前期成果做纵向比较,与其同行作横向对比,将定性与定量有机结合起来,确保考核的准确度。

3. 教师考核的结果

《教师法》第24条规定:"教师考核结果是受聘任教、晋升工资、实施奖惩的依据。"这是对教师考核结果效力的规定。一般说来,教师考核结果分为优秀、称职、不称职等层次。经考核优秀者,可优先晋级、晋职,予以奖励。经考核称职者,可以续聘和正常晋升;不称职者,可以低聘或者解聘。

五、教师待遇制度

(一)教师的工资待遇

教师的工资报酬是指教师的基础工资、职务工资、课时报酬、津贴、奖金等在内的工资性收入。

《教师法》第25条规定:"教师的平均工资水平应当不低于或者高于国家公务员的平均工资水平,并逐步提高。建立正常的晋级增薪制度,具体办法由国务院规定。"教师的工资水平之所以与国家公务员相比,是因为两者都具有为国家和社会负责的共同职责,而且从长远看,国家公务员的工资将有较高水平,保障机制好,这样有利于教师工资水平提高。建立正常的晋级增薪制度,也是提高教师工资水平的需要。

关于教师津贴,《教师法》第 26 条规定:"中小学教师和职业学校教师享受教龄津贴和其他津贴,具体办法由国务院教育行政部门会同有关部门制定。"教龄津贴是根据教师从事教育工作的年限所给予的额外报酬,也是鼓励教师长期安心从教的重要措施。根据国务院工资制度改革小组、劳动人事部发布的《关于教师教龄津贴的若干规定》,教龄津贴的一般标准为:教龄满五年不满十年的,每月三元;满十年不满十五年的,每月五元;满十五年不满二十年的,每月七元;满二十年以上的,每月十元。教师的其他津贴,包括班主任津贴,特殊教育津贴等,是对这些岗位教师多付出劳动的一种报酬补偿,也是按劳分配的体现。教育部、财政部、国家劳动局发布的《关于普通中学和小学班主任津贴试行办法》及教育部发布的《关于中等专业学校、盲聋哑学校班主任津贴试行办法》,对于学校的班主任津贴的设置、标准等做了具体规定。

关于教师的补贴,《教师法》第 27 条规定:"地方各级人民政府对教师以及具有中专以上学历的毕业生到少数民族地区和边远贫困地区从事教育教学工作的,应当予以补贴。"教师补贴是一种地区性补贴,其目的在于鼓励高学历人才到边远贫困地区从事教育工作,以促进当地教育事业的发展。

(二)教师的其他待遇

1. 教师的住房

教师住房是教师待遇的重要方面。对此《教师法》第 28 条规定:"地方各级人民政府和国务院有关部门,对城市教师住房的建设、租赁、出售实行优先、优惠。县、乡两级人民政府应当为农村中小学教师解决住房提供方便。"

就目前情况而言,教师住房由国家按技术职务和行政职务规定标准,按房改政策租给或售给。为了解决教师住房存在的问题,国家采取了诸如实施广厦工程、改造学校筒子楼工程等措施,逐步改善教师住房状况。各级政府和主管部门在城市住房方面要制定切实可行的计划,增加对教师住房建设的投资。在住房制度改革中,要对教师住房的建设、分配、销售或租赁,实行优先、优惠政策。县、乡两级人民政府要为农村公办教师和家在农村的教师建房采取优惠政策。

2. 教师的医疗

《教师法》第 29 条规定:"教师的医疗同当地国家公务员享受同等的待遇;定期对教师进行身体健康检查,并因地制宜安排教师进行休养。医疗机构应当对当地教师的医疗提供方便。"新中国成立以来,根据有关政策规定,教师在医疗待遇上享受实报实销的公费医疗待遇。但在实际执行中,要从教育经费中列支。由于教育经费困难,医疗费短缺,教师看病报销难的现象较为严重。《教师法》中规定教师同公务员享受同等医疗待遇,将会使教师的医疗得到较好的保障。在当前的医疗制度改革中,应根据这一原则,对教师实行倾斜政策,建立适合我国国情、费用由国家、单位、个人合理分担,社会化程度较高的多种形式的教师医疗保险制度,并建立相应的医疗救济制度和老年人医疗补助制度。为了保护教师的身体健康,要定期对教师进行身体健康检查。医院和其他医疗单位要对教师的医疗提供方便。

3. 教师的退休、退职

《教师法》第 30 条规定:"教师退休或者退职后,享受国家规定的退休或者退职待遇。县级以上地方人民政府可以适当提高长期从事教育教学工作的中小学退休教师的退休金比例。"该规定,对稳定教师队伍,合理解决教师退休后的生活待遇提供了重要的法律保障。

按照国家有关规定,教师男满 60 周岁,女满 55 周岁,参加工作满十年的,视不同情况,其退休费可以发给其本人工资的 60%～90%。教师退职可按国家规定办理并享受相应待遇。近些年来,许多地方通过立法,规定 30 年以上教龄的教师,可享受提高退休金比例的待遇。有的地方规定 30 年以上教龄的教师的退休金按原工资的 100% 发放。地方各级人民政府可从当地的实际情况出发,对教师长期从教的年限和提高退休金的比例做出具体规定。

第三节　现阶段教师与学生之间的法律关系

在改革开放,经济突飞猛进的今天,我国实施了"依法治国"的基本方略。在教育领域,应该依法治教,教师更应该知法懂法,依法教学。教师是人才的培育者,是人类魂灵的工程师。《教师法》关于"教师是履行教育教学职务和责任的专业人员,承担着教书育人,培养社会主义事业建设者和交班人、提高民族素质的任务"的规定,从法律上稳固建立了教师的地位,展现了教师的本质特征。

教师的本质特征,决定了教师的事情,不能离开教育教学的对象——学生。学生是教育活动中最重要、最活跃、最核心的主体,是教育法律关系的重要主体。学生既是教育教学活动的出发点,又是教育教学活动的终极归宿。教师就是根据一定的社会形态需要,把学生培养成为具有一定的文化科学常识和思想道德的人。教师的一切事情都要围绕着为培养学生成才服务。随着社会形态的进步、经济的发展、法制的健全和人们受教育程度的不断提高,人们的法制意识也不断加强。在教育领域,社会形态对人才规格、素质和能力的要求,也不断地通过学生的择师、选校等行为反映出来,学生作为法律关系主体的权利也正在一天天受到正视。在这样的背景下,教师与学生的法律关系就不得不引起我们的重视。

一、教师与学生之间的行政法律关系

教师与学生之间的行政法律关系是法定关系。《教师法》规定"教师是履行教育教学职责的专业人员,承担教书育人,培养社会主义事业建设者和接班人、提高民族素质的使命",明确了教师的职务和责任,稳固建立了教师在法律上的地位。教师的本质特征,决定了教师必须履行教育教学的职务和责任。教师不能抛却其享有的权利和履行的义务,抛却对学生的引导与教育,就意味着教师没尽到职责。《教师法》规定教师享有教育教学、从事教育科研、管理学生、获取报酬待遇、民主管理和进修培养训练等权利,同时也对教师该当履行的义务,做出明确规定,教师该当履行遵纪守法、教育教学、思想教育、尊敬学生人格、保护学生权益和提高水平等义务。教师在行使法律上赋予的教育教学的权利,履行法律规定的相应义务时,带有一定的"公务"性,即在一定程度上处于行政法律上的"管理者和领导者"地位,学生则相应地处于"被管理者和被领导者"的地位。双方的地位是"不平等"的,表现为带有"行政"色彩,并为法律所明确承认的,管理与被管理、领导与被领导的行政法律关系。

二、教师与学生之间的平等关系

教师的独特之处决定了教师与学生之间的平等关系。

一是师生目的的一致性。教师的劳动目的,是根据党的教育目标和社会形态需要,把青少年学生培养成为有抱负、有道德、有文化、有纪律,德智体美劳全面发展的社会主义事业建设者和接班人,这与学生的学习目的是一致的。双方应本着互相体贴、互相支持的原则,建立平等、和谐的师生关系。

二是教师劳动的对象既不是没有生命的自然物,也不是一般的动物或植物,而是有思想、有感情、有理智的处于成长发展中的学生,是与教师一样享有平等的法律权利和履行义务的公民。教师应以平等、公正的态度对待每一名学生,体贴他们的学习、生活和成长发育,尊重他们的个性、人格尊严等合法权益。教师在教育劳动中的劳动态度和道德状况,直接影响着青少年学生道德的形成和发展。

三是教师的劳动过程是通过自己的活动对学生施加影响,把自己掌握的常识水平、思维能力以及在教育教学历程中表现出来的思想觉悟、道德品位、感情意志和智慧才气等传递给学生。在实际工作中,教师谆谆教导,为人师表,从而达到塑造学生心魄的目的。

四是教师的劳动过程是教师与学生、学生与学生之间的双边或多边活动过程,是教师与学生互为对象、共同参与、相互增进的认知过程和感情交流过程。教师只有调整好自己的心态、处理好自己与学生的关系,才能顺利完成教育教学和教书育人的任务。教师履行教育学生,培养学生的法定义务是通过教育教学活动进行的,在教育教学活动中,教师对学生的管理是教育学生的重要方式,也是达到教育教学目的和国家教育质量标准的重要保障。在学校教育教学活动中没有管理就没有秩序,没有管理就没有质量,没有管理也就没有教育。

五是教师劳动的"产品"是掌握了一定的文化常识并形成一定思想道德的人,是受过教育的人,是发展着的人。在教师工作中,教师对学生施以思想品位、道德素质等方面的影响,并不因为教育历程的结束而消失,而是继续对他们发生着重大的影响,不仅时常影响他们本人的生活,并且还会通过他们去影响其子女和身边的其他人。所以,教师要对学生的平生负责,要对全体社会形态负责,就必须使自己在教育事情中表现出优秀的道德和非凡的才气,给学生以有益的心灵影响。

三、教师与学生之间的特殊法律关系

教师的本质特征、权利义务以及学生作为特别指定的教育法律关系主体,决定了教师与学生之间的法律关系的特殊性。表现为:

(一) 行政法律关系上的特殊性

教师是履行教育教学职务和责任的专业人员,教师与学生之间的管理和被管理关系,是在教育教学活动这一特别指定的前提下孕育、发生和发展的。离开了教育教学活动,教师与学生的行政性的法律关系也就随之消失。就学生而言,学生作为行政管理的相对人,教育教学活动历程中的被管理者,而不是"被管教"的对象,作为教育法令责任主体,有其特殊性,他们不是从业人员,没有固定的经济收入,在许多方面的权利和能力都遭到特别指定的限制。因此,对学生违反教育法律法规和行政法律法规的行为,法律法规也有着特殊的规定,既不能采取一般的行政处分形式,也不宜采用罚款形式,一般只采用纪律处分。

(二) 民事法律关系上的特殊性

一方面,作为公民,教师与学生在《宪法》和法律面前是平等的。"中华人民共和国公民在法律面前一律平等。""任何公民享有宪法和法律规定的权利,同时必须履行宪法和法律规定的义务。"在教育活动中,学生必须笃守学生行为标准,尊敬师长,尊敬教师的劳动,养成杰出的思想道德和行为,努力学习,踊跃主动、有创造性地完成规定的学习任务。教师要热爱学生、尊重和相信学生、尊重学生个性和人格,树立正确的教育与价值观念,将学生的个性发展与社会发展联系起来。另一方面,法律法规又给予学生一些特殊权利。学生有权要求教师在学业成就和操行评价上获得公正的平等机会;学生对教师侵犯其个人生命权、财产权等合法权益,有提出申诉或依法提起状讼的权利。

(三) 双方法律地位的差异性

教师是履行教育教学的专业人员,有固定的经济来源和收入,是完全民事行为能力人,可以依法独立行使法律法规规定的权利和履行义务。而学生不是从业人员,无固定的经济收入。根据《民法典》规定,未满十八周岁的学生归属无民事行为能力或限制民事行为能力人,不能独立承担民事责任,他们的民事行为应由其法定代理人即监护人依法代理。

(四) 师生之间没有法定监护关系

教师是学生在校期间的照顾和管理人,依法行使教育教学和管理权力,履行和承担照

管人的照管义务,负有一定的监护职务和责任,但不同于监护人的监护职务和责任。从法令上讲,监护是指对无民事行为能力或限制民事行为能力的人的个人生命、财产和其他合法权益依法实行监督和保护。目前采用的三种设定监护人的方式(即法定监护、指定监护和委托监护)中,均未将教师列为对象包罗其中。可见,教师与学生之间,并不存在具有法律意义上的监护关系。

教师与学生的法律关系是一种复杂的、特殊的法令关系,要妥善处理教师与学生的法律关系,起关键效用的是在教育教学中处于主导地位的教师。为此,教师既要注意双方法律上权利和义务的平等性,又要注意双方所处法律地位的差异性;既讲民主平等,又讲互尊互爱,与学生构建平等、和谐、融洽的新型师生关系,增进教育教学质量的不断提高。教师务必要认清他们的权利和义务,依法从教,切实找到教育学生的切入点,不能违背法律的要求,不能在知识的殿堂中做无知的事,更不能教出无知的学生。

测 试 题

一、填空题

1. 教师认为行政机关的具体行政行为侵犯其合法权益,应当自知道具体行政行为之日起_____日内提起行政复议申请,法律、法规规定超过此时限的除外。

2. 教师对学校或者其他教育机构侵犯其合法权益的,或者对学校以及其他教育机构做出的处理不服的,可以向教育行政部门提出申诉,教育行政部门应当在接到申诉的次日起_____内做出处理。

3. 义务教育法规定,教师的工资水平应当_____当地公务员的平均水平。

4. 在民族地区和边远贫困地区工作的教师享有_____津贴。

5. 聘任或任命教师担任职务应当有一定的任期,每一任期一般为_____。

6. 《中华人民共和国教师法》于_____起开始施行。

7. 国家实行_____制度:中国公民凡遵守宪法和法律,热爱教育事业,具有良好的思想品德,具备本法规定的学历或者经国家教师资格考试合格,有教育教学能力,经认定合格的,可以取得教师资格。

8. _____凡遵守宪法和法律,热爱教育事业,具有良好的思想品德,具备《教师法》规定的学历或者经国家教师资格考试合格,有教育教学能力,经认定合格的,可以取得教师资格。

9. 王某担任某县高二英语教师期间通过了硕士研究生入学考试,学校以王某服务期未满、学校英语教师不足为由不予批准王某在职学习。王某欲以剥夺其参加进修权利为由提出申诉,受理申诉的机构应当是_____。

10. 教师在教育教学中应当平等对待学生,关注学生的_____,因材施教,促进学生充分发展。

11. 教师应当尊重学生的人格,不得歧视学生,不得对学生实施_____的行为,不得侵犯学生合法权益。

12. 国家建立统一的义务教育教师职务制度。教师职务分为_____。教师资格证书的适用的地域范围是_____。

13. 学校和教师按照确定的教育教学内容和课程设置开展教育教学活动,保证达到国家规定的基本质量要求。国家鼓励学校和教师采用_____式教育等教育教学方法,提高教育教学质量。

14. 参加教师资格考试有作弊行为的,其考试成绩作废,_____年内不得再次参加教师资格考试。

二、单项选择题

1. 李某是一名教师,可以行使的权利有(　　)。

A. 通过教职工代表大会或者其他形式,参与学校的民主管理

B. 参加进修或者其他方式的培训

C. 在寒暑假期带薪休假

D. 责令上课不遵守纪律的学生离开教室

2. 教师可以采用的行政救济途径主要有(　　)。

A. 行政复议　　　　B. 民事诉讼　　　　C. 仲裁　　　　D. 教师申诉

3. 教职工代表大会是学校民主管理的基本形式,其职责是(　　)。

A. 听取校长工作报告,审议学校重大问题,提出意见和建议

B. 听取和反馈教职工对学校工作的意见,团结教职工支持校长正确行使职权

C. 决定有关教职工福利的重要事项,监督校长和学校其他负责人的工作

D. 罢免校长

4.《中华人民共和国教师法》规定,为保障教师完成教育教学任务,各级人民政府、教育行政部门、有关部门、学校和其他教育机构应当履行(　　)。

A. 提供符合国家安全标准的教育教学设施和设备

B. 提供必需的图书、资料及其他教育教学用品

C. 教师在教育教学、科学研究中的创造性工作给以鼓励和帮助

D. 支持教师制止有害于学生的行为或者其他侵犯学生合法权益的行为

5. 按照《中华人民共和国教师法》的规定,对侮辱、殴打教师的,根据不同情节应(　　)。

A. 给予行政处分或者行政处罚

B. 造成损害的,责令赔偿损失

C. 情节严重,构成犯罪的,依法追究刑事责任

D. 教育教育就行

6. 小学教师余某在课间休息时,习惯在教室外面的走廊吸烟。该教师的行为(　　)。

A. 合法,教师有课间休息的权利

B. 合法,教师未侵犯学生的权利

C. 不合法,教师不得在学生集体活动场所吸烟

D. 不合法,教师在征得学生同意之后方可吸烟

7. 教师杨某对学校提出的处理决定不服,向当地教育行政部门提出申诉,被申诉人应为( )。

    A. 校长   B. 教育行政部门   C. 学校   D. 教职工代表大会

8. 教师徐某经常上课迟到、早退,给学校教育教学工作造成了一定的损失,学校可依法给予徐某( )。

    A. 民事制裁   B. 行政处罚   C. 行政处分   D. 刑事处罚

9. 中学生程某经常违反班规,班主任张某让其缴纳"违纪金"充作班费。班主任张某的做法( )。

    A. 合法,教师有惩戒学生的权利   B. 合法,教师有管理班级的权利

    C. 不合法,教师没有罚款的权利   D. 不合法,学校才有罚款的权利

10. 中学生邹某上课时玩手机游戏,班主任王老师发现后,当场删除了邹某的游戏账号和他购买的游戏装备,并告诫邹某不要在上课时玩游戏。课后王老师将手机返还给了邹某。王老师的做法( )。

    A. 合法,教师有权批评和管教学生   B. 不合法,侵犯了邹某的财产权

    C. 合法,教师无权没收学生的手机   D. 不合法,侵犯了邹某的隐私权

11. 某中学规定,凡主动参加所在地区教研室组织的教研活动的教师,在职称晋升、评优评先中予以优先考虑。该学校的做法( )。

    A. 合法,有利于教师科学研究权的落实和保障

    B. 合法,有利于教师教学自由权的落实和保障

    C. 不合法,侵犯了其他教师享受平等待遇的权利

    D. 不合法,违反了教师考核评价的客观公正原则

12. 教师张某上班迟到了,学校按照制度规定扣除了张某当月的部分绩效工资。张某对学校的处分不服,他可以向教育行政部门( )。

    A. 申请仲裁   B. 提出申诉   C. 检举控告   D. 申请复议

13. 教师沈某因无正当理由拒不服从学校教学安排,被学校暂停授课并扣发当月绩效工资,学校的这种做法( )。

    A. 不合法,侵犯了沈某从事教育教学的权利

    B. 不合法,侵犯了沈某获取工资报酬的权利

    C. 合法,学校有对教师实施奖励或者处分的权利

    D. 合法,学校有对教师进行教育行政处罚的权利

14. 中学教师黄某认为当地教育行政部门侵犯其权利而提出申诉。依据《中华人民共和国教师法》,受理其申诉的机关是( )。

    A. 同级教育行政部门   B. 同级人民政府

    C. 上级人民政府   D. 同级纪律检查部门

15. 李丁的妈妈情绪一直不好,经常拿李丁撒气,李丁身上总是青一块紫一块。马老师为此多次找李丁妈妈谈话。李丁妈妈就找校长撒泼。了解真相后,校长批评马老师"多管闲事",校长的做法( )。

A. 正确,管教孩子是家长的权力,与学校无关

B. 正确,马老师只要管好学校里的事情就行了

C. 不正确,学校应当最大限度地为教师提供条件保障

D. 不正确,学校应当支持教师制止有害于学生的行为

16. 教师李某未履行请假手续,参加了县教研室组织的一次学术研讨会,让学生在教室自习。学校给予李某记过处分并扣除其当月部分绩效工资,李某对此处分不服。关于此事,下列说法正确的是(　　　)。

A. 学校不应该处分李某,李某享有学术研究权

B. 学校不应该扣除工资,李某享有报酬待遇权

C. 李某对处分不服,可以向上级纪委提出申诉

D. 李某的旷课行为,侵犯了学生受教育的权利

17. 教师张某拒不执行学校的教学计划,随意安排教学内容和教学进度,张某的做法(　　　)。

A. 合法,教师有选择教学内容的权利

B. 合法,教师有安排教学进度的权利

C. 不合法,教师有执行学校教学计划的义务

D. 不合法,教师有提高教学业务水平的义务

三、简答题

1. 你认为随着国家推行市场经济的进一步深入和进入 WTO 以来,教师法律地位应该有哪些变化?

2. 教师和学校之间的法律关系是什么?

3. 教师的基本权利是什么? 结合自身体会,谈谈你的哪些基本权利在现实生活中容易受到侵犯?

4. 你了解《中小学教师职业道德规范》的具体内容吗? 请在资源库中查找它的具体内容,并在互联网上查找有关中小学教师职业道德的案例,谈谈自己的体会。

5. 教师的资格条件是什么?

6. 了解教师考核的具体内容,结合自身情况,谈谈对你们学校教师考核的规定的看法。调查你所在的学校的教师职务分配情况。

四、材料分析题

1. 王某,30 岁,1999 年师专毕业,在某乡中学任初中物理教师。工作以来,王某教学能力突出,很快成为学科骨干教师。2002 年,为了提高自己的学历层次,经王某申请,当地教委和学校批准其到某师范大学进修。王某十分珍惜这次来之不易的进修机会,在一年的进修期间,不仅成绩优秀,还发表了数篇论文。然而,进修结束后,她才发现学校将她进修期间的工资克扣了一半,并告知:进修期间,没有在学校正常工作的,一律扣发一半工资。请问:在本案中,学校可以扣发参加进修的教师的工资吗? 杨某应该怎么办?

2. A 市第一中学因翻修校舍的需要,急需一笔资金,故 2010 年扣留了全体教师从 7月份到 9 月份的全部工资款额共计 40.32 万元。全体教师对学校的行为极为不满,联名

向教育行政部门提出申诉。申诉依据是《中华人民共和国教育法》第33条："国家保护教师的合法权益……教师的工资报酬、福利待遇,依法律、法规的规定办理。"《中华人民共和国教师法》第7条第4款规定:教师享有"按时获取工资报酬,享受国家规定的福利待遇以及寒暑假期的带薪休假"的权利。要求学校马上归还扣留教师的全部工资。请问:学校侵犯了教师的什么权利?教师的申诉能得到县教育局的支持吗?为什么?本案应如何处理?

3. A市第一小学教师郑某,因住房分配政策对领导心存不满,对工作失去信心,于是向学校提出了请调报告,要求立即调走。当时学校工作非常紧张,并且郑某担任的课程还未结束,与学校签订的聘任合同也未到期。因此,经研究,学校决定暂不考虑郑某的调动问题,并派人做他的思想工作,劝其认真考虑。郑某却认为这是有意拦阻不放其走,因而拒不上课,致使其所担任的课程被迫叫停。领导多次找郑某做思想工作,但郑某仍然拒绝上课。请问:试运用所学的教育法规知识进行分析,郑某的做法对吗?为什么?

4. 王某,男,9岁,山西省某市某小学五年级学生。父母均为工厂职工,自小对王某管教严格,王某学习成绩一直优秀,深得老师喜爱。王某上五年级后,因与王某同桌的李某爱好玩电脑游戏,经常怂恿王某和他去街上网吧玩游戏,王某渐渐地玩上了瘾,经常和李某逃课出去玩电脑游戏。对此,有的任课老师向该班班主任张老师反映过,但张老师认为现在学生不好管,而且学校也不指望每个学生都有好成绩,就对王某逃课睁一只眼闭一只眼,听之任之。一个学期下来,王某成绩一落千丈,后,王某父母知晓王某学习成绩下降的原因,这才对王某严加看管,每天上、放学由父母轮流接送,但由于王某沉溺于电子游戏太深,难以控制自己,仍然偷偷溜出学校玩游戏,晚上在家时,精神不振,不但功课不想做,而且身体也一天天地差下去。其父母为此专门带王某去看过心理医生,并花费不少。王某父母觉得,要是学校早点将王某逃课的情况向其父母反映,父母便可以早日加以管教,王某也不至于落到现在这个地步,他们认为学校应当为此负责,于是他们找到学校,要求学校为王某补上落下的功课,而且要求学校赔偿为王某花去的心理咨询费。学校则认为,他们只负责教育在学校内的学生,学生出了校门,他们管不着。双方争执不下,王某父母于是将学校诉至法院。请问:本案应当如何处理?

5. 谢某是小学六年级女生,一天下午课间,因与同学吵架而私自离开学校。晚自习时,班主任检查发现谢某不在教室,同桌报告说谢某与同学吵架,可能回家了,班主任信以为真,未予追查。原想等谢某回校后再予以批评教育。第二天下午,班主任上课发现其仍未返校,这才与谢某父母联系,但谢某父母说谢某昨晚并未回家,经谢某父母与亲友联系,仍无下落。无奈之下,谢某父母报案,但至今仍无谢某下落。最后,谢某父母到法院起诉学校,要求学校赔偿10万元。请问:(1)谢某失踪,学校和谢某班主任是否需要承担责任?如需承担,学校和谢某班主任可能会承担什么法律责任?(2)本案例对你的启示是什么?

6. 某小学校长王某曾因该校教师袁某调离时带走了公物,按学校管理规定,对袁某做出扣除部分工资2 550元的处理。袁某的夫兄张某道听途说,不辨是非,先后四次对王某进行威胁,多方寻衅。在此之后,王某路过张某家附近,张某再次上前侮辱,并叫来十多个家人将王某围住，大打出手，王某当即被打得鼻子出血，口吐白沫，倒在地上不省人事。过路群众再三劝阻，张某等人这才住手，扬长而去。王某被送进卫生院，经抢救两个小时后才苏醒，后又转区、市医院治疗 37 天，共花去医疗费、护理费 14 000 元。后经市级法医所鉴定，校长王某的伤势为：脑震荡，多发性软组织挫伤，现有脑外伤综合征，影响工作。请问：王某被侵害的责任应由谁来承担？应该承担何种法律责任？

7. 毕业于某名牌师范大学的小丰，在教育教学上很有一手，她当班主任期间，班里几乎所有的荣誉都拿了遍，因而深得家长与学生的喜爱。但她为人高傲，不太合群，可以说是目中无人。由于她不喜欢某个老师，而这个老师今年又到她任班主任的教学班上课，她担心会把她班上的平均分拉低，因而多次与校长交涉要求调离这个老师。但校长说这是学校的决定，不予采纳。于是小丰老师很不高兴，就称病不去上班。经校长等人多次劝说仍然不肯上班。结果她班里的教学受到严重影响，班风也每况愈下，家长和学生的意见很大。请问：小丰老师的行为合法吗？学校应该如何妥善处理？

第五章
未成年人保护法律制度

本章导学

在我国，未成年人是指不满 18 周岁的公民。毋庸置疑，未成年人代表着祖国的未来、民族的希望，肩负着实现中华民族伟大复兴的历史重任。换言之，为未成年人创造一个良好的外部环境，不仅关系到每一个孩子、每一个家庭、每一所学校，而且关系到整个民族的明天。因此，教育未成年人学会如何做人、如何做事、学会求知、懂得善待生命、懂得遵守规则和秩序、懂得对自己的行为后果负责任，是每一个家庭、学校、社会和国家机关义不容辞的责任。但同时，未成年人也是一个极其特殊的群体，他们在社会中处于弱势地位，他们从心理上正处于从无知到有知、从不成熟到成熟的转变时期，尚未形成全面的人生观与价值观。因此，如何有效地服务未成年人、如何更好地保护未成年人，是我们所需面对的重要社会课题。

正是在这样的背景下，1991 年 9 月 4 日第七届全国人民代表大会常务委员会第二十一次会议正式通过了《中华人民共和国未成年人保护法》，并于 2006 年、2012 年、2020 年分别对其进行三次修订，于 2021 年 6 月 1 日起正式施行。本章的内容正是以《未成年人保护法》为基础，全面介绍对未成年人的家庭保护、学校保护、社会保护、网络保护、政府保护以及司法保护。通过本章内容的学习，以期帮助学生了解未成年人的监护与抚养、未成年人的基本权利，使学生明确国家机关、社会、学校、家庭和成年公民等主体在未成年人保护方面应尽的义务，从而增强法律意识，自觉维护未成年人的合法权利。

案例导航

2014 年 5 月，A 市第一小学二年级学生赵强在市教委组织的儿童绘画比赛中获得了一等奖。市教委下属的一家美术杂志社闻讯后即来信表示，他们将出版一期儿童作品专刊，希望赵强可以寄来几幅作品以供他们挑选。赵强的父亲赵某收信后给杂志社寄去了三幅作品，但之后一直没有回音。2015 年 6 月，赵某发现该杂志社的期刊上刊载了赵强的两幅作品，但没有给赵强署名，便立即找到杂志社，质问为何不通知其作品已被选用，而且既不支付稿酬，也不署名。然而，该杂志社声称，赵强年仅八岁，尚属于未成年人，不能享有著作权，因此没有必要署名；况且，杂志社发表赵强的作品是教委对其成绩的肯定，没有必要支付稿酬。

思考：根据《未成年人保护法》，赵强有署名的权利和获得报酬的权利吗？为什么？请说明理由。

第一节 未成年人概述

我国《未成年人保护法》第 1 条明确规定："为了保护未成年人身心健康，保障未成年人合法权益，促进未成年人德智体美劳全面发展，培养有理想、有道德、有文化、有纪律的社会主义建设者和接班人，培养担当民族复兴大任的时代新人，根据宪法，制定本法。"该条规定根据未成年人保护的角度和侧重点的不同，依次确定了未成年人保护的四个层次，即"保护身心健康""保障合法权益""促进德智体美劳全面发展"以及"培养有理想、有道德、有文化、有纪律的社会主义建设者和接班人"，这四个层次在立法目的上是逐步递进的，它们互为补充、缺一不可，共同构成了我国保护未成年人的立法宗旨。

那么，问题在于：在我国，什么样的群体属于未成年人的范畴？对未成年人的保护应当遵循哪些基本原则？未成年人的保护机制是否已经建立？……凡此种种，将在本节一一展开。

一、未成年人的概念与法律特征

未成年人是相对于成年人而言的，对于未成年人的标准，各国的规定不尽相同，但基本上以生理年龄作为界定未成年人的标准。在我国，未成年人是一个法律概念，有明确的法律具体做出年龄限制。

（一）未成年人的概念

对于未成年人的界定，我国遵循了国际上的通行做法，在《未成年人保护法》中明确规定"未满 18 周岁的公民为未成年人"。《民法典》第 17 条也规定："十八周岁以上的自然人为成年人。不满十八周岁的自然人为未成年人。"值得注意的是，在对未成年人概念进行界定时，需要将未成年人与儿童、少年、青年、青少年等概念进行一一区分。如：在《宪法》及相关法律文件中，经常可以看见"青少年"的说法，但是并没有对此概念做出具体的表述和界定，一般情况下，青少年是指已满 10 周岁未满 24 周岁的公民。2017 年中共中央、国务院印发并实施的《中长期青年发展规划（2016—2025 年）》中指出，"本规划所指的青年，年龄范围是 14—35 周岁"。因此，青少年、青年和未成年人的概念在一定程度上存在交叉。

（二）未成年人的法律特征

在我国，未成年人不仅包括普通的未成年人，也包括有残疾的未成年人、违法犯罪的未成年人;不仅包括男性未成年人,也包括女性未成年人;不仅包括在校学习的未成年人,还包括按照国家规定从业的、已满16周岁不满18周岁的未成年人。具体而言,未成年人的法律特征主要包括以下四点。

1. 未成年人是中国公民,具有中国国籍

我国《宪法》第33条规定"凡具有中华人民共和国国籍的人都是中华人民共和国公民"。目前,中国国籍采用以血统主义为主、出生地主义为辅的结合原则,具体包括以下五点:其一,中华人民共和国不承认中国公民具有双重国籍。其二,父母双方或一方为中国公民,本人出生在中国,具有中国国籍。其三,父母双方或一方为中国公民,本人出生在外国,具有中国国籍;但父母双方或一方为中国公民并定居在外国,本人出生时即具有外国国籍的,不具有中国国籍。其四,父母无国籍或国籍不明,定居在中国,本人出生在中国,具有中国国籍。例如:李某出生于中国,父亲为无国籍人,母亲也国籍不明,李某可以具有中国国籍。其五,外国人或无国籍人,愿意遵守中国宪法和法律,并具有下列条件之一的,可以经申请批准加入中国国籍:① 中国人的近亲属;② 定居在中国的;③ 有其他正当理由。

2. 未成年人享有民事权利能力

未成年人的民事权利能力是指法律赋予未成年人享有民事权利、承担民事义务的资格。我国《民法典》第13条明确规定,"自然人从出生时起到死亡时止,具有民事权利能力,依法享有民事权利,承担民事义务"。所以我国公民的民事权利能力始于出生、终于死亡。即使出生后瞬间死亡,其在出生至死亡之间依然享有民事权利能力。正如我国台湾法学家王伯琦所言:"法律之中心意义,旨在重视此一人格。此一人也,已因出生享有权利能力,又因死亡而终止其权利能力,一生一死之间,已充分享有其人格。此一人格者之生命,虽极渺小而短暂,但在法律上之价值,与任何伟大而长久之人格,并无以异,决不能漠然视之也。"

第一,未成年人的权利能力始于出生。我国《民法典》第15条规定:"自然人的出生时间和死亡时间,以出生证明、死亡证明记载的时间为准;没有出生证明、死亡证明的,以户籍登记或者其他有效身份登记记载的时间为准。有其他证据足以推翻以上记载时间的,以该证据证明的时间为准。"可见,未成年人的出生时间以医院出具的出生证明为准;没有出生证明的,以户籍证明为准;没有户籍证明的,参照其他有关证明认定。当然,自然人的权利能力并非从上述证明文件证明的时间开始,而是从事实上的出生时间开始。对于出生时间的认定主要是为了确认人之年龄从而确定人的行为能力。

![延伸阅读]

自然人的民事权利能力始于出生,胎儿既未出生,当然不是独立的个体,不具有民事权利能力,不能纳入未成年人的范畴。但问题在于,该原则难以保护胎儿的合法利益。为此,我国法律增加了胎儿的特殊保护规定,这主要体现在《民法典》第16条中:"涉及遗产继承、接受赠与等胎儿利益保护的,胎儿视为具有民事权利能力。但是胎儿娩出时为死体

的，其民事权利能力自始不存在。"同时，《民法典》第 1155 条也规定："遗产分割时，应当保留胎儿的继承份额。胎儿娩出时是死体的，保留的份额按照法定继承办理。"因此，胎儿虽不具备民事权利能力，但享有继承权，这是"始于出生、终于死亡"基本原则的例外。

第二，未成年人的民事权利能力终于死亡。民法上的死亡包括生理死亡（又称为"自然死亡"）和宣告死亡（即通过法定程序确定失踪人死亡）[①]。公民一旦死亡，便丧失民事权利能力，不再是民事主体，其生前的婚姻关系消灭、财产权利和财产义务依规定转移，人身权也一并消灭。在实践中，如果自然人在医院死亡，应以死亡证明上记载的时间为准；没有医院证明的，以户籍簿上登记的死亡时间为准。这与《民法典》第 15 条的规定具有一致性。

第三，未成年人的权利能力是一种资格。未成年人的权利能力是由国家通过法律直接赋予的，而非个人直接决定的，因此权利能力与未成年人的人身不可分割，既不能转让，也不能放弃。未成年人的权利能力是未成年人取得权利的前提，当然，权利能力只是未成年人享有权利的法律上的可能性，并不意味着未成年人所享有的实际利益。

3. 未成年人具备一定的民事行为能力

未成年人的民事行为能力是指未成年人能够以自己的行为行使民事权利和承担民事义务的资格。这里的"能力"或者"资格"是指民事主体的意识能力或者精神状态，包括思维是否正常，是否有认识能力、判断能力，是否具有辨别是非和处理自己事务的能力等。

与成年人相比，未成年人的心理、生理都处于发育阶段，心智尚未成熟、社会经验匮乏，对自己的行为也缺乏良好的自我控制力。因此，根据未成年人的具体情况，法律对不同年龄的未成年人规定了三种不同的民事行为能力，目的在于保护未成年人的身心发展与切身利益。

第一，视为完全民事行为能力人。我国《民法典》第 18 条规定："成年人为完全民事行为能力人，可以独立实施民事法律行为。十六周岁以上的未成年人，以自己的劳动收入为主要生活来源的，视为完全民事行为能力人。"因此，对于未成年人而言，只有同时具备"十六周岁以上"以及"以自己的劳动收入为主要生活来源"两个条件，才可视为完全民事行为能力人。事实上，将这一部分未成年人视为完全民事行为能力人，一方面是对《义务教育法》所规定的九年义务教育的呼应，即未成年人完成九年义务教育之际，往往是其年满十六周岁之时；另一方面，将其视为完全民事行为能力人，也有利于他们从事劳动、生产经营等活动，是对他们意识能力的尊重及合法权益的保护。

第二，限制民事行为能力人。我国《民法典》第 19 条规定："八周岁以上的未成年人为限制民事行为能力人，实施民事法律行为由其法定代理人代理或者经其法定代理人同意、

[①] 宣告死亡一般是指自然人离开住所，下落不明达到一定法定期限，经利害关系人申请，由人民法院宣告其死亡的法律制度。依照《民法典》的规定，公民下落不明满 4 年（包括因战争而下落不明的，只从战争结束之日起算）或因意外事故下落不明满 2 年（从该事故发生之日起算），经有关机关证明该公民不可能生存的，利害关系人可以向人民法院申请宣告其死亡。

追认;但是,可以独立实施纯获利益的民事法律行为或者与其年龄、智力相适应的民事法律行为。"这是在 1986 年《民法通则》的基础上对限制民事行为能力人年龄标准的下调。毕竟,改革开放以来,人民生活水平显著提高,人口素质明显提升,随之而来的则是未成年人的生理、心理及智力发育程度的加快,其对外界事物及自身行为的认知、辨识能力逐渐增强。因此,有必要调低限制民事行为能力的年龄标准,赋予其实施与年龄、智力相适应民事法律行为的效力。在日常生活中,八周岁以上的未成年人往往已经具备一定的识别能力和判断能力,可以实施日常生活必需的民事行为,进行某些获取法律上利益而不负义务的民事行为,同时也享有以自己的行为取得的荣誉权、发明权、著作权等民事权利。但是,这些未成年人,毕竟仍处于生长发育阶段,一些重要的或复杂的民事行为仍应由他们的法定代理人代理或征得其法定代理人的同意。以未成年人的合同行为为例,未成年人的合同行为是指作为限制民事行为能力人的未成年人在未经父母或者其他监护人同意和授权的情况下,与他人签订合同的行为。未成年人的合同行为在性质上属于效力待定合同,必须经过法定代理人(父母或者其他监护人)的追认,方可认定其为有效合同。

延伸阅读

效力待定合同是指合同虽然已经成立,但因其不完全符合合同的生效要件,致使合同不能产生法律效力,在一段合理时间内合同效力暂不确定,由有追认权的当事人进行补正或有撤销权的当事人进行撤销,再视具体情况确定合同是否有效。处于此阶段中的合同,被视为效力待定合同。需要特别指出的是,合同效力待定意味着该合同既非有效,也非无效,而是暂时处于不确定之状态,但是这种不确定之状态并非合同效力的最终状态,无论如何,效力待定合同最后或者归于有效,或者归于无效,没有第三种状态。

案例讨论

17 周岁的少年张某向邻居李某借款 1 000 元购买自行车,在购车时不慎将钱款丢失。后,李某要求张某还钱,张某不得已将事情告知父母。张某父母在对儿子进行批评教育的同时,认为李某不应该借钱给其未成年的儿子,而且钱款已经丢失,因此拒绝还钱。请问:张某的借款行为是否有效?张某父母是否应该向李某偿还 1 000 元,为什么?

该案例中的情形需要分两种情况进行分析。情形之一:17 周岁的张某是在辍学后,并以自己的劳动收入为主要生活来源时向李某借款。此时,17 周岁的张某被视为完全民事行为能力人,与李某之间发生的借款行为合法有效,因此,张某所借款项应该返还,张某应当承担返还责任。情形之二:17 周岁的张某仍为在校学生。依据《民法典》的有关规定,已满 8 周岁不满 18 周岁的未成年人属于限制民事行为能力人,其所进行的合同行为属于效力待定的民事行为,需经法定代理人的追认,方为有效。在本案中,张某父母作为张某的法定代理人,并无追认之意,故张某的民事行为最终指向无效。但是,张某父母不得以"张某为限制民事行为能力人"为由拒绝还款,作为张某的法定代理人或者监护人,张某父母应承担返还责任。当然,如果张某有个人财产,可以从其财产中支付所欠款项,不足部分由其父母适当赔偿。

第三,无民事行为能力人。我国《民法典》第 20 条明确规定:"不满八周岁的未成年人为无民事行为能力人,由其法定代理人代理实施民事法律行为。"不满八周岁的未成年人,一般处于生长发育的最初阶段,智力水平普遍较低,一般难以进行民事行为,故将其归为无民事行为能力人。但是无民事行为能力人纯获利的行为,应认定其有效。

案例讨论

蓝某为 6 周岁的幼儿园大班小朋友,因为父母常年在外打工,蓝某一直跟随姥姥生活,姥姥平日里非常疼爱蓝某。某日,姥姥对蓝某说:"你只要好好学习,我就给你三万元,等你以后上大学用。"此话不久,姥姥便以蓝某的名义在农业银行给蓝某存款三万元。之后姥姥一直未将存折交给蓝某,也没有交给蓝某的父母。两年后,姥姥因病去世,老人的儿女在处理老人遗产时对上述三万元存折问题争论不休,各持己见。蓝某舅舅认为,三万元属于遗产,应当由子女共同继承。蓝某的母亲则认为,三万元存款是老人对蓝某的单独赠与,不能作为遗产继承。后,双方诉至法院。请问:该三万元存款应当归谁所有? 为什么?

在本案中,三万元存款属于姥姥对蓝某的单方赠与,尽管在赠与发生时,蓝某属于无民事行为能力人,但是对于其接受赠与这一纯获利益的行为,依据法律规定,应认定为有效的民事行为,因此三万元存款应当归蓝某所有。

4. 未成年人应承担相应的刑事责任

未成年人的刑事责任能力,是指未成年人正确辨认自己行为的性质、意义、作用和后果,并依据这种认识而有意识地控制自己的行为,从而对自己所实施的犯罪承担刑事责任的能力,具有刑事责任能力是未成年人承担刑事责任的前提。刑事责任能力,由辨认能力与控制能力组成,前者是指行为人认识自己特定行为的内容、社会意义与结果的能力,后者则是指行为人支配自己实施或者不实施特定行为的能力。

基于我国的政治、经济、文化的发展水平,综合考虑少年儿童接受教育的条件,依据我国的地理、气候条件,根据国家对少年儿童的政策,我国未成年人承担刑事责任可分为完全无责任时期、相对负责任时期、完全责任时期以及减轻责任时期。

第一,完全无责任时期。对于不满 12 周岁的未成年人所实施的符合构成要件的违法行为,不以犯罪论处。毕竟,不满 12 周岁的未成年人,尚处于幼年时期,他们身心发育不成熟,对自己行为的内容、社会意义与结果,还缺乏明确的认识,也很难控制自己的行为。

第二,相对负责任时期。这一时期分为两个阶段,第一阶段为已满 14 周岁不满 16 周岁的阶段。我国《刑法》第 17 条第 2 款明确规定:"已满十四周岁不满十六周岁的人,犯故意杀人、故意伤害致人重伤或者死亡、强奸、抢劫、贩卖毒品、放火、爆炸、投放危险物质罪的,应当负刑事责任。"一方面,已满 14 周岁不满 16 周岁的未成年人,对于严重的犯罪行为已经具备一定的辨认、控制能力,这一规定既考虑了未成年人的辨认与控制能力,又考虑了刑事政策的需要。另一方面，《刑法》中所列举的上述八种犯罪行为，具备严重性与常发性的双重属性，因此，这一规定有利于更有效、更准确地处罚严重危害社会的犯罪，减少司法实践中的分歧，同时这一规定也体现了国家对有越轨行为的未成年人"重教育、轻处罚"的刑事政策。第二阶段为已满 12 周岁不满 14 周岁的阶段。我国《刑法》第 17 条第 3 款明确规定："已满十二周岁不满十四周岁的人，犯故意杀人、故意伤害罪，致人死亡或者以特别残忍手段致人重伤造成严重残疾，情节恶劣，经最高人民检察院核准追诉的，应当负刑事责任。"这一规定吸收了恶意年龄补足制度，作为刑事责任年龄的一种例外性下调。即在考虑到当前许多恶性犯罪的情形下，对于特殊的犯罪，经过特定的程序，应当负刑事责任。需要注意的是，降低刑事责任年龄并非对以上八种严重犯罪的简单、机械适用，只有同时具备以下四个条件，方需承担刑事责任：第一，行为主体为年满 12 周岁不满 14 周岁的未成年人；第二，犯有故意杀人、故意伤害罪，此处系指罪行而非罪名；第三，情节严重、社会危害性极大，即致人死亡或者以特别残忍手段致人重伤造成严重残疾，情节恶劣；第四，应当经最高人民检察院核准追诉。

延伸阅读

一段时期以来，未满十四周岁的低龄未成年人实施的杀人、伤害、强奸等恶性犯罪时有发生，引发全社会的高度关切。大连 13 岁男孩杀害 10 岁女孩案，更是将舆论关注推向顶峰。

2019 年 10 月 20 日，13 岁大连男孩蔡某某将在同小区内居住的 10 岁女孩小淇杀害，并抛尸灌木丛。由于蔡某某未满 14 周岁，未达到法定刑事责任年龄，因此公安机关依法对蔡某某收容教养。2020 年 1 月，小淇的家属对蔡某某及其家人提起民事诉讼，要求蔡某某等人赔礼道歉、进行赔偿。

这一案例引发了人们关于是否应该降低最低刑事责任年龄的热烈讨论。为回应社会关切，2021 年 3 月 1 日起正式施行的《刑法修正案（十一）》降低了刑事责任年龄，这是对我国刑事责任年龄制度所做的重要局部调整。

第三，完全负责任时期。已满 16 周岁的未成年人犯罪，应当负刑事责任。毕竟，已满 16 周岁的人，已经接受了较为完整的义务教育，身心发育比较成熟，对于某一行为是否构成犯罪已有较为明确的认识，也能够控制自己是否实施犯罪行为，因此，应对一切犯罪行为承担刑事责任。

第四，减轻责任时期。依照《刑法》的规定，已满 12 周岁不满 18 周岁的人犯罪，应当从轻或者减轻处罚；因不满 16 周岁不予刑事处罚的，责令其父母或者其他监护人加以管教；在必要的时候，依法进行专门矫治教育。

延伸阅读

法定年龄的计算标准：《刑法》所规定的年龄，是指实足年龄。换言之，《刑法》中所称的"周岁",旨在限定为实足年龄,而非虚岁。实足年龄以日计算,并且按照公历的年、月、日计算。例如:已满 14 周岁,是指过完 14 周岁生日,从第二天凌晨起才满 14 周岁。

二、未成年人保护的历史进程

中国未成年人保护与国际儿童保护运动有着极为相似的历史发展轨迹。

中华文明因其固有的价值体系和独特的历史文化积淀,一些观念在未成年人保护的过程中发挥着不可忽视的作用。如:汉代之后,儒学就一直统治着中国人的精神世界,儒家观点也代表着对未成年人的道德价值判断。但遗憾的是,尽管在中国的文化传统中一直都有爱护未成年人的做法,却是从家庭和社会整体利益的角度来对未成年人的价值进行评判的。未成年人只能依附于成人,他们的价值似乎主要在于承载成年人对于家庭和社会的期待。新中国成立后,我国未成年人保护有了突飞猛进的发展,主要表现在利益最大化原则的确立、权利保护立法的加强以及权利保护机制的建立三个方面。

(一) 未成年人利益最大化原则的确立

未成年人利益最大化原则的确立,始于西方社会对儿童认识的转变。众多研究表明,18 世纪以前的历史是儿童权利被漠视的历史,英国历史学家哈利·亨德里克斯曾言:"如果女人是被隐藏在历史里,那么儿童则被排除在历史之外。"正是在这样的社会背景下,儿童一般没有自己独立的社会地位,而是依附于家庭(家长制)或父母(亲本位)。随后,学者们将人权理念引入其中,发展了新的儿童观念。他们认为,人应该是权利主体而不是受到权利支配的客体,并且人的这种主体性不局限于成年人,应该拓展到人的幼年时期。未成年人不是家庭或父母的财产,而是一个与成年人有别、有着其自身需要和独立兴趣爱好的、需要特殊尊重和保护的个体。

最早表述"未成年人利益最大化"原则的国际性文件是 1959 年《儿童权利宣言》,其中,第 2 条规定:"儿童应受到特别保护,并应通过法律和其他方法获得各种机会和便利,使其能在健康而正常的状态和自由与尊严的条件下,得到身体、心智、道德、精神和社会等方面的发展。在为此目的而制定法律时,应以儿童最大利益为首要考虑。"此后,这一原则被若干国际公约和区域性条约所援引,如:1986 年《关于儿童保护和儿童福利、特别是国内和国际寄养和收养办法的社会和法律原则宣言》第 5 条规定:"在亲生父母以外安排儿童的照料时,一切事项应以争取儿童的最大利益,特别是他或她得到慈爱的必要并享有安全和不断照料的权利为首要考虑。"又如:1989 年联合国人权委员会在《儿童权利公约》第 3 条第 1 款中明确规定"关于儿童的一切行动,不论是由公私社会福利机构、法院、行政当局或立法机构执行,均应以儿童的最大利益为一种首要考虑",这一规定被视为确立未成年人利益最大化原则的里程碑。

新中国成立后,未成年人利益最大化原则也已经成为我国制定有关未成年人的法律、政策、福利保护甚至婚姻家庭制度的基石,深刻影响着人们的文化、传统、家庭、法律意识、法律制度等的重构和发展。

（二）未成年人权利保护法律体系的构建

随着中国法治化进程的逐渐推进，我国在立法中越来越多地考虑到了国际公约与国际条约的标准，在立法和司法中越来越注重对未成年人权利的尊重和保护。

近四十年来，我国陆续颁布了专门针对未成年人的法律法规，如《未成年人保护法》《义务教育法》以及《预防未成年人犯罪法》，并根据社会经济的发展，及时对这些法律法规进行局部调整。同时，我国对原有的、涉及未成年人保护的法律法规也进行了修订与完善，如《刑事诉讼法》《刑法》等。自此，一个以《宪法》为核心，以国际条约和国家规划为指导，以《刑法》《民法典》等基本法律和《未成年人保护法》《预防未成年人犯罪法》等单行法律为骨干，辅之以《母婴保健法》《义务教育法》等其他法律规定，以及地方性法规和大量的司法解释性文件共同构成的、具有中国特色的未成年人权利法律保障体系已经初步形成。

这一法律体系的特点主要体现在以下四点：第一，在立法观念上，突出了对未成年人的权利保护，改变了以道德教育、政策教育为主的保护模式，树立了运用法律手段保护未成年人健康成长的理念。第二，在立法体制上，形成了中央立法与地方立法相结合的两级立法体制，充分发挥地方和中央立法的积极性和独创性。第三，在法律内容上，遵循综合治理的指导思想，形成了政府保护、家庭保护、社会保护、网络保护、司法保护、学校保护和未成年人自我保护的多层次保护体系。第四，在法律类型上，《未成年人保护法》与《预防未成年人犯罪法》并驾齐驱，同时辅之以相关法律法规和规章制度，形成了"保护型"与"预防型"并重的未成年人权利保障法律体系。

（三）初步形成未成年人权利保护机制

保护未成年人，是国家机关、武装力量、政党、人民团体、企业事业组织、城乡基层群众性自治组织、未成年人的监护人以及其他成年公民的共同责任。这是因为未成年人的保护工作关系重大，情况多变复杂、涉及人数众多，作为一项艰巨的系统工程，未成年人的保护工作需要全社会共同承担。

首先，提升未成年人的自我保护意识与能力。国家、社会、学校和家庭应当教育和帮助未成年人维护自己的合法权益，增强自我保护的意识和能力，增强社会责任感。毕竟，任何组织和个人对未成年人的保护都是一种外在保护，这种外在保护的不足之处在于无法对未成年人做到时时处处的保护。因此，为了全面有效地保护未成年人的合法权益，国家、社会、学校和家庭必须通过教育和帮助使未成年人增强自我保护的意识和能力。事实上，增强未成年人的自我保护意识和能力，促使他们学会积极地运用法律武器维护自己的合法权益，会在很大程度上减少未成年人被侵害的机会和程度。

其次，落实国家机关对未成年人的保护。国家机关是依法设立的、由国家财政予以保障的、管理国家各项事务的组织，未成年人保护工作是国家机关职责的重要组成部分，国家机关有义务做好未成年人保护工作，未成年人保护工作的真正落实也离不开国家机关。根据《宪法》以及相关法律的规定，我国的国家机关从横向上分为权力机关、监察机关、行政机关、司法机关；从纵向上分为中央、省级（省、自治区、直辖市）、市级、县级（县、自治县、县级市)以及乡镇级,各级国家机关都有相应的保护未成年人的职责。具体而言,中央和地方各级国家机关应当在各自的职责范围内做好未成年人保护工作,县级以上人民政府应当将未成年人保护工作纳入国民经济和社会发展规划以及年度计划,相关经费纳入本级政府预算。县级以上人民政府应当建立未成年人保护工作协调机制,统筹、协调、督促和指导有关部门在各自职责范围内做好未成年人保护工作。协调机制具体工作由县级以上人民政府民政部门承担,省级人民政府也可以根据本地实际情况确定由其他有关部门承担。

最后,加强社会团体对未成年人保护。社会团体在未成年人保护工作中有着独特的地位和其他任何组织不可替代的帮助、保护和协助保护的作用,我国经合法登记的各种全国性和地方性的社会团体数以千计,其活动宗旨和组织形式千差万别,但是保护未成年人的合法权益却是其共同的目标。共产主义青年团、妇女联合会、工会、残疾人联合会、关心下一代工作委员会、青年联合会、学生联合会、少年先锋队以及其他人民团体,应当协助各级人民政府及其有关部门、人民检察院、人民法院做好未成年人保护工作,维护未成年人的合法权益。此外,共产主义青年团、妇女联合会、工会、青年联合会、学生联合会、少年先锋队作为与未成年人关系相当密切的社会团体,还应当积极主动开展适合未成年人身心特点的、有利于未成年人健康成长的、具有知识性和趣味性的各类活动,有效地帮助未成年人树立起遵纪守法的基本信念。

三、未成年人保护的基本原则

未成年人保护的基本原则是指在保护未成年人的工作中起着指导性作用的基本准则。《未成年人保护法》第4条规定:"保护未成年人,应当坚持最有利于未成年人的原则。处理涉及未成年人事项,应当符合下列要求:(一) 给予未成年人特殊、优先保护;(二) 尊重未成年人人格尊严;(三) 保护未成年人隐私权和个人信息;(四) 适应未成年人身心健康发展的规律和特点;(五) 听取未成年人的意见;(六) 保护与教育相结合。"

(一) 给予未成年人特殊、优先保护

未成年人是家庭、国家和社会的未来。未成年人法治事业的发展具有国家及社会发展层面的重大战略意义。一直以来,我国都非常重视未成年人法治工作的开展,强调给予未成年人特殊、优先保护。

这一特殊性与优先性在新修订的《未成年人保护法》中尤为凸显。第一,任何组织或者个人发现不利于未成年人身心健康或者侵犯未成年人合法权益的情形,都有权劝阻、制止或者向公安、民政、教育等有关部门提出检举、控告。第二,建立强制报告制度。国家机关、居民委员会、村民委员会、密切接触未成年人的单位[①]及其工作人员,在工作中发现未

---

① 根据《未成年人保护法》第130条的规定:密切接触未成年人的单位,是指学校、幼儿园等教育机构;校外培训机构;未成年人救助保护机构、儿童福利机构等未成年人安置、救助机构;婴幼儿照护服务机构、早期教育服务机构;校外托管、临时看护机构;家政服务机构;为未成年人提供医疗服务的医疗机构;其他对未成年人负有教育、培训、监护、救助、看护、医疗等职责的企业事业单位、社会组织等。

成年人身心健康受到侵害、疑似受到侵害或者面临其他危险情形的,应当立即向公安、民政、教育等有关部门报告。有关部门接到涉及未成年人的检举、控告或者报告,应当依法及时受理、处置,并以适当方式将处理结果告知相关单位和人员。第三,国家鼓励和支持未成年人保护方面的科学研究,建设相关学科、设置相关专业,加强人才培养。第四,国家建立健全未成年人统计调查制度,开展未成年人健康、受教育等状况的统计、调查和分析,发布未成年人保护的有关信息。第五,在"政府保护"一章明确增加"要求县级以上人民政府应当开通全国统一的未成年人保护热线,及时受理、转介侵犯未成年人合法权益的投诉、举报"的规定。这看似是一项具体的工作,但其意义重大,尤其是从国家立法的高度对政府提出明确的要求,有助于政府落实这项工作,有助于让未成年人直接感受到国家的关心和爱护。

(二)尊重未成年人的人格尊严

《宪法》第38条规定:"中华人民共和国公民的人格尊严不受侵犯。禁止用任何方法对公民进行侮辱、诽谤和诬告陷害。"这里所说的人格尊严,其实就是人格权,广义的人格权包括生命健康权、姓名权、名誉权、荣誉权、肖像权以及隐私权等权利,狭义的人格权通常是指名誉权。一般认为,名誉是指民事主体所享有的社会评价。值得注意的是,法律保护名誉的目的,是使每个民事主体都得到与其自身实际情况相一致的社会评价,名实相符、各得其所。名誉保护的目的并非使每个民事主体都得到良好的社会评价,如果一个人本身做出了社会道德或者法律所不齿的行为,其社会评价自然不应当良好。但是,当一个人自身行为完全符合社会公共道德或者法律的要求时,法律就应当保证其享有良好的名誉,民事主体也有权获得这种名誉。

作为一项保护未成年人的工作原则,尊重未成年人的人格尊严,不仅要立足于保护未成年人的人格权,更要从尊重未成年人独立的人格尊严,使其不受伤害、个人价值不被贬损的角度出发。强调尊重未成年人的人格尊严在当前具有现实针对性,毕竟,未成年人是一个相对于成年人在生理、心理、智力、社会政治经济地位等方面都处于弱势的群体,其人格尊严更容易被忽视,实践中不尊重未成年人人格尊严的事件也屡屡发生。

(三)保护未成年人的隐私权和个人信息

作为一项重要的基本人权,隐私权要求对个人的生活秘密、安宁和空间隐私进行保障。任何人不得在没有合法依据和正当理由的前提下对他人的个人信息施加干涉,否则控制他人个人信息的行为将构成对他人隐私权的侵犯。隐私权的属性要求国家为权利的享有提供积极的保护,国家应建立健全相应的法律体系并采取具体的保护措施。未成年人作为重要的人权主体,因身心发育不成熟的特殊性更加需要来自国家、社会、学校和家庭的特别保护。

近年来,随着数字环境的发展,我国网络直播发展迅速,直播行业进入门槛低,直播行为在一定程度上摆脱了现实生活中的社会伦理和道德束缚。未成年人普遍追求个性和自由,自我保护意识相对薄弱。同时,未成年人过早呈现出与成年人疏离,而与网络以及网络中的虚拟人物亲近的趋势。在此情形下,缺少了来自成年人的引导和保护,未成年人的个人信息和隐私在网络直播环境中被非法获取和利用的案件屡屡发生。

因此,国家采取措施保护未成年人在网络直播环境中的个人信息和隐私,既是国家遵循其所批准的联合国人权公约,履行国家人权义务的体现,也是应对当前在高风险的网络直播环境中侵犯未成年人隐私权案件频发这一现实挑战的必然要求。

(四) 适应未成年人身心健康发展的规律和特点

未成年人的身心发展是一个由简单到复杂、低级向高级发展的过程,因此保护未成年人的工作要注意未成年人身心发展的特点,唯有如此,方能切实、有效地保护未成年人的合法权益。例如:《未成年人保护法》规定,父母或者其他监护人应当创造良好、和睦的家庭环境,依法履行对未成年人的监护职责和抚养义务。父母或者其他监护人应当关注未成年人的生理、心理状况和行为习惯,以健康的思想、良好的品行和适当的方法教育和影响未成年人,引导未成年人进行有益身心健康的活动,预防和制止未成年人吸烟、酗酒、流浪、沉迷网络以及赌博、吸毒、卖淫等行为。

(五) 听取未成年人的意见

听取未成年人的意见,又被称为儿童参与权。根据《儿童权利公约》,儿童的基本权利大致可划分为四类:生存的权利、受保护的权利、发展的权利以及参与的权利,参与的权利主要体现在公约的第12~16条。儿童权利委员会曾经指出,《儿童权利公约》的第12条是与公约执行和对公约所有其他条款的解释有关的具有基本价值的一般原则。该条第1款要求缔约国确保有主见能力的儿童有权对影响到其本人的所有事项自由发表意见,对儿童的意见应按照儿童的年龄和成熟程度给予适当的看待。第2款规定儿童特别应有机会在影响到儿童的任何司法和行政诉讼中陈述意见,任何影响儿童的司法和行政诉讼包括了广泛的法庭诉讼。应当说,第12条的意义在于不仅要确保儿童自由发表言论的权利,还要确保儿童陈述意见和给予其意见"适当看待"的权利。因此,第12条的规定意味着承认儿童是积极的权利主体,强调了儿童作为拥有基本人权、自身观点和感受的独立个体的地位,否定了传统的家长制作风,各缔约国均负有义务在本国立法当中贯彻该原则。

新修订的《未成年人保护法》继承了《公约》的基本精神,进一步明确了儿童"权利主体"地位,确定了儿童是权利主体,而非国家或父母的附属品。如第3条规定"未成年人依法平等地享有各项权利,不因本人及其父母或者其他监护人的民族、种族、性别、户籍、职业、宗教信仰、教育程度、家庭状况、身心健康状况等受到歧视";第19条规定"未成年人的父母或者其他监护人应当根据未成年人的年龄和智力发展状况,在作出与未成年人权益有关的决定前,听取未成年人的意见,充分考虑其真实意愿",均是对儿童作为权利主体地位的认可与尊重。

(六) 保护与教育相结合

未成年人在身心发展的过程中容易接受新事物,是接受教育的最佳阶段,因此对于未成年人的保护应当遵循保护与教育相结合的原则。

　　一方面,未成年人还未掌握完整的知识与劳动技能,不具备谋生的手段,需要通过接受教育来适应社会的需求。根据未成年人的这一特点,我国《义务教育法》规定,国家实行九年义务教育制度,凡具有中华人民共和国国籍的适龄儿童、少年,不分性别、民族、种族、家庭财产状况、宗教信仰等,依法享有平等接受义务教育的权利,并履行接受义务教育的义务。值得注意的是,未成年人需要接受的教育是全面的教育,不仅包括学校教育,还包括家庭教育、社会教育;不仅包括文化知识教育,还包括思想政治教育、生活教育以及劳动技能教育、生命教育、心理健康教育等。

　　另一方面,虽然教育对未成年人保护工作有着非常重要的作用,但是教育毕竟只是一种自身的完善,教育不等于对未成年人的保护,也不能替代对未成年人的保护。因此,在对未成年人加强教育的同时,丝毫不能放松对未成年人的保护工作,应当把保护措施和教育措施结合起来,将保护融于教育之中,在保护中加强教育,切实贯彻落实保护与教育相结合的原则。

第二节　未成年人的家庭保护

　　家庭是社会的细胞,创造和谐的家庭是人民幸福的重要保证,也是社会稳定的重要基石。家庭、学校、社会在未成年人教育中是相互关联、相互作用、相互制约、缺一不可的有机整体。家庭环境与社会环境相辅相成,对未成年人身心的健康发育至关重要。事实上,家庭是孩子成长过程中最重要的因素,父母或其他监护人对未成年人心理、性格和人格的影响是决定性的,创造良好、和睦的家庭环境,对未成年人的成长是一种积极的助力和催化剂,有助于帮助未成年人形成完整、健康的人格。

　　未成年人的家庭保护,从法律上来说,是作为义务主体的父母或者其他监护人基于血缘关系或其他关系而产生的一种法定职责,本质上是父母或者其他监护人依法对无民事行为能力、限制民事行为能力的未成年人的人身、财产及其他一切合法权益依法实行的监督和保护。因此,讨论未成年人的家庭保护,实为探讨未成年人的监护制度。

一、未成年人监护的概述

　　监护是指对未成年人和精神病人(无民事行为能力人与限制民事行为能力人)的人身、财产及其他合法权益进行监督和保护的一项民事法律制度。履行监督和保护职责的人,称为监护人;受到监督和保护的无民事行为能力人和限制民事行为能力人,称为被监护人。目前我国法律中规定的被监护人有两类:一是无民事行为能力或限制民事行为能力的未成年人;二是不能辨认自己行为或是不能完全辨认自己行为的精神病人。此处所述之监护,主要是指第一种类型,即对未成年人的监护。

对未成年人进行监护,可以使其合法的民事权益得到有效的保护:一方面,监护制度可以使无民事行为能力和限制民事行为能力的未成年人的民事权利能力得到真正的实现,监护制度赋予监护人代理被监护人进行民事活动的权利,解决了无民事行为能力人与限制民事行为能力人在民事行为能力方面的困难,使得未成年人的民事权利能力得以顺利实现。另一方面,监护制度有利于稳定社会的正常秩序,监护制度要求监护人对无民事行为能力人和限制民事行为能力人加以监督和管束,以防止他们实施违法行为,从而最终有利于维护未成年人自身的合法权益。

二、未成年人监护的种类

我国《民法典》第27条规定:"父母是未成年子女的监护人。未成年人的父母已经死亡或者没有监护能力的,由下列有监护能力的人按顺序担任监护人:(一)祖父母、外祖父母;(二)兄、姐;(三)其他愿意担任监护人的个人或者组织,但是须经未成年人住所地的居民委员会、村民委员会或者民政部门同意。"第31条规定,"对监护人的确定有争议的,由被监护人住所地的居民委员会、村民委员会或者民政部门指定监护人"。由此,我们可以将未成年人的监护人分为以下五种情形。

第一,父母是未成年人的当然法定监护人。未成年人一经出生,具有监护能力的父母便成为未成年人的当然监护人,这种监护资格因未成年人的出生而开始。值得注意的是,父母分居或者父母离婚,并不影响其作为未成年人的法定监护人,故,与子女共同生活的一方无权取消对方对该子女的监护权。但是,未与该子女共同生活的一方,对该子女有犯罪行为、虐待行为或者对该子女明显不利的,人民法院认为可以取消其监护资格的,则该监护人丧失监护资格。此外,父母因正当理由,不能亲自履行监护职责的,实践中也允许父母委托他人代为履行部分或者全部监护职责,但父母仍然是未成年人的法定监护人。

第二,父母之外的法定监护人。未成年人的父母已经死亡、没有监护能力或者被取消监护人资格的,由具有监护能力的、未成年人的祖父母、外祖父母或未成年人的成年兄长、姐姐按照顺序担任该未成年人的监护人。

第三,其他个人或组织担任监护人。未成年人的父母双亡,且没有祖父母、外祖父母或成年兄、姐,可由其他愿意担任监护人的个人或者组织担任监护人。值得注意的是,这类主体担任未成年人的监护人并非其法定义务,对于这一类主体,除了应具备监护能力外,还应具备两个基本条件:其一,愿意承担监护责任;其二,经未成年人住所地的居民委员会、村民委员会或者民政部门同意。

第四,指定监护。依据《民法典》第31条的规定,指定监护包括以下五个层面:其一,可以由未成年人住所地的居民委员会、村民委员会或者民政部门指定监护人。其二,有关当事人也可以直接向人民法院申请指定监护人。其三,对指定不服提起之诉讼,由人民法院进行裁决。对于未经有关组织指定,直接向人民法院起诉之事项,人民法院不予受理,可见,有关组织的指定是人民法院指定的前置程序。其四,居民委员会、村民委员会、民政部门或者人民法院应当尊重被监护人的真实意愿,按照最有利于被监护人的原则在依法具有监护资格的人中指定监护人。其五,在为未成年人指定监护人时,有关组织和人民法院可以根据对被监护人有利的原则,进行择优确定;被监护人有识别能力的,应视情况征求被监护人的意见。被指定的监护人一经确定,便不允许其擅自变更,否则,将由原被指定的监护人与变更后的监护人共同承担监护职责。

延伸阅读

《民法典》中规定的近亲属包括配偶、父母、子女、兄弟姐妹、祖父母、外祖父母、孙子女、外孙子女。

第五,临时监护人。对于一些特殊的未成年人,没有法定监护人,也没有其他主体担任监护人的,或者在指定监护人前,被监护人的人身权利、财产权利以及其他合法权益处于无人保护状态的,由被监护人住所地的居民委员会、村民委员会或者民政部门担任临时监护人,从而实现了国家监护的法律化。上述组织担任未成年人的监护人不分顺序,遵循监护方便和对被监护人有利的原则予以确定。

三、未成年人监护人的职责

未成年人的父母或者其他监护人应当学习家庭教育知识,接受家庭教育指导,创造良好、和睦、文明的家庭环境。共同生活的其他成年家庭成员应当协助未成年人的父母或者其他监护人抚养、教育和保护未成年人。根据我国《未成年人保护法》的规定,未成年人监护人的职责主要包括以下八点。

(一)为未成年人提供生活与健康保障

我国《宪法》第49条第3款明确规定:"父母有抚养教育未成年子女的义务,成年子女有赡养扶助父母的义务。"一般情况下,抚养是指父母或者其他监护人抚育未成年子女的成长,并为他们的生活、学习提供一定的物质条件的责任,其本质是一种金钱和物质上的供给。

父母对未成年子女有抚养教育的义务,父母不履行抚养义务时,未成年子女或不能独立生活的子女,有要求父母给付抚养费的权利。父母抚养有以下三种特殊情况:第一,继父或继母和受其抚养教育的继子女间的权利和义务,适用于父母和子女关系的有关规定。第二,非婚生子女享有与婚生子女同等的权利,不直接抚养非婚生子女的生父或生母,应当负担子女的生活费和教育费,直至子女能独立生活为止。第三,离婚后,父母对于子女仍有抚养和教育的义务。对于尚处于哺乳期内的未成年子女,原则上由哺乳的母亲抚养;对于哺乳期后的子女,如双方因抚养问题发生争执而不能达成协议,则由人民法院按照最有利于未成年子女和双方的具体情况作出判决。离婚后,一方抚养的子女,另一方应负担必要的生活费和教育费,负担的费用和期限由双方协议,协议不成,则由人民法院作出判决。

案例讨论

八岁的小兰一直跟随母亲生活,从来没有见过父亲。2019年,小兰母亲被检查出癌症晚期,便告知小兰是私生女,让其投靠父亲。但是,小兰父亲已经组建了自己的家庭,拒绝照顾小兰的生活。请问:小兰可以要求父亲支付抚养费吗?

我国法律明确规定,非婚生子女享有与婚生子女同等的权利,任何人不得加以危害和歧视。不直接抚养非婚生子女的生父或生母,应当负担子女的生活费和教育费,直至子女能独立生活为止。在本案中,小兰父亲作为小兰的法定监护人,应当支付小兰的生活费、教育费、医疗费等抚养费,否则将承担法律上的不利后果。

(二) 关注未成年人的心理状况和情感需求

心理学家弗洛伊德曾指出:一个人童年时期的经历虽然会随着时光的流逝而逐渐被淡忘,甚至在意识层中消失,但却会顽固地潜藏于潜意识中,对人的一生产生恒久的影响力。父母作为监护人,不仅应当关注未成年子女的身体健康,还应当关注其心理状况,回应未成年子女的情感需求。

第一,关注未成年人的心理健康。在快节奏、高风险、大压力的现代社会中,很多家长往往只注重孩子的智力和学习成绩,而很少关注孩子的心理健康。过度溺爱和期望值过高往往会导致家庭教育普遍存在忽视品德发展、人格教育、实践能力和社会责任感等社会性教育的倾向。

第二,重视对未成年人情感需求的满足。美国心理学家亚伯拉罕·马斯洛于1943年在其《人类激励理论》一书中提出了马斯洛需求层次理论,其基本内容是将人的需求从低到高依次分为生理需求、安全需求、社交需求、尊重需求和自我实现需求五种需求。然而,长久以来,受到传统观念以及高压力、快节奏生活的影响,父母无法给予子女足够的情感回应,未成年人的情感需求往往被忽视,显然,这不利于未成年人的健康成长。尤其是随着中国现代化进程的加快,农村留守儿童的"情感饥饿"更是成为不可忽视的社会问题。为此,《未成年人保护法》明确规定,未成年人的父母或者其他监护人因外出务工等原因在一定期限内不能完全履行监护职责的,应当委托具有照护能力的完全民事行为能力人代为照护。未成年人的父母或者其他监护人应当及时将委托照护情况书面告知未成年人所在学校、幼儿园和实际居住地的居民委员会、村民委员会,加强和未成年人所在学校、幼儿园的沟通;与未成年人、被委托人至少每周联系和交流一次,了解未成年人的生活、学习、心理等情况,并给予未成年人亲情关爱。未成年人的父母或者其他监护人接到被委托人、居民委员会、村民委员会、学校、幼儿园等关于未成年人心理、行为异常的通知后,应当及时采取干预措施。

(三) 引导未成年人形成良好品德与生活习惯,预防违法犯罪

家庭教育是指在家庭生活中,由父母或者其他监护人自觉地、有意识地根据社会需求和未成年身心发展特点,通过自己的言传身教和家庭生活实践,对未成年人施以一定教育影响的社会活动。无论是从家庭教育的内容来看,还是从家庭教育与学校教育、社会教育的关系来看,家庭教育在整个教育中都起着十分重要的作用。因此,未成年人的监护人应

当教育和引导未成年人遵纪守法,进行有益身心健康的活动,形成良好品德和行为习惯,预防未成年人的不良行为和违法犯罪行为。

其一,保障未成年人休息、娱乐和体育锻炼的时间,引导未成年人进行有益身心健康的活动。2021的世界睡眠日,有媒体公布了最新的统计数据,中国超80%中小学生睡眠时间未达标,而近视率、脊柱侧弯率等发病率随之上升。此外,中小学生的心理问题频发,学业负担过重导致的抑郁症并不少见。有数据显示,中国10—24岁的青少年、青年抑郁症患病率在2005—2015年间显著增加,患病率接近1.3%。"鸡娃"一词成为2021年的流行用语也从侧面表明了教育竞争之激烈。教育领域中的激烈博弈,正在侵蚀着孩子们的成长空间。因此,监护人应当保障未成年人适当的休息与娱乐的时间,为未成年人营造轻松健康的成长氛围。同时监护人也应当认识到体育锻炼对于提升青少年体质的重要地位。研究表明,家庭教育在提高青少年的体质健康方面具有重要的作用和不可替代的地位,家庭在体育教育中也越来越被重视,成为促进青少年体质健康的重要部分。

其二,对未成年人进行积极的引导。相较于学校教育,家庭教育更加灵活多样,父母或其他监护人应当根据未成年人的生理、心理状况和行为习惯找到适合未成年人的家庭教育方法,对其进行德智体美劳等全方位的教育。通过营造和谐健康的家庭氛围,优化父母行为方式,提高思想认识水平,促进未成年人养成良好习惯。

其三,对未成年人的不良行为进行积极预防和制止。监护人应当教育和引导未成年人遵纪守法,养成良好的思想品德。目前,未成年人家庭教育中仍然存在"溺爱孩子""不打不成才""望子成龙""望女成凤""事事包办""百般袒护"以及"放任自流"等诸多问题,而这些陈旧的教育观念会对未成年人的成长造成极其不利的影响,导致一些未成年人成为"问题少年",甚至走上违法犯罪的道路。因此父母或其他监护人应当与时俱进,树立新的教育观念,避免家庭教育的误区,发挥家庭教育的应有作用,对未成年人的不良行为、严重不良行为以及犯罪行为进行积极的预防与制止,并进行合理管教。

(四)对未成年人进行安全教育,为其提供安全保障

由于未成年人身心发展并不成熟,与完全民事行为能力人相比,他们还不具备全面的自我保护能力,因此需要监护人为未成年人提供安全保障,对其进行安全教育,提高未成年人的自我保护意识和能力。

第一,为未成年人提供安全保障。根据国际组织相关数据,全世界每天有2 000多个家庭因非故意伤害或"意外事故"而失去孩子。《中国道路交通事故统计年报》(2017年度)数据显示,我国每年因为交通事故死亡的未成年人就达到3 000人左右,伤残达到14 000人左右。因此,未成年人的父母或者其他监护人应当为未成年人提供安全的家庭生活环境,及时排除引发触电、烫伤、跌落等伤害的安全隐患;采取配备儿童安全座椅、教育未成年人遵守交通规则等措施,防止未成年人受到交通事故的伤害;提高户外安全保护意识,避免未成年人发生溺水、动物伤害等事故。

第二,未成年人权益受到侵犯时,监护人应当及时了解情况并采取保护措施。未成年人的父母或者其他监护人发现未成年人身心健康受到侵害、疑似受到侵害或者其他合法

权益受到侵犯的,应当及时了解情况并采取保护措施;情况严重的,应当立即向公安、民政、教育等部门报告。

第三,未成年人的父母或者其他监护人不得使未满八周岁或者由于身体、心理原因需要特别照顾的未成年人处于无人看护状态,或者将其交由无民事行为能力、限制民事行为能力、患有严重传染性疾病或者其他不适宜的人员临时照护。此外,未成年人的父母或者其他监护人不得使未满十六周岁的未成年人脱离监护单独生活。

(五) 为未成年人接受义务教育提供保障

我国实行九年义务教育制度,义务教育是国家统一实施的,所有适龄儿童、少年必须接受的教育,是国家必须予以保障的公益性事业。实施义务教育不收学费、杂费,凡具有中华人民共和国国籍的适龄儿童、少年,不分性别、民族、种族、家庭财产状况、宗教信仰,依法享有平等接受义务教育的权利,并履行接受义务教育的义务。家庭保障义务教育权利的实现主要体现在"为未成年人入学提供保障"以及"为未成年人完成学业提供保障"两个方面。

第一,为入学提供保障。我国《义务教育法》明确规定,凡年满6周岁的儿童,其父母或者其他法定监护人应当送其入学接受并完成义务教育,条件不具备的地区的儿童可以推迟到7周岁。适龄儿童、少年因身体状况确实需要延缓入学或者休学的,其父母或者其他法定监护人应当提出申请,由当地乡、镇人民政府或者县级人民政府教育行政部门批准。适龄儿童、少年的父母或者其他法定监护人无正当理由未保证适龄儿童、少年入学接受义务教育的,由当地乡、镇人民政府或者县级人民政府教育行政部门给予批评教育,并责令限期改正。因此,父母或者其他监护人对其适龄的被监护人的义务教育权利的保障负有基本的义务。

第二,为完成学业提供保障。在我国,义务教育是一个"入学—学习—毕业"的完整过程,父母或者其他监护人保障适龄未成年人接受教育的义务,必须在全部过程中得以体现。当前,我国农村地区依然存在大量的未成年人辍学现象,这一现象所带来的负面影响不可低估,已经成为农村教育无法走出困境的主要原因。同时,这一现象对我国实施科教兴国战略、全面建设小康社会也产生了十分不利的影响。因此,父母或者其他监护人应当破除"重男轻女""读书无用"的落后思想,着眼于适龄未成年人德智体美劳的全面发展,为其提供必要的物质保障,使他们成为有理想、有道德、有文化、有纪律的社会主义建设者和接班人。

(六) 妥善管理和保护未成年人的财产

我国《民法典》第13条明确规定"自然人从出生时起到死亡时止,具有民事权利能力,依法享有民事权利,承担民事义务",可见未成年人也同样享有人身权与财产权。未成年人的财产权一般是指未成年人对其所有的财产享有的占有、使用、收益和处分的权利。近年来,随着社会的进步与经济的快速发展,未成年人获得财产的机会越来越多,根据我国《民法典》以及《未成年人保护法》的有关规定,未成年人主要通过以下六个途径获得合法财产:第一,通过接受赠与取得财产;第二,通过法定义务人所尽抚养义务取得抚养费;第三,因智力成果、发明创造、特殊技能获得财产;第四,通过国家政策明文规定获得财产;第五,通过继承取得财产;第六,因人身受损而享有追偿权。

(七) 依法代理未成年人实施民事法律行为

第一,代理未成年人进行民事活动。无民事行为能力人、限制民事行为能力人的监护人是其法定代理人。未成年人是无民事行为能力人,其全部民事活动由监护人代理;未成年人是限制民事行为能力人,可以进行与其年龄、智力相适应的民事活动,其他民事活动由其法定代理人代理或者征得法定代理人的同意。

第二,代理未成年人参与诉讼。在未成年人的合法权益受到侵害或者与人发生争议时,监护人应当代理未成年人进行诉讼,以维护其合法权益。

第三,依法承担民事责任。无民事行为能力人、限制民事行为能力人造成他人损害的,由监护人承担侵权责任。监护人尽到监护职责的,可以减轻其侵权责任。有财产的无民事行为能力人、限制民事行为能力人造成他人损害的,从本人财产中支付赔偿费用;不足部分,由监护人赔偿。无民事行为能力人、限制民事行为能力人造成他人损害,监护人将监护职责委托给他人的,监护人应当承担侵权责任;受托人有过错的,承担相应的责任。

延伸阅读

近年来,有关"熊孩子"划车、损坏他人财物,甚至故意报复未满足其要求的亲戚、朋友的消息时常在各网络平台出现,每当受害者提出质疑,家长多用"他只是个孩子"堵住他人之口,受害人过多辩驳,甚至还会被冠上"和孩子计较"的标签。

2021年5月1日,广东东莞的一名儿童在影院散场时,跑到影幕前激烈踢打影幕,被损坏的幕布是23米宽的巨幕,属于特制的投影幕布,一平方米上有五千多个控(点),用于声音穿透,高增益的表面还有金属涂料。前后5次的踢打对表面金属涂层造成了严重损坏,导致放映时出现暗区,且无法局部修复。在儿童踢打过程中,并没有家长上前阻止。5月2日,影院工作人员称,影幕受损影响电影的正常播放,已向警方报案,若找到当事人将进行10万元起步的索赔。事件发生后,有人称这是"史上最贵电影票",很快引发关注。

在处理此次"踢打影院影幕事件"中,公安机关在做好案件处理的同时,也应及时向社会公布处理结果,以此事件给"他只是个孩子"作为推脱借口的家长予以警示。

(八) 尊重未成年人的意见

《未成年人保护法》第19条规定:"未成年人的父母或者其他监护人应当根据未成年人的年龄和智力发展状况,在作出与未成年人权益有关的决定前,听取未成年人的意见,充分考虑其真实意愿。"第24条第1款规定:"未成年人的父母离婚时,应当妥善处理未成年子女的抚养、教育、探望、财产等事宜,听取有表达意愿能力未成年人的意见。不得以抢夺、藏匿未成年子女等方式争夺抚养权。"第 22 条第 2 款规定："未成年人的父母或者其他监护人在确定被委托人时,应当综合考虑其道德品质、家庭状况、身心健康状况、与未成年人生活情感上的联系等情况,并听取有表达意愿能力未成年人的意见。"这些规定强调了对未成年人的保护,是尊重未成年人人格尊严的体现。

四、未成年人监护人的禁止性行为

新修订的《未成年人保护法》第 17 条规定了未成年人的父母或者其他监护人不得实施的行为,进一步扩大了未成年人监护人的禁止性行为。

(一) 虐待、遗弃、非法送养未成年人或者对未成年人实施家庭暴力

第一,禁止虐待、遗弃未成年人。1999 年,世界卫生组织(WHO)对虐待儿童进行如下描述:"虐待儿童是指对儿童有义务抚养、监督及有操控权的人,做出的足以对儿童的健康、生存、生长发育及尊严造成实际的或潜在的伤害行为,包括各种形式的躯体和情感虐待、性虐待、忽视及对其进行经济性剥削。"在我国,持续性、经常性的家庭暴力构成虐待。遗弃是指对于年老、年幼、患病或者其他没有独立生活能力的家庭成员,负有赡养、抚养、扶养义务而拒不履行法定义务的行为,遗弃是以不作为的方式出现的,即应为而不为,从而致使家庭成员的合法权益受到损害。在我国,虐待、遗弃未成年人,情节恶劣的,构成犯罪,父母或者其他监护人应当承担相应的刑事责任。

案例讨论

李某和张某一直都想要个儿子,两人婚后不久,张某就怀孕了。李某十分开心,尽心尽力地照顾。十月怀胎后,张某生下一个女儿。李某很生气,不再关心母女生活,张某也很沮丧,想到丈夫态度的转变全是因为生下了女儿,张某一气之下将才出生不久的孩子放在附近的孤儿院门口后离开。请问:如何评价并处理这一行为?

在我国,遗弃婴儿的行为分为两种:其一,父母将婴儿遗弃在可以被他人及时发现的地方,如车站、福利院门口,其本意是希望婴儿被及时发现并被他人带走,构成遗弃罪。其二,父母将婴儿遗弃在容易造成生命危险的地方,如人烟稀少的山野树林,其主观上有将婴儿置于死地的意图,构成故意杀人罪。

第二,禁止非法送养未成年人。禁止非法送养未成年人是《未成年人保护法》的新增内容,也是对社会舆论的一种回应。在民间,私自送养、收养并不困难。收养者和送养者们隐藏在网络世界中,重复着一套成熟的流程。在他们的圈子里,他们的名字都化成领养的"L"和送养的"S",他们各自物色合适的对象,以"营养费""补偿"等词代替价格。谈妥之后,便按照约定的时间地点线下交易。需要特别注意的是,在交易孩子的过程中,不管孩子父母以何种理由收取了相应费用,在法律上定性就是以牟利为目的,就有可能涉嫌拐卖儿童;而对于收养家庭来说,可能构成收买儿童罪。即使孩子的父母没有收取任何报酬,完全免费把孩子送给他人,也可能违法。因为父母是孩子的法定监护人,无权放弃监

护人地位和监护职责。私下将孩子送养相当于变相放弃监护职责,属于违法行为,也有可能构成遗弃罪。因此,明确非法送养与合法收养的界限显得尤为重要,区别主要在于以下两点:其一,送养人是否符合法律规定的主体条件;其二,是否履行了收养的法定程序,即收养登记程序。在我国,收养子女行为是一种民事法律行为,必须符合法律规定的条件和程序才能受到国家法律的承认与保护。

第三,禁止对未成年人实施家庭暴力。家庭暴力是指行为人采取殴打、捆绑、残害、强行限制人身自由或者其他手段,给其家庭成员的身体、精神等方面造成一定伤害后果的行为。近年来,父母对未成年子女进行家庭暴力的现象屡屡发生,这类家庭暴力往往呈现出以下特点:其一,社会容忍度高,受到"棍棒底下出孝子""孩子不打不成器"的传统观念的影响,当前社会中仍有相当一部分群体认为"打孩子"是一种正常的教育方式。其二,行为具有隐蔽性,与社会上的其他暴力行为相比,家庭暴力发生的地点具有特殊性,父母对未成年子女实施家庭暴力往往发生在家庭内部,一般不与外人发生关系,也很少被外人所知晓。此外,由于未成年人心智尚不成熟,与作为施暴者的父母或其他监护人之间存在紧密的亲情、经济联系,一般也不愿意公开。其三,过程具有反复性。一般来说,家庭暴力从第一次发生后,便往往持续发生,正所谓"家暴只有零次和无数次的区别"。其四,后果具有不确定性。家庭暴力的后果有轻有重,危害程度不一,轻则罚站,重则可能引发重伤或死亡的危害结果。

(二)放任、教唆或者利用未成年人实施不良行为或违法犯罪行为

与成年人相比,未成年人社会阅历较浅,对于事物的认知能力较弱,辨别是非能力不强,因此父母或其他监护人应当履行监护职责,不得放任或教唆未成年人实施不良行为或违法犯罪行为,这主要体现在以下五点:第一,不得放任、教唆或者利用未成年人实施违法犯罪行为;第二,不得放任、唆使未成年人参与邪教、迷信活动或者接受恐怖主义、分裂主义、极端主义等侵害;第三,不得放任、唆使未成年人吸烟(含电子烟)、饮酒、赌博、流浪乞讨或者欺凌他人;第四,不得放任未成年人沉迷网络,接触危害或者可能影响其身心健康的图书、报刊、电影、广播电视节目、音像制品、电子出版物和网络信息等;第五,不得放任未成年人进入营业性娱乐场所、酒吧、互联网上网服务营业场所等不适宜未成年人活动的场所。

(三)放任或者迫使应当接受义务教育的未成年人失学、辍学

当前,我国九年义务教育巩固率达到94.8%,迈向优质均衡阶段,高等教育毛入学率达到51.6%,迈入普及化发展阶段。然而"高考弃考""厌学症"等新闻却屡见于大众媒体,本处于求知欲旺盛年龄阶段的孩子的"读书改变命运"预设遭逢挑战,尤其是弱势阶层家庭及其子女对读书功能的质疑更为尖锐与激烈,"读书无用论"呈现出复杂性与多样性。对许多寒门子弟来说,阶层代际传递成为读书求学生涯中的一个魔咒,阶层流动无望感成为"读书无用论"的一个注脚。

在我国,受到"重男轻女""读书无用"等落后思想的影响,一些偏远地区依然存在监护

人侵犯未成年人受教育权的现象,主要体现在迫使应当接受义务教育的未成年人辍学或者放任应当接受义务教育的未成年人失学,究其原因,主要包括重男轻女、家庭负担重、特殊的家庭结构以及认知偏差四点。

我国法律历来重视保护公民的受教育权,受教育权在我国是一项宪法性权利。未成年人正处于成长阶段,接受良好的教育是其健康成长的必要途径之一,教育对于未成年人的发展起着十分关键的作用。因此,父母或者其他监护人应当尊重未成年人受教育的权利,保障适龄未成年人依法入学,接受并完成义务教育,不得使接受义务教育的未成年人辍学或放任其失学。

(四) 允许或者迫使未成年人从事国家规定以外的劳动

劳动教育是一种使学生树立正确的劳动观点和劳动态度,热爱劳动和劳动人民,养成劳动习惯的教育,是促使未成年人德智体美劳全面发展的主要内容之一。2020 年 3 月 20 日,中共中央国务院印发《关于全面加强新时代大中小学劳动教育的意见》,着重强调了劳动教育是中国特色社会主义教育的重要内容,明确提出把劳动教育纳入人才培养的全过程中,贯通于大中小学各学段,贯穿家庭、学校、社会各方面。在教育过程中,应当遵循教育规律,注重教育实效,实现知行合一,以促进未成年人形成正确的世界观、人生观和价值观。显然,要求通过让学生动手实践,出力流汗,在劳动实践中进行教育,培养勤俭、奋斗、创新和奉献的劳动精神是对未成年人的一种积极、正面的引导。但是强调劳动教育并不意味着父母或其他监护人可以允许或迫使未成年人从事国家规定以外的劳动,否则将构成违法甚至犯罪。

(五) 允许、迫使未成年人结婚或者为未成年人订立婚约

婚姻,是男女双方以永久共同生活为目的,以夫妻的权利义务为内容的合法结合。在我国,结婚是一种法律行为,必须符合法律规定的结婚条件,结婚条件包括结婚的实质要件与形式要件,二者缺一不可。

在我国,未成年人早婚主要包括"包办婚姻""指腹为婚""买卖婚姻"以及"早恋失控导致的早婚早育"等四种情形。事实上,无论哪一原因导致的早婚行为,均不利于未成年人的身心健康成长,同时也会增加家庭的不稳定因素。故,父母或其他监护人不应强行将未成年人送进婚姻的"牢笼",使其承担起与他们的年龄不相匹配的家庭生活和生儿育女的重担,让他们丧失了童年,泯灭了童心。

父母或者其他监护人允许或者迫使未成年人结婚,不仅违反了结婚实质要件中的"婚姻自由原则"和"法定婚龄的要求",也不符合结婚形式要件的要求,因此,未成年人结婚或订婚属于无效婚姻。

(六) 侵犯未成年人的财产权或牟取不正当利益

未成年人的父母或其他监护人不得违法处分、侵吞未成年人的财产或者利用未成年人牟取不正当利益。现代生活和教育水平的提高带来儿童生理和心智发育的新变化,《民

法典》将限制民事行为能力未成年人的年龄由 10 周岁以上调整为 8 周岁以上,表明孩子年满 8 周岁,从法律上讲就是"小大人"了。在现实生活中,因家庭变故而引发抚养教育、遗产继承等纠纷时,孩子的财产权益常常遭受侵害,亟须引起人们的特别关注与呵护。一些父母或其他监护人甚至胁迫、利诱未成年人参与、实施黑恶势力犯罪,严重损害了未成年人的健康成长,严重危害了社会的和谐稳定。

案例讨论

从儿子满周岁开始,夏女士和丈夫王某每月以孩子的名义存入银行 500 元作为教育基金。去年底两人离婚,在分割夫妻共同财产时,王某认为儿子名下的 4.6 万元教育基金存款是夫妻共同财产,应进行均等分割。夏女士则认为该存款应归属儿子所有,为此双方发生争执。请问:父母离婚时,未成年人的教育基金该由谁管理呢?

孩子的教育基金归谁所有,关键取决于父母以孩子的名义存钱是否构成了赠与。赠与是赠与人将自己的财产无偿给予他人的行为。一般而言,赠与人赠与行为包括两方面的内容:一是对财产所有权进行处分,即放弃所有权;二是这种放弃所有权的行为针对特定的对象。赠与合同是诺成合同,自双方协商一致即告成立,受赠人接受赠与即取得该财产的所有权。本案中,王某夫妻婚后收入是夫妻共同财产,每月拿出 500 元存入银行,从存款的户名是孩子及该笔款项用于孩子的教育来看,他们的行为完全符合赠与的构成要件,该笔款项属于孩子所有,如果孩子最后由母亲抚养,该教育基金应当由夏女士管理。

五、未成年人监护人资格的消灭

父母或其他监护人不履行监护职责或者侵害作为被监护人的未成年人的合法权益,经教育不改的,人民法院可以根据有关个人或组织的申请,撤销其监护人资格,安排必要的临时监护措施,并按照最有利于被监护人的原则依法指定监护人。此处的不履行监护职责或者侵害未成年人的合法权益,主要包括以下三种情形:① 实施严重损害被监护人身心健康的行为;② 怠于履行监护职责,或者无法履行监护职责且拒绝将监护职责部分或者全部委托给他人,导致被监护人处于危困状态;③ 实施严重侵害被监护人合法权益的其他行为。

如何理解有关个人与组织? 根据《民法典》第 36 条规定:"其他依法具有监护资格的人,居民委员会、村民委员会、学校、医疗机构、妇女联合会、残疾人联合会、未成年人保护组织、依法设立的老年人组织、民政部门等。前款规定的个人和民政部门以外的组织未及时向人民法院申请撤销监护人资格的,民政部门应当向人民法院申请。"

需要特别注意的是,被撤销监护资格并不等同于抚养义务的免除,被撤销监护资格也不等于永久性地丧失监护资格。其一,依法负担被监护人抚养费的父母被人民法院撤销监护人资格后,应当继续履行负担的义务。其二,被监护人的父母被人民法院撤销监护人资格后,除对被监护人实施故意犯罪的外,确有悔改表现的,经其申请,人民法院可以在尊重被监护人真实意愿的前提下,视情况恢复其监护人资格,人民法院指定的监护人与被监护人的监护关系同时终止。

案例讨论

小明父亲因交友不慎染上毒瘾,将原本富裕的家庭抽得一干二净。毒瘾发作时还经常拿孩子出气,小明身上经常是青一块、紫一块。小明母亲不堪忍受,于 2017 年离家出走,至今未归。2020 年 6 月,小明已经 6 岁,到了法定的入学年龄,但是父亲非但不让小明上学,还要求小明照看水果摊、卖水果以补贴家用。当地妇联发现后,向人民法院提出申请,请求撤销小明父亲的监护人资格,将小明交由居民委员会监护,并安排小明就近入学。这是一起典型的由社会团体提出变更监护人的案件。

六、未成年人监护的特殊形式:委托监护

《未成年人保护法》第 22 条规定:"未成年人的父母或者其他监护人因外出务工等原因在一定期限内不能完全履行监护职责的,应当委托具有照护能力的完全民事行为能力人代为照护;无正当理由的,不得委托他人代为照护。未成年人的父母或者其他监护人在确定被委托人时,应当综合考虑其道德品质、家庭状况、身心健康状况、与未成年人生活情感上的联系等情况,并听取有表达意愿能力未成年人的意见。"这一规定体现了我国民法制度中的委托监护制度,委托监护一般是指监护人委托他人代为行使监护的职责。

第一,委托监护是一种双方民事法律行为。委托监护须以监护人委托与受托人接受委托的意思表示一致为前提,换言之,监护权的委托只有在监护人与受托人达成口头或书面协议且双方意思表示一致时,才能发生法律效力。此外,对于口头协议而言,还应有第三人予以证明。

第二,被委托人应为有监护能力的成年人。在我国,成年人是指 18 周岁以上且具有完全民事行为能力的自然人,监护能力意味着该成年人实际具有对未成年人履行监督保护职责的能力。认定受托人的监护能力,应当综合考虑该受托人的身体健康状况、经济条件以及该自然人与被监护人在生活上的联系状况。此外,根据新修订的《未成年人保护法》第 22 条第 3 款的规定,"具有下列情形之一的,不得作为被委托人:(一)曾实施性侵害、虐待、遗弃、拐卖、暴力伤害等违法犯罪行为;(二)有吸毒、酗酒、赌博等恶习;(三)曾拒不履行或者长期怠于履行监护、照护职责;(四)其他不适宜担任被委托人的情形。"

第三,委托人仍需对被监护人的行为承担民事责任。一般而言,由于未成年人是无民事行为能力人或限制民事行为能力人,无法成为民事责任的主体,因此,当作为被监护人的未成年人的某一行为侵犯他人的合法权益并需要承担民事责任时,委托人往往成为承担民事责任的主体。

第四,受托人确有过错的,承担连带责任。对于被监护人的民事侵权行为,如果受托人确有过错,被侵权人可以要求监护人(委托人)与受托人双方或者任意一方承担民事责任。在此种情形下,委托人与受托人之间的内部约定无法对抗第三人,换言之,委托人与受托人之间有关民事责任的约定对作为被侵权人的第三人不发生任何法律效力。在监护

人或受托人承担了民事责任后,监护人和受托人存在如下内部关系:其一,若监护人对被侵权人承担了全部民事责任,可以要求有过错的受托人在其过错范围内对监护人予以补偿;其二,若受托人承担了全部民事责任,则可以要求监护人在受托人过错范围以外予以补偿。

第五,监护权的转移并非监护人资格的转移。监护权转移不消灭监护人资格,不是监护人资格的转移。试想,如果法律允许监护人通过委托的形式变更监护人,那么,法律所规定的监护设定方式将失去其实际意义,更重要的是,这种变更将会动摇监护人的确定基础——本人的信赖。因此,委托监护不具有变更监护人的作用,受托人因监护人的委托,仅是代为行使监督保护的职责,其本身并不一定在法律规定的监护人范围之内。

第三节　未成年人的学校保护

未成年人的学校保护是指学校等专门教育机构对未成年人进行的保护。对这一概念可以从学校保护的主体、内容以及客体三个角度分别进行理解:首先,学校保护的主体是各类教育机构,包括中小学校、招收未成年人的专门学校、招收未成年人的职业技术学校、幼儿园以及托儿所等教育机构。值得注意的是,教育行政部门作为政府专门主管教育的部门,其职责与未成年人的学校保护也密切相关。其次,学校对未成年人的教育是基础教育,对未成年人的个人发展有着十分重要的影响。因此,学校应当全面贯彻国家教育方针,坚持立德树人,实施素质教育,提高教育质量,注重培养未成年学生认知能力、合作能力、创新能力和实践能力,促进未成年学生全面发展。学校应当建立未成年学生保护工作制度,健全学生行为规范,培养未成年学生遵纪守法的良好行为习惯。最后,学校保护的客体是未成年人在接受教育过程中产生的各种权利义务关系,包括受教育权、人格尊严权、人身安全权等各项权利。

未成年人的学校保护十分重要。为此,教育部于 2021 年 6 月颁布了《未成年人学校保护规定》,进一步落实了《未成年人保护法》中关于"学校保护"的规定,系统整合、创新完善了学校未成年人保护制度,全面构建了学校保护制度体系,就社会关注的热点问题,如学生欺凌、校园性侵害等建立了相应专门制度。

一、尊重和保障学生的受教育权

受教育权是指公民依法享有的要求国家积极提供均等的受教育条件和机会,通过学习来发展其个性、才智和身心能力,以获得平等的生存和发展机会的基本权利。接受教育是每个公民终身享有的权利,但在不同年龄阶段,公民所接受教育的内容和形式有所区别,接受教育的意义也不尽相同。在未成年阶段,公民接受的教育是基础教育、普及式的教育以及德、智、体、美、劳的全面教育。

（一）受教育权的类型

1. 义务教育

义务教育是指按照法律规定，适龄儿童和少年必须接受的，国家、社会、学校、家庭必须予以保证的国民教育。父母或者其他监护人应当尊重未成年人受教育的权利，必须使适龄未成年人依法入学接受并完成义务教育，不得使接受义务教育的未成年人辍学。凡满6周岁或7周岁的儿童都应当入学接受规定年限的义务教育，国家对接受义务教育的学生免收学费、杂费。

2. 工读学校

有违法和轻微犯罪的未成年人接受特殊教育的半工半读学校，是实行九年义务教育的一种特殊教育形式。第一，对于在学校接受教育的有严重不良行为的未成年学生，学校和父母或者其他监护人应当相互配合加以管教；无力管教或者管教无效的，可以按照有关规定将其送往专门学校继续接受教育。第二，专门学校的教职员工应当关心、爱护、尊重学生，不得歧视、厌弃。专门学校应当对在校就读的未成年学生进行思想教育、文化教育、纪律和法制教育、劳动技术教育和职业教育。

3. 借读

借读是指学生到非户口所在地或者非招生区范围的学校就读。适龄儿童、少年到非户籍所在地接受义务教育，经户籍所在地的县级教育主管部门或者乡级人民政府批准，可以按照居住地人民政府的有关规定申请借读。借读的适龄儿童、少年接受义务教育的年限，以其户籍所在地的规定为准。

（二）学校侵犯未成年人的受教育权的情形

学校侵犯未成年人的受教育权的情形主要包括以下六点：第一，违反规定乱收费用，拒绝接受交不起费用的学生就学。第二，擅自提出不合理的入学条件，以学生未满足条件为由拒绝其入学。第三，拒绝接受有正常学习能力的残疾学生就学。第四，拒绝接受刑满释放、解除管教、解除劳动教养以及专门学校结业但应继续接受义务教育的少年就学。第五，对违纪学生处以停课的处罚。第六，违反法律和国家规定开除学生。

⚖ 案例讨论

北京市海淀区第一小学五年级学生赵海涛和刘伟（均为化名）在校外玩火，学校决定让其停课两周。赵海涛的母亲请求学校给予其他处分，遭到拒绝。此后，赵母曾两次带着赵海涛到学校请求早日让孩子恢复学习，一次被班主任推出教室，另一次被学校教务处主任李老师堵在学校大门外。后，赵海涛终于复课，复课后，赵海涛觉得学习十分吃力，赵母希望老师能够为赵海涛补习，再次遭到拒绝。

教务处主任李老师告诉记者，之所以给两名孩子停课处分，是因为其犯了十分严重的错误。

123

根据法律规定,受教育是每个未成年人的权利,作为已经接纳未成年人的学校没有权力拒绝对学生的教育义务。教育应该是完整的,即除了法定节假日以外的每一学期、每一周、每一天都应该让其接受教育。如果学生因为生病或者特殊事故请假并经学校批准,此后,教师在必要的情况下也应该为之补课,这既是弥补了学生的受教育权,又弥补了教师教育义务的缺漏。故,在上述案例中,学校的行为侵犯了学生赵海涛和刘伟的受教育权,应当承担相应的责任。

二、不得违法开除、变相开除未成年学生

学校应当保障未成年学生受教育的权利,关心、爱护学生,对品行有缺点、学习有困难的学生,应当耐心教育、帮助,不得歧视,不得违反国家规定开除、变相开除未成年学生。学校应当对尚未完成义务教育的辍学未成年学生进行登记并劝返复学;劝返无效的,应当及时向教育行政部门书面报告。对于这一规定的理解,主要包括以下三点。

首先,对违反学校管理制度的属于义务教育阶段的学生,学校应当予以批评教育,不得开除。接受义务教育是义务教育阶段未成年人的法定权利,学校负有保障此项权利的法定义务,不得以任何理由和方式剥夺或者限制义务教育阶段学生的受教育权。当前,一些学校为了减轻自己管理上的负担或者为了片面追求升学率,不负责任地将学习成绩不好或品行有缺点的学生推出校门,或是对旷课、逃学、中途辍学的学生听之任之,使得一部分学生流入社会,无人管理,不仅导致这些未成年人丧失了继续接受教育的机会,而且给社会治安带来了一定的压力。

其次,对于被采取刑事强制措施的、尚未完成义务教育的未成年学生,司法机关应当与教育行政部门相互配合,保证其继续接受义务教育,任何单位和个人不得歧视。我国《预防未成年人犯罪法》第53条明确规定:"对被拘留、逮捕以及在未成年犯管教所执行刑罚的未成年人,应当与成年人分别关押、管理和教育。对未成年人的社区矫正,应当与成年人分别进行。对有上述情形且没有完成义务教育的未成年人,公安机关、人民检察院、人民法院、司法行政部门应当与教育行政部门相互配合,保证其继续接受义务教育。"此外,第58条也规定:"刑满释放和接受社区矫正的未成年人,在复学、升学、就业等方面享有与其他未成年人同等的权利,任何单位和个人不得歧视。"

最后,受教育权是宪法规定的公民权利,即使对不属于义务教育阶段的学生,学校也不得随意开除。诚然,开除学籍和勒令退学是学校管理制度中的一种处罚方法,高中和大学阶段不属于九年义务教育,学校有权依法律规定开除严重违反校规校纪的学生,但开除是针对学生进行的最严厉的处罚措施,必须要严格限制这一处罚措施的适用。开除非义务教育阶段的学生应满足以下条件:第一,实质条件,即学生触犯刑法被移交司法机关,依照相关法律被追究刑事责任;或者是学生做出严重违反校规校纪行为,适用其他形式的处分(例如警告、记过、留校察看)无法起到教育的作用。第二,程序条件,开除学生要本着公开公正的原则,让学生充分行使陈述和申辩的权利,学生或者家长申请听证的,学校应当组织听证。学校处分学生之前应当向未成年人及其父母或其他监护人说明理由并听取意见,再作出对学生的最终处分决定。同时,对转入专门学校的学生,学校应当保留学籍,原

决定机关决定转回的学生,不得拒绝接收。

案例讨论

小乐是初中三年级的学生,他是所在学校的"名人",常常惹是生非、欺负低年级学生,学校对他进行多次批评教育但都没有成效,小乐仍然到处闯祸。初三是中考的最后复习阶段,小乐非但不好好学习,还多次带领班级的几个小混混把进来讲课的老师赶出教室,不让老师上课。学校觉得他实在是无药可救的害群之马,决定将他开除学籍,请问学校有权这么做吗?

在本案中,学校无权开除小乐,初中三年级属于九年义务教育阶段,依据法律规定,接受义务教育是义务教育阶段未成年人的法定权利,学校负有保障此项权利的法定义务,不得以任何理由和方式剥夺或者限制义务教育阶段学生的受教育权。

三、不得加重学生的学习负担

我国《未成年人保护法》第33条明确规定:"学校应当与未成年学生的父母或者其他监护人互相配合,合理安排未成年学生的学习时间,保障其休息、娱乐和体育锻炼的时间。学校不得占用国家法定节假日、休息日及寒暑假期,组织义务教育阶段的未成年学生集体补课,加重其学习负担。幼儿园、校外培训机构不得对学龄前未成年人进行小学课程教育。"此外《未成年人学校保护规定》第13条也规定:"学校应当按规定科学合理安排学生在校作息时间,保证学生有休息、参加文娱活动和体育锻炼的机会和时间,不得统一要求学生在规定的上课时间前到校参加课程教学活动。义务教育学校不得占用国家法定节假日、休息日及寒暑假,组织学生集体补课;不得以集体补课等形式侵占学生休息时间。"这两条是关于保障未成年学生的睡眠、娱乐和体育锻炼时间,减轻其学习负担的规定。

中小学生负担过重的问题是我国基础教育综合矛盾的负面反映,是由诸多原因造成的。首先,最直接的原因是升学竞争以及背后的就业竞争。"文革"前的大学入学率只有3％,改革开放后,尽管高校的招生规模不断扩大,但是竞争依然十分激烈。巨大的升学压力引发了学校、教师、家长的种种对策,其中被普遍认为行之有效的便是"题海战术",这无形中加大了学生的学业负担。其次,传统观念的影响。当前,"万般皆下品、唯有读书高""学而优则仕"等传统观念依然深深影响着当代中国人的价值观和人生观。单位在招收人才时过分注重学历加剧了升学的竞争,甚至将这种竞争提前推至幼儿园阶段。此外,中小学课程设置过多、教材评审要求偏高也是造成中小学课业负担过重的原因之一。

要切实减轻学生的学业负担,应当全方面地推进。第一,必须发挥课堂教学的主渠道作用。每位任课教师应当精心备课,即"备教材、备方法、备学生",精心设计教学过程。在作业时间和作业量方面严格控制,在保证教学质量的同时,切实将"减负"落到实处。第二,"减负"工作要真正落到实处,学校主管领导必须高度重视、转变观念。主管领导应当从应试教育的樊篱中解放出来,不折不扣地执行上级关于"减负"的政策,鼓励广大任课教师在教学环节上多下功夫,提高课堂45分钟的利用率。第三,减轻学生负担,需要父母或监护人的配合。显然,"鸡娃竞赛"大大降低了中国家庭的幸福程度,成为破坏亲子关系的杀手,也不利于未成年人身心健康的发展。第四,要从根本上减轻中小学生的学业负担,必须改革中小学教育模式。教育改革应当逐渐推进考试制度的改革,随着经济和社会发展的需要,学校应当不断扩大招生规模。同时,社会也应当增加就业岗位的数量,重视用人要求的合理性,使得各层次岗位人才都能各司其职,都能获得职位的晋升和合理的工资待遇。

四、尊重学生的人格尊严

《未成年人保护法》第 27 条规定:"学校、幼儿园的教职员工应当尊重未成年人人格尊严,不得对未成年人实施体罚、变相体罚或者其他侮辱人格尊严的行为。"第 29 条规定:"学校应当关心、爱护未成年学生,不得因家庭、身体、心理、学习能力等情况歧视学生。对家庭困难、身心有障碍的学生,应当提供关爱;对行为异常、学习有困难的学生,应当耐心帮助。"此外,《未成年人学校保护规定》进一步规定了学校对未成年学生的隐私权、陈述与申辩权的保护,这些均是对学校尊重学生人格尊严所提出的具体要求。

第一,尊重学生的人格。人格尊严是宪法赋予每一个公民的一项基本权利,未成年人也是公民的一部分,他们的人格尊严也应当受到保护。随着精神文明的发展,人们追求人格受到尊重,追求自身价值得到体现,这是精神文明的一种高层次追求。但是在现实生活中,受到师道尊严的长期影响,加之应试教育的推波助澜,一些学生的人格无法获得应有的尊重,一部分师生关系依然比较紧张,新型的师生关系难以实现。事实上,教师不应当将学生视为塑造工具,而应当体现"以人为本"的精神,充分尊重学生的人格尊严。尊重学生的人格,归根结底在于教职人员的良好道德品质。首先,教育者应当接受良好的教育,具备良好的师德,方能保证在处理各种情况时都能够尊重学生;其次,在教育、管理工作中,教育者既要严格管理,又应当耐心教育,既要晓之以理,又要动之以情,进而在师生之间建立起一种相互尊重、平等、亲密的关系;最后,对于有缺点的未成年人,教育者应当耐心细致、循循善诱,帮助其进行改正。

第二,不得对未成年人实施体罚、变相体罚或者其他侮辱人格尊严的行为。我国《义务教育法》明确规定:教师应当尊重学生的人格,不得歧视学生,不得对学生实施体罚、变相体罚或其他侮辱人格尊严的行为。体罚学生不仅违背了教育民主制的基本原则,违背了为人师表的精神,有损教育工作者的形象,而且严重伤害了未成年人的身心健康。教育者通过体罚学生这一简单、粗暴的方式来处理问题,往往会对未成年人今后的人际交往产生负面的影响。故,对学生坚持正面教育是所有教育工作者必须遵循的一条重要的教育原则,必须切实提高教师的道德素质和教育理论水平,加强师德修养,提高教育能力,培养教育艺术,才是彻底清除体罚现象的根本措施。

延伸阅读

2021 年 3 月 1 日,《中小学教育惩戒规则(试行)》(以下简称《规则》)正式实施,标志着我国中小学教师惩戒权已步入规范化与制度化的轨道,使广大中小学教师实施教育惩戒有法可依。但是，教育惩戒对教师和学校来说是一把"双刃剑"，如何把握好立德树人大背景下教育惩戒的尺度和温度，是一个值得关注和深入探讨的话题。

教育惩戒本身不是目的，目的是让学生知错改过，从而促进学生的进步和发展。以育人为目的的教育惩戒，不仅需要尺度，更需要温度。教育惩戒的尺度无论是在规则制定，还是具体实践中都难以把握，主要原因在于教育惩戒的当事人——中小学生和教师都是有个性和思想的复杂的生命个体。面对犯错误的学生，教师如何才能既惩戒犯错的学生，又不损害其身心健康，达到教育的目的，这是需要教师迅速反应的教学机智。

总之，教育惩戒要以规则为基础，以爱为基调，以法律为底线，以尊重为前提，既要有尺度，更要有温度和效度。

第三，平等对待每一个学生。孔子曰："有教无类"。教师对学生的关爱是无选择性的。热爱学生，必须对学生一视同仁，平等对待，不能掺杂任何偏见，把自己的爱倾注到每一个学生身上，谨防"马太效应"。为此，学校应当关心、爱护未成年学生，不得因家庭、身体、心理、学习能力等情况歧视学生，更不得因学生及其父母或者其他监护人的民族、种族、性别、户籍、职业、宗教信仰、教育程度、家庭状况、身心健康情况等歧视学生或者对学生进行区别对待。对于家庭困难、身心有障碍的学生，学校应当提供关爱；对行为异常、学习有困难的学生，学校应当耐心帮助。此外，学校还应当配合政府有关部门建立留守未成年学生、困境未成年学生的信息档案，开展关爱帮扶工作，避免学生因家庭因素失学、辍学。

第四，尊重学生的隐私权。学校采集学生个人信息，应当告知学生及其家长，并对所获得的学生及其家庭信息负有管理、保密义务，不得毁弃以及非法删除、泄露、公开、买卖。学校在奖励、资助、申请贫困救助等工作中，不得泄露学生个人及其家庭隐私；学生的考试成绩、名次等学业信息，学校应当便利学生本人和家长知晓，但不得公开，不得宣传升学情况；除因法定事由，不得查阅学生的信件、日记、电子邮件或者其他网络通讯内容。

延伸阅读

近年来，部分学校在认定家庭经济困难学生时，为了防止"暗箱操作"带来的贫困生评定不公平的现象，采取"竞选""晒贫"等方式评定贫困生，如评定学生家庭经济状况时，让学生当众诉苦、互相比穷；对家庭经济困难学生受助情况的内容予以公示……这些行为忽视了贫困学生的隐私与尊严，因此如何既保证公平又保护隐私成为学校面对的一个重要课题，学校须完善内部治理，在帮困助学中保护贫困生的尊严。

第五，尊重学生的陈述权与申辩权。学校对学生实施教育惩戒或者处分学生的，应当依据有关规定，听取学生的陈述、申辩，遵循审慎、公平、公正的原则作出决定。除开除学籍处分以外，处分学生应当设置期限，对受到处分的学生应当跟踪观察、有针对性地实施教育，确有改正的，到期应当予以解除。解除处分后，学生获得表彰、奖励及其他权益，不再受原处分影响。

五、关注学生的身心健康

首先,学校应当对未成年人进行社会生活指导。社会生活指导是指学校就人生的整个社会生活领域,结合未成年人的生活实际,给每个学生的学习、生活以具体引导和帮助,使其获得尽可能充分和全面的发展,并通过社会生活实践的多角度磨炼,帮助未成年人形成自我选择、自我决定的能力。未成年人是一个完整的有机体,他们不仅是知识的存在,也是生理的、心理的、情感的存在。学校的教育工作不能仅仅满足于传授知识技能、形成道德品质,而且要把教育和工作的目标渗透到社会生活的所有领域,给未成年人整个的社会生活方式以指导。

其次,学校应当对未成年人进行心理健康辅导。未成年人正处于身心发展的关键时期,随着未成年人生理、心理的发育和发展,随着竞争压力的增长,未成年人在学习、生活、人际交往和自我意识等方面可能会遇到各种心理问题。

未成年人的心理健康教育,是一项科学性、实践性很强的教育工作,学校开展心理健康辅导工作应当充分发挥教育的主渠道作用,重视未成年人心理教育的重要性,以减少未成年人极端行为的发生。第一,学校应当根据学生心理发展特点和身心发展的规律,有针对性地实施教育。第二,面对全体学生,普遍开展教育活动,使学生对心理健康教育有积极的认识,使学生心理素质逐步得到提高。第三,学校应当关注个别差异,根据不同学生的不同需求开展多种形式的教育和辅导,提高他们的心理健康水平。第四,学校应当发挥主观能动性,以学生为主体,充分启发和调动学生的积极性。

再次,学校应当对未成年人进行青春期教育。青春期教育主要是指对在生理上趋于成熟,但是在心理方面尚未成熟的未成年人进行的性生理卫生常识的教育。青春期是未成年人生理与心理发生巨变的时期,内外急剧的变化往往伴随复杂的矛盾冲突。此时,如果缺乏科学的引导,未成年人往往感到惶惑,并伴随产生一系列的心理与行为问题。因此,对未成年人有必要进行有针对性的青春期教育,只有针对未成年人不同年龄的不同生理、心理特点展开教育,才能做到有的放矢,帮助未成年人平稳地度过青春期。

最后,学校应当对未成年人进行劳动教育,培养学生形成良好的生活习惯。一方面,学校应当组织未成年学生参加与其年龄相适应的日常生活劳动、生产劳动和服务性劳动,帮助未成年学生掌握必要的劳动知识和技能,养成良好的劳动习惯。另一方面,学校、幼儿园应当开展勤俭节约、反对浪费、珍惜粮食、文明饮食等宣传教育活动,帮助未成年人树立浪费可耻、节约为荣的意识,养成文明健康、绿色环保的生活习惯。

六、承担安全保障义务

安全保障义务是指因社会接触或社会交往活动而对他人引发一定的危险的人,对此等危险应尽到合理的注意,并采取必要的措施除去或者防止该危险,在危险发生之后应采取救助等措施,以防止损害的进一步扩大。基于中小学校、幼儿园与学生之间的教育法律关系以及学校在教育法律关系中的定位,中小学校、幼儿园在教育学生的同时,负有保障未成年的中小学生人身安全、身心健康的义务以及保护、救助中小学生等义务。

第一,学校、幼儿园应当建立安全管理制度,对未成年人进行安全教育,完善安保设施、配备安保人员,保障未成年人在校、在幼儿园期间的人身和财产安全。学校、幼儿园不得在危及未成年人人身安全、身心健康的校舍和其他设施、场所中进行教育教学活动。学校不得组织、安排学生从事抢险救灾、参与危险性工作,不得安排学生参加商业性活动及其他不宜学生参加的活动。

第二,学校、幼儿园安排未成年人参加文化娱乐、社会实践等集体活动,应当保护未成年人的身心健康,防止发生人身伤害事故。

第三,使用校车的学校、幼儿园应当建立健全校车安全管理制度,配备安全管理人员,定期对校车进行安全检查,对校车驾驶人进行安全教育,并向未成年人讲解校车安全乘坐知识,培养未成年人校车安全事故应急处理技能。

第四,学校、幼儿园应当根据需要,制定应对自然灾害、事故灾难、公共卫生事件等突发事件和意外伤害的预案,配备相应设施并定期进行必要的演练。

第五,未成年人在校内、园内或者本校、本幼儿园组织的校外、园外活动中发生人身伤害事故的,学校、幼儿园应当立即救护,妥善处理,及时通知未成年人的父母或者其他监护人,并向有关部门报告。其一,无民事行为能力人在幼儿园、学校或者其他教育机构学习、生活期间受到人身损害的,幼儿园、学校或者其他教育机构应当承担责任,但能够证明尽到教育、管理职责的,不承担责任。其二,限制民事行为能力人在学校或者其他教育机构学习、生活期间受到人身损害,学校或者其他教育机构未尽到教育、管理职责的,应当承担责任。其三,无民事行为能力人或者限制民事行为能力人在幼儿园、学校或者其他教育机构学习、生活期间,受到幼儿园、学校或者其他教育机构以外的人员人身损害的,由侵权人承担侵权责任;幼儿园、学校或者其他教育机构未尽到管理职责的,承担相应的补充责任。

案例讨论

王某的儿子王小明今年8岁,在城关小学读书。6月1日,学校为庆祝儿童节,经研究决定在班级之间举行拔河比赛。王小明作为二年级一班的体育干事参加了班级的拔河比赛。在拔河比赛过程中,王小明为了方便用力,将自己的左手套在比赛用绳的圈套里。比赛快要结束时,对方力量过大将王小明班级的学生全部拉倒获胜。就在此时,王小明的左手拇指被绳索套住,王小明顿时痛哭难忍、嚎啕大哭。但是对方同学依然是紧拉绳索导致王小明左手拇指断裂。指挥比赛的老师见状立即叫停并将王小明送至医院救治。但由于时间过长、流血过多,王小明从此成为左手缺少拇指的残疾人。请问:在这一事故中,哪些主体应当承担赔偿责任?

学校在组织拔河比赛时就应当预见到可能会发生造成学生人身损害的事件出现,学校对学生负有安全保障义务。在本案中,学校在组织拔河比赛时并没有履行好安全保障义务而发生王小明人身损害事件,故,学校在本次事故中负有不可推卸的责任,应当承担全部赔偿责任。

第六,学校应当建立学生欺凌防控工作制度,对教职员工、学生等开展防治学生欺凌的教育和培训。依据 2016 年 4 月国务院教育督导委员会办公室印发的《关于开展校园欺凌专项治理的通知》，校园欺凌可以理解为"发生在学生之间蓄意或者恶意通过肢体、语言及网络等手段，实施欺负、侮辱造成伤害，损害了学生身心健康"的行为。《未成年人保护法》第 130 条规定"学生欺凌，是指发生在学生之间，一方蓄意或者恶意通过肢体、语言及网络等手段实施欺压、侮辱，造成另一方人身伤害、财产损失或者精神损害的行为"。为了进一步保护未成年人的合法权益，学校应当建立学生欺凌防控工作制度。首先，学校对学生欺凌行为应当立即制止，通知实施欺凌和被欺凌未成年学生的父母或者其他监护人参与欺凌行为的认定和处理。其次，学校应当对相关未成年学生及时给予心理辅导、教育和引导；对相关未成年学生的父母或者其他监护人给予必要的家庭教育指导。最后，对实施欺凌的未成年学生，学校应当根据欺凌行为的性质和程度，依法加强管教。对严重的欺凌行为，学校不得隐瞒，应当及时向公安机关、教育行政部门报告，并配合相关部门依法处理。[①]

延伸阅读

近几年来，中小学校园欺凌事件频繁出现，侵害对象呈现低龄化趋势，事先预防难度增加，社会影响越来越大，有的较为血腥的事件甚至引起全国性关注。例如，2012 年 5 月，山西省阳泉市平潭城关中学一名初一女生被三位女生拳打脚踢，并拍摄视频上传至网络，引起舆论强烈关注，这是该女生第三次受到凌暴。2015 年 3 月底，山东省胶州某中学小姜被同班五名同学三年来反复欺凌，致其不堪忍受，从学校四楼跳下，导致腰椎关节严重损伤，留下了终生后遗症。2015 年 5 月，安徽省怀远县六年级一副班长利用检查作业等特权，长期勒索同班同学，不能按时交钱的同学被逼吞食秽物，以至于 20 人的班级只剩下 7 人。据中国青少年研究中心 2015 年公布的一份针对 10 省市 5 864 名中小学生的调查报告显示，32.5％的中小学生表示"偶尔会被欺负"，而 6.1％的中小学生表示"经常被高年级同学欺负"。学生伤害恶性案件的频繁发生，严重干扰了中小学校园的正常教学秩序和管理秩序，而且给社会和谐稳定的保障带来诸多的不安定因素，对社会造成极为恶劣的影响。

七、建立健全保护工作机制

学校应当建立健全教职工与学生交往行为准则、学生宿舍安全管理规定、视频监控管理规定等制度，建立预防、报告、处置性侵害、性骚扰等工作机制，以进一步保护未成年人的合法权益。

---

① 2021 年 9 月 1 日起正式施行的《未成年人学校保护规定》专门设置章节规定了学校应对校园欺凌的防治措施，进一步强化了对未成年人的学校保护。

（一）建立教职工违法犯罪的防控机制

学校应当采取必要措施预防并制止教职工的违法犯罪行为：其一，预防并制止教职工与学生发生恋爱关系、性关系；其二，预防并制止教职工抚摸、故意触碰学生身体特定部位等猥亵行为；其三，预防并制止教职工对学生做出调戏、挑逗或者具有性暗示的言行；其四，预防并制止教职工向学生展示传播包含淫秽色情内容的信息、书刊、影片、音像、图片或者其他淫秽物品；其五，预防并制止教职工持有包含淫秽色情内容的视听、图文资料；最后，学校应当预防和制止其他构成性骚扰、性侵害的违法犯罪行为。

对于性侵害、性骚扰未成年人等违法犯罪行为，学校、幼儿园不得隐瞒，应当及时向公安机关、教育行政部门报告，并配合相关部门依法处理。同时，学校、幼儿园应当对未成年人开展适合其年龄的性教育，提高未成年人防范性侵害、性骚扰的自我保护意识和能力，双管齐下，建立预防性侵害、性骚扰的工作机制。

（二）健全安全风险防控体系

第一，学校应当按照有关规定完善安全、卫生、食品等管理制度，提供符合标准的教育教学设施、设备等，制定自然灾害、突发事件、极端天气和意外伤害应急预案，配备相应设施并定期组织必要的演练。

第二，学生在校期间，学校应当对校园实行封闭管理，禁止无关人员进入校园。近年来，校园暴力伤害事件层出不穷，2021 年 4 月 28 日，广西北流市新丰镇一幼儿园发生持刀行凶案件，一名男子闯入幼儿园砍杀致 2 死 16 伤。显然，为了防止此类悲剧再次发生，各地各校要全面加强校园安保措施，加强门卫值守和校园巡查警戒工作，严格执行中小学生和幼儿入校（园）、离校（园）交接制度，强化外来人员登记和车辆、物品检查，严防不法分子和危险物品进入校园。唯有如此，方能做到防患于未然。

第三，学校应当加强读物和校园文化环境管理，禁止含有淫秽、色情、暴力、邪教、迷信、赌博、恐怖主义、分裂主义、极端主义等危害未成年人身心健康内容的读物、图片、视听作品等进入校园。

（三）建立学生体质监测制度

学校应当建立学生体质监测制度，发现学生出现营养不良、近视、肥胖、龋齿等倾向或者有导致体质下降的不良行为习惯，应当进行必要的管理、干预，并通知家长，督促、指导家长实施矫治。同时，学校应当完善管理制度，保障学生在课间、课后使用学校的体育运动场地、设施开展体育锻炼；在周末和节假日期间，按规定向学生和周边未成年人免费或者优惠开放学校的体育运动场地、设施。

（四）健全心理健康管理制度

第一，学校应当建立学生心理健康教育管理制度。学校应当建立学生心理健康问题的早期发现和及时干预机制，按照规定配备专职或者兼职心理健康教育教师、建设心理辅导室,或者通过购买专业社工服务等多种方式为学生提供专业化、个性化的指导和服务。有条件的学校,可以定期组织教职工进行心理健康状况测评,指导、帮助教职工以积极、乐观的心态对待学生,以防止出现职业倦怠感。

第二,学校应当建立与家长有效联系机制,利用家访、家长课堂、家长会等多种方式与学生家长建立日常沟通。学校还应当以适当方式教育、提醒学生及家长,避免学生使用兴奋剂或者镇静催眠药、镇痛剂等成瘾性药物;发现学生使用的,应当予以制止、向主管部门或者公安机关报告,并应当及时通知家长,但学生因治疗需要并经执业医师诊断同意使用的除外。

第三,学校应当建立学生重大生理、心理疾病报告制度,向家长及时告知学生身体及心理健康状况。学校发现学生身体状况或者情绪反应明显异常、突发疾病或者受到伤害,应当及时通知学生家长。

(五)落实专业辅导工作机制

学校可以根据实际组成由学校相关负责人、教师、法治副校长(辅导员)、司法和心理等方面专业人员参加的专业辅导工作机制,对有不良行为的学生进行矫治和帮扶;对有严重不良行为的学生,学校应当配合有关部门进行管教,无力管教或者管教无效的,可以依法向教育行政部门提出申请送专门学校接受专门教育。

(六)落实学籍管理制度

改革开放以来,由于父母外出打工、家庭教育缺失致使留守儿童的教育成为一大社会问题。第六次人口普查结果显示,2010年我国6—11岁、12—14岁、15—17岁的农村留守儿童在校率分别为96.5%、96.1%和81.0%;2015年相应的比例是94.8%、96.4%和82.9%。我国农村儿童辍学率有逐渐上升的趋势,而且辍学儿童中较大一部分是留守儿童。显然,儿童辍学的影响已然超越了儿童个人的范畴,将导致非常严重的社会问题,农村中较高的辍学率将严重地阻碍农村人力资本的积累,并将进一步阻碍中国经济的发展。因此,义务教育学校应当落实学籍管理制度,健全辍学或者休学、长期请假学生的报告备案制度,对辍学学生应当及时进行劝返,劝返无效的,应当报告有关主管部门,双管齐下,更好地保护未成年学生的受教育权。

(七)建立教职工入职查询制度

一方面,学校应当严格执行入职报告和准入查询制度,不得聘用有下列情形的人员:① 受到剥夺政治权利或者因故意犯罪受到有期徒刑以上刑事处罚;② 因卖淫、嫖娼、吸毒、赌博等违法行为受到治安管理处罚;③ 因虐待、性骚扰、体罚或者侮辱学生等情形被开除或者解聘;④ 实施其他被纳入教育领域从业禁止范围的行为。在聘用教职工或引入志愿者、社工等校外人员时,学校应当要求相关人员提交承诺书;对在聘人员应当按照规定定期开展核查,发现存在前款规定情形的人员应当及时解聘。

另一方面,学校发现拟聘人员或者在职教职工存在下列情形的,应当对有关人员是否符合相应岗位要求进行评估,必要时可以安排有专业资质的第三方机构进行评估,并将相关结论作为是否聘用或者调整工作岗位、解聘的依据:① 有精神病史;② 有严重酗酒、滥用精神类药物史;③ 有其他可能危害未成年人身心健康或者可能造成不良影响的身心疾病。如此,方能更好地保护未成年学生在学校接受教育期间的合法权益。

第四节 未成年人的社会保护

故今日之责任不在他人,而全在我少年,少年智则国智,少年强则国强,少年独立则国独立,少年自由则国自由,少年进步则国进步,少年胜于欧洲则国胜于欧洲,少年雄于地球则国雄于地球。

——梁启超《少年中国说》

我国《未成年人保护法》第 42 条规定:"全社会应当树立关心、爱护未成年人的良好风尚。国家鼓励、支持和引导人民团体、企业事业单位、社会组织以及其他组织和个人,开展有利于未成年人健康成长的社会活动和服务。"这一条被视为关于未成年人社会保护的原则性规定。

所谓未成年人的社会保护,就是要求作为保护主体的社会各部门和个人都要以适合自身特点的形式和措施,从各个方面对未成年人进行全方位的保护,对侵犯未成年人合法权益的行为,任何组织和个人都有权予以劝阻、制止或者向有关部门提出检举或者控告。可以说,社会保护是未成年人保护必不可缺的重要组成部分,是未成年人顺利完成向成年人过渡的重要保障,并将随着未成年人社会生活领域的扩大而日益重要。

一、保护未成年人的隐私权

隐私是指公民不希望被他人知悉或不愿意被公开的个人私事、个人信息、私人活动等个人私生活领域内的事情,如私人日记、个人身体秘密等。隐私一旦被他人知晓,当事人往往感到羞愧难当,在心理上引起强烈反应,甚至会采取极端手段结束自己的生命。因此,保护个人隐私是每个公民的正当需求,也是国家和社会的重要责任。需要特别注意的是,个人是否存在隐私,并不以主体的心理活动功能是否成熟作为评判标准。对于未成年人而言,由于其正处于生长发育时期,心理活动尚不成熟,自我控制能力和心理防卫能力较差,因此,一旦其个人隐私遭受侵犯,往往会造成不同程度上的心理扭曲,进而对社会产生抵触情绪,最终不利于未成年人的身心健康发展。

(一)侵犯未成年人隐私权的主要表现

隐私权作为人格权的一种重要类型,受到法律的保护。未成年人的隐私权是指未成年人享有的,就个人私事、个人信息、私人活动等个人生活领域内的事情不为他人知悉、禁止他人干涉的权利,属于未成年人人格权的一部分。当前,侵犯未成年隐私权的现象时有发生,主要表现在:第一,隐匿、毁弃、非法删除未成年人的信件、日记、电子邮件或者其他网络通讯内容。这里所规定的"隐匿",是指将他人投寄或者发送给未成年人的信件或电子邮件或者未成年人的日记秘密隐藏起来,使未成年人无法查找的行为;"毁弃、非法删除"是指将他人投寄或发送给未成年人的信件或电子邮件或者未成年人的日记予以撕毁、烧毁、扔弃或者删除,致使未成年人无法查找的行为。第二,私自开拆、查阅未成年人的信件、日记、电子邮件或私自检查未成年人的物品以窥视未成年人的秘密。此处的"开拆、查阅"是指违反国家有关规定,未经发信人或者收件人的同意,私自开拆未成年人的信件、电子邮件,查阅信件、电子邮件内容或者未经未成年人同意查阅其日记的行为。第三,采用暴力、胁迫、引诱等方式要求未成年人说出内心并不愿意被他人知晓的秘密。第四,将所知晓的未成年人的隐私向外宣扬。

需要明确的是,尽管做出上述行为的主体多为未成年人的监护人或老师,本意是为了了解未成年人的思想动态,以便更好地对未成年人进行引导和教育,以防止其误入歧途。但是,这些做法的实际效果往往事与愿违,不仅伤害了未成年人的情感,造成了彼此之间的不信任,而且也是对未成年人隐私权的一种侵犯,是一种违法行为。

(二)"任何组织或个人"的界定

保护未成年人的隐私权,是全社会的共同责任,因此,任何组织或者个人均不得隐匿、毁弃、非法删除、开拆、查阅未成年人的信件、日记、电子邮件或者其他网络通讯内容。此处所谓"任何组织或者个人",包括公检法等国家机关、学校、媒体以及其他社会组织、企事业单位、未成年人的父母或者其他监护人、亲属、朋友、教师以及其他知晓或者可能知晓未成年人隐私的人员。任何组织或者个人如果掌握或了解未成年人的隐私,均不得透露给他人,进行宣扬或者予以公开,否则将承担法律责任。如《未成年人保护法》第49条明确规定了新闻媒体在采访报道涉及未成年人事件时的注意事项,即"新闻媒体应当加强未成年人保护方面的宣传,对侵犯未成年人合法权益的行为进行舆论监督。新闻媒体采访报道涉及未成年人事件应当客观、审慎和适度,不得侵犯未成年人的名誉、隐私和其他合法权益。"

(三)隐私权与名誉权的区别

一般认为,隐私权是指个人私事、个人信息等个人生活领域内的事情不为他人知悉、禁止他人干涉的权利;名誉权则是指公民或法人对自己在社会生活中所获得的社会评价,即自己的名誉依法所享有的不可侵犯的权利。尽管隐私权与名誉权存在一定的内在联系,二者都是与主体的精神利益有关、不体现直接财产内容的人身权利,且侵害他人隐私权有时会导致名誉权受损害的结果,但并非所有侵犯隐私权的行为都构成对他人名誉权的侵犯。二者是相互独立的民事权利,主要区别包括以下三点。

第一,权利主体不同。名誉权的主体除了公民之外,还包括法人,法人的名誉权直接影响法人的对外交往以及经济利益。相较而言,隐私权旨在保护个人的内心安宁且不受外界搅扰,而法人不具有自然人的生理功能,因此并不存在精神上的愉悦或者痛苦,尽管法人也有不宜公开的秘密,但这属于商业秘密的范畴而非隐私权的内容,故法人不能享有隐私权。

第二,评价属性不同。隐私是指个人秘密,有些可能会引起社会的积极评价,有些可能引起社会的消极评价,但无论如何,只要当事人不愿意将此公开,就构成隐私权保护的对象。如,某夫妇收养了一名父母双亡的孤儿,为了保护孩子的心灵不受创伤,一直对其隐瞒收养的事实。后,一位知情者违背他们的意愿将这件事向社会公众披露,这一行为显然侵犯了这对夫妇的隐私权,但他们的名誉并不会因此遭受贬损,甚至可能会得到社会的广泛赞扬。相较而言,只有贬损他人的评价行为才能构成对他人名誉权的侵犯。

第三,范围界定不同。只要偷看他人信件,即使没有告诉第三方,也构成对隐私权的侵犯。而名誉是一种社会评价而非个人评价,如果只是一个人对另一个人的评价,并没有向外界进行宣传、散布,便不构成侵犯名誉权。故,侵犯隐私权并不意味着一定侵犯他人的名誉权,并非所有侵犯隐私权的行为都构成对他人名誉权的侵犯。

(四) 未成年人隐私权保护的例外情形

根据《未成年人保护法》第 63 条的规定,任何组织或者个人不得隐匿、毁弃、非法删除、开拆、查阅未成年人的信件、日记、电子邮件或者其他网络通讯内容,对于"开拆、查阅"这一禁止性行为,《未成年人保护法》规定了三个法定的例外情形。

其一,对于无民事行为能力的未成年人,即按照我国《民法典》所规定的未满 8 周岁的未成年人,其父母或者其他监护人有权代为开拆、查阅其信件、日记、电子邮件或者其他网络通讯内容,其他任何组织或者个人则无此权利。值得一提的是,即使是无民事行为能力人父母或者其他监护人,也不得隐匿、毁弃其信件、日记,或者私自删除其电子邮件,更不得将其内容向他人披露。

其二,如果因国家安全或者追查刑事犯罪的需要,公安机关(包括国家安全机关)、检察机关有权依照法律的程序对未成年人的信件、日记、电子邮件或者其他网络通讯内容进行检查,这一规定与宪法、刑事实体法、刑事程序法的规定一脉相承。如《宪法》第 40 条规定:"中华人民共和国公民的通信自由和通信秘密受法律的保护。除因国家安全①或者追查刑事犯罪的需要,由公安机关或者检察机关依照法律规定的程序对通信进行检查外,任何组织或者个人不得以任何理由侵犯公民的通信自由和通信秘密。"

其三,紧急情况下为了保护未成年人本人的人身安全。这一内容是新修订的《未成年人保护法》新增内容,意在进一步保护未成年人的人身安全,人身安全一般是指作为自然人的身体本身的安全。对于本条规定的理解,应当注意把握以下两点:第一,紧急情况是开拆、查阅未成年人的信件、日记、电子邮件或者其他网络通讯内容的前提条件。一般认

---

① 一般认为,国家安全是指国家政权、主权、统一和领土完整、人民福祉、经济社会可持续发展和国家其他重大利益相对处于没有危险和不受内外威胁的状态,以及保障持续安全状态的能力。

为,紧急情况是指需要马上行动、刻不容缓的情形,如若不采取措施,则将导致事情处于失控的状态。在此可以借鉴刑法理论中的紧急避险之要件,即为了使合法权益免受正在发生的危险,不得已而采取的损害较小的合法利益(隐私权)以保护较大的合法权益(人身安全)的行为。第二,开拆、查阅未成年人的信件、日记、电子邮件或者其他网络通讯内容是为了保护未成年人本人的人身安全而非他人的人身安全,换言之,保护未成年人本人的人身安全是开拆、查阅其信件、日记、电子邮件或者其他网络通讯内容的必要条件,这两个条件缺一不可。

二、保护未成年人的劳动权

劳动权又称劳动权利,是指具有劳动能力的公民要求提供参加社会劳动的机会和切实保证劳动取得报酬的权利,劳动权是公民的基本权利之一。我国《宪法》明确规定:"中华人民共和国公民有劳动的权利和义务。国家通过各种途径,创造劳动就业条件,加强劳动保护,改善劳动条件,并在发展生产的基础上,提高劳动报酬和福利待遇。"那么,未成年人是否享有劳动权?如何保障未成年人的劳动权使其不受侵害?童工与未成年工有何区别?"童模"的性质如何?……凡此种种,都将在本处一一解答。

(一)禁止使用童工

未成年人正处于身体成长发育的关键阶段,过早进行有偿劳动或者从事过长时间、过度繁重和对健康有害的劳动,会对他们的身心健康造成损害,不利于未成年人的健康成长。保证未成年人不致过早进行有偿劳动或者从事超过其身体承受能力的工作是国家应当承担的主要义务之一。根据联合国1990年《儿童权利公约》第32条的规定:"缔约国确认儿童有权受到保护,以免受到经济剥削和从事任何可能妨碍或影响儿童教育或有害儿童健康或身体、心理、精神、道德或社会发展的工作;应规定受雇的最低年龄、有关工作时间和条件的适当规则,以及适当的惩罚或其他制裁措施;采取立法、行政、社会和教育措施确保本条得到执行。"我国作为《儿童权利公约》的缔约国之一,一直严格遵守这一国际通例,采取了立法、行政、社会和教育等一系列措施,禁止使用童工,以保障未成年人身心健康发展,即"任何组织或者个人不得招用未满十六周岁的未成年人,国家另有规定的除外",这一规定包括以下两方面的含义。

1. 原则性规定:禁止任何组织或者个人招用未满 16 周岁的未成年人从事劳动

2002年10月1日,为了保护未成年人的身心健康,促进义务教育制度的实施,维护未成年人的合法权益,国务院以第364号令发布了《禁止使用童工规定》,对禁止使用童工的情形做出了具体、明确的规定。

其一,国家机关、社会团体、企业事业单位、民办非企业单位或者个体工商户(以下统称用人单位)均不得招用不满16周岁的未成年人。其二,禁止任何单位或者个人为不满16周岁的未成年人介绍就业。其三,禁止不满16周岁未成年人开业从事个体经营活动。其四,用人单位在招用人员时必须核查被招用人员的身份证;对不满16周岁的未成年人,一律不得录用。用人单位录用人员的录用登记、核查材料应当妥善保管。其五,任何单位或者个人发现使用童工的,均有权向县级以上人民政府劳动保障行政部门举报。其六,拐骗童工,强迫童工劳动,使用童工从事高空、井下、放射性、高毒、易燃易爆以及国家规定的第四级体力劳动强度的劳动,使用不满 14 周岁的童工,或者造成童工死亡或者严重伤残的,依照刑法关于拐卖儿童罪、强迫劳动罪或者其他罪的规定,依法追究刑事责任。

2. 例外情形:国家另有规定

此处的"另有规定"主要是指对于一些特殊行业的工作,并非绝对禁止未满 16 周岁的未成年人从事此项工作,如:文艺领域的舞蹈专业演员、杂技专业演员,体育领域的跳水、游泳、体操等运动员。具体而言,"另有规定"的情形包括以下两点:其一,文艺、体育单位经未成年人的父母或者其他监护人同意,可以招用不满 16 周岁的专业文艺工作者、运动员。但是,用人单位应当保障被招用的不满 16 周岁的未成年人的身心健康,保障其接受义务教育的权利。文艺、体育单位招用不满 16 周岁的专业文艺工作者、运动员的办法,由国务院劳动保障行政部门会同国务院文化、体育行政部门制定。其二,学校、其他教育机构以及职业培训机构按照国家有关规定组织不满 16 周岁的未成年人进行不影响其人身安全和身心健康的教育实践劳动、职业技能培训劳动,不属于非法使用童工的范畴,如:学校组织小学生进行植树教育活动。

⚖ 案例讨论

13 岁的小明家境贫寒,父亲长年卧病在床,家中唯一的经济来源是小明母亲在矿场工作所挣的微薄工资。小明是个懂事的孩子,从 9 岁起就跟随母亲去矿场打零工来补贴家用。请问:小明跟随母亲去矿场打零工的行为符合法律规定吗?

《未成年人保护法》第 61 条规定"任何组织或者个人不得招用未满十六周岁未成年人"。本案中,小明年仅 13 周岁,属于童工范畴。故,小明跟随母亲去矿场打零工的行为并不合法。

(二) 保护未成年工的合法权益

根据我国《义务教育法》的规定,凡年满 6 周岁的儿童,其父母或者其他法定监护人应当送其入学接受并完成义务教育;条件不具备的地区的儿童,可以推迟到 7 周岁。因此按照九年义务教育的基本规定,未成年人在接受完成义务教育后,如果不再升学,参加就业便不可避免,这一点在农村地区尤为明显。为此,《劳动法》第 58 条第 2 款明确规定:"未成年工是指年满十六周岁未满十八周岁的劳动者",换言之,根据我国的实际情况,用人单位可以依法招用年满 16 周岁未满 18 周岁的劳动者。在此,我们特别需要将未成年工与童工加以区别:其一,未成年工的年龄限定在 16 周岁以上的未成年人,童工的年龄则限定在未满 16 周岁;其二,未成年工是指未成年人依法参加劳动,工作是合法有效的,而童工是法律禁止招用的,是非法的。

第一,对未成年工实行特殊的劳动保护。一方面,任何组织或者个人按照国家有关规

137

定招用已满 16 周岁未满 18 周岁的未成年人,应当执行国家在工种、劳动时间、劳动强度和保护措施等方面的规定,不得安排其从事过重、有毒、有害等危害未成年人身心健康的劳动或者危险作业。另一方面,营业性娱乐场所、酒吧、互联网上网服务营业场所等不适宜未成年人活动的场所不得招用已满 16 周岁的未成年人。此外,任何组织或者个人不得组织未成年人进行危害其身心健康的表演等活动。经未成年人的父母或者其他监护人同意,未成年人参与演出、节目制作等活动,活动组织方应当根据国家有关规定,保障未成年人合法权益。该内容是《未成年人保护法》的新增内容,其意在回应诸如"童模"等事件带来的热烈讨论。

延伸阅读

2019 年 4 月 9 日,一名年仅 3 岁的童模妞妞被妈妈踢踹的视频在网络上热传。"妞妞事件"引发了人们对童模行业的关注,童模权益保护迫在眉睫。童模面临长时间持续性拍摄或走秀、反季节拍摄等窘境,给其身心健康造成一定负面影响,休息和娱乐的权利亦受到损害;同时,童模缺课、休学乃至辍学的现象较为突出,严重影响其受教育权;不仅如此,儿童过早社会化将造成其成年后的认同危机和精神障碍。可以说,童模行业的失范严重影响儿童的健康发展。"妞妞事件"后,2019 年 5 月 27 日,浙江省杭州市滨江区人民检察院、滨江区市场监督管理局、共青团滨江区委员会联合出台《关于规范童模活动保护未成年人合法权益的意见》,是我国首个童模保护规范。其明确规定:"童模活动中,不得利用不满 10 周岁的未成年人作为广告代言人;不得连续使用童模超过一周或累计超过一个月,导致童模辍学或变相辍学;不得连续活动超过 4 小时;不得让儿童穿戴不符合年龄、有违公序良俗的服饰,或引导儿童做不符合年龄、有违公序良俗的动作、行为;不得以殴打、谩骂等虐待方式对未成年人实施身体、精神等侵害行为……"最高人民检察院亦表示将拓展未成年人公益诉讼案件范围,以保护包括童模在内的未成年人的合法权益。2020 年 10 月,新修订的《未成年人保护法》规定了国家监护制度,且对"组织未成年人进行危害其身心健康的表演等活动"规定了行政责任。

第二,未成年工合法权益受到侵害时,有权依法获得救济。未成年工的合法权益受到侵害后,由县级以上劳动行政部门行使监察权,并通过立案、调查等程序,最终作出裁决。如果造成未成年工伤亡的,用人单位或者个人应当承担民事赔偿责任;用人单位对劳动监察部门作出的裁决不服,可以申请复议或者提起行政诉讼。

第三,为未成年工提供就业培训。《未成年人保护法》第 85 条规定:"各级人民政府应当发展职业教育,保障未成年人接受职业教育或者职业技能培训,鼓励和支持人民团体、企业事业单位、社会组织为未成年人提供职业技能培训服务。"根据这一规定,我国建立起许多专门的职业教育培训机构。职业教育培训机构是指各级人民政府、企事业单位、社会团体及个人开办的旨在开发劳动者职业技能、提高劳动者素质、增强劳动者就业能力和工作能力的各类培训实体或者组织单位,包括各类学校(如职业技术学校、技工学校、职工学校）、职业培训中心以及专业技术培训班。

三、保护未成年人的安全权

在社会层面，对未成年人的安全保护主要包括不良信息规避权、食品安全权、安全保障权以及人身安全权等四个方面。

（一）不良信息规避权

一直以来，传统媒体是信息传播的主要媒介，但随着新媒体的发展，微博、微信等移动App等的广泛应用，在给受众带来全新的用户体验的同时，也带来了信息泛滥、真假难辨、信息传播乱象丛生的情况。与传统媒体相比，新媒体具有及时性、交互性等传播特点。新媒体环境下的信息传播融合了大众传播和人际传播的优势，信息传播在内容、渠道、范围等方面都发生了巨大的改变。当前，上网已经成为我国未成年人不可或缺的生活方式，网络给未成年人提供了巨大的知识宝库，让未成年人获取信息的数量有了显著的飞跃，但是大量不良信息的泛滥也遏制了未成年人的健康成长。为此，我国《未成年人保护法》在图书、报刊、电影、广播、商业广告等多个领域做出规定，以期为未成年人创造健康、安全的信息接收渠道。

第一，禁止制作、复制、出版、发布、传播含有宣扬淫秽、色情、暴力、邪教、迷信、赌博、引诱自杀、恐怖主义、分裂主义、极端主义等危害未成年人身心健康内容的图书、报刊、电影、广播电视节目、舞台艺术作品、音像制品、电子出版物和网络信息等。

第二，任何组织或者个人不得刊登、播放、张贴或者散发含有危害未成年人身心健康内容的广告；不得在学校、幼儿园播放、张贴或者散发商业广告；不得利用校服、教材等发布或者变相发布商业广告。

第三，任何组织或者个人出版、发布、传播的图书、报刊、电影、广播电视节目、舞台艺术作品、音像制品、电子出版物或者网络信息，包含可能影响未成年人身心健康内容的，应当以显著方式作出提示。禁止制作、复制、发布、传播或者持有有关未成年人的淫秽色情物品和网络信息。

延伸阅读

在我国，"模仿电视剧受伤害"的案例时有发生，多数是因为少年儿童单纯模仿各类影视作品危险动作而造成了不良结果。

事件回放之一：2013 年 4 月 6 日，连云港市东海县 3 名均不足 10 岁的男童在一起玩耍时，模仿起一部动画片中灰太狼"烤羊肉"的情节，其中一个孩子将另外一对亲兄弟用绳子捆在树上，随后点燃了两人脚下的杂草，两名被捆儿童由于一时无法逃跑，最终被严重烧伤。

事件回放之二：广东 7 岁的女孩莉莉特别喜欢电视剧《还珠格格》里的小燕子，看到小燕子上吊自杀但不会死的镜头后，便与朋友模仿上吊。2011 年 11 月，莉莉和朋友在工地玩上吊游戏后意外死亡。

事件回放之三：重庆的小小原是重庆大渡口区某中学初二的学生，因贪玩无心念书，辍学后在外游荡。由于闲得无聊，小小经常在家看警匪片。受到某电视剧的影响，小小发现抢夺年轻女子的东西较为容易。于是他伙同4名青少年在大渡口公园附近将一年轻女子砍伤并掠夺财物后逃跑……

（二）食品安全权

近年来，食品安全问题越来越受到世界各国及相关国际组织的重视。为了保障民众的生命健康不受侵害，同时也为了保证受害者能够获得法律的有效救济，食品安全权理念及食品安全权概念应运而生。我国《未成年人保护法》第55条明确规定："生产、销售用于未成年人的食品、药品、玩具、用具和游戏游艺设备、游乐设施等，应当符合国家或者行业标准，不得危害未成年人的人身安全和身心健康。上述产品的生产者应当在显著位置标明注意事项，未标明注意事项的不得销售。"

⚖ 案例讨论

湖南郴州"大头娃娃"事件

2020年3月，媒体曝光了湖南郴州市出现了多起"大头娃娃"事件，引起公众的热烈讨论。

自2019年以来，郴州市多名家长因婴幼儿出现睡眠不好、湿疹不断的情况，到郴州市第一人民医院儿童医院看病，经过检查后，这些儿童被检查出对牛奶过敏。医生建议将普通奶粉更换为"特医奶粉"，并推荐家长到指定药店购买"舒儿呔氨基酸营养配方粉"。在长期服用后，许多婴幼儿出现了明显的"大头娃娃"情况。经调查核实，所谓的"舒儿呔氨基酸营养配方粉"并非真正的"特医奶粉"，而是标有"固体饮料"的产品，该固体饮料并非奶粉，而是一种加了部分乳品成分的饮料，主要成分是糖，营养不齐全，不能满足婴幼儿生长发育的需要。后，该院2名涉事医生被处以"停止执业一年，停职接受进一步调查处理"的处分。

然而，不到一个月，郴州市永兴县的5名家长向当地媒体爆料，孩子因长期服用一款名叫"倍氨敏水解蛋白营养配方粉"而出现"大头娃娃"现象。这些孩子普遍存在维生素D缺乏、发育迟缓等症状，并依此被诊断为佝偻病。佝偻病是一种以骨骼病变为特征的全身、慢性、营养性疾病，由于体内维生素D不足，引起钙、磷代谢紊乱。

（三）安全保障权

安全保障权，又称为公共场所经营者的安全保障义务，是指宾馆、商场、银行、车站、娱乐场所等公共场所的管理人或者群众性活动的组织者，未尽到安全保障义务，造成他人损害的，应当承担侵权责任的一种义务。如果因第三人的行为造成他人损害的，由第三人承担侵权责任;管理人或者组织者未尽到安全保障义务的,承担相应的补充责任。针对未成年人,公共场所经营者的安全保障义务主要体现为以下六点。

第一,未成年人集中活动的公共场所应当符合国家或者行业安全标准,并采取相应安全保护措施。对可能存在安全风险的设施,应当定期进行维护,在显著位置设置安全警示标志并标明适龄范围和注意事项,必要时应当安排专门人员看管。

第二,大型的商场、超市、医院、图书馆、博物馆、科技馆、游乐场、车站、码头、机场、旅游景区景点等场所运营单位应当设置搜寻走失未成年人的安全警报系统。场所运营单位接到求助后,应当立即启动安全警报系统,组织人员进行搜寻并向公安机关报告。

第三,旅馆、宾馆、酒店等住宿经营者接待未成年人入住,或者接待未成年人和成年人共同入住时,应当询问父母或者其他监护人的联系方式、入住人员的身份关系等有关情况;发现有违法犯罪嫌疑的,应当立即向公安机关报告,并及时联系未成年人的父母或者其他监护人。该内容是《未成年人保护法》的新增内容,对住宿经营者提出了新的要求,有助于及早发现成年人带未成年人到酒店开房性侵以及拐卖等案件,对预防性侵、拐卖等侵害未成年人人身权益的犯罪具有重要意义。

第四,学校、幼儿园的周边不得设置营业性娱乐场所、酒吧、互联网上网服务营业场所等不适宜未成年人活动的场所。营业性歌舞娱乐场所、酒吧、互联网上网服务营业场所等不适宜未成年人活动场所的经营者,不得允许未成年人进入;游艺娱乐场所设置的电子游戏设备,除国家法定节假日外,不得向未成年人提供。经营者应当在显著位置设置未成年人禁入、限入标志;对难以判明是否是未成年人的,应当要求其出示身份证件。

第五,学校、幼儿园的周边不得设置烟、酒、彩票销售网点。禁止向未成年人销售烟、酒、彩票或者兑付彩票奖金。烟、酒和彩票经营者应当在显著位置设置不向未成年人销售烟、酒或彩票的标志;对难以判明是否是未成年人的,应当要求其出示身份证件。任何人不得在学校、幼儿园和其他未成年人集中活动的公共场所吸烟、饮酒。

第六,禁止向未成年人提供、销售管制刀具或者其他可能致人严重伤害的器具等物品。经营者难以判明购买者是否是未成年人的,应当要求其出示身份证件。

案例讨论

8岁的小红和7岁的小明在小区内一个石柱形景观花盆边玩耍。花盆被小明推倒,将小红的右手指砸伤,医院诊断小红右手指完全断裂,小红被鉴定为十级伤残,后经查明,小区石柱形花盆曾经发生断裂,本身存在明显的安全隐患。目前,各方在赔偿问题上不能达成一致意见。请问:哪些主体应当承担责任? 各自承担比例如何?

在本案中,小区石柱形花盆曾经发生断裂,本身存在明显的安全隐患,物业公司未尽到安全保护的义务是事故发生的主要原因,应当对花盆坠落造成的损害承担主要赔偿责任。同时,小红、小明两家家长在事故发生时都不在现场,监护人未尽到妥善的监护职责,也应当对事故承担一定的责任。故,应当由物业公司赔偿小红"各项损失金额"的70%,小明一家赔偿20%,剩余10%由小红一家自行承担。

（四）人身安全权

《未成年人保护法》第 54 条规定了社会对未成年人的人身安全保障义务，主要包括禁止拐卖、绑架、虐待、非法收养未成年人，禁止对未成年人实施性侵害、性骚扰，禁止胁迫、引诱、教唆未成年人参加黑社会性质组织或者从事违法犯罪活动以及禁止胁迫、诱骗、利用未成年人乞讨等。

四、保护未成年人的受教育权

在我国，受教育权是一项基本人权，受教育权是中国公民所享有的并由国家保障实现的接受教育的权利，是宪法赋予每一位公民的一项基本权利，也是公民享受其他文化教育的前提和基础。随着世界范围内人们温饱问题的逐步解决，受教育权越来越受到人们的普遍关注。针对未成年人在社会层面的受教育权，本书将针对以下两项内容加以展开：公共文化体育交通设施对未成年人免费或优惠开放以及国家鼓励开发有利于未成年人健康成长的教育资源。

（一）公共文化体育交通设施对未成年人免费或优惠开放

我国《未成年人保护法》第 44 条规定："爱国主义教育基地、图书馆、青少年宫、儿童活动中心、儿童之家应当对未成年人免费开放；博物馆、纪念馆、科技馆、展览馆、美术馆、文化馆、社区公益性互联网上网服务场所以及影剧院、体育场馆、动物园、植物园、公园等场所，应当按照有关规定对未成年人免费或者优惠开放。国家鼓励爱国主义教育基地、博物馆、科技馆、美术馆等公共场馆开设未成年人专场，为未成年人提供有针对性的服务。"第 45 条规定："城市公共交通以及公路、铁路、水路、航空客运等应当按照有关规定对未成年人实施免费或者优惠票价。"对此，可以从以下四点加以展开讨论。

第一，关于对未成年人免费开放场所的规定。这类场所包括爱国主义教育基地、图书馆、青少年宫、儿童活动中心、儿童之家等由政府投资建设的公益性事业单位，这类场所应坚持把社会效益放在首位，全面贯彻公益性原则，对未成年人免费开放。

第二，对未成年人免费或者优惠开放场所的规定。这类场所包括博物馆、纪念馆、科技馆、展览馆、美术馆、文化馆、社区公益性互联网上网服务场所以及影剧院、体育场馆、动物园、植物园、公园等，这类场所有的是由政府投资建设的，有的是由个人或者企业投资建设的，其维持开放需要一定的成本，但仍应当坚持公益性原则。

第三，为未成年人提供有针对性的服务。国家鼓励爱国主义教育基地、博物馆、科技馆、美术馆等公共场馆开设未成年人专场，为未成年人提供有针对性的服务。

第四，城市公共交通以及公路、铁路、水路、航空客运等应当按照有关规定对未成年人实施免费或者优惠票价。

（二）鼓励开发有利于未成年人健康成长的教育资源

国家鼓励国家机关、企业事业单位、部队等开发自身教育资源，设立未成年人开放日，为未成年人主题教育、社会实践、职业体验等提供支持。此外，国家鼓励科研机构和科技类社会组织对未成年人开展科学普及活动。

五、保护未成年人的特殊需求

对未成年人给予特殊、优先保护，即未成年人优先原则是在1990年联合国世界儿童问题首脑会议通过的《儿童生存、保护和发展世界宣言》中首先提出的。《宣言》指出，提高儿童福利必须是非常高度的优先；《宣言》庄严承诺，对儿童的权利、对他们的生存及对他们的保护和发展，均应当给予高度的优先。

（一）优先救护未成年人

《未成年人保护法》第56条明确规定："公共场所发生突发事件时，应当优先救护未成年人。"此处所谓之"公共场所"主要是指公众进行公开活动的场所，如商店、影剧院、体育场、公共交通工具、街道等场所。"突发事件"是指突然发生，造成或者可能造成严重社会危害，需要采取应急处置措施予以应对的自然灾害（如水灾、火灾、地震）、事故灾害（如重大交通事故、校园重大踩踏事故或者校舍坍塌事故）、公共卫生事件（如传染病暴发、集体性食物中毒或者药品不良反应事件）和社会安全事件。突发事件往往会给公众的人身安全造成巨大的危害，这一情况如果发生在学校、幼儿园、托儿所、少年宫等未成年人聚集的公共场所，其后果往往更为严重。

值得一提的是，在审议修订《未成年人保护法》草案的程序中，一些常委委员提出，公民的生命健康权利是平等的，单独规定"在发生突发事件时优先救护未成年人"似乎并不妥当，是否优先救护，只能视突发事件发生时的具体情况而定。另一些常委委员则认为，本法乃是保护未成年人权利的专门性法律，应当充分体现儿童利益最大化原则，在突发事件发生时，同等危急情况下，应当优先对未成年人组织救护，这也是儿童利益最大化原则的具体体现。立法机关最终采取了后一种意见，本书亦持相同态度，毕竟，相较于成年人，未成年人在突发事件中的应变能力、保持镇静的能力和自我防护的能力较差，尤其是在缺乏成年人对之进行有效组织、协调的情形下，更容易发生秩序混乱的不良后果。因此，从这一意义上来说，在遇到突发事件时，未成年人比成年人更需要得到及时的救护，在顺序上应当优先于成年人。

（二）设置专人专岗保护未成年人

居民委员会、村民委员会应当设置专人专岗负责未成年人保护工作，协助政府有关部门宣传未成年人保护方面的法律法规，指导、帮助和监督未成年人的父母或者其他监护人依法履行监护职责，建立留守未成年人、困境未成年人的信息档案并给予关爱帮扶。

此外，居民委员会、村民委员会应当协助政府有关部门监督未成年人委托照护情况，发现被委托人缺乏照护能力、怠于履行照护职责等情况，应当及时向政府有关部门报告，并告知未成年人的父母或者其他监护人，帮助、督促被委托人履行照护职责，由此增加了城乡基层群众性自治组织的保护责任。

(三)建立密切接触者的从业查询与禁止制度

密切接触未成年人的单位招聘工作人员时,应当向公安机关、人民检察院查询应聘者是否具有性侵害、虐待、拐卖、暴力伤害等违法犯罪记录;发现其具有前述行为记录的,不得录用。此外,密切接触未成年人的单位应当每年定期对工作人员是否具有上述违法犯罪记录进行查询,通过查询或者其他方式发现其工作人员具有上述行为的,应当及时解聘,为未成年人创造安全的成长环境。

(四)完善公共场所的便利设施

我国《未成年人保护法》第46条明确规定:"国家鼓励大型公共场所、公共交通工具、旅游景区景点等设置母婴室、婴儿护理台以及方便幼儿使用的坐便器、洗手台等卫生设施,为未成年人提供便利。"

延伸阅读

如何看待妈妈带男童进入女卫生间现象?

近日,"妈妈带男童进入女卫生间事件"引起了人们的热议,起因是一位妈妈带儿子进入女卫生间遇到"阻挠",在网上吐槽,因为言辞不当,激起了许多女性的愤怒。

关于此事件,社会上呈现出两种观点:一方面,将男童带进女更衣室、女卫生间、女浴室的行为不利于儿童性别意识、性观念的培养;另一方面,出于安全的考虑,一些妈妈对于男童独自进入男卫生间持迟疑态度。

本书认为,解决这一问题的关键在于国家应完善公共场所的便利设施,为未成年人提供便利。如住建部在2016年出台了《城市公厕设计标准》,首次提出第三卫生间是用于协助老、幼及行动不便者使用的厕所间,旨在解决一部分特殊对象如厕不便的问题。从直接作用看,设置第三卫生间是出于实用性、人性化的考虑;从人类的文明进程看,第三卫生间的设置承载了更多的文明标尺意义,体现了社会性别意识和公共服务人性化意识的成熟;从未成年保护的特殊需求看,第三卫生间的设置也是对未成年人这一群体的特殊保护的体现。

第五节 未成年人的网络保护

在互联网时代,未成年人是网络原住民,使用网络的比例高。据中国互联网信息中心(CNNIC)发布的第47次《中国互联网络发展状况统计报告》显示,截至2020年12月,我国网民数量为 9.89 亿,19 岁以下的网民约占全体网民的 16.6%。由此可见,网络是未成年人现实生活中不可或缺的学习渠道、交往平台和娱乐空间,网络已经成为未成年人成长的重要空间。但是,网络是一把双刃剑,未成年人在享用网络空间带来的数字化机遇的同时,未成年人网络保护的问题也凸显出来,网络沉迷、网络欺凌、侵犯隐私权和个人信息等现象时有发生,因此对未成年人实施有效的网络保护是未成年人保护的必要内容。2020年修订的《未成年人保护法》与时俱进,回应网络保护热点问题,增设了网络保护专章,从保障未成年人发展权的高度明确了未成年人安全使用网络的权益,以防治网络风险为纲,发展和保护并重,着力为未成年人建设清朗、洁净的网络环境。

此外,2020 年 12 月 7 日中共中央印发的《法治社会建设实施纲要(2020—2025 年)》,指出"应完善网络法律制度,制定未成年人网络保护条例,加强青少年网络安全教育,引导青少年理性上网"。2021 年 1 月 10 日中共中央印发的《法治中国建设规划(2020—2025 年)》要求"应健全未成年人司法保护体系,充分运用大数据、云计算、人工智能等现代科技手段推进法治中国建设的数据化、网络化、智能化"。这一系列举措充分体现出党和政府高度重视未成年人网络权益保护问题。

一、加强未成年人的网络素养教育

网络素养教育是实现网络保护的根基。培养和提高未成年人的网络素养教育,不仅可以促进未成年人更好地把握网络时代的发展机遇,而且可以提高未成年人甄别、应对网络信息安全、网络沉迷、网络欺凌等风险的意识和能力,树立正确的网络道德规范,从而引导未成年人科学、文明、安全、合理使用网络。新修订的《未成年人保护法》第 64 条明确规定,国家、社会、学校和家庭是未成年人网络素养教育的责任主体,应当加强未成年人网络素养宣传教育,培养和提高未成年人的网络素养,增强未成年人科学、文明、安全、合理使用网络的意识和能力,保障未成年人在网络空间的合法权益。

二、强化未成年人的个人信息保护

大数据时代下,个人信息利益岌岌可危,在我国现有的法律法规中,《网络安全法》《电子商务法》《消费者权益保护法》以及《民法典》都强调了自然人的个人信息保护和利用问题。

与成年人相比,未成年人的社会经验少,风险识别能力低,自我保护意识和能力弱,其个人信息在网络空间被非法收集、处理的可能性大,存在着较高的安全隐患。近年来,出现了一些侵犯未成年人个人信息的违法犯罪行为,严重侵害了未成年人的健康成长。

2019 年 8 月,国家互联网信息办公室颁布的《儿童个人信息网络保护规定》[①]是对未成年人个人信息网络保护的专门规范性文件,其重点规定了网络运营者及其工作人员在处理涉及儿童个人信息时的注意义务与责任。

为了加强网络空间未成年人个人信息的保护,新修订的《未成年人保护法》在前述法

---

① 此规定所称儿童,是指不满 14 周岁的未成年人。

律法规的基础上,通过第72条、73条做出了进一步的规定。其一,通过网络处理不满14周岁未成年人个人信息的,应当征得未成年人的父母或者其他监护人同意,防止未成年人个人信息被不当利用。其二,未成年人、父母或者其他监护人有权要求信息处理者更正、删除未成年人个人信息。其三,结合《民法典(人格权编)》的有关规定,网络服务提供者发现未成年人通过网络发布私密信息的,应当及时提示并采取必要的保护措施。具体来说,未成年人个人信息保护应遵循以下基本原则。

1. 合法、正当和必要原则

根据《民法典》第1034条、1035条的规定,个人信息包括自然人的姓名、出生日期、身份证号码、生物识别信息、住址、电话号码、电子邮箱、健康信息、行踪信息等;对个人信息的处理包括收集、存储、使用、加工、传输、提供、公开等方式。在处理有关未成年人上述个人信息时,要遵循合法、正当、必要原则,禁止非法收集、处理未成年人个人信息。

2. 知情同意补全规则

根据法律规定,处理个人信息需要经过信息主体的同意,此所谓知情同意规则。但是处理不满14周岁未成年人的个人信息,因不满14周岁的未成年人是限制民事行为能力人甚至是无民事行为能力人,不具备完全民事行为能力,其处分自己信息的意思表示具有瑕疵,因此还应当征得未成年人的父母或者其他监护人的同意,此所谓知情同意补全规则,该规则加大了对14周岁以下未成年人个人信息的保护力度。

3. 通知更正删除个人信息规则

未成年人及其父母或者其他监护人要求信息处理者更正、删除未成年人信息的,信息处理者应当及时采取措施予以更正、删除。其中,特别强调了未成年人个人信息的删除权,加大了对未成年人个人信息的保护力度。

4. 未成年人私密信息特殊保护规则

未成年人对个人信息中的私密信息的内涵与外延认知不足,自我保护意识较弱,通过网络发布私密信息的现象时有发生。当前,未成年人的私密信息存在着被非法收集、利用的风险,不利于未成年人的网络保护。更重要的是,未成年人个人信息泄漏不仅涉及未成年人隐私权保护的问题,还会导致未成年人成为网络欺诈、网络欺凌、线上性引诱等侵害的目标。新修订的《未成年人保护法》对未成年人私密信息的保护提出了更高的要求,即网络服务提供者发现未成年人通过网络发布私密信息时,法律要求其应当及时提示,并采取必要的保护措施,如暂缓发布、及时通知未成年人的监护人等。

三、防治未成年人沉迷网络

网络沉迷,尤其是网络游戏沉迷,严重影响着未成年人的身心健康和正常的学习生活,甚至会诱发违法犯罪行为。根据共青团中央维护青少年权益部、中国互联网络信息中心《2020年全国未成年人互联网使用情况研究报告》显示,62.5%的未成年人网民会经常在网上玩游戏,其中玩手机游戏的比例为56.4%,在工作日玩手机游戏日均超过两小时的达到13.2%。因此,网络沉迷已经成为未成年人保护领域的一个焦点问题,受到了社会的高度关注。

虽然国家新闻出版署于 2019 年专门发布了《关于防止未成年人沉迷网络游戏的通知》,提出了实行网络游戏账号实名注册制度、严格控制未成年人使用网络游戏时段时长、规范向未成年人提供付费服务等六大举措,但在法律制度层面依然缺乏具体的规定。新修订的《未成年人保护法》以内容和功能管理为规制重点,对网络服务提供者、学校、未成年人的父母或其他监护人防止未成年人沉迷网络提出了具体的要求,试图从源头上预防未成年人网络沉迷。

(一)网络服务提供者

第一,网络产品和服务提供者不得向未成年人提供诱导其沉迷的产品和服务。当前,手机网络游戏中普遍存在较为明显的诱导性设定,如:每日签到广告、游戏活动广告和通过在线时长提升角色等级的机制等,这些设定在无形中增加了未成年人使用游戏的频率,具有一定的致瘾性。因此网络产品和服务提供者不得向未成年人提供诱导其沉迷的产品和服务,阻止未成年人接触不适宜的网络产品或服务。如:网络游戏服务提供者应当按照国家有关规定和标准,对游戏产品进行分类,做出适龄提示,并采取技术措施,不得让未成年人接触不适宜的游戏或者游戏功能。

第二,网络游戏、网络直播、网络音视频、网络社交等网络服务提供者应当针对未成年人使用其服务设置相应的时间管理、权限管理、消费管理等功能,诸如青少年模式、时间提示、适龄提示。以未成年人网络游戏使用时段的限制为例,《未成年人保护法》明文禁止网络服务提供者在每日 22 时至次日 8 时向未成年人提供网络游戏服务。又如:网络直播服务提供者不得为未满 16 周岁的未成年人提供网络直播发布者账号注册服务,为年满 16 周岁的未成年人提供网络直播发布者账号注册服务时,应当对其身份信息进行认证,并征得其父母或者其他监护人同意。

延伸阅读

青少年防沉迷系统是在中华人民共和国国家互联网信息办公室的指导下,在短视频平台试点上线的软件系统。该系统引导家长及青少年选择"青少年模式",对于呵护未成年人健康成长、行业履行社会责任、营造良好网络环境具有创新性意义。截至 2019 年 10 月 14 日,国内共有 53 家平台上线"青少年模式",网络防沉迷工作基本覆盖国内主要网络直播和视频平台。

"青少年防沉迷系统"内置于短视频应用中,用户每日首次启动应用时,系统将进行"弹窗提示",引导家长及青少年选择"青少年模式",使用更加方便。进入"青少年模式"后,用户使用时段受限、服务功能受限、在线时长受限,且只能访问青少年专属内容。系统还将试点通过地理位置判定、用户行为分析等技术手段筛选甄别农村地区留守儿童用户,并自动切换到"青少年模式"。

第三,对未成年人经常使用的在线教育网络产品或服务做出义务性的规定,即以未成年人为服务对象的在线教育网络产品和服务,不得插入网络游戏链接、不得推送广告等与教学无关的信息。这是对近年来尤其是新冠疫情期间学习教育类网络平台和 App 利用网络课程推广网络游戏等侵犯未成年人权益问题的回应。

第四,所有网络游戏须经依法审批后方可运营,网络游戏服务提供者应落实未成年人实名注册网络游戏用户账号。通过限制未成年人注册账号的方式,我国逐渐建立起统一的未成年人网络游戏电子身份认证系统,对网络游戏服务提供者的经营进行了更为规范化的管理。

(二)学校

在科技、网络信息技术高速发展的今天,教育制度和模式也在逐渐发生变化,教育信息化成为当前教育改革发展的主流。在新课程标准提出之后,教育模式从"旧三中心"(以教师为中心、以教材为中心、以课堂为中心)逐步改变为"新三中心"(以学生为中心、以经验为中心、以活动为中心),尤其强调将课堂还给学生。如何将新的课程理念与新的教育技术相结合成为当前教育的主题,平板教学也应运而生。运用平板等智能终端产品能够将翻转课堂与网络结合,提高课堂效率,有利于教师及时掌握学生的学情,为教学活动提供更为丰富的教学资源。然而,由于未成年人的自制力相对较差,部分教师教学方式较为教条主义,利用智能终端产品与网络进行教学也存在一定的缺点,如平板教学形式化严重、学生注意力难以集中等。更重要的是,随着智能手机的普及,一些未成年学生将手机等智能终端产品带入课堂,利用手机下载网络游戏、聊天、查找作业答案等现象时有发生,严重干扰了课堂秩序,不利于课堂教学活动的开展。因此,新修订的《未成年人保护法》对学校在防治未成年人沉迷网络方面提出了具体的要求。

一方面,学校应当合理使用网络开展教学活动,未经学校允许,未成年学生不得将手机等智能终端产品带入课堂,带入学校的应当统一管理。另一方面,学校发现未成年学生沉迷网络的,应当及时告知其父母或者其他监护人,共同对未成年学生进行教育和引导,帮助其恢复正常的学习生活。

(三)未成年人的父母或其他监护人

未成年人的父母或者其他监护人应当提高网络素养,规范自身使用网络的行为,加强对未成年人使用网络行为的引导和监督。

未成年人的父母或者其他监护人应当通过在智能终端产品上安装未成年人网络保护软件、选择适合未成年人的服务模式和管理功能等方式,避免未成年人接触危害或者可能影响其身心健康的网络信息,合理安排未成年人使用网络的时间,有效预防未成年人沉迷网络。

综上所述,未成年人沉迷手机网络游戏是一个综合性的社会问题,单靠个人或社会一方力量难以有效应对。因此,我们在面对这一问题时,应当统筹社会各方的专业力量,注重多方协同治理。

四、防治未成年人遭受网络欺凌

案例讨论

宋某与同班同学王某有些小矛盾,于是在之后长达一年的时间里,宋某在朋友圈、学校贴吧、QQ 空间等网络平台传播王某的隐私,发布恶意攻击王某的言论。层出不穷的谩骂、侮辱,加之不明真相的网友盲目跟帖辱骂,最终导致王某不堪其扰,选择了自杀。问:什么是网络欺凌?如何防止网络欺凌?

随着当代网络技术和移动通信技术的发展与普及,通过电子渠道(特别是互联网和移动电子设备)进行的欺凌,即网络欺凌(cyberbullying),成为一种新兴的欺凌类型,如通过短信、电话、邮件、照片、视频、聊天室和网站等进行的欺凌。各国对于网络欺凌的定义略有差别,目前广泛认同的网络欺凌的定义是"一个群体或个人使用电子形式,反复和一再地针对不服从自己的受害者的一种攻击性的故意行为"。

由于网络欺凌具有匿名性、快速扩散性及伤害风险无限性等特征,相对传统的校园欺凌更加隐蔽、难以调查取证,因此监管难度更大,其危害性也更加严重,一些受害者会产生自杀意念、抑郁、焦虑、孤独、躯体不适等症状,甚至会导致药物和酒精滥用等问题。近年来,网络欺凌问题引起了社会的广泛关注,公众强烈呼吁尽快立法。为了应对这一问题,新修订的《未成年人保护法》从两个方面对网络欺凌予以防治。

第一,从网络欺凌的形式和类型的角度对网络欺凌行为做出了禁止性规定。根据新修订的《未成年人保护法》第 77 条第 1 款的规定,任何组织或者个人不得通过网络以文字、图片、音视频等形式,对未成年人实施侮辱、诽谤、威胁或者恶意损害形象等网络欺凌行为。根据该条规定,禁止网络欺凌的形式主要是通过网络发布的文字、图片或者音视频;禁止网络欺凌的主要类型是侮辱、诽谤、威胁或者恶意损害形象。

第二,从权利义务的角度规定了网络欺凌的应对措施。鉴于网络传播速度快、范围广的特点,新修订的《未成年人保护法》第 77 条第 2 款赋予了被侵权的未成年人及时救济的权利,并将权利主体扩大到被侵权未成年人的监护人,即遭受网络欺凌的未成年人及其父母或者其他监护人有权通知网络服务提供者采取删除、屏蔽、断开链接等措施,以阻止网络欺凌信息的进一步扩散。同时《未成年人保护法》明确了网络服务提供者及时处理的法定义务,即网络服务提供者接到通知后,应当及时采取必要的措施制止网络欺凌行为,防止信息扩散,以更好地保护未成年人免受网络欺凌的伤害。

五、完善监管制度与明确监管职责

《未成年人保护法》明确要求"网信部门与其他相关部门应加强未成年人网络保护工作的监督与监察"。

其一,网信部门及其他有关部门应当加强对未成年人网络保护工作的监督检查,依法惩处利用网络从事危害未成年人身心健康的活动,为未成年人提供安全、健康的网络环境。

其二,网信部门应会同公安、文化和旅游、新闻出版、电影、广播电视等部门根据保护不同年龄阶段未成年人的需要,确定可能影响未成年人身心健康网络信息的种类、范围和判断标准。

其三,新闻出版、教育、卫生健康、文化和旅游、网信等部门应当定期开展预防未成年人沉迷网络的宣传教育,监督网络产品和服务提供者履行预防未成年人沉迷网络的义务,指导家庭、学校、社会组织互相配合,采取科学、合理的方式对未成年人沉迷网络进行预防和干预。任何组织或者个人不得以侵害未成年人身心健康的方式对未成年人沉迷网络进行干预。

延伸阅读

2009年5月7日,《中国青年报》发文率先曝光山东临沂网戒中心内情和"全国戒网专家"杨永信的治疗网瘾模式,他在网瘾少年的太阳穴或手指处接通电极,以电流刺激脑部的治疗方式,引起众人一片哗然。"网瘾"是否可被视作精神疾病?电休克疗法究竟是怎么回事?网瘾少年的人身权利是否受到侵犯?这些问题都是争议的焦点所在。显然,通过电击治疗网瘾的做法侵害了未成年人的身心健康,是通过错误的方式对未成年人沉迷网络进行的非法干预。

综上,在对未成年人进行网络保护时,我国采取了将行政管理手段与其他辅助手段并用的方式,从而建立有效的未成年人网络保护协调机制。未成年人网络保护工作是一项综合性的、长期性的工作,仅凭监管部门一己之力恐怕难以快速推进,需要全社会的共同参与。因此,《未成年人保护法》更加强调综合治理模式,不仅规定了强制性的行政手段,也规定了教育、引导等软性措施;不仅规定了国家各部门在未成年人网络保护中的职责,还鼓励社会、企业、家庭和学校等各方主体发挥各自的责任和作用。

六、预装未成年人网络保护软件

《未成年人保护法》第69条规定:"学校、社区、图书馆、文化馆、青少年宫等公共场所的互联网上网服务设施,应当安装未成年人网络保护软件或者采取其他安全保护技术措施。智能终端产品的制造者、销售者应当在产品上安装未成年人网络保护软件,或者以显著方式告知用户未成年人网络保护软件的安装渠道和方法。"该条款是我国首次在法律层面对未成年人网络保护软件强制性预装或者选择性预装做出的明确规定,这与很多国家和地区的通行惯例基本一致,即要求网络服务者、网络产品开发者通过技术手段对网络信息内容进行过滤,符合国际趋势和我国的国情。

七、建立投诉、举报机制

投诉与举报是推动解决未成年人网络保护具体问题的重要途径之一。然而,在以往的网络欺凌案件中,当未成年人遭受网络侵害时,受欺凌者及其父母往往面临投诉无门、处理效果不佳等问题。为此,新修订的《未成年人保护法》做出了一系列的规定,以期为未成年人网络保护撑起一把保护伞。

第一,任何组织或者个人发现网络产品、服务含有危害未成年人身心健康的信息,均有权向网络产品和服务提供者或者网信、公安等部门投诉、举报。

第二,网络产品和服务提供者应当建立便捷、合理、有效的投诉和举报渠道,公开投诉、举报方式等信息,及时受理并处理相关投诉与举报。该条规定有望督促网络企业提供便捷的举报途径,并通过专业的方式及时解决相关问题,具有较强的现实意义。

第三,网络服务提供者发现用户发布、传播可能影响未成年人身心健康的信息且未作显著提示的,应当作出提示或者通知用户予以提示;未作出提示的,不得传输相关信息。

第四,网络服务提供者发现用户发布、传播含有危害未成年人身心健康内容的信息的,应当立即停止传输相关信息,采取删除、屏蔽、断开链接等处置措施,保存有关记录,并向网信、公安等部门报告;网络服务提供者发现用户利用其网络服务对未成年人实施违法犯罪行为的,应当立即停止向该用户提供网络服务,保存有关记录,并向公安机关报告。这一规定属于强制报告制度的重要组成部分,在当前互联网快速发展的背景下具有特别重大的现实意义。

总之,新修订的《未成年人保护法》新增网络保护专章,积极回应了现实社会关注的热点问题,细化了具体的保护措施,创设了多项保护制度,将未成年人的网络保护上升至法律层面,弥补了立法缺陷,使得未成年人网络保护法律体系进一步完善,具有极大的进步意义。

第六节　未成年人的政府保护

2013 年 6 月 21 日,"南京女童饿死案"震惊全国,2020 年 3 月,新冠疫情期间湖北孝感发生了一岁半男孩饿死家中的悲剧,两起案件都是监护人生而不养的问题所导致,发人深省。近年来,因监护人监护不力、不能、虐待等严重侵害未成年人权益的案件频频发生,针对未成年人的保护重新被提上议程。如何真正落实未成年人合法权益的保护,已经成为当前亟须解决的时代难题。

2015 年,最高人民法院、最高人民检察院、公安部、民政部联合发布了《关于依法处理监护人侵害未成年人权益行为若干问题的意见》,系统规定了有关国家监护的内容。此后,《民法总则》《民法典》先后从国家法律层面确立了国家监护制度。新修订的《未成年人保护法》与《民法典》进行有效衔接,结合多年司法实践,发展和完善了具有我国特色的以家庭监护为基础、国家监护为兜底的监护制度,较为显著地贯彻了国家亲权理念,凸显了国家保护未成年人的责任。

151

顾名思义,国家亲权是指当儿童(未成年人)的父母没有适当履行其监护责任和义务时,或者监护人出现监护不当、监护不能时,国家便作为儿童(未成年人)的"父母"而理所当然地依法介入其中,通过代替那些不称职或无计可施的血亲父母或其他监护人,并以未成年人最终监护人的身份具体行使亲权,进而担负起监管、保护未成年人权益和制止、防范未成年人遭受侵害的责任。

当前,对未成年人的政府保护主要体现在协调未成年人保护工作、保障未成年人接受教育、保护未成年人身心健康发展以及承担临时监护与长期监护职责等四个方面。

一、协调未成年人保护工作,提供兜底保障

政府是未成年人保护的重要责任主体,政府可以建立未成年人专门保护机构,协调未成年人保护的相关工作,落实主体责任,为未成年人的保护提供兜底性的保障。

(一)明确未成年人保护的主责部门

近年来,在教育、民政、公安、司法等部门的共同努力下,我国未成年人保护工作不断完善,但因缺乏专门的政府协调负责机构,部门之间扯皮、推诿等现象时有发生,导致相关法律法规难以落实到位。未成年人政府保护工作,往往需要公安、教育、民政、司法等政府部门协同推进,设置专门机构负责协调统筹。

从现行法律规定和未成年人保护工作的实践看,民政部门在未成年人保护中一直承担着协调职责,在困境未成年人救助、未成年人侵害案件救助、国家监护等方面发挥着重要的协调联动作用。新修订的《未成年人保护法》采取灵活的规定,为各地建立符合地方特色的未成年人保护协调机制留有空间,教育部门等其他政府部门亦可承担未成年人保护的协调工作。

(二)指定专门人员,设立专人专岗

在政府保护专章中,《未成年人保护法》虽然明确了民政部门作为"公职监护人"的角色,但在实际执行中,民政部门的分类监护乃至收养都离不开基层人员从下而上的工作模式。同样,基层公安、检察、法院等相关司法部门的未成年人保护具体工作也需要专门人员来完成。

新修订的《未成年人保护法》第81条第2款规定:"乡镇人民政府和街道办事处应当设立未成年人保护工作站或者指定专门人员,及时办理未成年人相关事务;支持、指导居民委员会、村民委员会设立专人专岗,做好未成年人保护工作。"乡镇人民政府是最基层的政府机构,街道办事处是基层政府的派出机构,直接面向群众开展工作,在未成年人保护工作中与群众的联系更为直接,工作内容更为具体,在乡镇政府、街道办事处设立未成年人保护工作站或者指定专门人员,是未成年人保护及时有效的重要基础和保障。另外,居民委员会、村民委员会作为基层群众自治组织,对居住区域内的未成年人状况比较了解,与未成年人及其监护人的联系更为直接,居民委员会、村民委员会设立专人专岗,做好未成年人保护工作,是打通政府保护"最后一公里"的重要途径。

（三）发挥社会组织的作用

在未成年人保护工作中，社会组织发挥着重要作用，这在新修订的《未成年人保护法》中有明确的体现。首先，政府鼓励和支持有关人民团体、企业事业单位、社会组织开展家庭教育指导服务。政府支持社会组织发挥自身优势，以城乡儿童活动场所为载体，开展适合未成年人特点和需求的家庭教育指导服务。其次，政府鼓励和支持社会组织为未成年人提供职业技能培训服务。各级人民政府应当创新体制机制，推进未成年人职业技能培训市场化、社会化改革，鼓励和支持社会组织积极参与行业人才需求发布、就业状况分析、培训指导等工作。最后，地方人民政府应当培育、引导和规范有关社会组织、社会工作者参与未成年人保护工作，开展家庭教育指导服务，为未成年人的心理辅导、康复救助、监护及收养评估等提供专业服务。

（四）提供直接面向未成年人的服务体系

未成年人由于生理和心智特点，是典型的弱势群体，面临风险和不确定性多、自我保护意识和维权能力弱、对外发声能力弱。在我国未成年人保护制度体系中，一直缺乏直接面向未成年人的服务体系，以致未成年人缺乏获得感。新修订的《未成年人保护法》第97条明确规定："县级以上人民政府应当开通全国统一的未成年人保护热线，及时受理、转介侵犯未成年人合法权益的投诉、举报；鼓励和支持人民团体、企业事业单位、社会组织参与建设未成年人保护服务平台、服务热线、服务站点，提供未成年人保护方面的咨询、帮助。"这看似是一项具体性的工作，但是意义重大，尤其是从国家立法的高度对政府提出了明确的要求，有助于政府落实工作，有助于使未成年人直接感受到国家的关心和爱护。以北京市12345保护热线为例，未成年人保护热线实行受理事项"分级处置"机制，热线受理的紧急类报警求助、投诉和举报信息，将转110报警平台、120急救平台受理处置。未成年人保护热线移转公安部门110报警平台、120急救平台受理处置有关遗弃、性侵、虐待、家庭暴力以及其他不法伤害类的紧急类事项，将由区级民政部门及相关专家团队，配合民警出现场或应其请求跟进，提供应急处置、应急评估等专业支持或临时庇护照料服务指导，并配合司法部门做好后续涉法涉诉等工作。

延伸阅读

2021年6月1日，北京市委社会工委市民政局与市政务局、12345市民热线服务中心合作建立了北京市未成年人保护热线。北京市未成年人保护热线号码为12345，与12345市民服务热线共用一个平台，实行"一号对外"服务，方便广大市民群众识记和使用，着力解决儿童问题诉求发现难、报告难、干预难、联动难和监督难的问题，积极维护未成年人合法权益。为做好未成年人权益保护工作，北京市将以未成年人保护热线为纽带，构建"监测预防、强制报告、应急处置、评估帮扶、监护干预"五位一体的未成年人保护综合服务体系。

二、保障未成年人接受教育的权利

（一）保障义务教育

我国《未成年人保护法》第 83 条规定："各级人民政府应当保障未成年人受教育的权利，并采取措施保障留守未成年人、困境未成年人、残疾未成年人接受义务教育。对尚未完成义务教育的辍学未成年学生，教育行政部门应当责令父母或者其他监护人将其送入学校接受义务教育。"

平等是教育追求的社会理想，教育本身也具有促进社会平等的属性与功能。学校教育的大众化和公平化，能为所有有能力和意愿的未成年人提供公平竞争、向上流动的机会，帮助弱势群体摆脱他所出身的群体的局限，能够显著地改善其生存状态，减少社会性的不公平。目前，教育的功能已经获得国际社会的普遍认可，"教育是实现平等、发展与和平目标的一个重要工具"。

在现代社会，教育平等已经成为"全世界所有国家和所有与教育有关的人最关心的问题"。在教育平等逐步被各国宪法确认为一种平等的基本权利的情况下，如何具体实现这一权利成为社会关注的焦点。

教育平等的一般含义：义务教育是个人生存和发展最基本的不可或缺的需求，对于所有社会成员应一律平等享有，即"共享的完全平等"；非义务教育则只能按个人成绩和能力差别依比例平等享有，即"差别的比例平等"，并在同等条件下优先照顾处境不利者。

在我国，尽管宪法和法律中规定了未成年人平等享有受教育权，但是，现实生活中留守未成年人、困境未成年人、残疾未成年人的受教育权往往被忽略或者得不到公平的对待。这种状况的出现实际上侵犯了未成年人的受教育权，明显不符合教育平等的理念，因而必须做出改变，立法上应给予极大关注。

《未成年人保护法》第 83 条秉承了《义务教育法》与《儿童权利公约》的精神，进一步强调了国家保障未成年人平等接受义务教育的权利，并特别强调要采取有效措施保障留守未成年人、困境未成年人、残疾未成年人接受义务教育。

（二）发展学前教育

学前教育是终身教育的开端，是国民教育体系的重要组成部分。2010 年，《国家中长期教育改革和发展规划纲要（2010—2020 年）》提出要在 2020 年基本普及学前教育。习近平总书记在党的十九大报告中强调要"办好学前教育"，实现"幼有所育"。随后，2018 年 11 月，中共中央国务院出台了《关于学前教育深化改革规范发展的若干意见》，对幼儿教育进行了顶层设计和全面部署，提出"到 2020 年，全国学前三年毛入园率达到 85%，普惠性幼儿园覆盖率（公办园和普惠性民办园在园幼儿占比）达到 80%，基本建成广覆盖、保基本、有质量的学前教育公共服务体系"。

然而，学前教育依然是我国整个教育体系中的薄弱环节，随着生育政策的放开，"入园难""入园贵""监管弱"等现象愈发突出，成为重大民生问题。部分地区的学前教育资源供需失衡,幼儿园的收费定价缺少有效约束,且幼儿安全教育事故频发。因此,各级人民政府应当发展托育、学前教育事业,办好婴幼儿照护服务机构、幼儿园,支持社会力量依法兴办母婴室、婴幼儿照护服务机构、幼儿园。同时,县级以上地方人民政府及其有关部门应当培养和培训婴幼儿照护服务机构、幼儿园的保教人员,提高其职业道德素质和业务能力。

延伸阅读

北京红黄蓝幼儿园虐童事件:2017 年 11 月 22 日,有十余名幼儿家长向公安机关报案,反映北京市朝阳区红黄蓝幼儿园国际小二班的幼儿遭遇老师扎针、喂不明白色药片,并提供孩子身上多个针眼的照片,家长怀疑孩子在幼儿园内受到侵害。朝阳区政府得悉此事后,立即成立工作组,进驻幼儿园,积极协助相关部门,配合警方做好调查工作。11月 28 日,北京警方公布朝阳区红黄蓝幼儿园涉嫌伤害儿童事件调查情况:朝阳区红黄蓝幼儿园教师刘某某因部分儿童不按时睡觉,采用缝衣针扎的方式进行"管教"。因涉嫌虐待被监护、看护人罪,刘某某被刑事拘留。

(三) 推进职业教育

2019 年 1 月 24 日,国务院印发《国家职业教育改革实施方案》,提出将启动实施中国特色高水平高等职业学校和专业建设计划,由教育部和财政部共同研究制定并联合实施,"双高计划"正式启动。建设一流高职院校是主动适应当前中国经济转型升级,提升职业教育及其人才培养竞争力,切实增强职业教育吸引力的需要。为此,各级人民政府应当发展职业教育,保障未成年人接受职业教育或者职业技能培训,鼓励和支持人民团体、企业事业单位、社会组织为未成年人提供职业技能培训服务。

(四) 支持特殊教育

教育公平是社会公平的重要体现,习近平总书记指出"教育公平是社会公平的重要基础,要不断促进教育发展成果更多更公平惠及全体人民,以教育公平促进社会公平正义",显然,保障残疾未成年人接受教育是教育公平的应有之义。一方面,各级人民政府应当保障具有接受普通教育能力、能适应校园生活的残疾未成年人就近在普通学校、幼儿园接受教育;保障不具有接受普通教育能力的残疾未成年人在特殊教育学校、幼儿园接受学前教育、义务教育和职业教育。另一方面,各级人民政府应当保障特殊教育学校、幼儿园的办学、办园条件,鼓励和支持社会力量举办特殊教育学校、幼儿园。强调保障教育机会平等、积极推进融合教育、加强对残疾人教育的支持保障,体现了对残疾人平等受教育权的尊重。

三、保护未成年人身心健康发展

第一,地方人民政府及其有关部门应当保障校园安全,监督、指导学校、幼儿园等单位

155

落实校园安全责任,建立突发事件的报告、处置和协调机制。

第二,公安机关和其他有关部门应当依法维护校园周边的治安和交通秩序,设置监控设备和交通安全设施,预防和制止侵害未成年人的违法犯罪行为。

第三,地方人民政府应当建立和改善适合未成年人的活动场所和设施,支持公益性未成年人活动场所和设施的建设和运行,鼓励社会力量兴办适合未成年人的活动场所和设施,并加强管理。地方人民政府应当采取措施,鼓励和支持学校在国家法定节假日、休息日及寒暑假期将文化体育设施对未成年人免费或者优惠开放。

第四,地方人民政府应当采取措施,防止任何组织或者个人侵占、破坏学校、幼儿园、婴幼儿照护服务机构等未成年人活动场所的场地、房屋和设施。

第五,各级人民政府及其有关部门应当对未成年人进行卫生保健和营养指导,提供卫生保健服务。卫生健康部门应当依法对未成年人的疫苗预防接种进行规范,防治未成年人常见病、多发病,加强传染病防治和监督管理,做好伤害预防和干预,指导和监督学校、幼儿园、婴幼儿照护服务机构开展卫生保健工作。

第六,教育行政部门应当加强未成年人的心理健康教育,建立未成年人心理问题的早期发现和及时干预机制。卫生健康部门应当做好未成年人心理治疗、心理危机干预以及精神障碍早期识别和诊断治疗等工作。

第七,各级人民政府及其有关部门对困境未成年人实施分类保障,采取措施满足其生活、教育、安全、医疗康复、住房等方面的基本需要。

四、承担临时监护与长期监护职责

国家亲权理念在新修订的《未成年人保护法》中的体现是全面铺开和渗透的,尤其是在《民法典》确立国家监护制度的基础上,《未成年人保护法》进一步明确了民政部门作为"公职监护人"的法律地位与承担临时监护、长期监护的法定职责,系统规定了包括监护监督、监护支持、监护干预、监护转移、监护替代等在内的国家监护完整制度体系。可以说,这是通过政府的作为来落实国家亲权理念的最为有力举措之一。

(一)民政部门的临时监护职责

案例讨论

2020 年 1 月 29 日,一篇题为《家人疑似新冠肺炎被隔离,湖北 17 岁脑瘫儿独自在家 6 天后死亡》的文章在网上疯狂传播。经查证,文中 17 岁脑瘫儿名为小明,跟随在武汉打工的父亲一起生活,因有过武汉接触史,其父被强制隔离,留下小明独自一人生活,村委会负责暂时照顾其生活起居。村委会 1 月 24 日、26 日、28 日喂小明进食,1 月 29 日小明死于家中。

此事件引发了社会的广泛讨论,质疑之声不绝于耳,诸如:村委会没有履行好照顾未成年人的义务,应当承担责任;村委会没有征询其父亲的意见就剥夺了父亲的监护权;村委会照顾未成年人应当取得合法的手续等。上述质疑当然不能全部归咎于村委会,疫情形势严峻,村委会肩负基层抗疫的重任,人手不足也是客观现实,然而上述问题的核心在于我国临时监护制度之罅隙。

法谚有云:"法律适用于最频繁发生之事件"。2020 年,《民法典》以法典的高度肯定了临时监护制度的地位,规定了临时监护的主体主要为被监护人住所地的居民委员会、村民委员会、法律规定的有关组织或民政部门,但对于被监护人尚缺少明确的规定。

《未成年人保护法》进一步明确了民政部门作为"公职监护人"的监护职责,第 92 条规定:"具有下列情形之一的,民政部门应当依法对未成年人进行临时监护:(一)未成年人流浪乞讨或者身份不明,暂时查找不到父母或者其他监护人;(二)监护人下落不明且无其他人可以担任监护人;(三)监护人因自身客观原因或者因发生自然灾害、事故灾难、公共卫生事件等突发事件不能履行监护职责,导致未成年人监护缺失;(四)监护人拒绝或者怠于履行监护职责,导致未成年人处于无人照料的状态;(五)监护人教唆、利用未成年人实施违法犯罪行为,未成年人需要被带离安置;(六)未成年人遭受监护人严重伤害或者面临人身安全威胁,需要被紧急安置;(七)法律规定的其他情形。"

同时,对临时监护的未成年人的具体监护程序,《未成年人保护法》也做出了规定,即民政部门可以采取委托亲属抚养、家庭寄养等方式进行安置,也可以交由未成年人救助保护机构或者儿童福利机构进行收留、抚养。临时监护期间,经民政部门评估,监护人重新具备履行监护职责条件的,民政部门可以将未成年人送回监护人抚养。

(二)民政部门的长期监护职责

临时监护是一种临时性、过渡性的安置措施,不是未成年人的最终生活安置。修订后的《未成年人保护法》明确国家是未成年人的最终监护人,扩大了民政部门进行长期监护的范围。换言之,《未成年人保护法》确定了民政部门作为未成年人的最终监护人,实现了临时监护与长期监护的无缝对接。《未成年人保护法》第 94 条规定:"具有下列情形之一的,民政部门应当依法对未成年人进行长期监护:(一)查找不到未成年人的父母或者其他监护人;(二)监护人死亡或者被宣告死亡且无其他人可以担任监护人;(三)监护人丧失监护能力且无其他人可以担任监护人;(四)人民法院判决撤销监护人资格并指定由民政部门担任监护人;(五)法律规定的其他情形。"

民政部门承担临时监护或者长期监护职责的,财政、教育、卫生健康、公安等部门应当根据各自职责予以配合。县级以上人民政府及其民政部门应当根据需要设立未成年人救助保护机构、儿童福利机构,负责收留、抚养由民政部门监护的未成年人。民政部门进行收养评估后,可以依法将其长期监护的未成年人交由符合条件的申请人收养。收养关系成立后,民政部门与未成年人的监护关系终止。该规定使未成年人能够尽快实现回归家庭的生活安置方式,解决了实践中长期滞留在机构中抚养的问题。

第七节　未成年人的司法保护①

未成年人的司法保护,是指公安机关、人民检察院、人民法院以及司法行政部门,即广义的国家司法机关通过依法履行职责,对未成年人所实施的一种专门保护活动。

延伸阅读

如何理解公安机关、人民检察院、人民法院以及司法行政部门的职责以及相互之间的关系?首先,公安机关是人民政府的重要组成部分,依法管理社会治安,是国家重要的行政机关之一;同时,公安机关又担负着刑事案件的侦查任务,行使国家司法权。因此公安机关兼具行政性、司法性的双重属性。其次,人民检察院是国家的法律监督机关,对直接受理的刑事案件进行侦查;对于公安机关侦查的案件进行审查,决定是否逮捕、起诉或免予起诉;对于公安机关的侦查活动是否合法实行监督;对于刑事案件提起公诉、支持公诉;对于人民法院的审判活动是否合法实行监督;对于刑事案件判决、裁定的执行和监狱、看守所、劳动改造机关的活动是否合法实行监督。再次,人民法院是国家的审判机关,法院的任务是审判刑事案件、民事案件和行政案件,通过审判活动惩罚犯罪、解决纷争、保护公民的合法权利。最后,司法行政机关是各级政府的重要组成部分,负责管理劳教、劳改工作;管理和领导司法干部工作;管理和领导法律顾问处及律师工作;管理公证工作,进行法制宣传;管理和领导司法助理员工作等。

司法保护是国家、社会、学校、家庭以及所有成年公民对未成年人实施共同保护的重要组成部分,与其他的主体所实施的保护相比,司法保护既有特定的适用范围、保护内容与保护手段,同时也对全面展开保护未成年人的工作具有重要的监督、保障和促进作用。司法保护在共同保护中的地位和作用,具体表现为以下两个方面。

一、司法保护是对未成年人合法权益的重要保障

第一,司法机关依法制裁侵犯未成年人合法权益的违法犯罪行为。依法打击刑事犯罪活动是司法机关的重要职能,也是维护未成年人人身权、财产权以及其他合法权益不受侵犯的有力手段。与成年人相比,未成年人尚处于不成熟或由不成熟向成熟过渡的发育、发展阶段,他们的自我保护能力较差,自身的合法权益也更易遭受来自外界的不法侵犯和损害。因此,对于未成年人合法权益的保护,除了家庭保护、学校保护、社会保护、网络保

---

①　由于本节内容与第六章《预防未成年人犯罪法律制度》有重合之处,故此处仅对未成年人的司法保护做简要概述。

护以及政府保护之外,司法机关积极履行职责,依法制裁侵犯未成年人合法权益的违法犯罪行为,无疑具有十分重要的意义。通过司法机关的法律制裁活动,一方面,可以及时制止违法犯罪行为对未成年人合法权益实施的非法侵害;另一方面,可以惩处和教育违法犯罪分子,鼓励公民积极与违法犯罪行为做斗争,从而预防和减少侵害未成年人合法权益的各种违法犯罪活动的发生。

第二,人民法院依法审理各种涉及未成年人合法权益的民事案件。如:我国《未成年人保护法》第 107 条明确规定"人民法院审理继承案件,应当依法保护未成年人的继承权和受遗赠权。人民法院审理离婚案件,涉及未成年子女抚养问题的,应当尊重已满八周岁未成年子女的真实意愿,根据双方具体情况,按照最有利于未成年子女的原则依法处理";又如第 108 条规定"未成年人的父母或者其他监护人不依法履行监护职责或者严重侵犯被监护的未成年人合法权益的,人民法院可以根据有关人员或者单位的申请,依法作出人身安全保护令或者撤销监护人资格。被撤销监护人资格的父母或者其他监护人应当依法继续负担抚养费用";第 109 条规定"人民法院审理离婚、抚养、收养、监护、探望等案件涉及未成年人的,可以自行或者委托社会组织对未成年人的相关情况进行社会调查"。这些均体现了人民法院在处理涉及未成年人合法权益的案件中,采取了对未成年人有利的特殊原则。因此,在涉及未成年人合法权益问题的处理上,人民法院的审判活动是一种广为适用的法律调整手段。

第三,司法机关依法保障违法犯罪未成年人的合法权益。对于走上违法犯罪道路的未成年人,我国司法机关也规定了对其进行必要的权益保护。如:我国《刑事诉讼法》第 278 条明确规定"未成年犯罪嫌疑人、被告人没有委托辩护人的,人民法院、人民检察院、公安机关应当通知法律援助机构指派律师为其提供辩护";第 279 条规定"公安机关、人民检察院、人民法院办理未成年人刑事案件,根据情况可以对未成年犯罪嫌疑人、被告人的成长经历、犯罪原因、监护教育等情况进行调查";第 280 条规定"对未成年犯罪嫌疑人、被告人应当严格限制适用逮捕措施。人民检察院审查批准逮捕和人民法院决定逮捕,应当讯问未成年犯罪嫌疑人、被告人,听取辩护律师的意见;对被拘留、逮捕和执行刑罚的未成年人与成年人应当分别关押、分别管理、分别教育"。可见,司法机关在办案和教育改造违法犯罪未成年人的过程中,注重对他们的人格尊严以及其他合法权益的尊重和保护,是保障未成年人合法权益的重要组成部分。

二、司法保护对全面开展未成年人的保护工作具有重要的促进作用

第一,净化社会环境,履行保障职责。运用司法手段,惩处违法犯罪行为,是全面开展未成年人保护工作的前提和基础,也是其他国家机关、社会组织、学校、家庭以及成年公民个人履行对未成年人保护职责的重要保障。未成年人的健康成长,需要良好的社会风气和环境。在违法犯罪活动猖獗的情况下,若不通过司法手段坚决予以打击、制裁,就不会实现社会治安的根本好转,也无法维护正常的社会秩序和未成年人的合法权益,未成年人的一切保护工作更是无从谈起。对直接教唆、引诱未成年人违法犯罪或严重腐蚀未成年人的违法犯罪行为,若不予以严厉打击,就会为毒害未成年人埋下祸根。

第二,通过司法监督,促进履行义务。法定义务主体在不履行特定义务或侵害未成年人合法权益时,司法机关通过予以法律制裁的手段,发挥着重要的监督作用,从而有效地促进他们依法履行义务或职责。

第三,发挥司法职能,关心、爱护未成年人。司法机关处理未成年人案件时,涉及对未成年人合法权益的保护,涉及对违法犯罪未成年人的教育、感化、挽救工作能否有效地开展和教育改造的质量问题。司法机关充分发挥其职能作用,可以为未成年人创造良好的社会环境,有利于其健康成长。

第四,及时发现问题,便于及时解决。司法机关在办案过程中,可以及时发现社会、学校、家庭以及其他主体在保护未成年人工作中存在的缺陷、漏洞和薄弱环节,并帮助其分析原因,找出规律,向有关单位提出司法建议或配合有关主体积极弥补缺陷、填补漏洞,进而有效地解决现实生活中存在的问题,从而使得保护未成年人的工作切实开展起来。

测 试 题

一、单项选择题

1. 网络游戏服务提供者应当按照国家有关规定和标准,不得在每日二十二时至次日(   )时向未成年人提供网络游戏服务。

    A. 6   B. 8   C. 10   D. 12

2. 中学生邹某上课时玩手机游戏,班主任王老师发现后,当场删除了邹某的游戏账号和他购买的游戏装备,并告诫邹某不要在上课时玩游戏,课后王老师将手机返还给了邹某。王老师的做法(   )。

    A. 合法,教师有权批评和管理学生

    B. 不合法,侵犯了邹某的财产权

    C. 合法,教师无权没收学生的手机

    D. 不合法,侵犯了邹某的隐私权

3. 何某今年15周岁,是一个令老师、家长头痛的"问题学生"。2016年4月,正在读初二的他被学校"勒令休学"。后,何某极力要求复学,但学校一直没有答应他复学的请求。依据《未成年人保护法》,下列选项正确的是(   )。

    A. 学校"勒令何某休学"的做法并无不妥

    B. 学校的做法是违法的,侵犯了未成年人的受教育权

    C. 学校的做法属于学校内部管理问题,行为不当,但不违法

    D. 学校作为教育机构,有权对所属学生进行处理

4. 未成年人的父母已经死亡或丧失监护能力,下列没有资格担任监护人的是(   )。

    A. 成年的兄、姐   B. 叔、伯

    C. 祖父母或外祖父母   D. 老师

5. 刘某15周岁,智力超群,为某歌舞团演员,生活可以自理,根据我国相关法律规定,刘某属于(   )。

A. 完全民事行为能力人 B. 可视为完全民事行为能力人

C. 限制民事行为能力人 D. 无民事行为能力人

6. 依据相关法律规定,下列有关未成年学生受教育权的说法,错误的是(　　)。

A. 父母不得使在校接受义务教育的未成年人辍学

B. 12周岁的小明经常旷课,老师可以因此让其停课反省

C. 15周岁的王某,因抢劫被判处两年有期徒刑,因王某在入狱前未完成义务教育,执行机关应当保证其继续接受义务教育

D. 学校不得使未成年学生在危及人身安全、健康的校舍中活动

7. 人民法院审理离婚案件,离婚双方因抚养未成年子女发生争执,不能达成协议时,应当尊重已满八周岁未成年子女的真实意愿,根据双方具体情况,按照(　　)的原则依法处理。

A. 最有利于未成年子女 B. 有利于女方

C. 尊重未成年子女的意愿 D. 物质优先主义

8. 张老师责令考试成绩不及格的小强停课半天写检查,张老师的做法(　　)。

A. 合法,有助于警示其他学生 B. 合法,教师有管理学生的权利

C. 不合法,侵犯了小强的人身权 D. 不合法,侵犯了小强的受教育权

9. 某中学在资助贫困生的公示中,将拟资助学生的家庭住址、父母姓名、电话号码、身份证号等信息予以公布,该校的做法(　　)。

A. 符合校务公开的办事原则 B. 体现了学校自主管理权利

C. 侵犯了学生的个人隐私权 D. 违背了公平待生的教育理念

10. 14岁的初中生崔某借爸爸的名义买烟,进行电子支付后,烟酒店老板王某给了崔某一包烟。王某的行为(　　)。

A. 合法,因为王某有经营自主权

B. 合法,因为崔某说是替父亲买的

C. 不合法,任何经营场所不得向未成年人出售烟酒

D. 不合法,如果是高中生购买就可以向其出售烟酒

二、多项选择题

1. 以下属于未成年人的是(　　)。

A. 周某,16周岁,身体残疾

B. 李某,17周岁,因犯盗窃罪被判处有期徒刑1年

C. 王某,女,17周岁,辍学在家

D. 张某,17周岁,外出打工

2. A市采取的以下措施中,属于对未成年人社会保护的有(　　)。

A. 学校加强思想教育和实施课程改革

B. 打击"黑网吧",整顿书市,净化荧屏

C. 推出优秀影视图书,开办少儿电视频道

D. 加强爱国主义基地建设

3. 根据《未成年人保护法》的规定,营业性娱乐场所、酒吧、互联网上网服务营业场所等不适宜未成年人活动的场所不得招用已满十六周岁的未成年人。违反上述规定的,由( )等部门按照职责分工责令限期改正,给予警告,没收违法所得,可以并处十万元以下罚款。

A. 文化和旅游部门
B. 人力资源和社会保障部门
C. 公安部门
D. 市场监督管理部门

4. 某日,王某带儿子小明去动物园游玩。其间,王某忙于与他人交谈,无暇顾及儿子。在参观猴山时,小明趁着王某不注意,违反规定偷偷跑到猴山上玩耍,被一只猴子用易拉罐砸伤眼睛,花去医疗费 5 000 元。经查,动物园猴山的安全设施存在一定的漏洞,王某要求动物园赔偿损失,但遭到拒绝。有关本案,下列说法错误的是( )。

A. 应当由王某自行承担全部损失
B. 应当主要由动物园承担损失,王某承担部分损失
C. 应当主要由王某承担损失,动物园给予适当补偿
D. 应当由动物园承担全部损失

5. 下列有关自然人民事行为能力的表述,错误的是( )。

A. 16 周岁以上不满 18 周岁的自然人,能够以自己的劳动收入为主要生活来源的,视为完全民事行为能力人
B. 8 周岁以上的自然人是限制民事行为能力人
C. 8 周岁以下的未成年人是无民事行为能力人
D. 完全不能辨认自己行为的精神病人是无民事行为能力人

6. 李刚今年 12 岁,叔叔李平(30 周岁)于 2020 年 2 月赠与其一台价格 5 000 元的数码相机。因李刚与同学刘强(12 周岁)关系甚好,李刚便将该台数码相机转赠给刘强。叔叔李平和李刚父亲听后都向刘强要求返还该相机,下列有关该事件的论述,正确的是( )。

A. 李刚为限制民事行为能力人,其接受赠与的行为无效
B. 李刚为限制民事行为能力人,其赠与行为效力待定
C. 李刚在征得父亲同意后,可以赠与数码相机
D. 李刚在征得叔叔同意后,可以赠与数码相机

7. 某童星 15 周岁,其演出收入能满足自己的生活需要,该童星未经监护人同意独立实施的下列行为中,无效的是( )。

A. 向户籍管理部门申请变更姓名
B. 向市场监督管理部门申请注册公司
C. 购买价格为 2 万元的摄像机
D. 接受 10 万元现金的赠与

8. 学生欺凌,是指发生在学生之间,一方蓄意或者恶意通过肢体、语言及网络等手段实施欺压、侮辱,造成另一方人身伤害、财产损失或者精神损害的行为。下列对于防治学生欺凌的措施,表述正确的有( )。

A. 学校应当建立学生欺凌防控工作制度,对教职员工、学生等开展防治学生欺凌的教育和培训

  B. 学校应当对相关未成年学生及时给予心理辅导、教育和引导

  C. 学校应当对相关未成年学生的父母或者其他监护人给予必要的家庭教育指导

  D. 对实施欺凌的未成年学生,学校应当根据欺凌行为的性质和程度,依法加强管教

9. 未成年人享有隐私权,除(　　)等情况外,任何组织或者个人不得隐匿、毁弃、非法删除未成年人的信件、日记、电子邮件或者其他网络通讯内容。

  A. 无民事行为能力未成年人的父母或者其他监护人代未成年人开拆、查阅

  B. 因国家安全或者追查刑事犯罪依法进行检查

  C. 紧急情况下为了保护未成年人本人的人身安全

  D. 紧急情况下为了保护他人的人身安全

10. 2021年6月1日施行的《未成年人保护法》进一步强调了政府在未成年人保护中的作用,具有以下(　　)等情形,民政部门应当依法对未成年人进行长期监护。

  A. 查找不到未成年人的父母或者其他监护人

  B. 监护人死亡或者被宣告死亡且无其他人可以担任监护人

  C. 监护人丧失监护能力且无其他人可以担任监护人

  D. 人民法院判决撤销监护人资格并指定由民政部门担任监护人

三、判断题

1. 根据《未成年人保护法》的规定,父母或者其他监护人应当依法履行对未成年人的监护职责和抚养义务。 (　　)

2. 如果发生侵犯未成年人合法权益的行为,根据《未成年人保护法》的规定,任何组织或者个人发现不利于未成年人身心健康或者侵犯未成年人合法权益的情形,都有权劝阻、制止或者向公安、民政、教育等有关部门提出检举、控告。 (　　)

3. 我国《未成年人保护法》所称的未成年人是指未满16周岁的公民。 (　　)

4. 保护未成年人主要是国家机关、学校、家长的责任,与其他组织、个人关系不大。 (　　)

5. 学校应当合理使用网络开展教学活动。未经学校允许,未成年学生不得将手机等智能终端产品带入课堂,带入学校的应当统一管理。 (　　)

6. 密切接触未成年人的单位招聘工作人员时,可以选择向公安机关、人民检察院查询应聘者是否具有性侵害、虐待、拐卖、暴力伤害等违法犯罪记录;发现其具有前述行为记录的,可视其态度,决定是否录用。 (　　)

7. 国家建立性侵害、虐待、拐卖、暴力伤害等违法犯罪人员信息查询系统,针对密切接触未成年人的单位,提供免费查询服务。 (　　)

四、案例分析题

1. 2019年10月16日,年过七旬的张老太太带着年仅5周岁的小孙子到一家商场购物。因正在装修的玻璃门非常干净,透明度很高,且门上没有任何标志,小孙子在玩耍时不慎撞倒了商场的玻璃门。事后,商场派人带孩子到医院接受检查治疗,诊断为左额挫伤,商场支付了医疗费。后,孩子到其他医院继续治疗,又花费了医疗费1 500元。随后,

张老太太因与商场协商赔偿事宜无果,起诉至人民法院,要求商场赔偿医疗费、营养费、护理费、交通费、精神损失费等共计8 000元。请问:如果你是法官,你将如何判决?

2. 付某7周岁的儿子小强平时非常淘气,经常用石头砸别人的窗户、攀摘小区内的树木花草。一日,小强在马路边玩耍,遇见有人用三轮车拉着镜子。邻居萧某(21周岁)见状,对小强说:"你有本事把那个镜子砸碎,算你厉害。"小强听后,当即拿起石头向镜子砸去,致使价值400多元的镜子被砸碎。事后,镜子的主人找到付某要求赔偿,付某支付了相应的价款。但随即得知小强受到萧某唆使,便要求萧某赔偿。萧某认为,小强调皮惹祸当然应由监护人付某负责,故,拒绝赔偿。请问:(1)小强平时砸坏的东西应由谁赔偿?为什么?(2)镜子的损失最后应由谁来承担?为什么?

3. 自2016年2月起,年仅17周岁的张某在A镇啤酒厂做临时工,每月收入2 600元。为了上班方便,张某在镇里租了一间房。7月,张某未经其父母同意,欲花费500元从李某处购买一台旧彩电,此事遭到了父母的强烈反对,但张某依然坚持购买。10月,张某因患精神分裂症丧失了民事行为能力。随后,张某父亲找到李某,认为张某与李某之间有关电视机的买卖无效,要求李某返还钱款,拿走彩电。请问:此买卖是否有效?为什么?

4. 15周岁的小周是新兴财贸中专会计学院一年三班的学生,学校经常组织他们进行各项社会实践活动,学生们也都积极参加。2020年5月,学校组织全体学生到各企业实习,以便于提高他们的职业技能。小周被安排到大发公司进行为期3个月的实习,小周十分珍惜这次实习机会,每天都早出晚归。但是,小周父母十分心疼孩子,认为学校是在变相使用童工。请问:小周父母的观点是否正确?为什么?

5. 13周岁的张霞是个苦命的孩子,6岁时母亲生病去世,10岁时父亲车祸身亡。她的祖父母年纪也很大,而且没有固定收入,靠卖废品为生,生活极其不稳定。外祖父母在其未出生时就已经不在人世。张霞有一个亲姐姐张岚,现已结婚,在北京一家国企担任部门主管,经济条件良好。但是张岚认为自己并非张霞的法定监护人,拒绝承担责任。请问:在本案中,应当由谁抚养张霞?法律依据何在?

6. 2016年3月,张某在A市火车站捡到了一个弃婴,抱回家准备自己收养。4个月后,张某因为结婚费用不够与未婚妻王某产生矛盾,遂产生卖掉孩子的想法。恰好此时刘某想要收养孩子,张某谎称小孩是自己的亲生子,要求刘某支付20 000元抚养费,方可将孩子送给刘某。刘某当即支付20 000元。请问:如何评价张某与刘某的行为?法律依据何在?

7. 2020年过年期间,11周岁的小红从亲戚处收到了一笔数目可观的压岁钱,妈妈让小红自己保管,小红很开心。后,小红用压岁钱购买了一些文具,妈妈很高兴,表扬了她。她又用压岁钱买了一个价值3 000元的手镯,妈妈却对她发火了,还带她到商店要求退货。请问:小红妈妈的做法正确吗?为什么?

8. 12周岁的李某是A市第一中学初一年级的学生,因父母工作繁忙,故将其全日制寄宿在学校。住校期间,李某在未经父母同意的前提下,向班主任王某借款800元,同时在学校食堂陈某处累计赊账1 400元。后,陈某曾多次向李某父母索要欠款,但是李某父母认为李某尚未成年,属于限制民事行为能力人,因此不承认李某向陈某的赊账行为。请问:如果你是法官,你将如何处理这一案件?法律依据何在?

第六章
预防未成年人犯罪法律制度

本章导学

改革开放以来,随着经济的快速发展和社会的进步,未成年人的成长条件和成长环境不断得到改善,但同时,中国也面临着一部分未成年人误入歧途、违法犯罪的严峻现实。当前,未成年人违法犯罪已是我国乃至全世界刑事犯罪的一个特征和趋势,预防和减少未成年人犯罪成为当今世界各国十分重视的重大社会问题。

在这样的背景下,全国人民代表大会及其常务委员会于 1999 年正式通过了《中华人民共和国预防未成年人犯罪法》,并于 2012 年进行了修订,于 2013 年 1 月 1 日起正式施行。2020 年 12 月 26 日,第十三届全国人民代表大会常务委员会第二十四次会议修订通过《中华人民共和国预防未成年人犯罪法》(以下简称"新法")。新修订的《预防未成年人犯罪法》从原来的八章五十七条扩展到七章六十八条,并于 2021 年 6 月 1 日起施行。本次修订配合《刑法修正案(十一)》,进一步完善了关于低龄未成年人犯罪的规定,明确对未成年人不良行为与严重不良行为的分级预防与教育矫治措施,是对我国未成年人犯罪预防体系硬伤的一次努力修补。相较于旧法而言,新法每一个条文都有不同程度的改动。其中,新增条文 33 条,约占新法总条文数的 48.5%;删除旧条文 24 条,约占旧法总条文数的 35%。去除删除的旧条文,在保留的另外 33 条中,有 28 条进行了实质性的修改,5 条进行了文字性的修改。

本章的内容正是以《预防未成年人犯罪法》为基础,分析未成年人违法犯罪的特点,剖析未成年人违法犯罪的原因,探寻未成年人违法犯罪的变化发展规律,并试图寻求有效措施以遏制和预防未成年人违法犯罪。因此,通过本章内容的学习,以期帮助学生了解未成年人违法犯罪的基本含义以及未成年人与成年人犯罪的区别,熟悉未成年人违法犯罪的原因与预防措施,着重掌握司法机关对未成年人犯罪的特殊规定。在此基础上,使得学生对预防未成年人违法犯罪的法律制度有较为全面的认识。

案例导航

2006 年 10 月 8 日出生的王某,在 2020 年 10 月 1 日前共计盗窃、抢夺各类财物总计价值约 8 000 元。2020 年 10 月 8 日,王某在饭店过完生日后,于 10 月 9 日零时 30 分返家。途中见到李某拎包从身边经过,即掏出随身携带的弹簧刀将李某刺伤后把包抢走。包内有手机一部、现金 2 000 元。10 月 25 日,王某在小区闲逛,见路边停着一辆本田轿车,即设法打开车门,将车开走。当日下午,王某即以 14 万元的价格将轿车卖出。2020 年 12 月 20 日,王某被公安机关抓获。

思考:

(1) 王某在 2020 年 10 月 1 日之前的行为是否构成犯罪,为什么?

(2) 王某在 2020 年 10 月 9 日以及 10 月 25 日的行为是否构成犯罪,如构成犯罪,分别构成何种犯罪,为什么?

第一节 未成年人违法犯罪的基本概述

少年儿童是祖国的未来,是中华民族的希望,全社会都要了解少年儿童、尊重少年儿童、关心少年儿童、服务少年儿童,为少年儿童提供良好社会环境。

——习近平

考察和借鉴世界发达国家的未成年人保护法,无论是大陆法系还是英美法系,在对未成年人保护上,一般都可以总结为两个问题:一个问题是"国家能为未成年人的成长提供什么",这是一种"福利法"的视角,另一个问题是关于未成年人涉罪的"少年法",这是一种作为司法法的未成年人专门法。作为未成年人,他(她)们在现实中很难为自己的困境发声,更谈不上及时发声,未成年人群体特殊的生理、心理发展特点决定了他(她)们是绝对的弱势群体。基于此,作为未成年人的最高"父母"——国家——一方面应该通过主动积极的作为来保障和促进未成年人的健康成长,另一方面对涉罪未成年人要通过专门的法律、专门的机构、专门的处置程序和专门的专业人员进行分类。

2020 年,第七次全国人口普查数据显示,我国 0—14 岁人口约为 2.5 亿人,占全国人口总数的 17.95%,不满 18 周岁的未成年人约 4 亿,接近全国人口的 1/3。与 2010 年第六次全国人口普查相比,0—14 岁人口的比重上升了 1.35 个百分点。

在此背景下,未成年人违法犯罪问题十分突出,案情的复杂化引起了全社会的普遍关注,如何预防和减少未成年人违法犯罪也成为困扰社会各界的热点问题。当前,未成年人犯罪被视为与环境污染、吸毒贩毒并存的"世界三大公害"之一。未成年人的刑事犯罪问题已经成为各国政府面临的严峻的社会问题。当前,我国正处于中华民族伟大复兴的关键时期,未成年人能否健康成长,不仅事关中华民族的伟大复兴是否顺利,而且直接关系到国家的未来发展。

2019 年《中国儿童发展纲要(2011—2020 年)》统计监测报告显示:近十年来,未成年人犯罪人数占比呈现持续下降趋势,2019 年全国未成年人犯罪人数为 4.3 万,比 2010 年减少 2.5 万,降幅达 36.9%。未成年人犯罪人数占同期犯罪人数的比重为 2.59%,比 2010 年下降 4.19 个百分点。

然而,上述数据并不能直接说明未成年人越轨行为包括犯罪行为的减少,只能说明人民法院审理的刑事案件中未成年罪犯占比下降。事实上,未成年人案件只有经过人民检察院的审查起诉,才有可能进入审判阶段。但最高人民检察院公布的《未成年人检察工作白皮书(2014—2019)》显示,自 2014 年至 2019 年,未成年人犯罪附条件不起诉率①逐年上升。由此从另一个侧面反映出,从刑事司法程序中转出来、不起诉的未成年人逐年增加。此外,未成年人犯罪人数占同期犯罪总人数比重的下降,可能也与统计口径有关,未达刑事责任年龄的犯罪未成年人、实施其他严重不良行为和不良行为的未成年人都不在统计数据之列。

因此,为了保障未成年人身心健康,培养未成年人良好品行,有效预防未成年人违法犯罪,不仅需要立足于教育和保护,从小抓起,也需要对未成年人的不良行为及时进行预防和矫治。

一、未成年人犯罪

(一) 未成年人犯罪的含义

未成年人犯罪,是指已满 12 周岁不满 18 周岁的未成年人在正确认识自己行为的性质、作用和后果的前提下,依据这种认识而有意识地控制自己的行为,从而需要对自己所实施的违反法律规定的犯罪行为承担刑事责任的行为。

在我国,具有刑事责任能力是未成年人承担刑事责任的前提。当前,未成年人的刑事责任能力分为绝对无刑事责任能力、相对刑事责任能力以及从轻、减轻刑事责任能力三种类型。我国《刑法》第 17 条明确规定,"已满十六周岁的人犯罪,应当负刑事责任。已满十四周岁不满十六周岁的人,犯故意杀人、故意伤害致人重伤或者死亡、强奸、抢劫、贩卖毒品、放火、爆炸、投放危险物质罪的,应当负刑事责任。已满十二周岁不满十四周岁的人,犯故意杀人、故意伤害罪,致人死亡或者以特别残忍手段致人重伤造成严重残疾,情节恶劣,经最高人民检察院核准追诉的,应当负刑事责任。已满 12 周岁不满 18 周岁的人犯罪,应当从轻或者减轻处罚;因不满 16 周岁不予刑事处罚的,责令其父母或者其他监护人加以管教;在必要的时候,依法进行专门矫治教育"。可见,在我国,未满 12 周岁的未成年人尚不具备辨认、控制自己行为的能力,因而无须承担任何刑事责任,属于绝对无刑事责任能力的年龄段。而处于已满 12 周岁不满 16 周岁的年龄段的未成年人,一般都处于初中阶段或已经参加一些轻微的社会生产劳动活动,文化知识、智力、接受法制道德教育等都有了一定的基础和发展,通常具备了分辨和控制严重危害社会行为的能力。然而,其知识、智力、生理方面的发展依然具有一定的局限性,这一阶段的未成年人还不具备辨认和控制刑法意义上一切危害行为的能力,因此《刑法》立法充分考虑了该年龄段未成年人具

---

① 附条件不起诉率=附条件不起诉人数÷(起诉人数+不起诉人数+附条件不起诉人数)。

备的责任能力的特点,规定该年龄段的未成年人只对刑法中危害性质明显和危害程度严重的行为负刑事责任,而对《刑法》中其他危害行为不负刑事责任,属于相对刑事责任年龄的阶段,这充分体现了党和国家对未成年人犯罪采取以教育为主、惩罚为辅的政策精神。而已满12周岁不满18周岁的未成年人,则属于应当从轻或减轻刑事责任能力的年龄阶段。

案例讨论

李某、王某为谋财,经事先通谋后,于2018年4月15日晚7时许,携带水果刀及绳索等作案工具,窜至便利店。进入便利店后,李某使用随身携带的水果刀割伤被害人魏某的左前颈部,后,二人合力将魏某按倒在地。见魏某逐渐失去反抗能力而仍有气息时,二人又找来胶带并由王某用胶带捆扎封堵住魏某的口鼻部,致其窒息死亡。在此过程中,李某对该便利店内的房间逐一搜索,获得现金四万多元。随后,二人清扫现场,并将被害人的尸体沉尸于便利店后的池塘中,然后逃离现场。法院经审理后认为,李某、王某的行为均已构成抢劫罪,依法均应予惩处。鉴于李某犯罪时已满十四周岁不满十六周岁,被告人王某犯罪时已满十六周岁不满十八周岁,且归案后均能如实供述自己的罪行,均依法予以从轻处罚。

(二)未成年人犯罪的基本特征

1. 未成年人犯罪呈现低龄化趋势

随着经济的迅速发展、物质条件的改善以及信息媒介传播作用的发挥,新事物不断涌现,网络科技触手可及,未成年人摄入的各种信息量不断增加,未成年人日趋早熟,普遍提前进入社会,然而未成年人的心理素质却难以得到相应的强化。加之未成年人文化程度偏低,普法教育范围过窄,近年来,低龄未成年人犯罪占比有所回升。根据最高人民检察院发布的《未成年人检察工作白皮书(2020)》,2016年至2020年受理审查起诉的14至16周岁未成年人犯罪分别为5 890人、5 189人、4 695人、5 445人、5 259人,占受理审查起诉全部未成年人的比例分别为9.97%、8.71%、8.05%、8.88%和9.57%,近两年呈上升态势。

2. 犯罪未成年人所受教育程度较低

一般认为,一个人受教育的程度越高,其从事职业层次的文化蕴含越高,其刑事犯罪的可能性就越低。换言之,受教育程度与某一个体所从事职业的文化含量呈正相关,与其刑事犯罪的概率呈负相关。但对于未成年人而言,受教育程度与其所从事的职业和刑事犯罪的概率并不完全符合上述一般规律。刑事犯罪的未成年人中,受教育程度为"初中文化程度占大多数,同时自2016年以来,小学以下文化程度人员逐年减少,占比由20.48%下降至13.23%,高中(技校)及大专以上人员逐渐增多,占比从8.98%上升到12.32%"。这验证了以往学者关于"初中阶段是未成年人犯罪的主要阶段,即犯罪的高危时期"的结论。这也进一步说明,受教育程度较低依然是未成年人刑事犯罪的重要因素。

3. 未成年人激情刑事犯罪的概率较高

未成年人所处的身心发展阶段的特殊性,决定了未成年人犯罪的特殊性。由于未成年人的心智尚不成熟,对法律缺乏敬畏感,因此,未成年人激情刑事犯罪的概率较高。犯罪心理学认为,激情犯罪是指行为人在遭受刺激、挫折时而引发情绪、情感上的强烈冲动进而实施的暴力、攻击行为。激情状态下的行为人往往出现"意识狭窄"现象,即认识活动的范围缩小,理智分析能力受到抑制,自我控制能力减弱,进而使人的行为失去控制。

一项对 2 752 名未成年犯的调查显示,当被问及犯罪直接原因时,有 43％的未成年罪犯回答"一时冲动",29.8％的回答"朋友义气",19.2％的认为是由于"好奇心",19.0％的回答为"坏人教唆",可见大部分未成年人犯罪主观恶性不大。而当被问及犯罪时的想法,有 54.7％的未成年犯表示什么都没想,34.9％的表示并不知道是违法犯罪,也不知道会受到惩罚,26.6％的回答"知道做坏事,但控制不住自己"。可见,大部分未成年人犯罪呈现出明显的盲目性,这与未成年人心理发育不稳定、不成熟密切相关。正是由于上述原因,近年来,诸如盗窃、抢劫、故意伤害、聚众斗殴、寻衅滋事、强奸等成为未成年人刑事犯罪的主要类型。

4. 未成年人犯罪类型增多,呈现多样化趋势

与以往相比,未成年人犯罪涉足的类型越来越广。除盗窃、抢劫、伤害等传统型犯罪外,未成年人对一些新型案件,如绑架勒索、抢劫汽车、吸毒贩毒、网络诈骗等也有所涉足。当前,未成年人的犯罪种类的内部排名呈现盗窃、抢劫、故意伤害犯罪下降,聚众斗殴、寻衅滋事、强奸犯罪上升的态势。一方面,"盗窃、抢劫、故意伤害犯罪数量逐年下降,与 2014 年相比,2019 年盗窃犯罪人数减少 36.95％;抢劫、故意伤害犯罪分别减少 61.15％、52.01％,犯罪人数排名也从第二位、第三位降到第四位、第五位"。但"聚众斗殴、寻衅滋事、强奸犯罪人数开始逐年上升,2019 年较 2016 年分别上升 92.22％、77.88％、101.85％,聚众斗殴、寻衅滋事犯罪人数排名也分别由第四位、第五位上升到第二位和第三位,强奸罪保持第六位不变"。另一方面,从降幅来看,盗窃犯罪因人数减少 36.95％而高居榜首。这可能与我国建设相对完备的城乡监控网络系统,有效抑制了未成年人盗窃犯罪高度相关。从升幅来看,强奸犯罪的人数增加了 101.85％。出现这种情况的原因,与我国改革开放以来西方色情文化的传播与泛滥、学校系统性的性教育的缺失和家庭性教育的不当相关。另外,青少年犯罪亚文化的影响也不可低估。这种青少年犯罪亚文化最早出现于 20 世纪 80 年代的欧美国家。他们或者以盗窃、抢劫和破坏公共财物的方式,或者以追求性开放、获得性自由和追逐性快感的方式,反抗社会的墨守成规,以此彰显自我的勇气和存在。伴随着网络技术,尤其是自媒体技术在我国的迅速发展,这种发源于欧美国家的青少年犯罪亚文化也在我国的未成年人中产生了深远的影响,由此导致某些未成年人走上了刑事犯罪的道路。

此外,全国检察机关受理审查起诉未成年人涉嫌诈骗型的刑事犯罪人数呈现出持续增长的走势。近十年来,电信、网络和自媒体技术获得了快速发展和普及,但"网络空间的

便捷性和开放性给人们带来了工具性和公共性价值的同时,它的虚拟性和隐蔽性也带来了网络诈骗在内的一系列网络犯罪"。由于"网络诈骗犯罪成本低,收益回报高",善于接受新技术的未成年人通过电信、网络和自媒体等路径诈骗他人钱财的侵财犯罪的人数呈现出高发的态势。

5. 未成年人犯罪呈现暴力化、成人化、团伙化趋势

严重暴力犯罪和毒品犯罪是我国未成年人刑事犯罪中的两种严重犯罪。所谓严重暴力犯罪是指涉嫌故意杀人、故意伤害致人重伤或死亡、强奸、抢劫、贩卖毒品、放火、爆炸、投毒等八种严重暴力犯罪。而毒品犯罪是指涉嫌走私、贩卖、运输、制造毒品等涉毒犯罪。"随着信息时代来临、经济飞速发展,未成年人犯罪呈现出低龄化、暴力化、成人化的趋势",从而导致即使在严重暴力犯罪和毒品犯罪两类重罪领域,刑事犯罪的未成年人也占有一席之位。有关统计表明,"青少年暴力犯罪不仅在青少年犯罪中比例大幅上升,其数量一直居高不下,而且青少年暴力犯罪在全国暴力犯罪中也占相当大的比重,业已成为治理我国青少年犯罪和全国暴力犯罪的症结所在"。为此,我国执法机关开展了重点治理青少年暴力犯罪的系列行动,并取得了显著的效果。此外,根据最高人民检察院发布的《未成年人检察工作白皮书(2020)》,2016 年至 2020 年,检察机关受理审查逮捕未成年人涉嫌走私、贩卖、运输、制造毒品犯罪人数分别为 2 047 人、1 476 人、1 108 人、945 人、686 人,受理审查起诉分别为 2 810 人、2 003 人、1 504 人、1 201 人、942 人。自 2016 年首次下降后,呈连续下降趋势,2020 年较 2016 年受理审查逮捕、受理审查起诉人数均下降 66.5%。

案例讨论

2018 年 12 月至 2020 年 1 月期间,未成年人李某、张某伙同多名同案人,在广东省潮州市频频持刀抢劫过往被害人的摩托车、手机、现金等财物,还多次抢夺多名被害人财物。其中李某合伙抢劫作案共 58 宗(其中未遂 5 宗),抢得赃款物共值 280 146 元;合伙抢夺作案 6 宗,抢得赃款物共值 16 717 元。张某合伙抢劫作案 18 宗(其中未遂 1 宗),抢得赃款物共值 87 197 元;合伙抢夺作案 5 宗,抢得赃款物共值 10 558 元。法院经审理后认为,李某、张某的行为均已构成抢劫罪、抢夺罪,均应依法予以数罪并罚。

本案属于较为典型的未成年人团伙犯罪案件,且呈现出成年化、暴力化的趋势。当前,一部分尚处于义务教育阶段的未成年人厌学情绪严重,失学辍学现象普遍。该部分未成年人辍学离开校园进入社会后,由于年龄尚小,进工厂打工后对高强度的劳动缺少耐心或难以承受,往往主动辞工或被工厂辞退。而这些未成年人一旦流落社会变成闲散人员后,极易受到社会不良因素的影响,从而走上违法犯罪道路。

6. 未成年人犯罪反复性较强,再犯可能性上升

从未成年人犯罪的教育改造情况来看,未成年人犯罪反复性较强,再犯可能性上升。未成年人模仿性强,有易于改造的一面,但同时也存在较大的反复性,在看守所或监狱进行改造的同时也容易再次学坏,犯罪技术更加纯熟、胆量增大。这一点可以通过标签理论加以论证。标签理论,又被称为标定理论、社会反应理论,是借鉴社会学理论中的符号互动理论(symbolic interactionism theory)来对犯罪原因进行解释的一组理论,强调包括司法系统、家庭、学校等在内的正式和非正式社会反应系统的犯因性,认为社会将一些实施了背离主流社会规范行为的人定义为越轨者或犯罪人,一旦这些人认同、内化了这一负向标签,他将加入越轨或犯罪群体,再次实施犯罪。标签理论揭示了未成年人再犯行为的发生发展过程,即"未成年人初次犯罪→给未成年犯罪人贴'犯罪标签'→未成年犯罪人认同、内化标签内容→重新犯罪"。标签理论关注标定者的"贴标签"活动及其附属效应,强调"贴标签"的行为在再犯发生机制中的肇始性。这一犯罪标签对未成年人再次顺利走向社会形成了巨大的阻碍,他们难以重新得到社会认同和正常的社会化,心理上也无法承受标签的打击。而如果社会化不能正常进行,未成年人再犯的几率必然增加。一旦这一犯罪人形象固化,初次犯罪的未成年人会再次犯罪,甚至成为职业犯罪人。

根据最高人民检察院发布的《未成年人检察工作白皮书(2020)》,2016年至2020年,检察机关受理审查起诉未成年人中曾受过刑事处罚的分别为2 246人、1 938人、2 054人、2 349人、2 092人,分别占同期受理审查起诉未成年人总数的3.80%、3.25%、3.52%、3.83%、3.83%,保持在3%至4%之间,平均重新犯罪率为3.65%左右。

二、未成年人不良行为与严重不良行为

当前,未成年人违法犯罪主要包括以下三种类型:第一,一般轻微违法行为,对于此类违法行为,国家机关一般不予行政处罚或刑事处罚,可以责令未成年人父母或监护人给予相应的教育。第二,违反治安管理处罚法的违法行为。我国《治安管理处罚法》第12条明确规定:"已满十四周岁不满十八周岁的人违反治安管理的,从轻或者减轻处罚;不满十四周岁的人违反治安管理的,不予处罚,但是应当责令其监护人严加管教。"第三,触犯《刑法》的犯罪行为。

对于以下两种情形导致的未成年人违法犯罪行为,一般将其归入未成年人不良行为或严重不良行为的范畴:其一,由于未成年人年龄较小,尚未达到刑事责任年龄而无法定罪处罚的情形。其二,未成年人虽然已经达到刑事责任年龄,但其行为的危害性尚不能达到刑事处罚的程度或者不属于刑事处罚的范围。

(一) 未成年人不良行为

不良行为是指未成年人实施的不利于其健康成长的行为。当前,未成年人的不良行为主要表现为以下九点:"(一)吸烟、饮酒;(二)多次旷课、逃学;(三)无故夜不归宿、离家出走;(四)沉迷网络;(五)与社会上具有不良习性的人交往,组织或者参加实施不良行为的团伙;(六)进入法律法规规定未成年人不适宜进入的场所;(七)参与赌博、变相赌博,或者参加封建迷信、邪教等活动;(八)阅览、观看或者收听宣扬淫秽、色情、暴力、恐怖、极端等内容的读物、音像制品或者网络信息等;(九)其他不利于未成年人身心健康成长的不良行为。"

相较而言,2021年6月最新实施的《预防未成年人犯罪法》删除了"携带管制刀具""打架斗殴、辱骂他人""强行向他人索要财物"以及"偷窃、故意毁坏财物"等四种不良行为,将"吸烟、饮酒""沉迷网络""与社会上具有不良习性的人交往,组织或者参加实施不良行为的团伙"等更加细节化、生活化的行为纳入其中,以求防微杜渐。更为重要的是,新法完善了"不良行为"的内涵与外延,不再以"严重违背社会公德"为标准界定不良行为,以是否"有利于未成年人的健康成长"为标准,更加能够彰显"以未成年人为本位"的立法逻辑。

延伸阅读

统计显示,截至2020年12月,中国网民人数达9.89亿,其中学生占比最多,比例高达21%。当前,互联网已然成为学生获取信息、认识世界和休闲娱乐的重要途径;但同时,未成年人沉迷网络问题也日渐凸显。在2021年"六一"国际儿童节到来之际,各主要视频、直播、游戏等网络平台纷纷升级青少年防沉迷系统,优化"青少年模式"内容池。6月1日前,所有上线运营的游戏须全部接入国家层面的实名验证系统。专家表示,应尽快建立统一的防沉迷标准,以行业合力防治未成年人网络沉迷;国家、社会、学校和家庭应各尽其责,提高未成年人的网络素养。

(二)未成年人严重不良行为

根据新修订的《预防未成年人犯罪法》第38条的规定,"严重不良行为是指未成年人实施的有刑法规定、因不满法定刑事责任年龄不予刑事处罚的行为,以及严重危及社会的行为"。相较而言,旧法将严重不良行为定义为"严重危害社会尚不够刑事处罚的行为",新法在此基础上明确严重不良行为包含"未成年人实施的有刑法规定、因不满法定刑事责任年龄不予刑事处罚的行为"。将不满法定刑事责任年龄的低龄未成年人犯罪归于其中,既回应了《刑法修正案(十一)》对于我国刑事责任年龄制度做出的重要调整,也使得未成年人罪错分级更加细化。本书认为,此处所谓严重不良行为包括以下两种类型:其一,行为本身符合《刑法》中的犯罪构成要件,仅因未达法定刑事责任年龄不予刑事处罚;其二,严重危及社会但尚未达到刑事处罚程度的行为。对于后者,《预防未成年人犯罪法》第38条具体规定了九种严重不良行为。

(1)结伙斗殴,追逐、拦截他人,强拿硬要或者任意损毁、占用公私财物等寻衅滋事行为。首先,纠集他人结伙滋事,是指未成年人纠合成团伙或者结成伙伴,在社会上无事生非,寻衅滋事,扰乱社会治安与社会的正常秩序的行为。这一严重不良行为主要表现为:在公共场所或交通要道等地聚众打群架;起哄闹事,向人体、车辆、住宅等处抛弃废物及石块;在市场上硬拿强要,扰乱正常的贸易活动与经营秩序等。如果对未成年人的这一严重不良行为不加以及时制止,则可能会构成寻衅滋事罪。其次,未成年人在形成"多次拦截殴打他人或者强行索要他人财物"这一严重不良行为后,若多次实施,且未能得到及时的纠正,则可能会构成聚众斗殴罪或聚众扰乱公共场所秩序罪。

（2）非法携带枪支、弹药或者弩、匕首等国家规定的管制器具。未成年人非法携带管制器具，其目的往往不在于防身，而是作为主动出击所使用的凶器。此处的管制器具的范围包括枪支、弹药或者弩、匕首等多种形式。

（3）殴打、辱骂、恐吓，或者故意伤害他人身体。新修订的《预防未成年人犯罪法》在"不良行为"的类型中删去了"打架斗殴、辱骂他人"的情形，在"严重不良行为"中增设了"殴打、辱骂、恐吓，或者故意伤害他人身体"的情形。这表明我国政府愈加重视诸如校园欺凌、校园暴力等问题。传统意义上的校园暴力，受害者遭受的往往是物理性的暴力伤害。家长和教师看得到的冲突往往是显性的，而现实中校园欺凌的危害往往发生在隐秘之处。挑逗、嘲笑、起哄、社会排斥、推搡、言语攻击、传谣、故意弄坏或藏起别人的东西、发布通知或发放物品时故意遗漏某人……这些都是典型的欺凌。受害人的隐忍和沉默，因为受威胁不敢告诉教师和家长，是受欺凌的普遍特征。之所以近年来人们越来越多地使用"欺凌"和"霸凌"，正是因为"冲突""暴力"已不足以涵盖各种层出不穷的问题，显然，这种"校园欺凌"现象属于典型的严重不良行为，需要未成年人的父母或者其他监护人和学校对未成年人进行有效教育。

（4）盗窃、哄抢、抢夺或者故意损毁公私财物。一般认为，盗窃是指以非法占有为目的，秘密地或乘人不备时获取、占有他人财物或公共财物。值得注意的是，盗窃公私财物，数额较大，或者多次盗窃、入户盗窃、携带凶器盗窃、扒窃的，构成盗窃罪。哄抢是指起哄抢夺财物。抢夺是指以暴力强取、争夺。抢夺公私财物，数额较大的，或者多次抢夺的，构成抢夺罪。故意毁损公私财物是指故意毁灭或者损坏公私财物，故意毁坏公私财物，数额较大或者有其他严重情节的，构成故意毁坏财物罪。

（5）传播淫秽的读物、音像制品或者信息等。这一严重不良行为是在"阅览、观看或者收听宣扬淫秽、色情、暴力、恐怖、极端等内容的读物、音像制品或者网络信息"的不良行为的基础上发展起来的。色情、淫秽的音像制品、读物简称为淫秽物品。《全国人民代表大会常务委员会关于惩治走私、制作、贩卖、传播淫秽物品的犯罪分子的决定》曾明确规定，"本决定所称淫秽物品，是指具体描绘性行为或者露骨宣扬色情的淫秽性书刊、影片、录像带、录音带、图片及其他淫秽物品"。处在青春发育期的学生，一旦接触色情、淫秽物品，容易控制不住自己，进行模仿，一旦由自己观看、收听发展到对外传播，则问题的性质就会改变，甚至会构成传播淫秽物品罪或者组织播放淫秽音像制品罪等刑事犯罪。

（6）卖淫、嫖娼，或者进行淫秽表演。卖淫一般是指为了获得金钱、财物以及其他利益，以自己的色相做引诱，盲目地与他人发生不正当的性关系或者与性相关的行为。卖淫嫖娼是指不特定的同性之间或者异性之间以金钱、财物为媒介发生性关系的行为。随着青春期的提前和社会不良文化的影响，未成年人的伦理道德观念也会发生异化。对于卖淫嫖娼或淫秽表演，一些未成年人非但不以为耻，反而以此为荣，最终构成了严重不良行为。

（7）吸食、注射毒品，或者向他人提供毒品。我国《刑法》第 357 条规定，"本法所称的毒品①，是指鸦片、海洛因、甲基苯丙胺（冰毒）、吗啡、大麻、可卡因以及国家规定管制的其

----

① 毒品的数量以查证属实的走私、贩卖、运输、制造、非法持有毒品的数量计算，不以纯度折算。

他能够使人形成瘾癖的麻醉药品和精神药品"。吸食、注射毒品,是指明知是毒品仍然吸食或者注射的行为,吸食、注射毒品与犯罪是孪生兄弟,吸食、注射毒品很容易构成非法持有毒品罪。向他人提供毒品包括向朋友提供毒品使其吸食,医务人员违反国家规定向吸食、注射毒品的人非法提供麻醉药品和精神药品等行为。向他人提供毒品既违反国家规定,又危害人体健康,具有很大的社会危害性,应当依法予以惩治。依法惩治向他人提供毒品的行为,是打击毒品违法犯罪行为的重要一环。

(8)参与赌博赌资较大。赌博是指以金钱或者其他有经济价值的物品作为赌注,从而使得金钱及财物发生转移的一种行为。未成年人参与赌博,不仅会浪费大量的学习和休息时间,严重影响学习,导致未成年人成绩落后、留级或退学,甚至会使其产生贪欲,导致人生观、价值观的扭曲。更重要的是,从长远来看,赌博会使未成年人养成好逸恶劳、尔虞我诈、投机取巧的不良心理,最终不利于未成年人的身心发展。

(9)其他严重危害社会的行为。凡是具有违法性或社会危害性,尚不构成刑事处罚的行为都是严重不良行为。对未成年人实施的严重不良行为,社会各界都应当及时予以制止。

三、未成年人违法犯罪的原因分析

未成年人犯罪的原因有广义和狭义之分。从广义上来看,未成年人犯罪的原因是指各种犯罪因素按其作用层次、力度及其作用机制所构成的能引起犯罪行为发生和犯罪现象存在与变化的罪因系统。而狭义的未成年人犯罪的原因是指处于犯罪原因体系中,具有较大致罪力量,能够相对独立地引起犯罪结果发生和犯罪现象变化的现象及过程。

事实上,犯罪行为是一系列因素的表现,这些因素既是个别的,又受到周围环境的影响,交织在一起。因此,未成年人走上违法犯罪道路的过程是不良的主观因素、客观因素相互作用的结果。

(一)主观原因

根据埃里克森的"八阶段理论"[①]和"自我同一性危机理论"[②],人的一生要经历一系列的自我同一性危机。未成年人犯罪主要集中在 12 岁至 18 岁阶段,正是"八阶段理论"中的青年期阶段。此时的未成年人面临的挑战是如何统一自身的同一性,形成认知清晰的自我概念,防止出现角色混乱,进而确定自我意识,学习社会角色规范。但是,由于受到生理、心理发育以及社会经历等因素的局限,未成年人在思想上还不成熟,遇到各种问题

---

① 埃里克森认为,人要经历八个阶段的心理社会演变(eight stages of development),这种演变成为心理社会发展(psycho-social development),包括四个童年阶段、一个青春期阶段和三个成年阶段。每个阶段都建立在前一个阶段之上,这八个阶段紧密相连。

② 埃里克森认为,青少年进入第五阶段(青春期阶段),开始以全新的视角与新的思考方法认识周围世界,认识自己的现在与未来在社会生活中的关系,这就是同一性,即心理社会同一感。这种同一感可以帮助青少年了解自己以及了解自己与各种人、事、物的关系,以便能顺利进入成年期,否则便会产生同一性的混乱。

时，会形成与成年人不同的思考方式。如：在与他人发生纠纷时，未成年人往往无法冷静思考问题，意气用事，一时冲动，铸成大错。

第一，未成年人缺乏正确的世界观、价值观以及人生观。随着经济的快速发展，"金钱万能""金钱至上"影响了一大批未成年人，享乐的欲望使未成年人不惜铤而走险。近年来，相当数量的未成年人犯罪是为了挥霍及贪图享乐，这是在主观方面未成年人犯罪所呈现出的最显著特点。

第二，未成年人法律意识淡薄以及个人文化素质不高。相关数据显示，在未成年被告人中，初中以下学历的占绝大多数。总体来看，未成年被告人中有一半以上未完成九年义务教育，过早离开校园，缺乏必要的思想品德和法治教育，受到社会不良环境和违法犯罪群体的影响，导致未成年人难以形成正确的人生观与价值观。而团伙内部或未成年群体中的所谓"义气"又容易填补他们的情感洼地，物质引诱又容易给他们带来实实在在的生活享受，甚至迎合了他们的攀比心理，种种因素的交互影响成为未成年人跌入罪恶深渊的幕后推手。

第三，过激的好奇心和青春期逆反心理会驱使未成年人走上违法犯罪的道路。进入青春期后，未成年人精力充沛，对丰富而复杂的大千世界觉得神奇、陌生、新鲜，充满着求知与探索的欲望，在强烈好奇心的驱使下会不顾后果，铤而走险。此外，未成年人情绪不稳定，易于冲动，缺乏控制自己行为的能力，行为往往具有盲目性和突发性，在争强好胜、不满、报复等心理支配下，极有可能实施犯罪行为。

第四，不成熟的心理发育导致青春期成为犯罪的"危险期"。不成熟的心理发育在认知、情感以及意志三方面都有明显的体现：其一，在认知方面，未成年人对法律规范、道德规范认识不足，且仍处于对自我认识的探索阶段，缺乏对外界事物、对自己行为的分辨、判断能力，往往根据他人评价来形成信念规则。其二，在情感方面，未成年人情感强烈、偏执、易变、易冲动，矛盾性突出，这也成了很多未成年人实施犯罪行为的重要因素。其三，在意志方面，由于对社会、对个人认知的欠缺，未成年人做事三分钟热度、自控力较低，既容易对新鲜事物进行盲目模仿，也容易在矛盾得不到解决、目标得不到实现时采取极端的方式。

（二）客观原因

未成年时期是每个人都必须经历的人生阶段，因此未成年人的身心特征本身并不是决定犯罪发生的必然因素。但是，由于这一特定年龄阶段身心发展的不成熟性与不稳定性，他们极易在社会化的过程中受到错误、消极因素的影响，进而形成犯罪心理，实施违法犯罪行为。未成年人犯罪心理的形成要经历一个不完全社会化或者错误社会化的过程，这是一个由量的积累到质的飞跃的过程。

延伸阅读

社会化通常是指个体在社会影响下，通过学习社会知识、掌握社会技能、建立社会经验，并通过自身不断的选择和建构，形成一定社会所认可的"心理—行为模式"，成为社会成员的过程。人可能自觉和积极主动地接受社会化过程,也可能是不自觉和消极被动地走向社会化;可以是有意识地、有目的地实现,也可能是无意识地、在潜移默化中完成。没有绝对的社会化,更没有绝对的个性化,二者是相对的概念。个性化与社会化是同步进行的,个体在社会化的同时形成了自身独特的性格特征就是个性化的过程。如果个人过分强调个性化而忽视了社会化,个体社会化的过程没有顺利进行,则会出现"社会化不足"。"社会化不足"会造成个体过分强调自身利益,忽视社会的优秀传统,进而导致社会认同混乱,甚至走上违法犯罪的道路。家庭的不良影响、学校未能加以正确引导、身边不良群体的引诱都是未成年人社会化不足的主要诱因。

当前,未成年人的社会化主要是在家庭、学校、同伴相处等直接生活的微观社会环境中实现的(详见图6-1)。

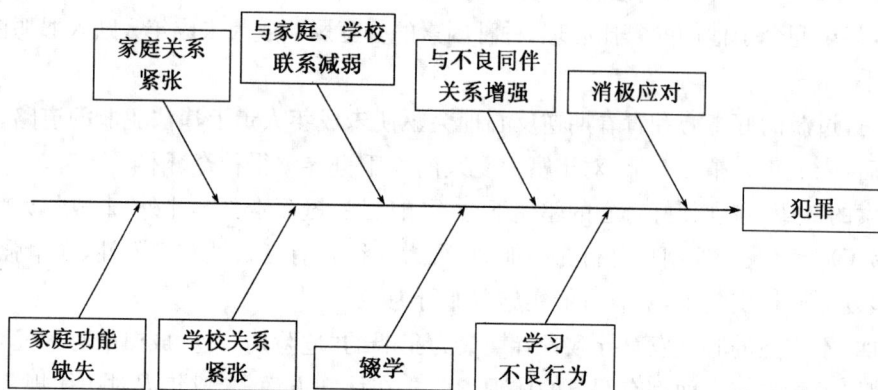

图6-1 违法犯罪未成年人心理与行为的发展路径模型

1. 家庭的不良影响

家庭作为社会的细胞,是未成年人经历的第一个场所,是他们社会化的起点。在未成年人社会化的过程中,家庭对未成年人的行为习惯、心理发展、品格塑造等诸多方面均起着十分重要的作用,而不良家庭环境对未成年人不健全人格的形成则具有原发性的影响。

(1)家庭结构失衡

家庭的残缺,是未成年人犯罪的强烈"催化剂"。在残缺家庭中,尤其是在失去丈夫的家庭中,家庭收入减少,生活水平下降,教育子女的责任就落到了妻子一方身上,再加上家务劳动的压力、时间、精力等诸多限制,父母对未成年人往往疏于管理和教育,极易导致未成年人放任自流,误入歧途。另外,由于家庭结构不完整,家庭成员间的情感交流存在障碍,人际关系冷淡,未成年人很容易形成孤僻、冷漠、自卑等不良性格和反叛心理。他们在家庭内部无法获得爱和精神生活的满足,往往会向外寻求精神支持和寄托。如此一来,在心理尚未成熟、社会经验不足的前提下,在不良环境的影响和社会不良分子的教唆、引诱下,未成年人很容易走上违法犯罪道路。

以2016年1月1日至2017年12月30日全国法院审结的未成年人犯罪案件数据为样本,统计其家庭状况发现:来自流动家庭、离异家庭、留守家庭、单亲家庭、再婚家庭的未成年人人数排名前五,这表明家庭环境对于未成年人犯罪具有一定程度的影响。另外,当前农村人口大量向城市迁移,导致家庭出现结构失衡,家庭功能不复存在,致使一些未成年人由于缺少完整的父母教育,极易出现危险人格。2020 年,各地检察机关受理审查起诉未成年人犯罪案件中非本县 13 923 人、非本市 8 729 人、非本省 5 213 人,占全部受理审查起诉人数的 50.71%,反映出加强流动未成年人管理教育工作非常重要和迫切。

此外,伴随着经济与社会的快速发展,"丧偶式育儿""诈尸式教育""哑巴教育"等也成为人们关注的话题。以"丧偶式育儿"为例,"丧偶式育儿"一般是指家庭教育中一方(多指父亲)的缺失或者父母均在子女身边,但是缺少其中一方的情感支持(如早出晚归、无语言交流等)。这一家庭结构容易导致未成年子女形成"父爱缺乏综合征",在生理、心理上表现出不良状况,如果不加以正确引导,便有可能偏离正确的社会化轨道。

(2) 教养方式不当

未成年人发生的不良行为可以在父母的教养方式中预测出来,家庭的教养方式直接关系到教育的成败。一些父母没有考虑未成年人的生理、心理特征和遵循未成年人的成长规律,造成教养方式不当,是未成年人走上违法犯罪道路的又一个诱因。本书将从四种家庭类型——忽视型家庭、溺爱型家庭、权威型家庭和专制型家庭——来分析未成年人违法犯罪与家庭教养方式的关系。

第一,忽视型家庭:低要求、低反应。忽视型家庭的父母对于孩子采取"散养"的态度,不关心孩子,对孩子学习、生活上的困难视而不见,缺少对孩子的教育与爱。这种教育下成长的孩子一般有以下三个特征:其一,自控能力较差,对面临的事情界限感不明确,生活态度消极,容易形成目中无人、自以为是的心理和性格,在成长过程中容易产生越轨行为。其二,由于这类孩子在童年时期缺乏父母关爱,他们的移情水平往往较低,很难体会他人感受,在侵犯他人合法权利时,对受欺凌者无法产生同情心。其三,因为在日常生活中无法获得父母的关爱,他们甚至故意做出越轨行为来引起关注。

第二,溺爱型家庭:低要求、高反应。与忽视型家庭截然相反,溺爱型家庭的父母给孩子的关注与宠爱过于无微不至,在尽量满足孩子要求的前提下对孩子往往没有任何要求。这种家庭中长大的孩子在成长过程中会变得缺乏独立自主意识、做事冲动、自私自利,做事没有耐心和决心。由于在成长过程中被父母保护得太好,父母的娇生惯养使其形成了蛮横的性格,这会导致未成年人更加肆无忌惮,从比较小的不良行为逐步发展成更为严重的违法犯罪行为,最终达到不可挽回的地步。

第三,权威型家庭:高要求、高反应。当前,很多家庭都是独生子女家庭,家长对孩子倾注了全部的爱,无条件为孩子奉献,同时也对子女的学习成绩提出更高的要求,然而,子女尽最大的努力也往往难以满足父母的要求。在这种情形下,孩子容易产生极大的心理压力,甚至焦虑不安,进而产生逃避和逆反心理。当这些压力超过了他们的承受能力时,在逃避和逆反心理的支配下,未成年人很可能会离家出走,以至误入歧途,有的甚至做出自杀、弑亲等过激行为。

第四,专制型家庭:高要求、低反应。专制型家庭的父母对孩子的控制欲强,习惯用自己的标准严格要求孩子,不允许孩子违背自己的规定。但是,这些家长无法意识到过高的要求是一种变相扼杀孩子个性化的行为。在这样的家庭中，一旦孩子违反规定，父母就会对其采取强制措施，甚至暴力相待。这种教导方式下教育出的孩子容易自卑自闭、遇事退缩、依赖他人，焦虑感较高。这种类型的孩子在成长时期就易成为被欺凌者，犹豫自卑的性格导致他们很难合群；值得注意的是，这类孩子也很容易因长期受到欺凌后突然爆发成为施暴者，出现既是欺凌者又是被欺凌者的角色重叠。事实上，在许多"校园霸凌"事件中，欺凌者的原生家庭中往往存在父母打骂孩子的现象。此外，在专制型家庭中成长的孩子会在心理上视父母为敌，离家出走，流落至社会，去找"小兄弟"以取得"同情"与"温暖"，一些未成年人在别有用心的教唆犯的引诱、威胁下，甚至会堕落成罪犯。

案例讨论

余某（16周岁，女）在某中学食堂用餐时，被同校学生洪某（17周岁，男）撞到臀部而萌发报复念头，便将该事告知其男朋友陈某（16周岁），合谋报复对方。随后，陈某又与同校同学孙某（17周岁）等人商议谋划报复事宜。2018年3月27日上午，陈某通过电话联系，从余某口中得知洪某放学后正在某快餐店用餐以及其衣着、身体特征等情况后，与孙某驾驶摩托车赶到快餐店附近路段设伏，伺机殴打洪某。当天中午12时许，当洪某与同学林某吃完午餐返校，途经陈某等人设伏路段时，孙某即冲上前，手持摩托车U型锁，砸打洪某头部，致其受伤倒地，陈某则上前用脚踢打洪某背部，后二人逃离现场。经法医鉴定，洪某构成重伤，陈某与孙某构成故意伤害罪。

本案中，陈某的父母由于平日忙于生计而无暇顾及孩子，狭隘地将养育孩子理解为吃饱穿暖，对孩子的内心世界缺乏理解和关心，对孩子的教育往往简单粗暴，以致陈某在家庭以外寻找温暖和关爱——早恋。而青春期的恋爱往往是幼稚和冲动的，这在陈某爱护女友的方式上表现得淋漓尽致，仅仅因为女友臀部被撞便不明是非、处心积虑地报复被害人，大打出手。因此，家长在生活中要时刻关注未成年人的内心世界，对孩子出现的问题不要焦急，不要不知所措，更不要以暴制暴，而应根据孩子的心理和生理变化，采用适当的形式输送给他们理解和关爱的信号，在家庭中给予孩子应有的地位、权利和尊严，不仅在物质上，更要在精神上给孩子适当的满足，将孩子培养成心智成熟、对社会有用的人。

（3）父母的消极言行

《三字经》云："养不教，父之过；教不严，师之惰。"家庭作为个体发展的微系统，是人类发展生态学模型中最基本的分析单元，对个体的发展具有深远影响。父母是孩子所接触的人中最主要的重要他人，在孩子的生活中扮演着第一任老师的角色，其一举一动都对未成年人产生重要的影响。班杜拉的社会学习理论指出，未成年人主要的社会学习行为是通过观察他们在日常生活中认为重要的人习得的。父母作为孩子生命早期最重要的伴随者，其思想行为自然会潜移默化地影响孩子，最终对孩子产生巨大的影响。未成年子女通过家庭教导学习社会控制能力、辨别社会的是非观，以及尊敬权威、遵守社会规范等行为规范。如果未成年人没有及时在家庭中获得这些能力，就容易受到反社会行为、攻击行为、暴力行为的诱导，进而产生偏差行为。如果父母有赌博、酗酒、盗窃、卖淫、嫖娼等不良行为,则会给子女以消极的暗示,导致他们模仿父母的不良行为行事,在其心灵中孕育下违法犯罪的种子。

2. 学校教育的失衡

学校是未成年人社会化的重要场所,培养符合时代发展的新型复合型人才是我国教育部门贯彻素质教育思想的最终目的。良好的学校教育,可以对家庭教育的不良影响起到弥补和矫正作用,帮助未成年人抵制和消除不良社会因素的影响。但是在实际教育过程中,老师的工作考核标准主要以学生的成绩、升学率为准,使得教育逐渐失去了应有的意义。此外,在教学过程中,如果学校没有把握好惩戒的尺度,无形中会对未成年人的内心造成极大伤害,给其带来诸多消极心理暗示,也易造成其形成逆反心理,甚至产生暴力倾向与报复社会的心理。

(1) 忽视思想品德教育

一方面,受到多年应试教育的影响,学校在教育观念上片面强调智育的重要性,在很大程度上淡化了对学生思想品德的教育和培养,即使在课程体例中设置了相关课程,这方面的教育也往往是方法简单、陈旧、流于形式,而且内容空洞、脱离实际,对学生缺乏吸引力。同时,一些学校单纯地以学习成绩作为评价学生的唯一标准,人为地将学生分成重点班和非重点班,使得学生的自尊心受到极大的挫伤,失去了进取心和自信心,造成了一些学生的厌学、辍学,流失到社会上便容易形成不良群体,无所事事,在他人的教唆下,很容易堕落为犯罪团伙的一分子,进行违法犯罪活动。

另一方面,在教师队伍中,亦有一些教师在课堂上讲大道理,课后的行为表现却截然相反,道貌岸然,从而削弱了教育的权威性,甚至引起学生的逆反心理和对抗情绪,很容易使成长中的未成年人排斥主流文化,对不良亚文化产生认同,进而在不良亚文化的吸引和感召下,形成不良亚文化群体与主流文化相对抗,经过相互"感染"和"认同",最终堕落为未成年人犯罪团伙。

(2) 法治教育效果不佳

我国中小学法治教育相对落后,效果不佳,也是造成未成年人法治观念淡薄,从而导致其违法犯罪的一个重要原因。目前,中国的法治教育课老师基本上是非法律专业毕业生,而且多数由政治老师兼任,更有甚者,政治老师是由语文老师或历史老师等兼任,如此一来,便容易产生解释法律知识准确程度不高的问题,上课也只是为了应付考试而让学生死记硬背。另外,当前中国的法治教育一般只停留在法律知识的传授上,无法使学生形成与法律规范要求相适应的正确价值观,也无法使法律规范的要求内化为学生自己的需求和行为,更无法使学生运用法律规范约束自己的行为从而形成守法的行为习惯,反而使得一部分学生在了解法律规定的前提下钻法律漏洞,心怀侥幸,最终走上违法犯罪的道路。

(3) 青春期性教育和心理健康教育滞后

目前,我国中小学的青春期性教育基本上处于空白状态。而未成年人的青春期基本上都是在中小学度过的,未成年人进入青春期后在生理上和心理上开始对性有所感知,性意识处于从萌芽到日渐明确和成熟的阶段,他们对性的理解具有模糊性,但是由于获得正确性知识和性教育的渠道不畅通,得不到及时、正确的指导,使得他们在性知识上表现为愚昧无知,在好奇心的驱使下,他们把探索的目光投向了色情网站及淫秽音像制品等。但是,由于生理和心理方面的成熟不同步以及道德法治观念的淡薄,在外界的刺激下,未成年人缺乏自我控制的能力,往往会出现越轨行为。

3. 社会不良因素的诱导

社会不良因素对未成年人违法犯罪造成的影响主要包括"错位的社会角色引导""错误的社会学习机制""亚社会认同"以及"文化市场失控"等四个方面。

(1) 错位的社会角色引导

未成年人处在青少年成长时期,此时内部外部冲突同时存在,是矛盾碰撞凸显的关键时期。未成年人生理与心理的发育加快,表现为情绪波动大、易兴奋和冲动、自控能力差以及叛逆心理强的特点,面临着生理发展的突变和心理矛盾的交织,与他人发生矛盾冲突时,暴力、极端的方式就成为未成年人解决问题的手段。进入青春期的未成年人正是世界观、人生观、价值观形成的关键时期,由于尚未发展起成熟的个人独立评价系统,他们对社会、他人、自身的认识以及对于评判自身行为是否正确的认知,会倾向于其身处环境所提倡的基本价值标准。如果未成年人所接触的环境提供的是不正确的三观,就会对其产生很大的负面影响,使其产生错误的社会角色确认。一旦未成年人给自身定义的社会角色与社会主流价值观相矛盾,就很难顺利实现社会化:一方面,可能会使未成年人接近违法犯罪行为;另一方面,未成年人本身可能会加入错误的引导者行列,对其他未成年人产生不良诱导,进而做出更为严重的违法犯罪行为。

(2) 错误的社会学习指导

观察学习和行为实践学习都是获得经验的方法。观察学习经验是在未成年人社会化过程中获得知识的重要方法,错误的学习指导会对未成年人产生错误的指引作用。未成年人的主要学习对象是其家庭成员和同龄群体。研究表明,在离异、夫妻关系不和谐的家庭中,问题少年出现的概率远远高于正常家庭,学校教育环境的好坏也会对学生的犯罪率产生重大影响。

随着社会经济的快速发展,未成年人观察学习开始不局限于对家庭成员、同龄群体的学习,崇拜对象(偶像)也成为未成年人学习内容的重要来源之一。当前媒体行业发展迅速,偶像崇拜广泛流行,未成年人心中的偶像崇拜早已取代了英雄崇拜。明星在影视中扮演的不良角色及其自身在生活中的不良行为,都很容易吸引未成年人模仿学习,导致他们产生越轨行为;加之许多未成年人法律知识匮乏甚至处于空白,进一步加大了其违法犯罪发生的概率。

此外,随着互联网的快速发展,出现了风靡社会的新兴行业——"网红直播"。调查显示,对于未来择业的倾向,竟有超过 50% 的"95 后"青少年选择"网红"作为自己的理想职业。这个调查结果令人大跌眼镜,也进一步加重了人们对网络直播不规范的担忧。网络直播作为新兴行业引起了社会群体的广泛关注,许多主播为了吸引观众、获取利益而不择手段,无视法律规范,带有色情、暴力、欺诈色彩的直播屡见不鲜。

因此,我们一方面要对偶像的行为加以严格规范,使未成年人树立正确的偶像崇拜观念;另一方面,我们也应进一步规范网络直播的行业行规,提高主播入播门槛,这不仅是亟待解决的社会问题,也是帮助未成年人树立正确价值观的当务之急。

延伸阅读

2021年7月31日晚,北京警方通报,吴某(流量明星)因涉嫌强奸被依法刑拘。然而通报发出后,却依然有粉丝力挺吴某,部分平台甚至出现了"为偶像劫狱"等真假难辨的极端言论,甚至有粉丝组织"救援群""探监大队"等。在名为"吴某凡救援群"的群内,粉丝们"团结一致",商讨着触碰法律底线的计划,"明天北京见""劫法场""探监"等字眼屡见不鲜。另外,一些粉丝还扬言称,吴某系外国国籍,不应受中国法律约束……

事实上,追星并无原罪,不论是在"偶像"身上寻求精神慰藉,还是对耀眼的人心怀向往,都是十分正常的情感。但是,年轻人的朴素情感,尤其是未成年人粉丝群体,如果不能得到合理引导,很可能走向盲信与偏执,成为幕后推手牟利或"引战"的工具。警惕、批判"饭圈"乱象,并不是反对追星,更不是对全体明星粉丝开"地图炮",而是着力于为"饭圈"文化打入理性之桩,在法律和道德上为其划定边界。

对此,不论是"圈内人"还是"圈外人",都应形成合力,提倡理性、健康的追星方式,反对一切极端行为,如此才能为未成年人提供更好的成长环境。

当前,针对网上不良粉丝文化等问题,中共中央网络安全和信息化委员会办公室、国家广播电视总局等部门持续加大监管力度,深入开展专项整治,督促网站平台规范和引导粉丝群体理性追星。针对粉丝群体聚集的社区、群组等环节,中共中央网络安全和信息化委员会办公室督促网站平台进一步优化产品功能,升级管理策略,逐步压缩粉丝群体非理性追星空间,通过取消诱导粉丝"应援打榜"的产品功能、优化榜单规则、限制未成年人非理性追星活动等方式,强化榜单等重点环节管理。

(3) 不良"亚社会"价值观的诱导

"亚社会"是相对于宏观大社会而言的,是指对应于较大社会背景下的较小社会背景。"亚社会"可以是自己居住的小区街道,也可以是工作单位、学校等与本人日常生活联系紧密的机构。所处的"亚社会"与整体社会发生冲突是未成年人在社会化过程中发生矛盾的经常性根源。青少年在成长过程中,很容易受到自己所认同的"小组织"文化的影响,是否能够被同伴群体所接纳是未成年人十分关心的问题。因此,许多未成年人将群体的价值观奉为自己的价值观,尽力将自己融入"小群体",此刻的"小圈子"就形成了一个"亚社会"。当"亚社会"的价值观与整体社会主流价值观出现冲突时,未成年人面临着是否顺应社会主流价值观的选择。一旦未成年人身处的"亚社会"出现了错误的价值观导向,就很容易引发群体性犯罪发生。因此,帮助未成年人顺利并且正确地实现社会化,关键是引导未成年人所认同的"亚社会"文化与社会主流文化相一致。

马克思说过:"一个人的发展,取决于和他直接或间接交往的其他一切人的发展。"同龄人的相互交往在未成年人的社会化过程中起着十分重要的作用。一些未成年人之所以走上违法犯罪道路,并进入恶性循环状态,是与其未成年同龄群体的不良交往息息相关的。团伙犯罪一直在未成年人犯罪中占有很高的比例,不良交往是未成年人走上团伙犯罪道路的起点。一些被家庭和学校排斥、抛弃的不良少年,在不良亚文化的吸引和感召下,由于相同的感受聚集起来,通过不健康的娱乐、游荡、交谈等方式形成不良交往的亚文化群体。美国"犯罪学之父"埃德温·H.萨瑟兰(Edwin H. Sutherland)认为"犯罪是在交往过程中,通过与他人的相互作用习得的,对犯罪行为学习的主要部分发生在亲密的群体中,这种群体的主要成员是犯罪人所熟悉的伙伴、朋友等。犯罪学习的主要内容包括两项内容:一是犯罪的技术;二是犯罪动机、驱动力、合理化和态度等特定方向"。由此可见,未成年人在这样的交往过程中,互相学习,初步具备了实施犯罪的条件,进而通过违法尝试,加速下滑,最终沦落为犯罪团伙。

（4）文化市场的失控

由于文化市场的失控,不良文化泛滥已经成为未成年人违法犯罪的直接诱因。各种充斥着暴力、色情、淫秽内容的音像制品及网络游戏对未成年人产生了不可忽视的腐蚀作用。从心智上来看,未成年人处于求知和学习的人生阶段,其主要的行为方式和行为的习得方式就是模仿,而媒体上大量的暴力渲染便成为他们模仿的对象。耳濡目染,久而久之,一部分未成年人在性格上表现出极强的攻击性,残忍好斗。遇事头脑简单,很容易把暴力作为解决问题的主要方式,甚至是唯一方式,从而导致暴力犯罪。另外,一部分影视、纪实作品为吸引观众,对黑社会性质、恶势力团伙犯罪信息进行大量报道,对犯罪动机、作案过程进行过分详细的描述,这给一些善于模仿、有劣迹的未成年人提供了模仿、学习的条件,他们不仅学会了作案手段,还学会了反侦察、反审讯的伎俩,成了犯罪的"高手"与"专家"。

另外,沉溺于网络也是诱发未成年人违法犯罪的另一个重要原因。在网络中,未成年人通过互发电子邮件或聊天、在线游戏等途径进行交往,可以向对方隐瞒真实身份、年龄甚至性别。由于网络本身的隐蔽性,上网便成为许多处于心理闭锁期的未成年人缓解内心紧张、释放内心积郁的理想选择。在网络游戏、网络聊天的过程中,虚拟的人物可以不受法律和道德的规范和约束,未成年人的心理随意性被无限放大。在个人利益与社会利益发生矛盾时,他们往往难以协调,这种状况如果得不到及时、正确的纠正和引导,就有可能导致未成年人为了满足自我需要而不择手段地侵犯他人的合法权益。有些未成年人长期痴迷于网络,由于缺少固定的经济来源,为了支付高昂的上网费用,他们甚至很可能实施抢劫、盗窃等财产性犯罪。根据中国互联网信息中心发布的报告:就互联网使用规模而言,我国未成年人使用人数已经达到 1.69 亿人次,我国未成年人的互联网普及率达到93.7%;就互联网浏览内容而言,大约 15% 的未成年人表示曾经经历过网络暴力,大约30.3% 的未成年人表示他们在互联网中浏览过不良信息,如吸毒信息、色情信息、暴力信息等。可见,互联网的快速发展给社会带来便利的同时,也会对社会造成一定的冲击,如果未成年人在互联网使用过程中不能很好地克制自身,则其极易受到互联网上的不良信息的影响。

4. 法律制度尚不健全

目前,我国规制未成年人的法律主要有《刑法》《刑事诉讼法》《预防未成年人犯罪法》

以及《未成年人保护法》。尽管 2021 年 6 月对后两部法律进行了较为全面的修订，但这两部法律中有关未成年人犯罪的规定依然比较原则化。如：有学者认为，新法依然未能解决我国独立少年法缺位的问题。以治理青少年违法犯罪为动因的当代中国未成年人立法，始终没有将制定少年法作为主要立法目标。经过 30 余年的努力，我国虽然已经制定了《未成年人保护法》和《预防未成年人犯罪法》两部专门的未成年人法典，但专门的少年法仍然缺位，且始终未被列入立法计划。而无论是修订已有的法律还是制定专门的少年法，推动建立独立的少年司法制度是当前我国未成年人立法需要完成的重大任务和需要认真对待的议题。

也有学者认为，修订后的《预防未成年人犯罪法》将收容教养更换为专门矫治教育，但是决定权仍属于行政系统，没有为司法权的介入留下任何空间，对于诸多实践性的问题没有做出正面的回答，如：实施专门矫治教育的专门学校具有闭环性的特征，其与实施专门教育的专门学校在执行上有何不同？闭环管理是否具有剥夺或限制人身自由的性质？期限是多久？……

此外，也有学者认为，新修订的《预防未成年人犯罪法》对于我国低龄未成年人犯罪的替代性约束措施不足，犯罪预防措施不足，导致未成年人漠视法律，也难以对罪错未成年人起到矫治作用……

总之，未成年人犯罪的成因是多种多样的，并非一成不变，随着周围环境的变化和社会的不断进步，未成年人犯罪的成因也会呈现出不同的态势。只有全社会都来关心未成年人，都来关注未成年人犯罪问题，我国的未成年人才会得到全面健康的发展。

第二节　未成年人违法犯罪的预防与矫治

面对日益严重的未成年人违法犯罪问题，世界各国普遍认识到，仅仅通过司法矫正一种手段控制减少未成年人犯罪是不可能的。因此，各国都转向了更为广泛的预防空间，并寻求社会各界的支持，减少导致未成年人犯罪的各种社会性因素，实行整体格局上的预防战略。

因此，我国法律明确规定，国家机关、人民团体、社会组织、企业事业单位、居民委员会、村民委员会、学校、家庭等应各负其责、相互配合，共同做好预防未成年人犯罪工作，及时消除滋生未成年人违法犯罪行为的各种消极因素，为未成年人身心健康发展创造良好的社会环境。

一、预防犯罪的教育

我国《预防未成年人犯罪法》第 12 条规定："预防未成年人犯罪，应当结合未成年人不同年龄的生理、心理特点，加强青春期教育、心理关爱、心理矫治和预防犯罪对策的研究。"未成年犯罪的发生有其原因和条件，未成年人犯罪预防就是通过多种手段、多个层次的努力,抑制、消除犯罪发生的原因和条件,或者削弱犯罪因素的作用和强度,以达到减少犯罪的目的。正如《预防未成年人犯罪法》第15条所强调的:"国家、社会、学校和家庭应当对未成年人加强社会主义核心价值观教育,开展预防犯罪教育,增强未成年人的法治观念,使未成年人树立遵纪守法和防范违法犯罪的意识,提高自我管控能力。"具体来讲,就是通过对未成年人的教育,对不良行为的预防矫治以及对犯罪的自我防范等方式来起到预防犯罪的目的。

从某种意义上来说,未成年人犯罪不仅是司法机关所要解决的问题,也是全社会密切关注的重点问题。当前,对未成年人犯罪的预防,已经从单纯依赖未成年人刑事司法系统进行控制和对违法犯罪未成年人在设施内的矫治,变为从社会发展和社会进步全局上考虑综合性地预防未成年人犯罪和保护其利益的措施。因此,对于未成年人这一特殊群体,我们需要在刑事政策上贯彻保护优先主义,强调从有利于未成年人成长的角度出发,进行积极的社会干预,将刑事司法干预尽量控制在较小的范围内。

(一)明确父母或其他监护人的职责

为了预防未成年人犯罪,我国法律明确了父母或其他监护人在预防未成年人犯罪教育中的直接责任,督促他们切实依法履行监护职责,且对其提出了更高的要求,如:应当树立优良家风,培养未成年人良好品行;发现未成年人心理或行为异常时,应当及时了解情况并进行教育、引导和劝诫,不得拒绝或者怠于履行监护职责。

(二)强化教育行政部门及学校的义务和担当

第一,教育行政部门、学校应当将预防犯罪教育纳入学校教学计划,指导教职员工结合未成年人的特点,采取多种方式对未成年学生进行有针对性的预防犯罪教育。

第二,学校应当聘任从事法治教育的专职或者兼职教师,并可以从司法和执法机关、法学教育和法律服务机构等单位聘请法治副校长、校外法治辅导员。

第三,学校应当配备专职或者兼职的心理健康教育教师,开展心理健康教育。学校可以根据实际情况与专业心理健康机构合作,建立心理健康筛查和早期干预机制,预防和解决学生心理、行为异常问题。学校应当与未成年学生的父母或者其他监护人加强沟通,共同做好未成年学生心理健康教育;发现未成年学生可能患有精神障碍的,应当立即告知其父母或者其他监护人送至相关专业机构诊治。

第四,教育行政部门应当会同有关部门建立"学生欺凌防控制度"。学校应当加强日常安全管理,完善学生欺凌发现和处置的工作流程,严格排查并及时消除可能导致学生欺凌行为的各种隐患。

第五,教育行政部门鼓励和支持学校聘请社会工作者长期或者定期进驻学校,协助开展道德教育、法治教育、生命教育和心理健康教育,参与预防和处理学生欺凌等行为。

第六,教育行政部门、学校应当通过举办讲座、座谈、培训等活动,介绍科学合理的教育方法,指导教职员工、未成年学生的父母或者其他监护人有效预防未成年人犯罪。学校应当将预防犯罪教育计划告知未成年学生的父母或者其他监护人。未成年学生的父母或者其他监护人应当配合学校对未成年学生进行有针对性的预防犯罪教育，通过各种活动促进"家校合作"。此外，教育行政部门还应当将预防犯罪教育的工作效果纳入学校年度考核内容。

（三）构建预防未成年人犯罪教育体系

预防未成年人犯罪，应当将各级政府及其相关部门和更多群团组织纳入预防未成年人犯罪的教育体系，同时赋予居委会、村委会协助公安机关维护学校周围治安、及时了解掌握本辖区内未成年人基本情况的任务和使命，以期更好地吸收社区、社会组织的力量加入预防未成年人犯罪的工作中。

首先，各级人民政府及其有关部门、人民检察院、人民法院、共产主义青年团、少年先锋队、妇女联合会、残疾人联合会、关心下一代工作委员会等应当结合实际，组织、举办多种形式的预防未成年人犯罪宣传教育活动。有条件的地方可以建立青少年法治教育基地，对未成年人开展法治教育。以最高人民检察院为例，近年来，最高人民检察院深入开展"法治进校园"活动，积极推动"法治进校园"与学校日常教学活动结合。如江苏省人民检察院针对毒品犯罪、预防性侵害等主题，集中研发"讲课稿＋PPT＋视频资料"的课程库；河南省人民检察院打造标准化课件 122 个，向 5 727 所学校输送，覆盖师生 550 余万人；浙江湖州市南浔区人民检察院联合区教育局签署《关于建立南浔区中小学道德与法治教育第二课堂的实施办法》，要求辖区内重点年级的学生每学年完成固定课时的法治课……这些活动有效地推动了新时代未成年人检察工作的高质量发展，更加有力地扛起未成年人司法保护的检察责任，为未成年人健康成长、社会和谐稳定提供了优质的司法保障。

其次，居民委员会、村民委员会应当积极开展有针对性的预防未成年人犯罪宣传活动，协助公安机关维护学校周围治安，及时掌握本辖区内未成年人的监护、就学和就业情况，组织、引导社区、社会组织参与预防未成年人犯罪工作。以流动儿童与留守儿童为例，近年来，城市化进程带来的流动人口子女缺乏教育问题成为引发未成年人违法犯罪的重要原因。部分未成年人跟随父母进城，但他们在就学方面却无法享受城市居民待遇，"就学难"成为突出问题；与之类似的是，留守儿童由于失去父母的直接监管，亦频频出现问题。因此，针对这两类特殊群体，国家、社会均应采取有效措施帮助其解决问题：其一，要让外来务工人员子女享受城市居民子女在教育方面的同等待遇；其二，鼓励创办"留守儿童托管中心"或学校，使其成为留守儿童的"代理家长"；其三，鼓励社区工作者、社会志愿者与留守儿童结对，实施"一对一""一对多"或者"多对一"的方式对留守儿童进行帮助、引导。

再次，青少年宫、儿童活动中心等校外活动场所应当把预防犯罪教育作为一项重要的工作内容，开展多种形式的宣传教育活动。

最后，重视职业教育，职业培训机构、用人单位在对已满十六周岁准备就业的未成年人进行职业培训时，应当将预防犯罪教育纳入培训内容。《联合国保护被剥夺自由少年规则》规定，"达到义务教育年龄的所有少年均有权获得与其需要和能力相应并以帮助其重返社会为宗旨的教育""所有少年均应有权获得职业培训，所选职业应能使其为今后就业做好准备"。针对我国未成年人违法犯罪的低龄化和犯罪主体以辍学学生为主的特点,我们需要强化职业教育,包括中等职业教育、高等职业教育以及职业培训,在就业、地位和个人发展上创造公平机会。对初中阶段辍学、初中毕业未就业、高中阶段辍学、高中毕业未就业的未成年人,均有相应的职业教育可以就读,以提高他们进入社会后的生存能力和发展能力。如此一来,多渠道发展社会急需而又短缺的职业教育,吸纳辍学无业未成年人进行职业教育和培训,既可以补充高中和大学教育资源的不足,又可以培养未成年人的一技之长,帮助其获得就业机会,在职业培训中,辅之以预防犯罪教育,则可以减少和降低未成年人犯罪的概率。

(四) 培养未成年人对违法犯罪的自我防范意识

未成年人应当自觉抵制各种不良行为及违法犯罪行为的引诱和侵害,未成年人要加强对违法犯罪行为两个方面的防范:一是"反引诱",以防止自己违法犯罪;二是"反侵害",以防范违法犯罪行为对自己的侵害。

1. 防范引诱

未成年人应当遵守法律、法规及社会公共道德规范,树立自尊、自律、自强意识,增强辨别是非和自我保护的能力,自觉抵制各种不良行为及违法犯罪行为的引诱和侵害。

第一,遵守法律、法规及社会公共道德规范。为了防止自己走上违法犯罪的道路,未成年人应当认真学习法律法规,提高识别违法犯罪的能力,及时消除违法犯罪心理,提高法治意识。同时,未成年人应当遵守社会公共道德规范。实践证明,违法犯罪行为往往始于违反社会公共道德规范,遵守社会公共道德规范是预防未成年人违法犯罪的一道重要的堤坝。

第二,树立自尊、自律、自强意识。未成年人要完成个体的社会化,进而成为有理想、有道德、有文化、有纪律的社会主义合法公民,并有效地对违法犯罪行为加强自我防范,首先就应当树立自尊、自律以及自强意识。

第三,增强辨别是非和自我保护的能力。一方面,国家、社会、学校以及家庭应当大力加强法治教育、道德教育,增强未成年人辨别是非的能力,使其能够自觉抵制各种不良行为和违法犯罪行为的引诱,有效地预防未成年人走上违法犯罪的道路。另一方面,未成年人的自我保护能力的有无与强弱,将直接关系到他们是否能积极地预防权益受到侵害,是否能有效减轻权益受侵害的程度,是否能有效地自救与互救。

2. 防范侵害

未成年人不仅要防范引诱,还应当学会防范侵害,依法维护自己的合法权益。

第一,防范遗弃、虐待。遗弃未成年人是指父母或其他监护人对于未成年人负有抚养或监护义务,却拒绝履行义务的行为。虐待未成年人是指父母或其他监护人对于由其抚养或监护的未成年人所实施的经常性的暴力行为。被父母或者其他监护人遗弃、虐待的未成年人,有权向公安机关、民政部门、共产主义青年团、妇女联合会、未成年人保护组织或者学校、城市居民委员会、农村村民委员会请求保护。被请求的上述部门和组织都应当接受,根据情况需要采取救助措施的,应当先采取救助措施。

第二,及时举报违法犯罪行为。未成年人发现任何人对自己或者对其他未成年人实施违法或者犯罪行为,可以通过所在学校、其父母或者其他监护人向公安机关或者政府有关主管部门报告,也可以自己向上述机关报告,受理报告的机关应当及时依法查处。

二、对不良行为的干预

(一) 对父母和学校的共同要求

第一,教育未成年人不得吸烟、酗酒。吸烟、酗酒不仅损害未成年人的身心健康,而且当未成年人缺少固定经济来源以供其吸烟、酗酒时,他们便容易走上违法犯罪的道路,进行盗窃甚至抢劫。因此,未成年人的父母或者其他监护人和学校应当教育未成年人不得吸烟、酗酒。

第二,及时制止未成年人组织或参加不良团伙。未成年人的父母或者其他监护人和学校发现未成年人组织或者参加实施不良行为的团伙的,应当及时予以制止。发现该团伙有违法犯罪嫌疑的,应当立即向公安机关报告。

第三,制止教唆、胁迫、引诱未成年人违法犯罪的行为。未成年人的父母或者其他监护人和学校发现有人教唆、胁迫、引诱未成年人违法犯罪的,应当向公安机关报告。公安机关接到报告后,应当及时依法查处,对未成年人人身安全受到威胁的,应当及时采取有效措施,保护其人身安全。

(二) 对父母或其他监护人的监护要求

未成年人的父母或者其他监护人发现未成年人有不良行为的,应当及时制止并加强管教。同时,未成年人的父母或其他监护人应当关注未成年人的健康成长,依法履行监护职责,不得让特定年龄的未成年人脱离监护,不得迫使未成年人离家出走,不得因离异放弃对未成年人的教育。

第一,不得让特定年龄的未成年人脱离监护。一方面,未成年人的父母或者其他监护人不得使未满8周岁或者由于身体、心理原因需要特别照顾的未成年人处于无人看护状态,或者将其交由无民事行为能力、限制民事行为能力、患有严重传染性疾病或者其他不适宜的人员临时照护。另一方面,未成年人的父母或者其他监护人不得使未满16周岁的未成年人脱离监护单独生活。我国《民法典》第18条规定,"成年人为完全民事行为能力人,可以独立实施民事法律行为。十六周岁以上的未成年人,以自己的劳动收入为主要生活来源的,视为完全民事行为能力人"。可见,受到年龄、智力因素的多重影响,不满16周岁的未成年人自控能力较差,是不可以脱离监护人的监护而独立生活的。因此,未成年人的父母或其他监护人让不满16周岁的未成年人脱离监护而单独居住的,公安机关将会对其予以训诫,责令其立即改正。

第二,不得迫使未成年人离家出走。未成年人的父母或者其他监护人对未成年人不得放任不管,不得迫使其离家出走,放弃监护职责。未成年人离家出走的,其父母或者其他监护人应当及时查找,或者向公安机关请求帮助。

第三,不得因离异放弃对未成年人的教育。我国《民法典》第 1084 条规定,"父母与子女间的关系,不因父母离婚而消除。离婚后,子女无论由父或者母直接抚养,仍是父母双方的子女。离婚后,父母对于子女仍有抚养、教育、保护的权利和义务。离婚后,不满两周岁的子女,以由母亲直接抚养为原则。已满两周岁的子女,父母双方对抚养问题协议不成的,由人民法院根据双方的具体情况,按照最有利于未成年子女的原则判决。子女已满八周岁的,应当尊重其真实意愿"。因此,未成年人的父母离异的,离异双方对子女都有教育的义务,任何一方都不得因离异而不履行教育子女的义务。对于那些在离婚后不和未成年子女生活在一起的父方或母方而言,只是在行使权利和履行义务的方式上发生了变化,任何一方都不得借口夫妻离婚而推卸教育子女的责任,因为这直接关系到未成年子女的切身利益。此外,继父母、养父母对受其抚养教育的未成年继子女、养子女,应当履行父母对未成年子女在预防犯罪方面的职责。

第四,应当依法履行监护职责。公安机关、居民委员会、村民委员会发现本辖区内未成年人有不良行为的,应当及时制止,并督促其父母或者其他监护人依法履行监护职责。对夜不归宿、离家出走或者流落街头的未成年人,公安机关、公共场所管理机构等发现或者接到报告后,应当及时采取有效保护措施,并通知其父母或者其他监护人、所在的寄宿制学校,必要时应当护送其返回住所、学校;无法与其父母或者其他监护人、学校取得联系的,应当护送未成年人到救助保护机构接受救助。

(三) 对学校的管理教育要求

学校作为重要的教育主体,可以通过举办各种形式的讲座、座谈、培训等活动,针对未成年人不同时期的生理、心理特点,介绍良好有效的教育方法,指导教师、未成年人的父母和其他监护人有效地防止、干预未成年人的不良行为。

第一,对有不良行为的未成年学生,学校应当加强管理教育,不得歧视。对于品行有缺点、学习有困难的学生,学校应当根据其具体情况进行管理教育。

第二,必要时学校可以采取相应的管理教育措施。对有不良行为却拒不改正或者情节严重的未成年学生,或者未成年学生偷窃少量财物,或者有殴打、辱骂、恐吓、强行索要财物等学生欺凌行为,情节轻微的,学校可以根据情况予以处分或者采取训导、要求遵守特定的行为规范、要求参加特定的专题教育、要求参加校内服务活动、要求接受社会工作者或者其他专业人员的心理辅导和行为干预或者其他适当的管理教育措施。

第三,学校和家庭应当加强沟通,建立家校合作机制。学校决定对未成年学生采取管理教育措施的,应当及时告知其父母或者其他监护人;未成年学生的父母或者其他监护人应当支持、配合学校进行管理教育。

第四,未成年学生旷课、逃学的,学校应当及时联系其父母或者其他监护人,了解有关情况;无正当理由的,学校和未成年学生的父母或者其他监护人应当督促其返校学习。

第五,未成年人无故夜不归宿、离家出走的,父母或者其他监护人、所在的寄宿制学校应当及时查找,必要时向公安机关报告。收留夜不归宿、离家出走未成年人的,应当及时联系其父母或者其他监护人、所在学校;无法取得联系的,应当及时向公安机关报告。

第六,对于教唆、胁迫、引诱未成年人实施不良行为或者品行不良,影响恶劣,不适宜在学校工作的教职员工,学校应当予以解聘或者辞退。

(四) 对社会的管理要求

第一,做好学校周围的治安防范工作。公安机关应当加强中小学校周围环境的治安管理,及时制止、处理中小学校周围发生的违法犯罪行为。首先,城市居民委员会、农村村民委员会应当协助公安机关做好维护中小学校周围治安的工作。其次,禁止在中小学校附近开办营业性歌舞厅、营业性电子游戏场所以及其他未成年人不适宜进入的场所,禁止开办上述场所的具体范围由省、自治区、直辖市人民政府规定。最后,对于已经在中小学校附近开办的上述场所,应当限期迁移或者停业。

第二,限制未成年人进入不宜进入的场所。未成年人在生理和心理方面都处于发展状态,因此,限制未成年人进入某些场所,是保证未成年人健康成长、预防未成年人违法犯罪的需要。首先,营业性歌舞厅以及其他未成年人不适宜进入的场所,应当设置明显的未成年人禁止进入标志,不得允许未成年人进入。其次,营业性电子游戏场所在国家法定节假日外,不得允许未成年人进入,并应当设置明显的未成年人禁止进入标志。对于难以判明是否已成年的,上述场所的工作人员可以要求其出示身份证件。最后,任何经营场所不得向未成年人出售烟酒。

第三,禁止出版、传播有害出版物。有害出版物不仅会导致未成年人精神萎靡、学习成绩下降、丧失意志,而且极易成为未成年人竞相模仿的对象,不利于未成年人的健康成长。首先,以未成年人为对象的出版物,不得含有诱发未成年人违法犯罪的内容,不得含有渲染暴力、色情、赌博、恐怖活动等危害未成年人身心健康的内容。其次,任何单位和个人不得向未成年人出售、出租含有诱发未成年人违法犯罪以及渲染暴力、色情、赌博、恐怖活动等危害未成年人身心健康内容的读物、音像制品或者电子出版物。任何单位和个人不得利用通讯、计算机网络等方式提供上述危害未成年人身心健康的内容及其信息。最后,广播、电影、电视、戏剧节目,不得有渲染暴力、色情、赌博、恐怖活动等危害未成年人身心健康的内容。广播电影电视行政部门、文化行政部门必须加强对广播、电影、电视、戏剧节目以及各类演播场所的管理。

三、对严重不良行为的矫治

对于未成年人严重不良行为的矫治,世界各国均采取综合性的矫治对策,通过建立综合性的预防未成年人违法犯罪的政府或民间组织,进行群防群治,我国亦是如此。如《预防未成年人犯罪法》第 39 条规定:"未成年人的父母或者其他监护人、学校、居民委员会、村民委员会发现有人教唆、胁迫、引诱未成年人实施严重不良行为的,应当立即向公安机关报告。公安机关接到报告或者发现有上述情形的,应当及时依法查处;对人身安全受到威胁的未成年人,应当立即采取有效保护措施",可见,无论是父母或者其他监护人,还是学校,或者是居民委员会、村民委员会、公安机关,都应当合力采取有效措施,对未成年人的严重不良行为进行矫治。当前,我国对于未成年人严重不良行为的矫治主要包括公安机关的矫治教育、设置专门学校以及进行专门教育。

(一)公安机关的矫治教育

2021年6月1日起正式施行的《预防未成年人犯罪法》进一步丰富了公安机关处理实施严重不良行为的未成年人相关案件的手段和方式,将教育和保护相结合的理念贯彻于未成年人犯罪预防工作的始终。

第一,公安机关接到举报或者发现未成年人有严重不良行为的,应当及时制止,依法调查处理,并可以责令其父母或者其他监护人消除或者减轻违法后果,采取措施严加管教。可见,对于未成年人的严重不良行为,仅仅通过教育、纠正的方式还不足以达到预防的效果,还需要加大力度,进行制止与管教。

第二,对有严重不良行为的未成年人,公安机关可以根据具体情况,采取以下8种矫治教育措施:① 予以训诫;② 责令赔礼道歉、赔偿损失;③ 责令具结悔过[1];④ 责令定期报告活动情况;⑤ 责令遵守特定的行为规范,不得实施特定行为、接触特定人员或者进入特定场所;⑥ 责令接受心理辅导、行为矫治;⑦ 责令参加社会服务活动;⑧ 责令接受社会观护,由社会组织、有关机构在适当场所对未成年人进行教育、监督和管束以及其他适当的矫治教育措施。以接受心理辅导、行为矫治为例,心理矫治包括心理矫正和心理治疗。心理矫正是指运用科学的方法消除、转变支配人的犯罪动机和不良个性倾向;心理治疗则是指运用语言、表情、动作等心理学方法对患者的认知、情感、行为等方面的障碍进行治疗,改变患者的态度和行为的方法。未成年人与成年人的共性与差异性决定了对未成年人的心理矫治工作既需要按照普遍规律进行,更需要创造出自己的特色。要根据未成年人在特殊成长时期的身心特点,在他们成长改造的道路上,推行赋予人文精神和防患于未然的心理健康教育,以预防心理障碍的发生,推动未成年人"精神成人",使其成为符合社会和自我要求的身心健康的社会人。

第三,公安机关在对未成年人进行矫治教育时,可以根据需要邀请学校、居民委员会、村民委员会以及社会工作服务机构等社会组织参与。未成年人的父母或者其他监护人应当积极配合矫治教育措施的实施,不得妨碍阻挠或者放任不管。

(二)专门学校与专门教育

近年来,低龄未成年人违法犯罪案件屡见报端,引发社会广泛关注。对有严重不良行为的未成年人,未成年人的父母或者其他监护人、所在学校无力管教或者管教无效的,可以向教育行政部门提出申请,经专门教育指导委员会评估同意后,由教育行政部门决定送入专门学校接受专门教育。以"专门学校"建设为抓手,对因不满法定刑事责任年龄不予刑事处罚的未成年人进行教育和矫治,既防止了"一关了之"的简单粗暴,又摒弃了"一放了之"的放任自流,从法律层面确立了"预防未成年人犯罪,立足于教育和保护未成年人相

---

[1] 具结悔过是一种反省自己的言行、回忆检查自己思想的一种行为。

结合,坚持分级预防、提前干预"的根本思路。

"专门学校"与"专门教育"不完全等同于昔日的"工读学校"与教育。专门教育是国家教育体系的组成部分,是对有严重不良行为的未成年人进行教育和矫治的重要保护处分措施。将"专门学校"提升到国家教育体系层面的表述,充分表明对教育规律的认识更加理性和全面。

延伸阅读

什么是工读学校?

工读学校是为教育挽救有违法犯罪行为的青少年学生开办的学校。在党委领导下,以教育部门为主,共青团、公安部门积极配合举办。根据中国实际情况,工读学校还只限于城市。对去工读学校的学生,在城市要经区以上教育部门、共青团组织和公安机关联合组成的招生委员会审查批准,还要征得家长的同意。在工读学校教育好了的学生,应送回原学校或调换学校继续上学,或安置就业,不应影响升学、工作分配和参军。工读学校收容 13~17 岁、有严重不良行为但并未达到犯罪程度的少年。这些人从常规的中小学退学,或者被学校认为不宜留校学习,但不足以送少年管教所,故进入工读学校学习。工读学校的教育内容为常规学校教育、职业教育以及相应的法律道德教育。工读学校的管理比常规学校严格,学生住校周末回家,一般年限为 2 年。

1999 年以前,进入工读学校多为经学校报公安局批准,或者公安局报教育部门批准后,即可强制实行。1999 年的《预防未成年人犯罪法》将其改为在少年的家长(或监护人)同意的情况下,由少年的家长(或监护人)或原学校提出申请,且须经教育行政部门批准。

对于专门学校与专门教育,《预防未成年人犯罪法》明确了专门学校是对有严重不良行为的未成年人进行专门教育的场所,并规定了未成年人转入专门学校及转回普通学校的决定机关和程序;专门教育是对有严重不良行为的未成年人进行教育和矫治的重要保护处分措施,专门学校应对接受专门教育的未成年人分级分类展开教育和矫治,有针对性地进行义务教育、道德教育、法治教育、心理健康教育及职业教育。

1. 未成年人转入专门学校的决定机关和程序

第一,由教育行政部门决定。针对有严重不良行为的未成年人,未成年人的父母或者其他监护人、所在学校无力管教或者管教无效,可以向教育行政部门提出申请,经专门教育指导委员会评估同意后,由教育行政部门决定将该未成年人送入专门学校接受专门教育(详见图 6-2)。

图 6-2 教育行政部门决定将未成年人转入专门学校的程序

第二,由教育行政部门会同公安机关共同决定。针对未成年人"实施严重危害社会的行为,情节恶劣或者造成严重后果"或"多次实施严重危害社会的行为"或"拒不接受或者配合公安机关的矫治教育措施"或"法律、行政法规有其他规定"等四种情形,经专门教育指导委员会评估同意后,由教育行政部门会同公安机关决定将其送入专门学校接受专门教育(详见图6-3)。

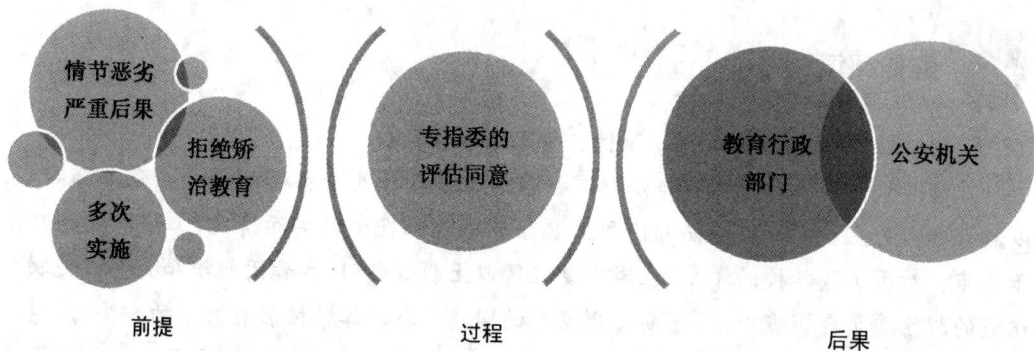

图6-3　教育行政部门会同公安机关决定将未成年人转入专门学校的程序

以上两种方式既进一步畅通了有严重不良行为的未成年人进入专门学校接受教育矫治的渠道,又强化了"评估—同意—决定"环节,对未来专门学校教学矫治工作的正常开展起到了把关的作用。

2. 未成年人转回普通学校的决定机关和程序

专门学校应当在每个学期适时提请专门教育指导委员会对接受专门教育的未成年学生的情况进行评估。对经评估适合转回普通学校就读的,专门教育指导委员会应当向原决定机关提出书面建议,由原决定机关决定是否将未成年学生转回普通学校就读。原决定机关决定将未成年学生转回普通学校的,其原所在学校不得拒绝接收;因特殊情况,不适宜转回原所在学校的,由教育行政部门安排转学。

3. 未成年人的专门矫治教育

第一,未成年人实施刑法规定的行为、因不满法定刑事责任年龄不予刑事处罚的,经专门教育指导委员会评估同意后,教育行政部门会同公安机关可以决定对其进行专门矫治教育。

第二,省级人民政府应当结合本地的实际情况,至少确定一所专门学校按照分校区、分班级等方式设置专门场所,对未成年人进行专门矫治教育。

第三,专门矫治教育的场所实行闭环管理,公安机关、司法行政部门负责未成年人的矫治工作,教育行政部门承担未成年人的教育工作。

第四,专门学校应当对接受专门教育的未成年人分级分类进行教育和矫治,有针对性地开展道德教育、法治教育、心理健康教育,并根据实际情况进行职业教育;对没有完成义务教育的未成年人,应当保证其继续接受义务教育。专门学校的未成年学生的学籍保留在原学校,符合毕业条件的,原学校应当颁发毕业证书。

第五,专门学校应当与接受专门教育的未成年人的父母或者其他监护人加强联系,定期向其反馈未成年人的矫治和教育情况,为父母或者其他监护人、亲属等看望未成年人提供便利。

四、对重新犯罪的预防

标签理论揭示了未成年人再犯行为的发生发展过程,即"未成年人初次犯罪→给未成年犯罪人贴'犯罪标签'→未成年犯罪人认同、内化标签内容→重新犯罪"。那么如何阻止"未成年人犯罪标签化"、阻止未成年人重新犯罪? 这一过程自然要从"撕标签"入手。所谓"撕标签",就是借由包括标定者在内的社会力量为初犯未成年人进行外在的去标签化,这在初犯未成年人的继续社会化或再社会化过程中属于社会教化的组成部分。社会教化就是周围环境对个人的影响,更多的是从外部因素出发作用于个体的社会化。它与个体内化,也就是个人对环境作用的内部反应共同构成了社会化。所谓"个体内化",就是通过一定方式的社会学习,个体接受了社会教化,将社会目标、价值观、规范、行为方式等转化成为自身稳定的人格特质和行为反应模式的过程。个体内化产生于社会教化之后,没有社会教化的过程就无法进行社会化;而若缺乏个体内化,那么社会教化也就失去了意义,社会化无法正常完成。因此,不是所有被贴标签的未成年犯罪人都会再次犯罪,也不是所有已经撕掉标签的未成年罪犯都不会重新犯罪,关键在于其在心理上是将标签内容内化还是彻底摆脱了标签所标定的犯罪人形象。

(一) 社会教化

与旧法相比,新修订的《预防未成年人犯罪法》对"重新犯罪的预防"部分新增了七个条文,主要是与《刑事诉讼法》中"未成年人刑事案件诉讼特别程序"以及《社区矫正法》中"未成年人社区矫正特别规定"进行了有效衔接,引入社会调查、社会观护、合适成年人、社区矫正、安置帮教等概念及相应规定。这些规定均体现了运用社会力量帮助未成年人撕掉犯罪人标签的过程,包括进行针对性的法治教育、心理测评、社会调查、与成年人分别关押、对未成年人进行职业教育、帮助落实就学就业等具体措施。

第一,有针对性地进行法治教育。未成年人到成年人的阶段是明确自身角色、塑造自我形象的关键时期。从未成年人自身来看,进入青春期的未成年人身体急速发育,各器官结构和功能发生较大变化,出现第二性征,而同时身心发展不平衡,生理发育迅速而心理发育不稳定、不成熟,因而青春期也成为犯罪的"危险期"。若不重视消除犯罪人标签的消极影响,这一标签所反映的社会评价可能直接导致未成年人对自身角色定位模糊,从而按照犯罪人标签的内容来认知自我,塑造自己的形象。因此,公安机关、人民检察院、人民法院办理未成年人刑事案件,应当根据未成年人的生理、心理特点和犯罪的情况,有针对性地进行法治教育。对涉及刑事案件的未成年人进行教育,其法定代理人以外的成年亲属或者教师、辅导员等参与有利于感化、挽救未成年人的,公安机关、人民检察院、人民法院应当邀请其参加有关活动。

第二,进行必要的社会调查与心理测评。公安机关、人民检察院、人民法院办理未成年人刑事案件,可以自行或者委托有关社会组织、机构对未成年犯罪嫌疑人或者被告人的成长经历、犯罪原因、监护、教育等情况进行社会调查;根据实际需要并经未成年犯罪嫌疑人、被告人及其法定代理人同意,可以对未成年犯罪嫌疑人、被告人进行心理测评。社会调查和心理测评的报告可以作为办理案件和教育未成年人的参考。

第三,将未成年人与成年人分别关押、管理和教育。对被拘留、逮捕以及在未成年犯管教所执行刑罚的未成年人,应当与成年人分别关押、管理和教育。对未成年人的社区矫正,应当与成年人分别进行。对有上述情形且没有完成义务教育的未成年人,公安机关、人民检察院、人民法院、司法行政部门应当与教育行政部门相互配合,保证其继续接受义务教育。

第四,进行职业教育,帮助落实就学、就业问题。未成年犯管教所、社区矫正机构应当对未成年犯、未成年社区矫正对象加强法治教育,根据实际情况对其进行职业教育。社区矫正机构应当告知未成年社区矫正对象安置帮教的有关规定,并配合安置帮教工作部门落实或者解决未成年社区矫正对象的就学、就业等问题。

第五,落实安置帮教措施与监护责任。对刑满释放的未成年人,未成年犯管教所应当提前通知其父母或者其他监护人按时接回,并协助落实安置帮教措施。没有父母或者其他监护人、无法查明其父母或者其他监护人的,未成年犯管教所应当提前通知未成年人原户籍所在地或者居住地的司法行政部门安排人员按时接回,由民政部门或者居民委员会、村民委员会依法对其进行监护。未成年人的父母或者其他监护人和学校、居民委员会、村民委员会对接受社区矫正、刑满释放的未成年人,应当采取有效的帮教措施,协助司法机关以及有关部门做好安置帮教工作。居民委员会、村民委员会可以聘请思想品德优秀,作风正派,热心未成年人工作的离退休人员、志愿者或其他人员协助做好前款规定的安置帮教工作。人民法院也可以适时走访被判处管制、宣告缓刑、免除刑事处罚、裁定假释、决定暂予监外执行等的未成年罪犯及其家庭,了解未成年罪犯的管理和教育情况,引导未成年罪犯的家庭承担管教责任,为未成年罪犯改过自新创造良好环境。

第六,依法封存未成年人的犯罪记录。为了保证刑满释放和接受社区矫正的未成年人,在复学、升学、就业等方面依法享有与其他未成年人同等的权利,不受歧视,《刑事诉讼法》与《未成年人保护法》均规定了对特定未成年人犯罪记录的封存制度①。未成年人的犯罪记录依法被封存的,公安机关、人民检察院、人民法院和司法行政部门不得向任何单位或者个人提供,但司法机关因办案需要或者有关单位根据国家有关规定进行查询的除外。依法进行查询的单位和个人应当对相关记录信息予以保密。

(二)个体内化

要完成良性的社会化,达到预防未成年人重新犯罪的目的,就必须保证外部去标签化的过程对其自我认识发挥作用,让初犯未成年人能够理解自己的错误并在心理上实现身份的转变。换言之,在社会教化过程中的"撕标签"完成之后,更重要的是个体内化过程中

---

① 与第三节内容部分重合,详见第三节。

自我认识的转变。而自我观念的形成既是个体内化的一个重要环节,又是组成人格的核心要素之一。在社会力量撕掉未成年人的犯罪人标签之后,未成年人逐渐理解其他人对自己角色的期待,并依照期待来扮演各种角色、从事角色行为,在别人对自己不同行为的评价中形成新的自我认识,重新塑造自我形象。可以说,初犯未成年人是否再次实施犯罪行为,与其主观上对自我角色的认识密切相关,在内部的心理层面上的"撕标签"是防止其再犯的关键。因而作为个体内化过程的自我形象重塑,在未成年人再犯预防中是必由之路。

第三节 涉及未成年人案件的特殊处理

未成年人不同于成年人,他们在生理、心理上具有自身突出的特点:在生理方面,尽管未成年人身体的各种器官发育尚不完备,但是,处于青春期阶段的未成年人身体发育速度加快,并渐趋成熟,特别是性成熟所产生的性差别明确化及性本能出现,身体各器官及功能急剧变化,此时,他们对物质、精神上的渴求极为强烈。这种生理变化使他们在适应社会方面常遇到困惑与不安,若不能及时地加以保护与引导,很容易导致人格、心灵的扭曲。在心理方面,处于童年期的未成年人对成年人的依恋感、依赖性较强,角色意识、自我中心意识较强;青春期的未成年人在心理上则渐趋成熟,独立意识产生,对成年人的依赖性减弱,情感色彩强烈,遇事容易冲动,此时,未成年人的心理矛盾性十分明显,心理处于较复杂的状态。因此,从某种意义上说,未成年人的身心发育正处于一个由不成熟向成熟的过渡时期,他们的人生观、价值观、世界观等思想体系也正处于形成之中。这一时期的未成年人非常需要家庭、学校、社会等方面给予特别的关心、爱护、引导与帮助,因此,在处理涉及未成年人的违法犯罪案件时,司法机关及相关社会组织往往需要特殊情况特殊对待。

一、未成年人权益受损时的特殊处理

当未成年人的合法权益受到侵害时,未成年人可依法向人民法院提起诉讼,人民法院应当依法及时审理,并适应未成年人生理、心理特点和健康成长的需要。当前,司法机关处理未成年人案件的特殊性主要体现在代为提起公益诉讼、提供法律援助或司法救助等六个层面。

(一)督促、支持诉讼或提起公益诉讼

《未成年人保护法》第106条规定:"未成年人合法权益受到侵犯,相关组织和个人未代为提起诉讼的,人民检察院可以督促、支持其提起诉讼;涉及公共利益的,人民检察院有权提起公益诉讼。"

近年来,监护人的侵权行为、校园暴力事件、未成年人流浪乞讨等侵犯未成年人权益

事件频发,引起了社会和网络舆论的广泛关注。未成年人生理以及心理发育还未完全成熟,知识储备也还不足,在自身权益遭受侵害时往往不能及时做出正确有效判断,依法进行维权难度颇大。未成年人身心发育不完全,在遭受犯罪行为侵害后,更容易留下心理阴影和造成心理伤害。这些伤害一般具有隐蔽性和持续性,短期内无法观察到即时性的损害,非常容易被人们忽略,但如果把观察时间拉长扩大,这些侵害给未成年人造成的影响是非常惊人的。特别是,人作为自然物种,其成长过程是不可逆的,违法犯罪行为对未成年人身心造成的侵害也将是不可逆转的。因此,完善未成年人身心健康和合法权益的保护制度刻不容缓。作为司法参与社会治理的一种重要方式和国家机关以法治方式维护社会公共利益的一项重要制度,检察公益诉讼制度在未成年人权益保护方面日益受到重视。

延伸阅读

未成年人民事公益诉讼全国第一案

杭州市余杭区某公司在开发运营该公司 App 的过程中,未以显著、清晰的方式告知并征得儿童监护人有效明示同意便允许注册儿童账户,并收集、存储儿童个人信息。在没有再次征得儿童监护人有效明示同意的情况下,向具有相关浏览喜好的用户直接推送含有儿童个人信息的短视频,同时也没有采取技术手段对儿童信息进行专门保护。

2021 年 2 月,杭州市余杭区人民检察院起诉该公司侵犯儿童个人信息民事公益诉讼案,经杭州互联网法院出具调解书后结案。该案系《民法典》实施及《未成年保护法》修订后,检察机关针对"未成年人网络保护"提起的民事公益诉讼全国第一案。

(二)加强对涉案未成年人的隐私权和个人信息保护

随着《未成年人保护法》的修订,我国不断加强对涉案未成年人的隐私权和个人信息的保护。

一方面,加强对未成年人隐私权的保护。公安机关、人民检察院、人民法院询问未成年被害人、证人,应当依法通知其法定代理人或者其成年亲属、所在学校的代表等合适成年人到场,并采取适当方式,在适当场所进行,保障未成年人的名誉权、隐私权和其他合法权益。人民法院开庭审理涉及未成年人案件,未成年被害人、证人一般不出庭作证;必须出庭的,应当采取保护其隐私的技术手段和心理干预等保护措施。

另一方面,加强对未成年人个人信息的保护。首先,进一步明确了责任主体,由限制媒体范围扩大到"公安机关、人民检察院、人民法院以及其他组织和个人";其次,扩大了保护范围,由"未成年人犯罪案件"扩展为"所有案件中的未成年人";再次,进一步补充完善了不得披露的信息,由"未成年人姓名、住所、照片、图像以及可能推断出该未成年人的资料"变为"姓名、影像、住所、就读学校以及其他可能识别出其身份的信息";最后,强化了未成年人信息的删除权,加大对未成年人个人信息的保护力度。《未成年人保护法》明确规定,"未成年人及其父母或者其他监护人要求信息处理者更正、删除未成年人信息的,信息处理者应当及时采取措施予以更正、删除"。

(三) 提供法律援助或者司法救助

法律援助是指对于经济困难的公民给予必要的、无偿的法律服务,包括法律咨询、代理、刑事辩护等服务,当前,对提起诉讼却因经济困难无法获得必要的法律服务的公民实行法律援助制度是国际上的通行做法。在我国,未成年人因经济困难而申请法律援助,应当提供身份证明;本人没有身份证明的,代理申请人需提交有代理权的证明,同时还应当提交经济困难的证明以及与所申请法律援助事项有关的案件材料。司法救助是指人民法院对于当事人为维护自己的合法权益向人民法院提起民事或行政诉讼,但经济确有困难,实行诉讼费用的缓交、减交、免交等制度。

在我国,对需要法律援助或者司法救助的未成年人,法律援助机构或者公安机关、人民检察院、人民法院和司法行政部门应当给予帮助,依法为其提供法律援助或者司法救助,法律援助机构应当指派熟悉未成年人身心特点的律师为未成年人提供法律援助服务。同时,法律援助机构和律师协会应当对办理未成年人法律援助案件的律师进行指导和培训。我国法律明确规定,未成年被害人及其法定代理人因经济困难或者其他原因没有委托诉讼代理人的,人民法院应当帮助其申请法律援助。

(四) 坚持最低限度的容忍

2020 年,第七次全国人口普查数据显示,我国 0 至 14 岁人口约为 2.5 亿人,不满 18 周岁的未成年人约 4 亿,接近全国人口的 1/3。依法保护未成年人健康安全成长,使其免受违法犯罪侵害,涉及亿万家庭的幸福和谐,事关社会稳定和国家未来发展。尽管改革开放以来,我国保护未成年人权益的法律体系日益健全,司法保护力度不断增强,未成年人权益保护工作取得了积极的进展。但是,未成年人身心发育尚不成熟,容易成为违法犯罪分子的侵害对象,因此,司法机关在处理侵犯未成年人权益的违法犯罪时应坚持最低限度的容忍。

案例讨论

2016 年,黄某在网吧上网时与三名男青年发生争吵、斗殴,为泄愤故意毁坏财物,依法被判处有期徒刑 8 个月。刑满释放后,黄某购买一把水果刀,在县城四处寻找与他发生争执的三名男青年,意欲报复。后,黄某分别持水果刀将肖某(16 岁)、金某(17 岁)、赵某(14 岁)刺伤,并致使赵某大出血死亡。法院经审理认为,黄某因故意毁坏财物被判刑而归咎于他人和社会,刑满释放后意欲报复,致 1 人死亡,2 人轻微伤,主观上具有杀人的故意,客观上实施了杀人的行为,遂以故意杀人罪判处黄某死刑,剥夺其政治权利终身。

由此可见,我国法院在刑事司法工作中贯彻了未成年人权益保护优先的原则,对侵犯未成年人权益的犯罪坚持最低限度的容忍与最高限度的保护,该重判的坚决依法重判,有力震慑了犯罪分子,也为未成年被害人提供了最大限度的司法关怀与呵护,为保护未成年人权益架起一道不容触碰、逾越的高压线。

(五) 遵循及时处理原则

迟来的正义非正义(Justice delayed is justice denied)是一句古老的西方法律谚语,它反映了正义的时效问题。在司法实践中,即使迟来的裁判仍然是正义的结论,但有关各方却因为这种结论的迟到而受到直接的伤害。对于被告人而言,案件的久拖不决会使其长时间处于未决羁押状态,人身自由受到长时间的限制,自由、财产甚至生命等实体性权利一直处于待判定的状态,法律身份和地位也一直处于不确定的局面。而对于被害人而言,尤其是未成年被害人,案件一直不能形成生效的裁判结论,"真正"的凶手无法被及时地绳之以法,被害人伴随犯罪的发生而产生的报复欲望无法获得及时的实现,权益也得不到及时的恢复和补偿。

尽管这种迟来的裁判所造成的非正义对于不同的被害人所带来的影响有所不同,但事实上,这种非正义感经常使被害人以及其他与案件结局有着直接利害关系的主体产生一种受歧视甚至被抛弃的感觉。他们会据此认为司法裁判机构并没有将他们"当回事",他们只不过是国家用来维护治安的手段或者工具,其人格尊严和应得的权益受到了深深的忽略和无视。一种在犯罪学界广为流行的被害人"二次伤害"理论也进一步论证了被害人因在司法程序中受到忽视和慢待而产生了被伤害、不公正的感觉。此处的"加害者"可能是代表国家行使刑事追诉权的警察、检察官,也可能是代表国家行使司法权的法官。这在"性侵儿童犯罪"中尤为明显:儿童时期经历"性侵害事件"会给受害人造成不可磨灭的心理创伤,会永久性地改变儿童的生物应激反应,使他们在一生中更容易患创伤后应激障碍(PTSD)以及其他焦虑障碍和抑郁症。而在刑事诉讼程序中,被害人往往被当作司法机关查清案件事实的"工具",无论是在指控被告、诘问被告或与被告对质的过程中,还是司法机关工作人员不当的司法行为,抑或是最终司法预期的不能满足都会使被害人遭受严重的二次伤害。因此,对于未成年人来说,当其合法权益受到侵害时,被侵害人及其监护人或者其他组织和个人均有权向有关部门投诉,有关部门应当依法及时处理。

(六) 扩展社会调查的案件范围

社会调查是司法机关在办理涉及未成年人案件时深入开展未成年人权益保护的重要途径和方式。人民法院审理离婚、抚养、收养、监护、探望等案件涉及未成年人的,可以自行或者委托社会组织对未成年人的相关情况进行社会调查。毕竟,离婚、抚养、收养、监护、探望等民事案件的审判结果往往与未成年人的权益休戚相关,但由于未成年人不是案件的当事人,人民法院难以通过庭审调查全面、客观地掌握未成年人相关情况,通过社会调查便可以更多地、真实地了解涉案未成年人的信息,以此作为案件处理的参考,最终得以更好地保护未成年人的合法权益。

二、未成年人违法犯罪时的特殊处理

未成年人违法犯罪是一个复杂、重要的社会问题。对违法犯罪的未成年人的处罚适当与否,不仅关系到违法犯罪未成年人的前途,而且会产生巨大的社会影响,其意义远远超出对违法犯罪未成年人处罚本身,因此,对待未成年人违法犯罪,应采取与成年人不同的处理方式。

(一) 特殊的方针政策与原则

《未成年人保护法》第113条明确规定:"对违法犯罪的未成年人,实行教育、感化、挽救的方针,坚持教育为主、惩罚为辅的原则。对违法犯罪的未成年人依法处罚后,在升学、就业等方面不得歧视",这与《刑事诉讼法》第277条的规定一脉相承。在我国,对违法犯罪的未成年人适用刑罚是对其错误行为的惩罚,但更主要的是,通过对其违法犯罪行为的追究,起到对其教育、感化和挽救的目的。

第一,实行教育的方针。强调对违法犯罪未成年人的教育,其目的立足于教育违法犯罪的未成年人,而非注重惩罚。首先,要结合未成年人的思想实际进行四项基本原则教育,以纠正错误,转变思想。其次,要做好对未成年人的法治教育,这种教育应当贯穿于刑事诉讼活动的全过程,反复进行,并以宪法、刑法、刑事诉讼法为主要教材,结合未成年人的自身特点进行教育,使其逐步树立法治观念,认识到法律的权威,联系自身的违法犯罪事实,认清其危害性。最后,应当对违法犯罪的未成年人进行道德品质和人生观教育,通过道德品质教育,使其意识到道德与法律是相辅相成的,两者均是调整社会关系的重要组成部分,未成年人应当树立正确的人生观与价值观。

第二,实行感化的方针。感化是指用社会主义法制和社会主义道德伦理去关怀、教育、感染违法犯罪的未成年人,使其意识到自己所犯的错误和罪行,认识到自己行为对社会造成的危害,促使其痛改前非,重新做人。感化包括精神和物质两方面:在精神方面,要尊重违法犯罪未成年人的人格,严禁体罚虐待未成年人,认真做好其思想工作;在物质方面,要关心违法犯罪未成年人的生活,做好卫生、医疗等方面的工作。

第三,实行挽救的方针。挽救是指在诉讼过程中,司法工作人员要有高度的责任感,依照法律规定和党的方针政策,有针对性地对违法犯罪的未成年人进行各项挽救活动,其目的在于使违法犯罪的未成年人树立重新做人的观念,最终达到预防犯罪、减少犯罪的目的。

第四,坚持教育与惩罚相结合的原则。惩罚的实质也是教育,惩罚也是一种特殊的教育形式,教育与惩罚二者相辅相成、互为补充、缺一不可。司法机关办理未成年人违法犯罪案件,应当保障未成年人行使其诉讼权利,保障未成年人获得法律帮助,并根据未成年人的生理、心理特点和违法犯罪的情况,有针对性地进行法治教育。

案例讨论

《最高人民法院公报》于2016年第8期(总第238期)中刊载了一篇刑事判决书——"上海市长宁区人民检察院诉李某某盗窃案"——反映了司法机关坚持教育为主、惩罚为辅的基本原则。被告人李某某因过早离开家庭和学校,缺少家庭和学校教育,导致其法治意识淡薄。李某某初中毕业后,不思进取,盲目交友,独自一人来到上海后没有稳定工作和收入,没有固定住所,在网吧等地闲逛,在不劳而获思想驱动下,最终走上了盗窃的犯罪道路。李某某的母亲离家出走,父亲对李某某缺乏管教,致其没有约束自己的行为,从而滋生了犯罪,对此负有不可推卸的责任。李某某作案时尚未成年,到案后至庭审中,能自愿认罪认罚;经法庭教育,有悔罪表现。故,结合社会调查情况中有关其个人成长经历、社会调查意见和羁押期间表现等情况,在对全案综合考虑基础之上判处其拘役并宣告缓刑,同时判处禁止令执行事项。希望被告人李某某家长言传身教,切实加强家庭教育,履行保护责任。希望李某某吸取教训,进一步增强法治意识,认真学习文化知识和工作技能,争取回归社会和成年后能找到一份力所能及的工作,多为家庭分担责任。希望李某某在安徽省芜湖市鸠江区司法局工作人员带回原籍社区报到后,遵守法律法规,服从社区监督管理,接受社区和家庭教育,完成公益劳动,珍惜法庭给予的教育挽救和悔过自新的机会,做一名遵纪守法、自食其力、有益社会的好公民。

由此可见,未成年人犯罪案件的审理方式与成年人犯罪案件不同,应根据实际情况适用《刑事诉讼法》的专门规定,结合心理疏导、法律援助等方式,对犯罪的未成年人进行教育、感化和挽救,做到教育为主、惩罚为辅。同时通过加强社会调查,了解其个人成长经历、案外犯罪原因、羁押表现情况以及监护落实情况和社区矫治意见等,作为是否适用缓刑的量刑参考依据。

(二)特殊的处罚制度

我国非常重视未成年人的矫治工作,法律对于未成年人进行了宽大规定,既对未成年人承担刑事责任进行了分类,又对违法犯罪的未成年人依法从轻、减轻或免除处罚。

首先,16周岁是行为人承担刑事责任的正常最低年龄,12周岁是未成年人对重大刑事犯罪承担责任的最低年龄。我国《刑法》第17条第2款明确规定:"已满十四周岁不满十六周岁的人,犯故意杀人、故意伤害致人重伤或者死亡、强奸、抢劫、贩卖毒品、放火、爆炸、投放危险物质罪的,应当负刑事责任";第3款明确规定:"已满十二周岁不满十四周岁的人,犯故意杀人、故意伤害罪,致人死亡或者以特别残忍手段致人重伤造成严重残疾,情节恶劣,经最高人民检察院核准追诉的,应当负刑事责任"。这一规定吸收了恶意年龄补足制度,作为刑事责任年龄的一种例外性下调,即在考虑到当前许多恶性犯罪的情形下,对于特殊的犯罪,经过特定的程序,应当负刑事责任。对于不满12周岁的未成年人实施任何危害社会的行为,都不需负刑事责任,在不满12周岁以前的任何行为,都不作为犯罪处理。

其次,针对未成年人犯罪,法律规定了从宽处罚。已满12周岁不满18周岁的未成年人犯罪,应当从轻或者减轻处罚。从轻处罚是指在法定最低刑的幅度内选择较轻的刑种或者确定较短的刑期,减轻处罚是指在法定最低刑以下判处刑罚。需要特别注意的是,法律规定的是"应当"而不是"可以",因此,司法机关只能在从轻或减轻两种方式中进行选择,而不能不选择。

最后,针对未成年人违法,法律规定了从宽处罚。如:2013年1月1日起施行的《中华人民共和国治安管理处罚法》第 12 条规定:"已满十四周岁不满十八周岁的人违反治安管理的,从轻或者减轻处罚;不满十四周岁的人违反治安管理的,不予处罚,但是应当责令其监护人严加管教"。第 21 条规定:"违反治安管理行为人有下列情形之一,依照本法应当给予行政拘留处罚的,不执行行政拘留①处罚:(一)已满十四周岁不满十六周岁的;(二)已满十六周岁不满十八周岁,初次违反治安管理的……"这些规定有利于违法的未成年人尽快意识到自己的错误,有利于使未成年人认识到党和政府、人民对他的宽大处理,从而主动决心改正,正常步入社会,重新做人。

(三) 特殊的讯问机制

未成年人身心不成熟,缺乏社会经验,对法律术语缺乏足够的理解,参与司法诉讼过程中自我保护意识和能力弱,因此,司法机关办理涉及未成年人案件应当考虑未成年人身心特点和健康成长需要,在讯问未成年人时,使用未成年人能够理解的语言和表达方式,听取未成年人的意见,采取特殊的保护措施。

第一,司法机关讯问犯罪嫌疑人、被告人时,应当有合适的成年人在场。《刑事诉讼法》第 281 条规定:"对于未成年人刑事案件,在讯问和审判的时候,应当通知未成年犯罪嫌疑人、被告人的法定代理人到场。无法通知、法定代理人不能到场或者法定代理人是共犯的,也可以通知未成年犯罪嫌疑人、被告人的其他成年亲属,所在学校、单位、居住地基层组织或者未成年人保护组织的代表到场,并将有关情况记录在案。到场的法定代理人可以代为行使未成年犯罪嫌疑人、被告人的诉讼权利。到场的法定代理人或者其他人员认为办案人员在讯问、审判中侵犯未成年人合法权益的,可以提出意见。讯问笔录、法庭笔录应当交给到场的法定代理人或者其他人员阅读或者向他宣读。讯问女性未成年犯罪嫌疑人,应当有女工作人员在场。审判未成年人刑事案件,未成年被告人最后陈述后,其法定代理人可以进行补充陈述"。

⚖ 案例讨论

据《法制日报》2006 年 11 月 4 日报道,巢湖市公安局在办理一起故意伤害致人死亡案件中,错捕了 4 名少年,通过刑讯逼供、引诱等手段迫使 4 名少年承认自己是实施犯罪的凶手。然而,在将 4 名少年拘押百天后,却抓到了真正的凶手。这是一起典型的"冤假错案",以至于安徽省公安厅通报全省称"4 名无辜者在一起案件中同时被当作犯罪嫌疑人拘捕,在全国尚属首例"。更重要的是,在 4 名无辜者中,有 3 名都是未成年人,另外一名也仅仅刚满 18 周岁。

应当说,这是未成年人保护的悲剧,我们在努力推进司法体制改革的同时,应当考虑

---

① 根据《中华人民共和国治安管理处罚法》第 10 条的规定,治安管理处罚的种类包括:警告、罚款、行政拘留以及吊销公安机关发放的许可证,其中,行政拘留为限制自由的处罚,是一种相较于警告、罚款,更为严重的处罚方式。

在立法上加强对未成年人的司法保护,在涉及未成年人的案件中应当设置特别的程序对未成年人予以特殊的保护。在上述案件中,公安机关在讯问未成年犯罪嫌疑人时,倘若按照程序通知未成年人的监护人到场,这样的"冤假错案"是可以避免的。

第二,讯问未成年人应采取适当的方式、在适当场所进行。在司法实践中,某些不当的司法行为极易对未成年人造成二次伤害。如,一些司法人员会潜意识地基于未成年人的成长环境、穿衣打扮、一贯的道德品行以及性经历等"品格证据"来认定案件事实。司法工作人员作为代表国家行使司法权力的公职人员,其在刑事司法中的一言一行都代表着国家。这些不当的司法行为看似微小,但从宏观角度来看,它却侵蚀着司法公正,消耗着司法公信力,并损害着社会公众对司法的信赖;从微观角度来说,它也会给未成年人造成难以言喻的影响,甚至诱发其服刑后再次走上违法犯罪的道路。

延伸阅读

品格证据又称品性证据,是指能够证明一个人的品格或品格特征,进而推论其依照品格行事的证据。在英美法系中,为了防止以被告人品格作为定罪的依据,原则上排除品格证据的适用,有助于克服当事人品格对案件裁判的不当影响。品格证据排除规则是指诉讼中的任何一方,不能用一个人曾经做过某些事情或者有着某方面的名声,从而归纳出这个人具有某方面的品格或性格特征,再以此来推论当事人在当下案件中实施了与其品格特征相吻合的行为。排除品格证据的适用既是"禁止恶言"道德法则的要求,也是证据关联性的要求。如若不然,被告人将遭受恶言和非议,并被迫针对其一生行为进行答辩。而对被告人偏见的加深,将迫使被告人为其过去行为进行答辩,进而破坏了庭审中控辩双方的公平和公正。

(四) 设立专门机构或指定专人办理

办理涉及未成年人案件是一项专业性很强的工作,不仅涉及证据的审查认定和法律适用,还要根据未成年人的身心特点落实法律规定的保护未成年人的特别程序,确保诉讼程序中适用的保护措施能够适应未成年人身心发展的特点。因此,司法机关应当确定专门机构或者指定专门人员办理涉及未成年人案件。司法实践也表明,办理涉未成年人案件的专门机构建设和专门人员配备到位的地区,未成年人司法保护的法律效果和社会效果比较好。

在《未成年人保护法》的修订完善过程中,我们也在不断强化未成年人司法保护的专业性。根据1991年《未成年人保护法》第40条规定,公安机关、人民检察机关和人民法院办理未成年人犯罪的案件可以根据需要设立专门机构或者指定专人办理。2006年修订的《未成年人保护法》第55条明确规定,司法机关根据需要设立专门机构或指定专人办理,取消了"可以"用语,凸显了由自主选择性变为强烈倡导的立法趋向。2020年修订的《未成年人保护法》第101条将"根据需要设立专门机构或指定专门人员办理"变为"应当确定专门机构或者指定专门人员"的强制性规定,对司法机关设立未成年人司法专门机构或者指定专门人员提出了明确要求。另外,2020年修订的《未成年人保护法》进一步规定"办理涉及未成年人案件的司法机关工作人员应当经过专门培训,熟悉未成年人身心特点,并且专门机构或者专门人员中应当有女性工作人员"。上述立法内容的变化,凸显了未成年人司法保护的专业性的不断强化,这是切实加强未成年人司法保护的必然要求。

1. 设立专门机构

所谓专门机构,是指设立专门的办案小组或者少年法庭,后者是指依法审理未成年人犯罪案件的合议庭或者实行独任审判的一种特殊的审判组织形式。

对分案起诉至同一人民法院的未成年人与成年人共同犯罪案件,可以由同一个审判组织审理;不宜由同一个审判组织审理的,可以分别由少年法庭、刑事审判庭审理。未成年人与成年人共同犯罪案件,由不同人民法院或者不同审判组织分别审理的,有关人民法院或者审判组织应当互相了解共同犯罪被告人的审判情况,注意全案的量刑平衡。

延伸阅读

1984年11月,上海市长宁区人民法院创建了我国第一个少年法庭。后经过各种试点,1988年,最高人民法院在上海召开审理未成年人刑事案件经验交流会,向全国推广少年法庭工作经验,少年法庭迅速在各地展开。1990年,最高人民法院在南京召开全国少年刑事审判工作会议,进一步推动了少年法庭工作的开展。截至2004年,少年法庭成立二十周年之际,全国法院共建立了2 400余个少年法庭,共有少年法庭法官7 200余名,基本上实现了所有未成年人刑事案件由少年法庭审理,人民法院在未成年人司法保护方面的工作取得了明显实效。目前,我国正酝酿在条件成熟的部分大、中城市试点设立少年法院,以便进一步提高对未成年人的司法保护水平,完善我国的少年司法制度。

此外,《最高人民法院关于适用〈中华人民共和国刑事诉讼法〉的解释》第550条明确规定了少年法庭的受案范围,主要包括以下四种情形:第一,被告人实施被指控的犯罪时不满18周岁、人民法院立案时不满20周岁的案件;第二,人民法院立案时不满22周岁的在校学生犯罪案件;第三,强奸、猥亵、虐待、遗弃未成年人等侵害未成年人人身权利的犯罪案件;第四,由未成年人案件审判组织审理更为适宜的其他案件。在此过程中,人民法院应当加强同政府有关部门以及共青团、妇联、工会、未成年人保护组织等团体的联系,推动未成年人刑事案件人民陪审、情况调查、安置帮教等工作的开展,充分保障未成年人的合法权益,积极参与社会管理综合治理。

2. 指定专人办理

考虑到审理对象的特殊性,少年法庭一般由法官或者至少一名法官、两名人民陪审员组成,成员中至少要有一名女性。为了适应该项工作的需要,还需要对少年庭法官进行专门的培训。第一,审判未成年人刑事案件合议庭的审判长,应当由熟悉未成年人身心特点、善于做未成年人思想教育工作的审判员担任,并且应当保持其工作的相对稳定性。第二,审判未成年人刑事案件的人民陪审员,一般由熟悉未成年人特点、热心于教育挽救失足未成年人工作,并经过必要培训的共青团、妇联、工会、学校的干部、教师或者离退休人员、未成年人保护组织的工作人员等担任。人民检察院也应当指定专人办理未成年人刑事案件。在司法实践中,在指定"专人"时,主要考虑是否熟悉未成年人、爱护未成年人、是否能够较好地维护未成年人的合法权益等因素。第三,专门机构或者专门人员中,应当有女性工作人员。第四,公安机关、人民检察院、人民法院和司法行政部门应当对上述机构和人员实行与未成年人保护工作相适应的评价考核标准。

(五) 以不公开审理为原则

在我国,人民法院审理案件遵循公开审判制度。公开审判制度要求人民法院无论是审理案件,还是宣告判决,均应当公开进行,既允许群众旁听案件审判情况,对群众公开,也允许新闻记者采访报道案件审判情况,通过新闻媒介向全社会公开。事实上,公开审理不仅有助于人民法院客观全面地查明案情和正确地处理案件,提高办案质量,也可以密切法院与群众的关系,增强审判人员的责任感,防止发生违法乱纪现象,还可以充分发挥审判的法治教育作用。我国《刑事诉讼法》第 11 条明确规定,"人民法院审判案件,除本法另有规定的以外,一律公开进行。被告人有权获得辩护,人民法院有义务保证被告人获得辩护"。此处所称"另有规定",其中之一便是针对未成年人犯罪的审判。

第一,审判的时候被告人不满 18 周岁的案件,不公开审理。但是,经未成年被告人及其法定代理人同意,未成年被告人所在学校和未成年人保护组织可以派代表到场。到场代表的人数和范围,由法庭决定。到场代表经法庭同意,可以参与对未成年被告人的法庭教育工作。

第二,开庭审理时被告人不满 18 周岁的案件,一律不公开审理。对依法公开审理,但可能需要封存犯罪记录的案件,不得组织人员旁听。

第三,审理未成年人刑事案件,不得向外界披露该未成年人的姓名、住所、照片以及可能推断出该未成年人身份的其他资料。查阅、摘抄、复制的未成年人刑事案件的案卷材料,也不得公开和传播。

第四,对未成年人刑事案件宣告判决应当公开进行,但不得采取召开大会等形式。对依法应当封存犯罪记录的案件,宣判时不得组织人员旁听;有旁听人员的,应当告知其不得传播案件信息。

(六) 特殊的保障性措施

12 周岁至 18 周岁的未成年人正处于人生岔道口,这一阶段是人生成长的关键时期。此时,由于生理和心理的变化,未成年人对周围事物十分好奇,一旦盲目模仿,便有可能违规违纪,甚至滑向违法犯罪的深渊。因此,在处理涉及未成年人案件时,法律往往会赋予未成年人除了享有成年人的许多诉讼权利外,还享有一些特殊的诉讼权利,获得特殊的司法保护。

1. 进行必要的社会调查与心理测评

在未成年人司法实践中,通过社会调查形成的社会调查报告以及必要的心理测评为司法机关最大限度地了解未成年人的情况,保护未成年人的合法权益提供了参考,取得了良好的法律效果和社会效果。

第一,公安机关、人民检察院、人民法院在办理未成年人刑事案件时根据情况可以对未成年犯罪嫌疑人、被告人的成长经历、犯罪原因、监护教育等情况进行调查。

第二,对人民检察院移送的关于未成年被告人性格特点、家庭情况、社会交往、成长经历、犯罪原因、犯罪前后的表现、监护教育等情况的调查报告,以及辩护人提交的反映未成年被告人上述情况的书面材料,法庭应当接受。必要时,人民法院可以委托未成年被告人居住地的县级司法行政机关、共青团组织以及其他社会团体组织对未成年被告人的上述情况进行调查,或者自行调查。

第三,对未成年被告人情况的调查报告,以及辩护人提交的有关未成年被告人情况的书面材料,法庭应当审查并听取控辩双方意见,上述报告和材料可以作为法庭教育和量刑的参考。

第四,对未成年人刑事案件,人民法院根据情况,可以对未成年被告人进行心理疏导;经未成年被告人及其法定代理人同意,也可以对未成年被告人进行心理测评。

2. 提供必要的辩护

我国《刑事诉讼法》第278条明确规定:"未成年犯罪嫌疑人、被告人没有委托辩护人的,人民法院、人民检察院、公安机关应当通知法律援助机构指派律师为其提供辩护。"其中,法律援助机构应当指派熟悉未成年人身心特点的律师为未成年人提供法律援助服务,法律援助机构和律师协会也应当对办理未成年人法律援助案件的律师进行指导和培训。在案件的审理过程中,法院为未成年被告人提供的特殊保障性措施主要体现在以下三个层面。

第一,审判时不满18周岁的未成年被告人不可以没有辩护人,没有委托辩护人的,人民法院应当通知法律援助机构指派律师为其提供辩护。

第二,未成年被告人或者其法定代理人当庭拒绝辩护人辩护,要求另行委托辩护人或者指派律师的,合议庭应当准许。被告人拒绝辩护人辩护后,没有辩护人的,应当宣布休庭;仍有辩护人的,庭审可以继续进行。

第三,重新开庭后,未成年被告人或者其法定代理人再次当庭拒绝辩护人辩护的,不予准许。重新开庭时被告人已满18周岁的,可以准许,但不得再另行委托辩护人或者要求另行指派律师,由其自行辩护。

3. 原则上不得使用戒具

公安机关与检察院在办理未成年人犯罪案件时,原则上不得使用戒具。对确有行凶、逃跑、自杀、自伤、自残等现实危险必须使用戒具的,应当以避免和防止危害结果的发生为限度,现实危险消除后应当立即停止使用。在法庭上,司法机关也不得对未成年被告人使用戒具,但被告人人身危险性大,可能妨碍庭审活动,确有必要的,可以使用戒具。如果司法机关对未成年人使用戒具,应当在现实危险消除后立即停止使用。

4. 近亲属可以发表意见

被告人实施被指控的犯罪时不满18周岁,开庭时已满18周岁、不满20周岁的,人民法院开庭时,一般应当通知其近亲属到庭。经法庭同意,近亲属可以发表意见,近亲属无法通知、不能到场或者是共犯的,法庭应当记录在案。

(七) 特殊的羁押、服刑、社区矫正规定

所谓羁押,不是一种独立的强制措施,而是拘留和逮捕的附带性后果,是指被管制对象在法律裁判前人身自由受到限制的一种状态;所谓服刑,是指罪犯在法院裁判以后执行所判刑罚的一种人身自由受限制的状态;所谓社区矫正,是指针对被判处管制、宣告缓刑、裁定假释、暂予监外执行这四类犯罪行为较轻的对象所实施的非监禁性矫正的刑罚。

延伸阅读

拘留,包括行政拘留和刑事拘留。行政拘留,又称为治安拘留,是指公安机关对违反治安管理的人依法在短期内限制其人身自由的一种治安行政处罚。刑事拘留,是指公安机关、检察院对于现行犯或者重大嫌疑分子,在遇到法定的紧急情况下依法采取的临时剥夺其人身自由的一种强制措施。

逮捕,是对有证据证明有犯罪事实,可能判处有期徒刑以上刑罚的犯罪嫌疑人、被告人,采取取保候审、监视居住等方法尚不足以防止发生社会危险,而依法剥夺其人身自由的一种强制措施。

当前,我国对未成年人的羁押、服刑、社区矫正采取较为宽松的政策。以在押服刑的未成年人为例,自2005年起,全国未成年人在押服刑犯的人数呈现出逐渐递减的趋势,从2005年的23 957下降至2012年的15 429,这与我国采取特殊的羁押、服刑、社区矫正制度密切相关。

第一,羁押、服刑、接受社区矫正的未成年人应当与成年人分别关押。我国《刑事诉讼法》第280条明确规定,"对被拘留、逮捕和执行刑罚的未成年人与成年人应当分别关押、分别管理、分别教育"。《未成年人保护法》承袭了《刑事诉讼法》的基本原则与精神,亦强调应当将未成年人与成年人分别关押、分别管理、分别教育。实行分别关押制度,是我国司法实践中正在实行且行之有效的监狱管理制度。所谓分别关押,是指将被拘留、逮捕和执行刑罚的未成年人与成年人分别予以关押,这在一定程度上能够防止罪犯恶习的交叉感染,同时,便于针对同类罪犯特有的行为特点进行有针对性的教育,从而体现国家的教育改造政策,促使罪犯向好的方面转化。

第二,羁押、服刑、接受社区矫正的未成年人没有完成义务教育的,公安机关、人民检察院、人民法院、司法行政部门应当与教育行政部门相互配合,保证其继续接受义务教育。一方面,义务教育是未成年人的一项基本权利,对于被采取刑事强制措施的未成年学生,在人民法院的判决生效以前,不得取消学籍。我国《宪法》第46条明确规定:"中华人民共和国公民有受教育的权利和义务";《义务教育法》第4条规定:"凡具有中华人民共和国国籍的适龄儿童、少年,不分性别、民族、种族、家庭财产状况、宗教信仰等,依法享有平等接

受义务教育的权利,并履行接受义务教育的义务"。另一方面,在被执行刑罚期间,对没有完成义务教育的未成年犯,执行机关应当保证对其继续进行义务教育。执行机关对羁押、服刑、接受社区矫正的未成年人,要考虑到未成年人的年龄和生理特点,既要重新改造他们的犯罪思想,又要照顾他们正处于长身体、长知识的时期,所采取的一切措施都要适合他们的年龄特点,有利于他们的身心发育和成长。

第三,公安机关、人民检察院、人民法院对于无固定住所、无法提供保证人的未成年人适用取保候审的,应当指定合适成年人作为保证人,必要时可以安排取保候审的未成年人接受社会观护。当前,将涉罪未成年人置于自由社会进行观护,以替代羁押和监禁的传统矫治模式,已经成为国际少年司法的趋势和潮流,同时也符合我国对未成年人犯罪坚持的"教育、感化、挽救"的方针和"教育为主,惩罚为辅"的原则。涉罪未成年人"社会观护制度"主要是为了预防未成年人重新犯罪,性质属于非刑罚替代措施。以宁夏回族自治区石嘴山市大武口区检察院在朝阳街道阳光社区设立的"石嘴山市首家以社区为载体的未成年人观护帮教站"为例,该站点针对辖区内未成年人开展法治宣传教育以及对检察机关作出(附条件)不起诉决定的未成年人进行监管教育。管护模式主要采用"N+1"方式,由检察干警、心理咨询师、团委工作人员、社工等成员共同对一名对象进行全程的观察教育和关心爱护,通过观护站的教育与矫治,纠正未成年人的思想和行为偏差,使其充分认识到犯罪行为的社会危害性。

（八）封存制度

未成年人由于年龄、心理上尚未成熟,更容易情绪冲动进而实施犯罪,因此,其作为一类特殊群体,应当处以特殊的刑事处遇,受到法律的特殊保护。《联合国少年司法最低限度标准规则》中规定,对未成年罪犯的档案应严格保密,这也成为一项国际通行的未成年人法律保护措施。我国作为该公约的签署国,有责任、有义务遵守承诺,保障未成年人的合法权益。

当前,世界上很多国家陆续建立了未成年人前科消灭制度。例如,《法国刑事诉讼法典》明确规定"未成年人的犯罪记录卡,符合一定条件的应予以销毁";英国颁布了专门的《前科消灭法》,规定了未成年人犯罪"处罚记录之注销"的制度;《德国青少年刑法》第四章以专章的形式规定了"取消刑事污点"的相关程序……这些规定尊重了未成年人的特殊性,实现了对社会利益和未成年人利益的平衡保护,对增进未成年人的身心福祉具有重大意义。

为顺应国际趋势,我国从20世纪90年代开始逐步探索建立少年司法制度。《刑事诉讼法》第286条明文规定:"犯罪的时候不满十八周岁,被判处五年有期徒刑以下刑罚的,应当对相关犯罪记录予以封存。犯罪记录被封存的,不得向任何单位和个人提供,但司法机关为办案需要或者有关单位根据国家规定进行查询的除外。依法进行查询的单位,应当对被封存的犯罪记录的情况予以保密。"这是我国通过立法的形式明确了未成年人犯罪记录封存制度,该制度契合了世界未成年人刑事立法的历史潮流,对未成年人的隐私保护和社会回归都具有重大意义。

2019 年,新的《人民检察院刑事诉讼规则》(以下简称"新《规则》")通过并于同年 12 月 30 日起正式施行。该规则中有六个条款涉及未成年人犯罪记录封存制度,是对有关法律制度的进一步细化,同时也回应了司法实践工作中的疑问和难点,对进一步促进未成年人犯罪记录封存制度的实施影响深远。

1. 适用条件

我国对未成年人犯罪记录采用的是自动封存模式,即只要符合条件就启动封存程序,不需要特定主体的主动申请。其具体适用条件包括两方面:一是年龄条件,即犯罪时不满 18 周岁,即使未成年人被发现犯罪行为或在判决时已满 18 周岁,也应对该犯罪记录予以封存;二是刑罚条件,即被判处 5 年有期徒刑以下刑罚或者免除刑事处罚。满足以上两个条件的,未成年人的犯罪记录"应当封存"。满足封存条件的未成年人案件在判决完成后应及时封存其犯罪记录,审判机关、公安机关以及检察机关应当在一定时间内将自己掌握的犯罪记录予以封存。这种模式能够有效推动封存制度的实行,避免因外界因素的干扰而被虚置。此外,新《规则》第 482 条还规定"二审案件中下级检察院对犯罪记录要同时封存",该条款解决了司法实务中对二审案件是否适用的分歧,弥补了《刑事诉讼法》的漏洞,更加全面地保障了未成年人的权利。

2. 法律效力

犯罪记录封存与犯罪记录消灭不同,犯罪记录消灭具有彻底性、不可恢复性,而封存只是通过设置严格的查询条件限制他人查询,仍然保存载有犯罪信息的法律文书,这意味着犯罪记录在特定情况下不仅可以查阅,还可以解封。那么,"在何种情况下可以解封"就成为犯罪记录封存制度的一个"命门"。新《规则》第 485 条规定了未成年人犯罪记录封存后,没有法定事由、未经法定程序不得解封,但是,在满足实施新罪或者发现漏罪,且新罪或者漏罪与犯罪记录封存之罪数罪并罚后被决定执行五年有期徒刑以上刑罚的情形时,应当解除已封存的犯罪记录。这一条款细化了解封未成年人犯罪记录的"法定事由",统一了司法实践中的适用尺度,可以有效排除解封的随意性,有利于制度价值的充分发挥。

同时,新《规则》第 487 条明确规定了人民检察院出具无犯罪记录证明的义务,解决了实务中长期以来存在的问题。无犯罪记录证明在考试、升学、就业等方面影响巨大,直接关系到未成年人能否顺利回归社会正常生活。新《规则》免除了未成年人的前科报告义务,完善了未成年人犯罪记录封存制度的配套,能够有效减缓未成年人回归社会的阻力,帮助未成年人获得更加公正、公平的社会待遇。

3. 查询问题

已封存的犯罪记录不得随意查询,除非"司法机关为办案需要"或"有关单位根据国家规定"才可以查询犯罪记录。《刑事诉讼法》中的此项概况式立法笼统地赋予了司法机关和有关单位的查询权力,却没有对查询主体做出明确限制,很容易造成司法实践中查询主体的扩大化和混乱,妨碍未成年人犯罪记录封存工作的落实。新《规则》第 486 条规定,封存不起诉相关记录时,"除司法机关为办案需要进行查询外,不得向任何单位和个人提供",司法机关或者有关单位向人民法院申请查询封存的犯罪记录的,应当提供查询的理由和依据。这一规定限制了查询主体，明确了查询条件，既可以保障有权单位合法查询到犯罪记录，同时也能切实保护未成年人的犯罪信息不被泄露。对查询问题的具体化规定，一方面维护了刑事司法机关对社会秩序的保障职责，另一方面也体现了对未成年人基本权利和自由的尊重，是新《规则》对原有立法的补充和发展。

综上所述，未成年人犯罪记录封存制度淡化了未成年人的"前科"，对未成年犯的复学、就业以及保证其顺利回归社会具有重要的现实意义。事实上，前科本身也是一种"制度性歧视"，前科本身附设了一种"一朝为贼，终身为贼"的"标签效应"，使未成年人长期遭受来自司法和社会的负面评价，造成事实上的不平等，导致为实现未成年犯罪人的司法矫治和社会回归的目标束之高阁。因此，将未成年罪犯的犯罪记录封存，有利于弱化其"标签"心理，对今后的学习、就业等均不会造成影响，使未成年人能够重获生活的勇气和信心，更好地回归社会、防止再犯，也有利于其更好地就业、升学和促进家庭亲属关系的和睦。

案例讨论

小兵今年17岁，因涉嫌盗窃罪被当地的检察院公诉至人民法院，在人民法院进行审理后，小兵被判处有期徒刑两年，小兵的父母对小兵的犯罪行为痛心疾首，又担心他出狱后会受到社会的歧视。未成年人审判庭的王法官发现小兵父母的担忧后，为了打消他们的疑虑，向他们介绍了《刑事诉讼法》以及《人民检察院刑事诉讼规则》中关于未成年人犯罪记录封存程序的内容。

(九) 适用刑罚上的限制

对于未成年人的犯罪，在适用刑罚上也有明显的限制。对未成年罪犯适用刑罚，应当充分考虑是否有利于未成年罪犯的教育和矫正，并充分考虑未成年人实施犯罪行为的动机和目的、犯罪时的年龄、是否初次犯罪、犯罪后的悔罪表现、个人成长经历和一贯表现等因素。对符合管制、缓刑、单处罚金或者免予刑事处罚适用条件的未成年罪犯，应当依法适用管制、缓刑、单处罚金或者免予刑事处罚。

第一，对未成年人一般不适用附加剥夺政治权利。剥夺政治权利，是指剥夺犯罪人参加管理国家和政治活动的权利的刑罚。根据《刑法》第54条规定，剥夺政治权利主要包括以下权利：其一，选举权与被选举权；其二，言论、出版、集会、结社、游行、示威自由的权利；其三，担任国家机关职务的权利；其四，担任国有公司、企业、事业单位和人民团体领导职务的权利。根据《宪法》规定，在我国，已满18周岁的公民享有选举权、被选举权等政治权利。因此，未满18周岁的未成年人不享有政治权利，自然不适用单处剥夺政治权利的刑罚处罚。此外，我国法律也规定，除刑法规定"应当"附加剥夺政治权利外，对未成年罪犯一般不判处附加剥夺政治权利。

第二，对未成年人适用罚金或没收财产，应当具体情况具体分析。对未成年罪犯实施《刑法》规定的"并处"没收财产或者罚金的犯罪，应当依法判处相应的财产刑；对未成年罪犯实施刑法规定的"可以并处"没收财产或者罚金的犯罪,一般不判处财产刑。对未成年罪犯判处罚金刑时,应当依法从轻或者减轻判处,并根据犯罪情节,综合考虑其缴纳罚金的能力,确定罚金数额。但罚金的最低数额不得少于 500 元人民币。对被判处罚金刑的未成年罪犯,其监护人或者其他人自愿代为垫付罚金的,人民法院应当允许。

第三,未成年人犯罪只有罪行极其严重,才可以适用无期徒刑。无期徒刑是剥夺犯罪人终身自由,实行强制劳动改造的刑罚。无期徒刑是自由刑中最严厉的刑罚方法,因此,刑法对非常严重的犯罪(主要是针对严重犯罪的结果加重犯、情节加重犯等)规定了无期徒刑。2006 年 1 月 11 日最高人民法院颁布的《最高人民法院关于审理未成年人刑事案件具体应用法律若干问题的解释》中明确规定,对于未成年人,只有罪行极其严重,才可以适用无期徒刑,对于已满 14 周岁不满 16 周岁的未成年人犯罪一般不判处无期徒刑。

第四,对未成年人不适用死刑。在所有刑种中,死刑是剥夺犯罪分子生命的刑罚,是最严重的刑罚,我国《刑法》第 48 条与第 49 条规定,死刑只适用于罪行极其严重的犯罪分子,但犯罪的时候不满 18 周岁的未成年人,不适用死刑。这里的不适用死刑,既包括不适用死刑立即执行,也包括不适用死刑缓期两年执行,因为后者也属于死刑。需要注意的是,法律规定的是"犯罪的时候"而非"审判的时候",因此,只要未成年人在实施犯罪时不满 18 周岁,即使在被逮捕归案或开庭审理时已满 18 周岁,都不应当对其适用死刑,更不得执行死刑。

案例讨论

杜某、韩某、王某均出生于 1993 年。2008 年 4 月 8 日深夜 11 点半,三人趁着酒劲儿翻墙进入某市职业中学内,持刀闯入女生宿舍 304 室,先对陈某等五名高一女生进行猥亵,后又轮奸了女生蒲某。女生张某在反抗时被杜某用缝衣针猛刺 75 针。后,三人又闯入 301 室,对其中的四名女生施以暴行。此外,三人在实施上述犯罪行为的同时,还从被害女生处抢劫 900 余元钱。直到次日凌晨 3 点多钟,因为学校教职工被女生宿舍传出的叫声惊醒,闻声赶来查看,三人才翻墙而去。尽管本案三名行为人行为恶劣,但是由于犯罪时不满 18 周岁,此案并不适用死刑。

(十) 特殊情形的不按犯罪处理

根据《最高人民法院关于审理未成年人刑事案件具体应用法律若干问题的解释》的规定,未成年人有如下五种情形,可不认为是犯罪。其一,已满 14 周岁不满 16 周岁的未成年人偶尔与幼女发生性行为,情节轻微、未造成严重后果的,不认为是犯罪。其二,已满 14 周岁不满 16 周岁的人使用轻微暴力或者威胁,强行索要其他未成年人随身携带的生活、学习用品或者钱财数量不大,且未造成被害人轻微伤(以上)的伤害或者不敢正常到校学习、生活等危害后果的,不认为是犯罪;已满 16 周岁不满 18 周岁的人具有上述情形的,一般也不认为是犯罪。其三,已满 16 周岁不满 18 周岁的人盗窃未遂或者中止的,可不认为是犯罪。其四,已满 16 周岁不满 18 周岁的人盗窃自己家庭或者近亲属财物,或者盗窃其他亲属财物但其他亲属要求不予追究的,可不按犯罪处理。其五,已满 16 周岁不满 18 周岁的人实施盗窃行为未超过三次,盗窃数额虽已达到"数额较大"标准,但案发后能如实供述全部盗窃事实并积极退赃,且具有下列情形之一的,可以认定为"情节显著轻微危害不大",不认为是犯罪:(一) 系又聋又哑的人或者盲人;(二) 在共同盗窃中起次要或者辅助作用,或者被胁迫;(三) 具有其他轻微情节的。

(十一) 特殊情形的免予刑事处罚

我国《刑法》第 37 条规定:"对于犯罪情节轻微不需要判处刑罚的,可以免予刑事处罚,但是可以根据案件的不同情况,予以训诫或者责令具结悔过、赔礼道歉、赔偿损失,或者由主管部门予以行政处罚或者行政处分。"其中,免予刑事处罚的未成年人主要是指犯罪情节轻微、不需要判处刑罚的、已满 12 周岁不满 18 周岁的未成年人。

2005 年,最高人民法院在其颁布的《最高人民法院关于审理未成年人刑事案件具体应用法律若干问题的解释》中进一步细化了未成年罪犯在特殊情况下免予刑事处罚的情形,第 17 条规定:"未成年罪犯根据其所犯罪行,可能被判处拘役、三年以下有期徒刑,如果悔罪表现好,并具有下列情形之一的,应当依照刑法第三十七条的规定免予刑事处罚:(一) 系又聋又哑的人或者盲人;(二) 防卫过当或者避险过当;(三) 犯罪预备、中止或者未遂;(四) 共同犯罪中从犯、胁从犯;(五) 犯罪后自首或者有立功表现;(六) 其他犯罪情节轻微不需要判处刑罚的。"

三、新闻媒体对涉及未成年人案件的特殊处理

我国历来重视对未成年人的保护,新闻媒体对涉及未成年人案件的报道也应当遵循特殊情况特殊处理的基本原则。1991 年颁布的《未成年人保护法》规定"对未成年人犯罪案件,在判决前,新闻报道、影视节目、公开出版物不得披露该未成年人姓名、住所、照片以及可能推断出该未成年人的资料"。2006 年修订《未成年人保护法》时取消了"在判决前"的时间限制和扩大了受限制媒体的范围,"对未成年人犯罪案件,新闻报道、影视节目、公开出版物、网络等不得披露该未成年人姓名、住所、照片、图像以及可能推断出该未成年人的资料"。2020 年我国再一次启动了对《未成年人保护法》的修订,进一步完善了对涉案未成年人的隐私权和个人信息的保护。

第一,新闻媒体与公安机关、检察机关等都不得披露有关案件中未成年人的姓名、影像、住所、就读学校以及其他可能识别出其身份的信息,为查找失踪、被拐卖未成年人等情形除外。这一规定可以从以下三个层面进行解读:其一,不得披露的资料不是指对犯罪案件本身不得披露,而是指对犯罪的未成年人本人的姓名、影像、住所、就读学校等个人情况不得披露。其二,新闻媒体的报道范围受到限制,对报道的限制不局限于判决前,而是对未成年人犯罪案件整个过程所作报道都应当受到限制。其三,为了查找失踪、被拐卖未成年人,确有需要对未成年人的身份信息予以披露的,相关组织和个人应当依照法定程序与规定予以披露。

第二,新闻媒体应当加强未成年人保护方面的宣传,对侵犯未成年人合法权益的行为

进行舆论监督。新闻媒体采访报道涉及未成年人事件应当客观、审慎和适度,不得侵犯未成年人的名誉、隐私和其他合法权益。

测试题

一、单项选择题

1. 甲于 1984 年 3 月 5 日出生,到(　　)才算已满 14 周岁。
   A. 1998 年 3 月 4 日　　　　　　　B. 1998 年 3 月 5 日
   C. 1998 年 3 月 6 日　　　　　　　D. 1997 年 3 月 5 日

2. 依据我国《刑法》的规定,对已满 12 周岁不满 18 周岁的人犯罪的(　　)。
   A. 应当从轻或减轻处罚　　　　　　B. 应当减轻或免除处罚
   C. 可以减轻或免除处罚　　　　　　D. 可以从轻或减轻处罚

3. 下列行为能认为是犯罪的有(　　)。
   A. 甲已满 14 周岁不满 16 周岁,偶尔与幼女发生性行为,情节轻微,未造成严重后果
   B. 乙已满 16 周岁不满 18 周岁,在学校周边使用吓唬手段,强行索要学生随身携带的生活、学习用品,造成被害人轻微伤
   C. 丙已满 16 周岁不满 18 周岁,盗窃叔叔家里的一块价值 2 000 元的手表
   D. 丁已满 16 周岁不满 18 周岁,盗窃未遂

4. 关于处理未成年人犯罪案件,下列表述正确的是(　　)。
   A. 对未成年人罪犯不得判处罚金
   B. 对罪行极其严重的未成年人罪犯,可以适用无期徒刑
   C. 对犯罪时不满 18 周岁的罪犯,应当减轻或免除处罚
   D. 对罪行极其严重的未成年人罪犯,可以判处死刑缓期两年执行

5. 以下哪种刑罚不适用于未成年人(　　)。
   A. 有期徒刑　　　　B. 死刑　　　　C. 罚金　　　　D. 管制

6. 已满 14 周岁不满 16 周岁的未成年人,下列哪项罪行无须负刑事责任?(　　)
   A. 盗窃　　　　　B. 放火　　　　C. 爆炸　　　　D. 抢劫

7. 《预防未成年人犯罪法》所规定的"严重不良行为",是指严重危害社会,但尚不够(　　)的违法行为。
   A. 刑事处罚　　　　　　　　　　　B. 学校纪律处分
   C. 道德谴责　　　　　　　　　　　D. 治安管理处罚

8. 下列做法中,没有违反相关规定的是(　　)。
   A. 学生王某不遵守课堂纪律,被任课教师罚站 3 小时
   B. 初中生李某偷窃了王老师 500 元钱,学校将其开除
   C. 赵某为减轻家庭经济负担,让 13 岁的儿子辍学打工
   D. 人民法院对 17 岁的张某抢劫一案进行了不公开审理

9. 11 岁的小明在学校捡到一部价值 2 000 元的智能手机,拿回家自用,小明的行为( )。

A. 属于严重不良行为　　　　B. 属于民事违法行为

C. 属于行政违法行为　　　　D. 没有违反相关法律

10. 16 岁的蒋某因抢劫被公安机关抓获,当地电视台将蒋某接受审讯的清晰画面在当地新闻节目中播出。该电视台的行为( )。

A. 不违法,如实报道没有构成侵权　　B. 不违法,传播"正能量"不构成侵权

C. 违法,侵犯了蒋某的隐私权　　　　D. 违法,侵犯了蒋某的名誉权

二、多项选择题

1. 陈某(15 周岁)因喜好计算机,于某日深夜潜入公司内盗窃价值 3 万余元的计算机元器件(事发后均被追回)。对陈某应当如何处理?( )

A. 追究刑事责任　　　　　　B. 不追究刑事责任

C. 从轻、减轻处罚　　　　　D. 责令他的家长加以管教

2. 对下列哪些情形应当追究刑事责任?( )

A. 15 周岁的张三在聚众斗殴中致人死亡

B. 15 周岁的张三非法拘禁他人使用暴力致人伤残

C. 15 周岁的张三贩卖海洛因 8 000 克

D. 15 周岁的张三使用暴力奸淫幼女

3. 王某(1996 年 7 月 6 日出生),2010 年 7 月 6 日实施了抢劫行为,则下列哪些说法是正确的?( )

A. 王某未满 14 周岁,为完全无刑事责任能力人

B. 王某对此不负刑事责任

C. 王某已满 14 周岁,是相对无刑事责任能力人

D. 对王某应当从轻或减轻处罚

4. 已满 14 周岁不满 16 周岁的人实施下列哪些行为应当承担刑事责任?( )

A. 参与运送他人偷越国(边)境,造成被运送人死亡的

B. 参与绑架他人,致使被绑架人死亡的

C. 参与强迫卖淫集团,为迫使妇女卖淫,对妇女实施了强奸行为的

D. 参与走私,并在走私过程中暴力抗拒缉私,造成缉私人员重伤的

5.《预防未成年人犯罪法》将( )等列为未成年人的不良行为加以禁止。

A. 旷课、夜不归宿　　　　　B. 上课迟到早退

C. 考试作弊　　　　　　　　D. 进入营业性歌舞厅

三、不定项选择题

材料: 1996 年 10 月 8 日出生的王某,在 2010 年 10 月 1 日前共盗窃、抢夺各类财物总计价值约 8 000 元人民币。2010 年 10 月 8 日,王某在饭店过完生日后,于 2010 年 10 月 9 日零时 30 分返家。途中见到一行人拎包从身边经过,即掏出随身携带的弹簧刀将拎包人刺伤后把包抢走。包内有手机一部、现金人民币 2 000 元。2010 年 10 月 25 日,王某在 A

小区游逛,看见路边停着一辆丰田轿车,即设法打开车门,将车开走。当日下午,王某即以14万元的价格将轿车卖出。2010年12月20日,王某被公安机关抓获。

1. 我国《刑法》规定的完全负刑事责任的年龄是( )。

    A. 年满14周岁   B. 年满16周岁   C. 年满18周岁   D. 年满20周岁

2. 王某2010年10月1日前的行为( )。

    A. 不构成犯罪

    B. 构成故意伤害罪

    C. 构成抢夺罪

    D. 构成盗窃罪与抢夺罪

3. 王某2010年10月9日的行为( )。

    A. 不构成犯罪

    B. 构成故意伤害罪

    C. 构成抢夺罪

    D. 构成抢劫罪

4. 王某2010年10月25日的行为( )。

    A. 不构成犯罪

    B. 构成盗窃罪

    C. 构成销赃罪

    D. 构成故意毁坏财物罪

四、简答题

1. 简述我国对未成年人违法犯罪处罚的特殊规定。

2. 未成年人严重不良行为有哪些?

五、案例分析题

1. 被告人丁某,女,15岁。丁某一日骑自行车回家,行至一坡路时,因车速快,撞着同方向行走的李某左脚的左侧。丁某从自行车上摔下,将李某压倒在身下。丁某立即将李某送往医院。但李某因颅脑损伤,经抢救无效,当天死亡。请问:丁某是否应对其行为负刑事责任?为什么?

2. 被告人王某,男,1984年6月29日生,无业。1998年3月9日,拦路抢劫一下班女工,抢得现金200元;1999年8月25日盗窃电脑一台,价值6 500元;1999年12月20日将放学的初二女学生丁某强奸;2000年7月12日,诈骗外地农民工张某3 600余元。请问:王某对哪些行为承担刑事责任?

3. 贾某,男,生于1985年1月13日,某中学初中一年级学生。1998年1月20日,正值学校放寒假,贾某见本班女同学张某独身一人在教室,遂起歹念,将其骗至防空洞进行猥亵,张某进行反抗,并说要告诉老师。贾某害怕事情被老师知道,遂用砖头猛击张某头部,导致张某颅内出血,当场死亡。请问:贾某是否需要为其行为承担刑事责任?

4. 李某十分喜欢小孩,一日,路过幼儿园时,假冒三岁小朋友微微妈妈的同事,领走微微。带至家中后视如己出。请问:李某是否构成犯罪?如果构成犯罪,构成何种犯罪?

第七章
教育法律责任与救济

本章导学

在现代教育法律中,"权利—义务—责任—救济"构成了教育法律的基本格局。教育法律总是通过规定人们可以、必须或应当遵守的行为模式,以及违反法定行为模式应承担的责任和救济的方法及程序,来实现教育法律对社会关系的指引和调整。

"没有救济就没有权利",权利的存在以救济为前提,因为一种无法实现法律救济的权利根本称不上真正的法律权利。在现实生活中,权利的合法实现,往往受到各方面的阻碍和侵犯,因此,有必要消除阻碍、实现救济。

案例导航

老师当众称呼学生绰号致其精神分裂,学校被判赔偿

宿迁市某乡初级中学初三(2)班学生小徐,因腿脚有残疾,走路不方便,经常被人取"小瘸腿"等绰号,内心极其抑郁。2008 年的一天下午,该中学初三年级同学下楼集合过程中,年级主任邵某对同学们动作缓慢有些生气,于是对着楼上大声叫喊:"'小瘸腿'都下来了,你们还不快点!"引得同学们哈哈大笑,有的还跑到小徐面前戏谑地称其"小瘸腿"。听到平日非常尊重的邵老师竟然当着全年级同学的面称呼自己的"绰号",小徐的脸色顿时苍白,眼泪直流,手脚不停发颤。此后几天,小徐精神恍惚、目光呆滞,回答问题时语言无序。回到家后,父母发现小徐出现多疑、胡言乱语等症状,后经医院诊断为"分裂性精神病",后,住院治疗 3 个月,共花费医疗费用 2 万余元。一怒之下,小徐父母把小徐所在的学校和邵某告上法庭,要求其赔偿医疗费、营养费、精神损失费等。最终,根据邵某语言不当的程度及情节,法院判令学校承担 60% 的责任,赔偿受害人小徐医疗费、护理费以及精神抚慰金等共计 2 万余元。

(原载《京华时报》,2009 年 11 月 11 日)

思考:

(1) 文章的标题是"老师当众称呼学生绰号致其精神分裂",为何法院判令学校承担 60% 的责任?

(2) 小徐父母把小徐所在的学校和教师邵某都告上法庭,为什么法院只判学校承担

赔偿责任?

(3)法院没有判处教师邵某承担赔偿责任,此事是否与其无关?

第一节 教育法律责任概述

从广义的角度来说,教育法律责任从属于法律责任,是法律责任在教育法律法规中的运用,所以要理解教育法律责任,首先就要理解法律责任,然后再结合教育领域中的违法问题来理解教育法律责任。本节内容将阐述教育法律责任的概念以及教育法律责任的分类。

一、教育法律责任的概念

(一)法律责任的定义

理解教育法律责任的概念,首先要理解法律责任的概念。法律责任的前提是违法,后果是法律制裁。违法、法律责任、法律制裁三位是一体的,其中法律责任是核心。

1. 违法

违法是指国家机关、企业事业组织、社会团体或公民,因违反法律的规定,致使法律所保护的社会关系和社会秩序受到破坏,依法应承担法律责任的行为。违法按其性质和危害程度的不同分为违宪、刑事违法(犯罪)、民事违法以及行政违法。

2. 法律责任

法律责任是指行为人由于违法行为而应承受的某种不利的法律后果。与道义责任或其他社会责任相比,法律责任有以下两个特点:其一,法律责任由法律规范事先明确规定,具有法律规定性,故,承担法律责任的最终依据是法律。其二,法律责任具有国家强制性。当然,国家强制力只是在必要时,在责任人不能主动履行其法律责任时才会使用。按照违法的性质、程度不同,法律责任分为违宪责任、刑事责任、民事责任和行政责任。

3. 法律制裁

法律制裁是由特定的国家机关对违法者依其所应承担的法律责任而实施的强制惩罚措施。根据违法行为和法律责任的性质不同,法律制裁可以分为民事制裁、刑事制裁、行政制裁和违宪制裁。

(二)法律责任的免责条件

法律责任的免除,也称免责,是指法律责任由于出现法定条件被部分或全部地免除。从我国的法律规定和法律实践来看,主要存在以下五种免责形式。

1. 时效免责

时效免责,即法律责任经过了一定的期限后而免除。时效免责的意义在于:保障人的合法权益,督促法律关系的主体及时行使权利、结清权利义务关系,提高司法机关的工作效率,稳定社会生活秩序,促进社会经济的发展。如《民法典》第 188 条规定:"向人民法院请求保护民事权利的诉讼时效期间为三年。法律另有规定的,依照其规定。诉讼时效期间自权利人知道或者应当知道权利受到损害以及义务人之日起计算。法律另有规定的,依照其规定。但是,自权利受到损害之日起超过二十年的,人民法院不予保护,有特殊情况的,人民法院可以根据权利人的申请决定延长。"

2. 不诉及协议免责

不诉及协议免责是指如果受害人或有关当事人不向法院起诉要求追究行为人的法律责任,行为人的法律责任就实际上被免除,或者受害人与加害人在法律允许的范围内协商同意的免责。

3. 自首、立功免责

自首、立功免责是指对那些违法之后有立功表现的人、免除其部分或者全部的法律责任。我国《刑法》第 67 条、68 条分别规定了自首与立功免责的条件:犯罪以后自动投案,如实供述自己的罪行的,是自首。对于自首的犯罪分子,可以从轻或者减轻处罚。其中,犯罪较轻的,可以免除处罚。犯罪分子有揭发他人犯罪行为,查证属实的,或者提供重要线索,从而得以侦破其他案件等立功表现的,可以从轻或者减轻处罚;有重大立功表现的,可以减轻或者免除处罚。

4. 因履行不能而免责

因履行不能而免责,即在财产责任中,在责任人确实没有能力履行或没有能力全部履行的情况下,有关国家机关免除或部分免除其责任。例如《民法典》第 180 条规定:"因不可抗力不能履行民事义务的,不承担民事责任。法律另有规定的,依照其规定。不可抗力是不能预见、不能避免且不能克服的客观情况。"

5. 符合社会价值取向或者特殊需要的免责

在行为本身符合社会价值取向有特殊需要的情形下,行为人可以免责。这主要包括:正当防卫、紧急避险、利害关系人同意、执行必须执行的命令的行为等。如《民法典》第 181 条规定:"因正当防卫造成损害的,不承担民事责任。正当防卫超过必要的限度,造成不应有的损害的,正当防卫人应当承担适当的民事责任";第 184 条规定:"因自愿实施紧急救助行为造成受助人损害的,救助人不承担民事责任"。除此以外,我国法律也规定了其他形式的免责,如自助免责、人道主义免责等。

延伸阅读

正当防卫的含义与条件

根据《刑法》第20条规定，"为了使国家、公共利益、本人或者他人的人身、财产和其他权利免受正在进行的不法侵害，而采取的制止不法侵害的行为，对不法侵害人造成损害的，属于正当防卫，不负刑事责任"。一般情况下，正当防卫应满足以下五个条件：

第一，起因条件，即正当防卫的起因必须是具有客观存在的不法侵害。"不法侵害"既包括侵犯生命、健康权利的行为，也包括侵犯人身自由、公私财产等权利的行为；既包括犯罪行为，也包括违法行为。

第二，时间条件，正当防卫必须是针对正在进行的不法侵害。对于不法侵害已经形成现实、紧迫危险的，应当认定为不法侵害已经开始；对于不法侵害虽然暂时中断或者被暂时制止，但不法侵害人仍有继续实施侵害的现实可能性的，应当认定为不法侵害仍在进行；在财产犯罪中，不法侵害人虽已取得财物，但通过追赶、阻击等措施能够追回财物的，可以视为不法侵害仍在进行；对于不法侵害人确已失去侵害能力或者确已放弃侵害的，应当认定为不法侵害已经结束。

第三，主观条件，防卫人具有防卫认识和防卫意志。前者是指防卫人认识到不法侵害正在进行，后者是指防卫人出于保护合法权益的动机。正当防卫必须是为了使国家、公共利益、本人或者他人的人身、财产和其他权利免受不法侵害。对于故意以语言、行为等挑动对方侵害自己再予以反击的防卫挑拨，不应认定为防卫行为。

第四，对象条件，正当防卫只能针对侵害人本人防卫。由于侵害是由侵害人本人造成的，因此只有针对其本身进行防卫，才能保护合法权益。对于多人共同实施不法侵害的，既可以针对直接实施不法侵害的人进行防卫，也可以针对在现场共同实施不法侵害的人进行防卫。

第五，限度条件，防卫行为必须在必要合理的限度内进行，否则就构成防卫过当。防卫是否"明显超过必要限度"，应当综合不法侵害的性质、手段、强度、危害程度和防卫的时机、手段、强度、损害后果等情节，考虑双方力量对比，立足防卫人防卫时所处情境，结合社会公众的一般认知做出判断。在判断不法侵害的危害程度时，不仅要考虑已经造成的损害，还要考虑造成进一步损害的紧迫危险性和现实可能性。

（三）教育法律责任的定义

所谓教育法律责任，即指由行为人违反教育法律规范的行为所引起的，应当由其依法承担的不利法律后果。教育违法是承担教育法律责任的前提。教育法要求作为的，行为主体不作为或者教育法禁止作为的，行为人却作为，亦或者行为人不正当地行使自己的权利，都可以构成教育违法，故，都应当承担教育责任。当然，教育违法者具体应当承担何种责任，应依据违法的性质和程度来定。违反教育法的行为具有行政违法的性质时，应承担行政法律责任；违反教育法的行为具有民事违法的性质时，应承担民事责任；违反教育法的行为具有刑事违法的性质时,应承担刑事责任。

二、教育法律责任的分类

教育法律关系主体实施违法行为是其承担法律责任的前提,但并不是各种违法行为都承担相同的法律后果。根据违法主体的法律地位、违法行为的性质和危害程度的不同,教育法律责任可分为行政法律责任、民事法律责任和刑事法律责任三种。

(一)行政法律责任

1. 行政法律责任的概念和特征

行政法律责任是指行为人因实施行政违法行为而应承担的法律责任,简称行政责任,行政法律责任的特征包括以下三点。

第一,行政责任具有行政违法性。行政责任是行政违法的法律后果,并且基于行政法律关系而发生。行政责任是行政法律关系主体不履行法定职责所引起的法律后果,它以行政法律义务为基础,以行政违法为前提,即没有行政法律义务或者行政违法行为,就没有行政责任。如《预防未成年人犯罪法》第66条规定:"国家机关及其工作人员在预防未成年人犯罪工作中滥用职权、玩忽职守、徇私舞弊的,对直接负责的主管人员和其他直接责任人员,依法给予处分。"

第二,承担行政责任的主体具有多元性。承担行政责任的主体是行政法律关系的主体,即行政主体和行政相对方。国家的行政机关应依照法定的职权,履行行政管理的职责。滥用职权和不履行义务将导致行政主体承担相应的法律责任。行政机关在依法对相对人进行管理时,相对人应服从行政机关的命令和决定。否则,行政管理机关可以追究其行政责任。如《预防未成年人犯罪法》第61条规定:"公安机关、人民检察院、人民法院在办理案件过程中发现实施严重不良行为的未成年人的父母或者其他监护人不依法履行监护职责的,应当予以训诫,并可以责令其接受家庭教育指导。"

延伸阅读

2021年7月,中共中央办公厅、国务院办公厅印发了《关于进一步减轻义务教育阶段学生作业负担和校外培训负担的意见》,明确了各个部门的工作责任。如:教育部门要抓好统筹协调,会同有关部门加强对校外培训机构日常监管,指导学校做好"双减"有关工作;机构编制部门要及时为中小学校补齐补足教师编制;发展改革部门要会同财政、教育等部门制定学校课后服务性或代收费标准,会同教育等部门制定试点地区校外培训机构收费指导政策;财政部门要加强学校课后服务经费保障;人力资源社会保障部门要做好教师绩效工资核定有关工作;民政部门要做好学科类培训机构登记工作;市场监管部门要做好非学科类培训机构登记工作和校外培训机构收费、广告、反垄断等方面监管工作,加大执法检查力度,会同教育部门依法依规严肃查处违法违规培训行为;政法部门要做好相关维护和谐稳定工作……可见,为了切实提升学校育人水平,持续规范校外培训(包括线上培训和线下培训),有效减轻义务教育阶段学生过重作业负担和校外培训负担,各个部门都应当承担起相应的行政责任。

第三,责任的追究主体和追究程序具有多样性。承担行政法律责任的主体具有多元性,由此决定了做出行政制裁措施的机关及程序的多样性。行政法律责任的追究机关既可以是国家的权力机关、司法机关,也可以是国家的行政机关。如我国《未成年人保护法》第 120 条规定:"违反本法第四十四条、第四十五条、第四十七条规定,未给予未成年人免费或者优惠待遇的,由市场监督管理、文化和旅游、交通运输等部门按照职责分工责令限期改正,给予警告;拒不改正的,处一万元以上十万元以下罚款。"由此可见,如果博物馆、纪念馆、科技馆、展览馆、美术馆、文化馆、社区公益性互联网上网服务场所以及影剧院、体育场馆、动物园、植物园、公园等场所没有按照有关规定对未成年人免费或者优惠开放,那么就应当由对应的主管部门依法追究其行政责任。

2. 行政法律责任的分类

行政责任按行政法律关系的主体区分,分为行政主体的法律责任和行政相对人的法律责任两大类。行政主体又分为行政机关和被授权的行政主体,因此,行政主体的行政责任又分为行政机关的法律责任和被授权的行政主体的法律责任。公务员的行政责任由其所在的行政机关承担,行政机关再向行政责任人追偿。受行政委托人的行政责任由委托的行政机关承担,行政机关再向有责任的受委托人追偿。

行政法律关系按行政机关的内部关系和外部关系区分,分为内部行政法律关系和外部行政法律关系。行政机关和公务员构成了内部行政法律关系的两个主体,因此,内部行政责任的承担主体只能是行政机关和公务员。任何一方违反应当遵守的法律规范,就应当承担相应的法律责任。如果行政机关侵犯了公务员的正当权利,如错误地处分了公务员,就应当承担为公务员消除影响或者给予经济补偿的法律责任。而公务员如果违反了行政法律规范,同样需要承担相应的法律责任,如接受行政处分、承担内部追偿责任等。行政主体和行政相对人构成了外部行政法律关系的两个主体,因此,外部行政责任的承担主体只能是行政主体和行政相对人。任何一方主体违反在该行政法律关系中应当遵守的行政法律规范,就应当承担外部行政法律责任。如行政主体侵害相对人的合法权益时,如行政处罚错误,就有义务消除对相对人的不利影响,具体的承担行政法律责任的方式有撤销违法行为、承认错误、赔礼道歉、消除影响、返还权益、恢复原状、停止违法行为、纠正不当、履行行政职务、行政赔偿等。而行政相对人在违反行政法律规范时,承担行政法律责任的方式有承认错误、赔礼道歉、接受行政处分、履行法定义务、赔偿损失等。

承担行政责任的行政制裁分为两种:行政处分和行政处罚。行政处分是指国家机关对其所属的公务员违法失职行为尚不构成犯罪的,依据《中华人民共和国公务员法》的规定给予的一种惩戒,行政处分种类有:警告、记过、记大过、降级、撤职、开除。行政处罚是指行政机关或授权行政主体依法定职权和程序对违反行政法规尚未构成犯罪的行政相对人给予行政制裁的具体行政行为。根据《中华人民共和国行政处罚法》第 9 条规定,行政处罚包括:警告、通报批评;罚款、没收违法所得、没收非法财物;暂扣许可证件、降低资质等级、吊销许可证件;限制开展生产经营活动、责令停产停业、责令关闭、限制从业;行政拘留以及法律、行政法规规定的其他行政处罚。

(二)民事法律责任

1. 民事法律责任的概念和特征

民事法律责任是指违反民事法律规范,无正当理由不履行民事义务或因侵害他人合法权益所应承担的法律责任。与其他法律责任相比较,民事责任有如下四点特征。

第一,民事责任具有民事违法性。民事责任是一种违反民事义务的法律责任。它以民事义务的存在为前提。没有违反民事义务的行为,就不会发生民事责任。

第二,民事责任一般都具有财产性。民事责任的目的不仅要对违反民事义务的人加以制裁,而且还要追究侵害人的赔偿责任。侵害人对他人的人身损害,也只能通过财产形式进行赔偿,因此,民事责任主要是财产责任。民事责任中也有非财产责任,如恢复名誉、赔礼道歉等。

第三,民事责任具有补偿性。民事责任以恢复被侵害的民事权利为目的。民事权利的实现,以民事义务的履行为前提。对民事义务的违反,必然影响到民事权利的实现。民事责任具有对民事权利补偿和对民事义务履行的性质。

第四,民事责任具有协商性。民事责任主要是一方当事人对另一方的责任,在法律允许的条件下,多数民事责任可以由当事人协商解决。如《民法典》第 458 条规定:"基于合同关系等产生的占有,有关不动产或者动产的使用、收益、违约责任等,按照合同约定;合同没有约定或者约定不明确的,依照有关法律规定",可见,基于合同关系等产生的占有,有关不动产或者动产的违约责任优先适用合同约定,即以双方的意思表示一致为前提,只有在合同没有约定或约定不明确时,才依照法律规定。

2. 民事责任的分类

民事责任可以从不同的角度进行分类,此处根据承担民事责任的原因,将民事责任分为违约责任和侵权责任。

违约责任也称为合同责任,当事人一方不履行合同义务或者履行合同义务不符合约定的,应当承担继续履行、采取补救措施或者赔偿损失等责任。承担违约责任的具体形式有:继续履行、采取补救措施和赔偿损失等。

侵权的民事责任是由侵权行为引起的,侵权行为指行为人由于过错侵害他人的财产或者人身,依法应当承担民事责任的行为,以及依照法律特别规定应该承担民事责任的其他致人损害的行为。侵权的民事责任,是指行为人因过错而实施侵权行为所应当承担的民事法律后果。侵权的民事责任包括两类:一类是一般侵权责任,包括侵犯财产所有权的民事责任、侵犯公民人身权的民事责任和侵犯知识产权的民事责任;还有一类是特殊侵权责任,依据《民法典》的规定,特殊侵权责任包括:职务侵权行为造成损害的职务责任、产品缺陷致人损害的产品责任、高度危险作业致人损害的高度危险责任、地面施工致人损害和建筑物致人损害的物件损害责任、饲养的动物将人咬伤的饲养动物损害责任、无民事行为能力人和限制民事行为能力人致人损害的监护责任以及医疗事故造成的医疗损害责任等。

当然,在司法实践中也存在违约责任与侵权责任的竞合,《民法典》第186条关于"因当事人一方的违约行为,损害对方人身权益、财产权益的,受损害方有权选择请求其承担违约责任或者侵权责任"的规定,属于这方面的总纲。在民法系统中,竞合是指某一项具体存在的法律事实与两种及其以上的民事责任之间形成匹配的关系,在竞合的过程中,不同形式的民事责任冲突便会产生,这也使得在追究相关责任时只能对其中一种责任进行追踪。

(三) 刑事法律责任

1. 刑事法律责任的概念和特征

刑事责任就是指刑事法律规定的,因实施犯罪行为而产生的,由司法机关强制犯罪者承受的刑事惩罚,刑事责任具有以下五个特征。

第一,刑事责任具有刑事违法性。产生刑事责任的原因在于行为人的行为具有严重的社会危害性,只有行为人的行为具有严重的社会危害性,违反《刑法》的规定,且构成犯罪,才能追究行为人的刑事责任。

第二,刑事责任具有强制性。刑事责任是犯罪人向国家所负的一种法律责任,它与民事责任由违法者向被害人承担责任有明显区别。刑事责任的大小、有无都不以被害人的意志为转移。

第三,刑事责任具有严厉性。刑事责任是一种惩罚性责任,其惩罚的力度最大。刑事责任是性质最为严重、否定性评价最为强烈、制裁后果最为严厉的法律责任。

第四,刑事责任具有专属性。刑事责任只能由犯罪的个人或单位承担,因此具有专属性,不可转嫁、不能替代。这与"刑罚止于一人"的思想和原则是一致的。

第五,刑事责任具有准据性。刑事责任具有准据性是指刑事责任的承担要符合《刑法》的基本原则:一是罪刑法定原则,即法无明文规定不为罪,法无明文规定不处罚。二是罪刑相当原则,即刑罚的轻重,应当与犯罪分子所犯罪行和承担的刑事责任相适应,重罪重罚、轻罪轻罚、无罪不罚、罪罚相当,罚当其罪。刑事责任一经确定,犯罪人和被害人均不能自行变更,更不允许进行所谓的"私了"。

2. 刑事责任的分类

《刑法》第3条规定:"法律明文规定为犯罪行为的,依照法律定罪处刑;法律没有明文规定为犯罪行为的,不得定罪处刑。"因此,对刑事责任的承担首先是定罪:是否犯罪、犯的何种罪;然后是量刑:即判处何种刑罚。

在定罪方面,《刑法》按照受《刑法》所保护而为犯罪行为所侵犯的社会关系,把社会上形形色色的犯罪行为归为十大类,即《刑法》分则部分规定的十大类犯罪:第一类是危害国家安全罪;第二类是危害公共安全罪;第三类是破坏社会主义市场经济秩序罪;第四类是侵犯公民人身权利、民主权利罪;第五类是侵犯财产罪;第六类是妨害社会管理秩序罪;第七类是危害国防利益罪;第八类是贪污贿赂罪;第九类是渎职罪;第十类是军人违反职责罪。

在量刑方面,《刑法》将刑罚分为主刑和附加刑。主刑共有五种:管制、拘役、有期徒刑、无期徒刑、死刑。附加刑包括罚金、剥夺政治权利、没收财产,附加刑也可以独立适用。对于犯罪的外国人,可以独立适用或者附加适用驱逐出境。对于犯罪分子决定刑罚的时候,应当根据犯罪的事实、犯罪的性质、情节和对于社会的危害程度,依照本法的有关规定判处。

第二节 教育法律责任承担

《教育法》《义务教育法》《教师法》《民办教育促进法》等教育法律以及《教师资格条例》《残疾人教育条例》等教育法规对违反相关法律法规的行为作了承担法律责任的规定。本节将分别从教育行政法律责任、教育民事法律责任和教育刑事法律责任介绍这些处罚规定。

一、教育行政责任的承担

由于教育行政责任的主体是教育行政法律关系中的行政主体和行政相对人,因此,在阐述教育行政法律责任时将首先阐述行政机关的行政法律责任,然后阐述分别作为行政相对人的学校、教师和学生的行政法律责任。

(一) 行政机关的行政责任

行政机关违法主要有行政失职、行政越权、行政滥用职权、行政处罚适用法律法规错误、行政处罚事实依据错误、程序违法和行政侵权等内容。当前,行政机关违反有关教育法律规定,依法承担的法律责任主要集中在以下五个方面。

1. 不按规定核拨教育经费的行政责任

教育经费是教育发展的前提条件,是学校进行正常教育教学活动的物质保证以及教师工资的来源。以义务教育为例,当前,国家将义务教育全面纳入财政保障范围,义务教育经费由国务院和地方各级人民政府予以保障。其一,国务院和地方各级人民政府将义务教育经费纳入财政预算,按照教职工编制标准、工资标准和学校建设标准、学生人均公用经费标准等,及时足额拨付义务教育经费,确保学校的正常运转和校舍安全,确保教职工工资按照规定发放。其二,国务院和地方各级人民政府用于实施义务教育财政拨款的增长比例应当高于财政经常性收入的增长比例,保证按照在校学生人数平均的义务教育费用逐步增长,保证教职工工资和学生人均公用经费逐步增长。其三,国务院和县级以上地方人民政府根据实际需要,设立专项资金,扶持农村地区、民族地区实施义务教育。因此,不按照预算核拨教育经费是一种渎职行为。

2. 向学校乱摊派的行政责任

乱摊派是指一些行政部门在国家法律法规和有关收费管理规定之外,无依据或违反有关收费标准、范围、用途或程序的要求,向学校,尤其是民办学校收取费用,严重侵犯了学校的合法权益,扰乱了学校的教学秩序,削弱了学校的办学积极性。因此,《教育法》第74条规定:"违反国家有关规定,向学校或者其他教育机构收取费用的,由政府责令退还所收费用;对直接负责的主管人员和其他直接责任人员,依法给予处分。"《义务教育法》第54条也规定:侵占、挪用义务教育经费的,向学校非法收取或者摊派费用的,由上级人民政府或者上级人民政府教育行政部门、财政部门、价格行政部门和审计机关根据职责分工责令限期改正;情节严重的,对直接负责的主管人员和其他直接责任人员依法给予处分。

3. 不履行义务教育管理职责的行政责任

义务教育是政府行为,各级人民政府除了要履行对义务教育的经费保障职责外,还要履行学校的设置、建设,校舍的维修改造等职责,履行义务教育学校的管理职责,否则义务教育就无法均衡发展。为此《义务教育法》第52条规定:"县级以上地方人民政府有下列情形之一的,由上级人民政府责令限期改正;情节严重的,对直接负责的主管人员和其他直接责任人员依法给予行政处分:(一)未按照国家有关规定制定、调整学校的设置规划的;(二)学校建设不符合国家规定的办学标准、选址要求和建设标准的;(三)未定期对学校校舍安全进行检查,并及时维修、改造的;(四)未依照本法规定均衡安排义务教育经费的。"第53条规定:"县级以上人民政府或者其教育行政部门有下列情形之一的,由上级人民政府或者其教育行政部门责令限期改正、通报批评;情节严重的,对直接负责的主管人员和其他直接责任人员依法给予行政处分:(一)将学校分为重点学校和非重点学校的;(二)改变或者变相改变公办学校性质的。县级人民政府教育行政部门或者乡镇人民政府未采取措施组织适龄儿童、少年入学或者防止辍学的,依照前款规定追究法律责任。"

4. 滥用职权、徇私舞弊的行政责任

教育行政部门依职权对申请举办的民办学校负有审批的职责,法律之所以赋予教育行政部门这样的权力,是为了规范民办学校的办学行为,加强政府对民办学校的管理。然而有些教育行政部门的工作人员滥用职权、徇私舞弊,严重地挫伤了社会力量办学的积极性,因此,《民办教育促进法》第63条规定:"县级以上人民政府教育行政部门、人力资源社会保障行政部门或者其他有关部门有下列行为之一的,由上级机关责令其改正;情节严重的,对直接负责的主管人员和其他直接责任人员,依法给予处分;造成经济损失的,依法承担赔偿责任;构成犯罪的,依法追究刑事责任:(一)已受理设立申请,逾期不予答复的;(二)批准不符合本法规定条件申请的;(三)疏于管理,造成严重后果的;(四)违反国家有关规定收取费用的;(五)侵犯民办学校合法权益的;(六)其他滥用职权、徇私舞弊的。"

5. 其他失职违法行为的行政责任

保护未成年人的合法权益是政府的职责,如果政府机关履行职责不到位、使得未成年人的合法权益受到侵害,那么相关机关及其责任人便应该承担相应的责任。因此,《未成

年人保护法》第 117 条规定:"违反本法第十一条第二款规定,未履行报告义务造成严重后果的,由上级主管部门或者所在单位对直接负责的主管人员和其他直接责任人员依法给予处分。"第 128 条规定:"国家机关工作人员玩忽职守、滥用职权、徇私舞弊,损害未成年人合法权益的,依法给予处分。"此外,《预防未成年人犯罪法》第 66 条规定:"国家机关及其工作人员在预防未成年人犯罪工作中滥用职权、玩忽职守、徇私舞弊的,对直接负责的主管人员和其他直接责任人员,依法给予处分。"

(二) 学校的行政责任

《教育法》第 22 条规定:"国家实行学业证书制度。经国家批准设立或者认可的学校及其他教育机构按照国家有关规定,颁发学历证书或者其他学业证书。"第 23 条规定:"国家实行学位制度。学位授予单位依法对达到一定学术水平或者专业技术水平的人员授予相应的学位,颁发学位证书。"因此,高等院校在颁发学业证书和学位证书时被看成是法律法规授权的行政主体,学生向学校主张学业证书和学位证书未果,进而发生纠纷诉至人民法院时,由行政庭受理。换言之,这一诉讼被称为"民告官",学校是作为"官"的角色站在被告席上的。如果学校败诉,承担的是法律法规授权行政主体的行政责任。

延伸阅读

于艳茹是北京大学历史学系 2008 级博士研究生,2013 年 7 月 5 日,她从北京大学毕业,并取得历史学博士学位。随后,她考入中国社会科学院世界历史研究所博士后流动站。2013 年 1 月,在读博期间,她将撰写的论文《1775 年法国大众新闻业的"投石党运动"》(以下简称《运动》)向《国际新闻界》杂志社投稿。同年 5 月,临近博士学位论文答辩,她提交了答辩申请书及科研统计表,《运动》被她作为科研成果列入答辩申请书,注明"《国际新闻界》于 2013 年 3 月 18 日接收,待发"。当时,连同《运动》提交的还有她已发表在核心期刊的 4 篇论文及其他 3 篇未发表的论文。

2013 年 7 月 23 日,在于艳茹拿到博士学位,毕业 18 天后,《国际新闻界》才刊登了《运动》一文。时隔一年多后的 2014 年 8 月 17 日,《国际新闻界》发布公告称,于艳茹在《运动》中大段翻译原作者的论文,直接采用原作者引用的文献作为注释,其行为已构成严重抄袭。随后,北京大学成立专家调查小组调查于艳茹涉嫌抄袭一事。2015 年 1 月 9 日,经北京大学学位评定委员会表决后,北京大学做出撤销于艳茹博士学位的决定,称其在校期间发表的《运动》存在严重抄袭。北京大学称,依据学位条例、《国务院学位委员会关于在学位授予工作中加强学术道德和学术规范建设的意见》《北京大学研究生基本学术规范》等规定,决定撤销其博士学位,收回学位证书。

于艳茹不服,相继向北京大学学生申诉处理委员会、北京市教育委员会提出了申诉,均未获支持。2015 年 7 月,她将北京大学告上法庭,请求法院撤销北京大学作出的撤销决定,并判令恢复其博士学位证书的法律效力。

经过两级人民法院审理,2017 年 6 月,北京市第一中级人民法院作出终审判决,认定北京大学作出的撤销于艳茹博士学位决定程序违法,亦缺乏明确法律依据,撤销之前北大作出的撤销学位的决定,同时驳回了于艳茹要求恢复其博士学位证书法律效力的诉讼请求,认为这一诉求"不属于本案审理范围"。"于艳茹案"被认为是我国首个因涉嫌论文抄袭导致博士学位被撤销的行政诉讼案件。

当然,一般情况下,学校主要是作为行政相对人而存在的,处于教育行政部门的管理之下,学校违反了行政法律法规,要接受行政处罚,承担相应的行政责任。

1. 违规办学的行政责任

学校办学(包括设立学校)需要符合严格的法律规定,《教育法》第27条规定:"设立学校及其他教育机构,必须具备下列基本条件:(一)有组织机构和章程;(二)有合格的教师;(三)有符合规定标准的教学场所及设施、设备等;(四)有必备的办学资金和稳定的经费来源。"违反国家有关规定,举办学校或者其他教育机构的,由教育行政部门或者其他有关行政部门予以撤销;有违法所得的,没收违法所得;对直接负责的主管人员和其他直接责任人员,依法给予处分。

相较而言,民办学校违规办学有些是办学条件不具备,未经批准即开始招生,因此,《民办教育促进法》第64条规定:"违反国家有关规定擅自举办民办学校的,由所在地县级以上地方人民政府教育行政部门或者人力资源社会保障行政部门会同同级公安、民政或者市场监督管理等有关部门责令停止办学、退还所收费用,并对举办者处违法所得一倍以上五倍以下罚款;构成违反治安管理行为的,由公安机关依法给予治安管理处罚;构成犯罪的,依法追究刑事责任。"民办学校还有其他方面违规办学的情况,为此,该法第62条规定:"民办学校有下列行为之一的,由县级以上人民政府教育行政部门、人力资源社会保障行政部门或者其他有关部门责令限期改正,并予以警告;有违法所得的,退还所收费用后没收违法所得;情节严重的,责令停止招生、吊销办学许可证;构成犯罪的,依法追究刑事责任:(一)擅自分立、合并民办学校的;(二)擅自改变民办学校名称、层次、类别和举办者的;(三)发布虚假招生简章或者广告,骗取钱财的;(四)非法颁发或者伪造学历证书、结业证书、培训证书、职业资格证书的;(五)管理混乱严重影响教育教学,产生恶劣社会影响的;(六)提交虚假证明文件或者采取其他欺诈手段隐瞒重要事实骗取办学许可证的;(七)伪造、变造、买卖、出租、出借办学许可证的;(八)恶意终止办学、抽逃资金或者挪用办学经费的。"

此外,义务教育学校违规办学主要集中在把班级分成重点班和非重点班、违法开除学生等方面,因此,《义务教育法》第57条规定:"学校有下列情形之一的,由县级人民政府教育行政部门责令限期改正;情节严重的,对直接负责的主管人员和其他直接责任人员依法给予处分:(一)拒绝接收具有接受普通教育能力的残疾适龄儿童、少年随班就读的;(二)分设重点班和非重点班的;(三)违反本法规定开除学生的;(四)选用未经审定的教科书的。"

2. 违规招生的行政责任

《教育法》规定的学校的权利中有"招收学生或者其他受教育者的权利"。但是学校的招生权利不应超出应有的范围和规定的程序,否则就是滥用职权。《教育法》第 76 条明确规定:"学校或者其他教育机构违反国家有关规定招收学生的,由教育行政部门或者其他有关行政部门责令退回招收的学生,退还所收费用;对学校、其他教育机构给予警告,可以处违法所得五倍以下罚款;情节严重的,责令停止相关招生资格一年以上三年以下,直至撤销招生资格、吊销办学许可证;对直接负责的主管人员和其他直接责任人员,依法给予处分;构成犯罪的,依法追究刑事责任。"第 77 条第 1 款规定:"在招收学生工作中滥用职权、玩忽职守、徇私舞弊的,由教育行政部门或者其他有关行政部门责令退回招收的不符合入学条件的人员;对直接负责的主管人员和其他直接责任人员,依法给予处分;构成犯罪的,依法追究刑事责任。"

当前,违规招生主要集中在民办学校中,发布虚假招生简章或者广告,进而骗取钱财,因此,《民办教育促进法》第 62 条对此做了相关处罚规定。

此外,拒绝招收按照国家有关规定应当招收的残疾人入学的,也要承担相应的行政责任。《残疾人教育条例》第 57 条规定:"学前教育机构、学校、其他教育机构及其工作人员违反本条例规定,有下列情形之一的,由其主管行政部门责令改正,对直接负责的主管人员和其他直接责任人员依法给予处分;构成违反治安管理行为的,由公安机关依法给予治安管理处罚;构成犯罪的,依法追究刑事责任:(一)拒绝招收符合法律、法规规定条件的残疾学生入学的;(二)歧视、侮辱、体罚残疾学生,或者放任对残疾学生的歧视言行,对残疾学生造成身心伤害的;(三)未按照国家有关规定对经济困难的残疾学生减免学费或者其他费用的。"

3. 违规收费的行政责任

学校违反国家有关收费范围、项目、标准以及有关收费事宜的审批、核准、备案以及收费的减、免等方面的规定,自立收费项目或超过规定的收费标准,非法或不合理地向学生收取费用,会给学生及其家庭带来负担。因此,《教育法》第 78 条规定:"学校及其他教育机构违反国家有关规定向受教育者收取费用的,由教育行政部门或者其他有关行政部门责令退还所收费用;对直接负责的主管人员和其他直接责任人员,依法给予处分。"

在我国,实施义务教育,不收学费、杂费。学校不得违反国家规定收取费用,不得以向学生推销或者变相推销商品、服务等方式谋取利益。但是,依然存在部分学校以各种名目收取费用的现象。为此,《义务教育法》第 56 条第 1 款、第 2 款规定:"学校违反国家规定收取费用的,由县级人民政府教育行政部门责令退还所收费用;对直接负责的主管人员和其他直接责任人员依法给予处分。学校以向学生推销或者变相推销商品、服务等方式谋取利益的,由县级人民政府教育行政部门给予通报批评;有违法所得的,没收违法所得;对直接负责的主管人员和其他直接责任人员依法给予处分。"

(三)教师的行政法律责任

教师是履行教育教学职责的专业人员,承担教书育人,培养社会主义事业建设者和接班人、提高民族素质的使命,教师是教育法律关系中的重要主体之一。为此,《教师法》对教师滥用权利、逃避义务等违法行为规定了明确的法律责任。

1. 故意不完成教育教学任务和体罚学生的行政责任

《教师法》规定教师有"贯彻国家的教育方针,遵守规章制度,执行学校的教学计划,履行教师聘约,完成教育教学工作任务"和"关心、爱护全体学生,尊重学生人格,促进学生在品德、智力、体质等方面全面发展"的义务。

完成教育教学任务是教师必须履行的工作职责。热爱学生是教师的天职,尊重学生是教师的美德,教师如果不能平等地对待每一个学生,甚至体罚或变相体罚学生,就要承担相应的行政责任,甚至是刑事责任。为此,《教师法》第 37 条规定:"教师有下列情形之一的,由所在学校、其他教育机构或者教育行政部门给予行政处分或者解聘:(一) 故意不完成教育教学任务给教育教学工作造成损失的;(二) 体罚学生,经教育不改的;(三) 品行不良、侮辱学生,影响恶劣的。教师有前款第(二)项、第(三)项所列情形之一,情节严重,构成犯罪的,依法追究刑事责任。"其中,所谓的"教育教学任务",是依照聘任合同的约定或岗位职责所明确的教师应当完成的教育教学任务。体罚学生,是指教师以暴力的方法或以暴力相威胁,或以其他强制性的手段,侵害学生的身心健康的行为。品行不良、影响恶劣的行为,是指教师的人品或行为严重有悖于社会公德和教师的职业道德,严重损害为人师表的形象和身份,在学生中和社会上产生恶劣影响的行为。侮辱学生,是指教师公然贬低或侵害学生的人格,损害学生名誉的违法行为。

《教师资格条例》第 19 条对教师品行不良、侮辱学生,影响恶劣的行为做出了进一步的规定:"由县级以上人民政府教育行政部门撤销其教师资格","被撤销教师资格的,自撤销之日起 5 年内不得重新申请认定教师资格,其教师资格证书由县级以上人民政府教育行政部门收缴"。

此外,《残疾人教育条例》第 57 条规定,学前教育机构、学校、其他教育机构及其工作人员违反本条例规定,歧视、侮辱、体罚残疾学生,或者放任对残疾学生的歧视言行,对残疾学生造成身心伤害的,由其主管行政部门责令改正,对直接负责的主管人员和其他直接责任人员依法给予处分;构成违反治安管理行为的,由公安机关依法给予治安管理处罚。

2. 弄虚作假的行政责任

对于"弄虚作假、骗取教师资格的",由县级以上人民政府教育行政部门撤销其教师资格,被撤销教师资格的,自撤销之日起 5 年内不得重新申请认定教师资格,其教师资格证书由县级以上人民政府教育行政部门收缴。此外,参加教师资格考试有作弊行为的,其考试成绩作废,3 年内不得再次参加教师资格考试。

(四) 学生的行政责任

受教育者是教育的对象,也是教育法调整的社会关系的重要主体之一。学生违反相关法律法规也要承担相应的行政法律责任。

1. 考试舞弊的行政责任

我国中考、高考或其他正规的考试制度属于国家教育制度的一部分,学生必须遵守考试规则,在考试中不得有舞弊行为。《教育法》第 79 条规定:"考生在国家教育考试中有下列行为之一的,由组织考试的教育考试机构工作人员在考试现场采取必要措施予以制止并终止其继续参加考试;组织考试的教育考试机构可以取消其相关考试资格或者考试成绩;情节严重的,由教育行政部门责令停止参加相关国家教育考试一年以上三年以下;构成违反治安管理行为的,由公安机关依法给予治安管理处罚;构成犯罪的,依法追究刑事责任:(一)非法获取考试试题或者答案的;(二)携带或者使用考试作弊器材、资料的;(三)抄袭他人答案的;(四)让他人代替自己参加考试的;(五)其他以不正当手段获得考试成绩的作弊行为。"

《教育行政处罚暂行实施办法》第 14 条规定:"参加国家教育考试的考生,有下列情形之一的,由主管教育行政部门宣布考试无效;已经被录取或取得学籍的,由教育行政部门责令学校退回招收的学员;参加高等教育自学考试的应试者,有下列情形之一,情节严重的,由各省、自治区、直辖市高等教育自学考试委员会同时给予停考一至三年的处罚:(一)以虚报或伪造、涂改有关材料及其他欺诈手段取得考试资格的;(二)在考试中有夹带、传递、抄袭、换卷、代考等考场舞弊行为的;(三)破坏报名点、考场、评卷地点秩序,使考试工作不能正常进行或以其他方法影响、妨碍考试工作人员使其不能正常履行责任以及其他严重违反考场规则的行为。"

2. 扰乱教育教学秩序的行政责任

公民必须维护学校教育教学正常秩序,扰乱学校教育教学秩序,要承担相应的法律责任。扰乱学校教育教学秩序的,一般是社会闲散人员或是学生家长。引起扰乱事件发生的原因往往与在校学生有关,有时候扰乱事件也有学校学生参加。为了维护学校正常的教育教学秩序,《教育法》第 72 条第 1 款规定:"结伙斗殴、寻衅滋事,扰乱学校及其他教育机构教育教学秩序或者破坏校舍、场地及其他财产的,由公安机关给予治安管理处罚;构成犯罪的,依法追究刑事责任。"此外,对于扰乱学校教育教学秩序的人员,《中华人民共和国治安管理处罚法》第 23 条规定,"对于扰乱机关、团体、企业、事业单位秩序,致使工作、生产、营业、医疗、教学、科研不能正常进行,尚未造成严重损失的处警告或者二百元以下罚款;情节较重的,处五日以上十日以下拘留,可以并处五百元以下罚款"。

3. 冒用身份或顶替入学资格的行政责任

完善冒名顶替入学的法律责任是 2021 年《教育法》修改的重点之一。从 2001 年的"齐玉苓案"到 2009 年的"罗彩霞案",再到 2020 年"农家女被冒名顶替上大学"事件,近年来,有关冒名顶替入学的事件不时被媒体曝光,引起公众义愤。冒名顶替入学,使无辜者的前程被轻易毁掉,而那些弄虚作假的人却可以轻松拥有亮丽的人生,这违背了教育公平的基本理念。因此,让冒名顶替正式入法,一方面从立法层面维护了高考公平,另一方面也捍卫了教育公平。

第一,盗用、冒用他人身份,顶替他人取得的入学资格的,由教育行政部门或者其他有关行政部门责令撤销入学资格,并责令停止参加相关国家教育考试二年以上五年以下;已经取得学位证书、学历证书或者其他学业证书的,由颁发机构撤销相关证书;已经成为公职人员的,依法给予开除处分;构成违反治安管理行为的,由公安机关依法给予治安管理处罚;构成犯罪的,依法追究刑事责任。

第二,与他人串通,允许他人冒用本人身份,顶替本人取得的入学资格的,由教育行政部门或者其他有关行政部门责令停止参加相关国家教育考试一年以上三年以下;有违法所得的,没收违法所得;已经成为公职人员的,依法给予处分;构成违反治安管理行为的,由公安机关依法给予治安管理处罚;构成犯罪的,依法追究刑事责任。

第三,组织、指使盗用或者冒用他人身份,顶替他人取得的入学资格的,有违法所得的,没收违法所得;属于公职人员的,依法给予处分;构成违反治安管理行为的,由公安机关依法给予治安管理处罚;构成犯罪的,依法追究刑事责任。

延伸阅读

1997 年山东考生高考成绩由省招生办发放到市、县(市、区)招生办,高中学校张榜公布,考生可通过省高考 168 查分热线查询。1997 年 7 月,苟晶在济宁市实验中学以农村应届理科生身份参加高考,成绩为 551 分(满分 900 分),苟晶成绩达到济宁市中专(理科)委培录取分数线,但苟晶本人未填报志愿,选择在原就读高中复读。

7 月中下旬,因选择在原就读高中复读,苟晶按照学校要求将准考证上交。但是邱印林(邱小慧父亲)在苟晶不知情的情况下,将苟晶考生档案卡及准考证上的照片替换为邱小慧的照片;对苟晶当年的学生档案进行涂改,以苟晶的名义填报志愿,苟晶的个人身份、高考成绩等被邱小慧冒用。后,邱小慧持录取通知书到学校报到入学。

2020 年事发后,邱小慧因违反国家法律法规,被给予开除处分。

二、教育民事责任的承担

教育民事法律责任的承担主要发生在学校,学校承担的民事责任涉及诸多方面,包括学校侵害教师的民事权利、教师之间互相侵害民事权利、教师侵害学生的民事权利等,凡是民事侵权行为都应承担相应的民事责任。由于学校的服务对象是学生群体,因此,这里将重点介绍由于学生伤害事故而引起的学校及其他相关人员的民事责任。

(一)学校的民事责任

1. 限制民事行为能力人受伤,学校承担过错责任

《民法典》第 1200 条:"限制民事行为能力人在学校或者其他教育机构学习、生活期间受到人身损害,学校或者其他教育机构未尽到教育、管理职责的,应当承担侵权责任。"《民法典》的这一规定明确了限制民事行为能力人受到人身伤害,对学校的追责应适用过错责任原则。

何为过错责任原则?《民法典》第 1165 条第 1 款对过错责任原则做了表述:"行为人因过错侵害他人民事权益造成损害的,应当承担侵权责任。"故,过错责任原则是以过错作为侵权人承担民事责任必要条件的归责原则法。

过错责任原则适用于一般侵权行为，一般侵权行为由以下四个构成要件组成：违法行为、损害事实、违法行为与损害事实之间的因果关系以及行为人主观过错。过错责任原则的特点：相对于损害事实、违法行为、违法行为与损害事实间的因果关系等构成要件而言，过错是归责的最终要件，有过错即有责任，无过错即无责任。

过错责任原则的举证责任是"谁主张，谁举证"，即由受害人对侵权人的过错承担举证责任。作为限制民事行为能力的学生在受到人身伤害、追究学校责任时，除了需要证明自己的损害事实外，还需要证明学校在教育、管理方面存在违法行为，学校的违法行为与自己的损害事实之间存在因果关系以及学校对自己的人身损害存在主观上的故意或是过失的过错。

当然，限制民事行为能力人受到伤害，学校适用过错责任原则并不意味着学校无须承担任何举证责任，学校如果不愿意承担责任，就必须拿出具有证明力的证据证明己方无过错，已经尽到了教育、管理的职责。

2. 无民事行为能力人受伤，学校承担过错推定责任

由于无民事行为能力人的自我保护意识和自我保护能力非常弱，因此，法律加大了对幼儿园、学校或者其他教育机构的责任追究。《民法典》第 1199 条："无民事行为能力人在幼儿园、学校或者其他教育机构学习、生活期间受到人身损害的，幼儿园、学校或者其他教育机构应当承担侵权责任；但是，能够证明尽到教育、管理职责的，不承担侵权责任。"《民法典》的这一规定明确了无民事行为能力人受到人身伤害，幼儿园、学校或者其他教育机构适用过错推定原则。

何为过错推定原则？《民法典》第 1165 条第 2 款的表述是"依照法律规定推定行为人有过错，其不能证明自己没有过错的，应当承担侵权责任。"上述法律规定的前半句就是"推定"，"推定"无民事行为能力人在学习、生活期间受到人身损害时，不管幼儿园、学校或者其他教育机构是否有过错，都先推定他们有过错，并因此要求他们承担责任。上述法律规定的后半句就是对"推定"的否定，即幼儿园、学校或者其他教育机构要想推翻前面的"推定"，就必须提供证据证明自己尽到了教育、管理职责。因此，过错推定原则，就是根据法律规定，行为人不能证明自己没有过错时便推定其有过错，并因此承担民事责任的归责原则法。

与过错责任原则的"谁主张，谁举证"举证责任不同，过错推定原则的举证责任是"举证责任倒置"，受害人对自己的损害事实、侵权人的违法行为、侵权人的违法行为与受害人的损害事实之间存在着因果关系、侵权人主观过错这四个构成要件中只要承担自己所受到的损害事实一个举证责任即可，至于其他三个构成要件的举证责任则转移到被告身上。被告如果提供的证据不能证明自己的行为是合法的，不能证明自己的行为与受害人的损害事实之间没有因果关系，不能证明自己主观上没有过错，则必须承担侵权责任。

（二）教师的民事责任

1. 学校承担用人单位责任

《民法典》第 1191 条明确规定"用人单位的工作人员因执行工作任务造成他人损害

的,由用人单位承担侵权责任"。依据上述法律规定,教师在教育教学过程中造成学生伤害的,包括体罚和变相体罚学生的,由学校承担赔偿责任。

学校承担的用人单位责任是一种特殊侵权责任,适用的是无过错责任原则,对于无过错责任原则,《民法典》第 1166 条规定:"行为人造成他人民事权益损害,不论行为人有无过错,法律规定应当承担侵权责任的,依照其规定。"故,在教师职务行为造成学生伤害事件中,无论学校是否有过错,依据法律规定,作为用人单位的学校均应当承担赔偿责任。

2. 学校向有责任的教师进行追偿

如上文所述,教师的职务过错造成学生伤害的责任由学校承担,但这并不意味着教师本人无须承担任何责任。《民法典》第 1191 条明确规定:"用人单位的工作人员因执行工作任务造成他人损害的,由用人单位承担侵权责任。用人单位承担侵权责任后,可以向有故意或者重大过失的工作人员追偿。"《江苏省中小学生人身伤害事故预防与处理条例》第 35 条也规定:"因学校教职员工在履行职务中造成学生伤害事故的,学校承担赔偿责任后,可以向有故意或者重大过失的责任人进行追偿。"第 40 条规定:"学校教职员工对学生伤害事故负有责任的,教育行政部门或者学校应当给予批评教育或者行政处分,情节严重的,可以依法予以解聘;构成犯罪的,依法追究刑事责任。"因此,如果是因为教师本人的职务过错造成的学生伤害事故,教师承担的是被追偿的责任。

教师本人是否要承担被追偿的责任,判断的标准是一般侵权责任的四个构成要件,即学生是否受到人身伤害,教师是否存在违法行为,教师的违法行为与学生的人身伤害之间是否存在因果关系,教师在学生人身伤害事件中是否存在过错,包括故意与过失。也就是说,对于教师承担的被追偿责任,适用的是过错责任原则。

(三) 监护人的民事责任

我国《民法典》第 1188 条规定:"无民事行为能力人、限制民事行为能力人造成他人损害的,由监护人承担侵权责任。监护人尽到监护职责的,可以减轻其侵权责任。有财产的无民事行为能力人、限制民事行为能力人造成他人损害的,从本人财产中支付赔偿费用;不足部分,由监护人赔偿。"由此可见,监护人对其子女在学校发生的伤害事故,承担的是无过错责任,即对其子女造成的他人伤害,无论监护人是否存在过错,均应当承担侵权责任。此外,无民事行为能力人、限制民事行为能力人造成他人损害,监护人将监护职责委托给他人的,监护人应当承担侵权责任;受托人有过错的,承担相应的责任。

对于子女是否造成了他人损害,则需要用一般侵权的四个构成要件进行判断,即他人是否存在损害,子女是否存在违法行为,子女的违法行为与他人的损害之间是否存在因果关系,子女在造成他人损害过程中是否存在过错。如果在造成他人损害过程中,双方都有过错,这一情形被称为混合过错,此时,可以依据《民法典》第 1173 条的规定:"被侵权人对同一损害的发生或者扩大有过错的,可以减轻侵权人的责任",故,对于一般过错和混合过错,适用的均是过错责任原则。

(四) 第三人的民事责任

1. 第三人承担过错赔偿责任

上文所述的是发生在学校内部的学生伤害事故,如果发生校外人员对在校学生进行伤害的事故,那么,校外人员就称为第三人。在当前社会,社会上有些人对单位不满或是对生活丧失信心,欲报复社会,他们往往会闯入幼儿园、中小学对学生实施伤害,法律在追究其刑事责任的同时,也会追究其民事责任。《民法典》第 1175 条规定:"损害是因第三人造成的,第三人应当承担侵权责任。"第 1201 条规定,"无民事行为能力人或者限制民事行为能力人在幼儿园、学校或者其他教育机构学习、生活期间,受到幼儿园、学校或者其他教育机构以外的第三人人身损害的,由第三人承担侵权责任"。这一法律规定明确了第三人承担的是过错赔偿责任,他们必须为自己的过错承担赔偿责任,而不能把自己的责任推向学校。

2. 学校有过错,承担补充赔偿责任

在第三人造成的学生伤害事故中,如果学校有过错,学校也要承担责任。正如《民法典》第 1201 条所规定的"幼儿园、学校或者其他教育机构未尽到管理职责的,承担相应的补充责任。幼儿园、学校或者其他教育机构承担补充责任后,可以向第三人追偿"。由此可见,学校承担补充赔偿责任,前提是学校有过错,如果学校有证据证明自己没有过错,也可以不承担责任。

(五) 各方均无过错的公平原则

如果在学校发生的伤害事故中,学校、教师、学生各方均无过错,那么对于伤害造成的损失,则适用公平责任原则。如我国《学生伤害事故处理办法》第 26 条第 2 款规定:"学校无责任的,如果有条件,可以根据实际情况,本着自愿和可能的原则,对受伤害学生给予适当的帮助。"公平原则的前提是当事人均无过错,且无法律规定由谁来承担责任。由于没有过错,故,对损害的承担用了"分担"二字。例如:体育比赛要求运动员发挥拼搏的竞赛精神,全力以赴战胜对方,取得比赛的胜利,因此,很有可能出现人身损害的后果。但是,正当的竞技行为或者被判技术犯规的行为所造成的人身损害,致害人本身并没有侵害受害人的恶意,双方对引起的损害后果均无过错,故,此时应适用公平责任原则。

三、教育刑事责任的承担

判断教育领域中的违法行为是否属于情况严重、构成犯罪,必须先了解有关犯罪构成的基本知识。任何犯罪的犯罪构成都由主、客观要件构成。主观要件包括犯罪主体与犯罪主观方面;客观要件包括犯罪客体与犯罪客观方面。犯罪主体是指实施犯罪并且依法应当承担刑事责任的自然人和单位。犯罪主观方面是指犯罪主体对其所实施的危害社会的行为及其危害结果所持的心理态度。犯罪主观方面包括犯罪故意和犯罪过失,前者分为直接故意犯罪和间接故意犯罪;后者则分为"疏忽大意"的过失与"过于自信"的过失。

犯罪客体是指刑法所保护而为犯罪行为所侵犯的社会关系。犯罪的客观方面是犯罪活动外在表现的客观事实,其中犯罪行为是必备的客观事实。犯罪的四个要件缺一不可,否则构不成犯罪。在教育领域中,犯罪主要包括以下一些类别。

延伸阅读

犯罪故意是指明知自己的行为会发生危害社会的结果,并且希望或者放任这种结果发生的心理态度,包括直接故意和间接故意。直接故意是指明知自己的行为会发生危害社会的结果并且希望这种结果发生的心理态度。所以希望危害结果发生,表现为行为人对这种结果的积极追求,把它作为自己行为的目的,并采取积极的行动为达到这个目的而努力。间接故意是指明知自己的行为会发生危害社会的结果,并且放任这种危害结果发生的心理态度。所谓放任危害结果的发生,就是听其自然,纵容危害结果的发生,对危害结果的发生虽然不积极追求也不设法避免。例如:张三投毒杀害李四,而对也会毒死同室的王五的事实听之任之,结果毒死了李四和王五。那么,张三对李四的死亡在主观上是直接故意,对王五的死亡在主观上是间接故意。

犯罪过失是指行为人应当预见自己的行为可能发生危害社会的结果,因为疏忽大意而没有预见或者已经预见而轻信能够避免的心理态度,包括疏忽大意的过失和过于自信的过失。所谓"轻信能够避免"是指一方面行为人希望和相信能够避免危害结果发生;另一方面行为人没有确实可靠的客观根据而轻率相信可以避免。譬如过高地估计了自己的能力或者不当地估计了有利的条件,自以为可以避免危害结果发生,而实际上却未能避免。

(一)教育行政管理人员的刑事责任

1. 贪污贿赂罪——贪污罪、受贿罪、挪用公款罪

《刑法》分则中的第八大类犯罪是贪污贿赂罪。教育行政管理人员有可能触犯的是贪污罪、受贿罪和挪用公款罪。

第一,贪污罪。教育法律法规对国家工作人员的贪污罪没有具体惩罚规定,但是掌握着教育经费的国家工作人员中的贪污情况比较严重。《刑法》第382条明确了"国家工作人员利用职务上的便利,侵吞、窃取、骗取或者以其他手段非法占有公共财物的,是贪污罪"。第383条规定:"对犯贪污罪的,根据情节轻重,分别依照下列规定处罚:(一)贪污数额较大或者有其他较重情节的,处三年以下有期徒刑或者拘役,并处罚金。(二)贪污数额巨大或者有其他严重情节的,处三年以上十年以下有期徒刑,并处罚金或者没收财产。(三)贪污数额特别巨大或者有其他特别严重情节的,处十年以上有期徒刑或者无期徒刑,并处罚金或者没收财产;数额特别巨大,并使国家和人民利益遭受特别重大损失的,处无期徒刑或者死刑,并处没收财产。对多次贪污未经处理的,按照累计贪污数额处罚。犯第一款罪,在提起公诉前如实供述自己罪行、真诚悔罪、积极退赃,避免、减少损害结果的发生,有第一项规定情形的,可以从轻、减轻或者免除处罚;有第二项、第三项规定情形

的,可以从轻处罚。犯第一款罪,有第三项规定情形被判处死刑缓期执行的,人民法院根据犯罪情节等情况可以同时决定在其死刑缓期执行二年期满依法减为无期徒刑后,终身监禁,不得减刑、假释。"

第二,受贿罪。《刑法》第 385 条明确规定:"国家工作人员利用职务上的便利,索取他人财物的,或者非法收受他人财物,为他人谋取利益的,是受贿罪。国家工作人员在经济往来中,违反国家规定,收受各种名义的回扣、手续费,归个人所有的,以受贿论处。"第 386 条规定:"对犯受贿罪的,根据受贿所得数额及情节,依照本法第三百八十三条的规定处罚。索贿的从重处罚。"受贿罪的主体是特殊主体,只能是在职的国家工作人员;本罪的主观方面是故意;本罪的客观方面表现为利用职务上的便利索贿和收受贿赂的行为;本罪的客体是国家工作人员的受贿行为侵犯了其职务的廉洁性。国家工作人员要经得起行贿人的"软硬兼施",不能把国家的财产当人情送人,更不能利用国家的财产为自己的私利与行贿人交易,否则将受到严厉的刑事处罚。

第三,挪用公款罪。《教育法》第 71 条明确规定:"违反国家有关规定,不按照预算核拨教育经费的,由同级人民政府限期核拨;情节严重的,对直接负责的主管人员和其他直接责任人员,依法给予处分。违反国家财政制度、财务制度,挪用、克扣教育经费的,由上级机关责令限期归还被挪用、克扣的经费,并对直接负责的主管人员和其他直接责任人员,依法给予处分;构成犯罪的,依法追究刑事责任。"《教师法》第 38 条规定,"违反国家财政制度、财务制度,挪用国家财政用于教育的经费,严重妨碍教育教学工作,拖欠教师工资,损害教师合法权益的,由上级机关责令限期归还被挪用的经费,并对直接责任人员给予行政处分;情节严重,构成犯罪的,依法追究刑事责任"。《刑法》第 384 条对挪用公款罪作了界定,并规定了挪用公款罪的处罚:"国家工作人员利用职务上的便利,挪用公款归个人使用,进行非法活动的,或者挪用公款数额较大,进行营利活动的,或者挪用公款数额较大、超过三个月未还的,是挪用公款罪,处五年以下有期徒刑或者拘役;情节严重的,处五年以上有期徒刑。挪用公款数额巨大不退还的,处十年以上有期徒刑或者无期徒刑。挪用用于救灾、抢险、防汛、优抚、扶贫、移民、救济款物归个人使用的,从重处罚。"挪用公款罪的犯罪主体是特殊主体,即只限于国家工作人员;在主观方面,挪用公款的行为人是明知故犯;侵犯的客体是国家的财经管理制度和公款的使用权;客观方面表现为国家工作人员利用职务上的便利,挪用公款归个人使用,进行非法活动的,或者挪用公款数额较大,进行营利活动的,或者挪用公款数额较大、超过三个月未还的行为。

2. 渎职罪——招收学生徇私舞弊罪、滥用职权罪、玩忽职守罪

《刑法》分则规定的第九大类犯罪是渎职罪。渎职罪,是指国家机关工作人员在公务活动中利用职务上的便利徇私舞弊、滥用职权、玩忽职守,妨害国家机关的正常活动,损害公众对国家机关工作人员职务活动客观公正性的信赖,致使国家与人民利益遭受重大损失的行为。渎职罪的具体罪名有徇私舞弊罪、滥用职权罪和玩忽职守罪等。

第一,招收公务员、学生徇私舞弊罪。《刑法》对教育领域中的渎职罪,有罪名的只有一个,即招收公务员、学生徇私舞弊罪。《刑法》第 418 条规定:"国家机关工作人员在招收公务员、学生工作中徇私舞弊,情节严重的,处三年以下有期徒刑或者拘役。"此外,《教育法》第77条第1款也明确规定:"在招收学生工作中滥用职权、玩忽职守、徇私舞弊的,由教育行政部门或者其他有关行政部门责令退回招收的不符合入学条件的人员;对直接负责的主管人员和其他直接责任人员,依法给予处分;构成犯罪的,依法追究刑事责任。"

招收公务员、学生徇私舞弊罪的主体为特殊主体,即国家机关工作人员;客体为招生管理正常的秩序和政府的廉洁性;客观方面表现为徇私舞弊招收不符合条件的学生;主观方面为故意。招收公务员、学生徇私舞弊罪的量刑要素是"情节严重",这里的"情节严重"参照《最高人民检察院关于渎职侵权犯罪案件立案标准的规定》,是指具有下列情形之一的:"(一)徇私情、私利,利用职务便利,伪造、变造人事、户口档案、考试成绩等,弄虚作假招收学生的;(二)徇私情、私利,三次以上招收或者一次招收三名以上不合格的学生的;(三)因招收不合格的学生,导致被排挤的合格人员或者其亲属精神失常或者自杀的;(四)因徇私舞弊招收学生,导致该项招收工作重新进行的;(五)招收不合格的学生,造成恶劣社会影响的。"徇私舞弊情节未达到严重程度的,则不构成犯罪,而属于一般违法行为。招收学生徇私舞弊罪是教育领域特有的犯罪行为,国家机关工作人员在招收公务员、学生工作中一定需要注意,不可因为私利、私情而违法招收不符合条件的学生,不要因为自己的行为破坏招生管理工作的秩序,损害国家机关的形象。

第二,滥用职权罪和玩忽职守罪。《民办教育促进法》第63条规定:"县级以上人民政府教育行政部门、人力资源社会保障行政部门或者其他有关部门有下列行为之一的,由上级机关责令其改正;情节严重的,对直接负责的主管人员和其他直接责任人员,依法给予处分;造成经济损失的,依法承担赔偿责任;构成犯罪的,依法追究刑事责任:(一)已受理设立申请,逾期不予答复的;(二)批准不符合本法规定条件申请的;(三)疏于管理,造成严重后果的;(四)违反国家有关规定收取费用的;(五)侵犯民办学校合法权益的;(六)其他滥用职权、徇私舞弊的。"《教师资格条例》第22条规定:"在教师资格认定工作中玩忽职守、徇私舞弊,对教师资格认定工作造成损失的,由教育行政部门依法给予行政处分;构成犯罪的,依法追究刑事责任。"

在民办学校审批过程中出现滥用职权、徇私舞弊的,在教师资格认定工作中玩忽职守、徇私舞弊的,《刑法》对此没有直接的罪名,但是依据《刑法》第397条规定:"国家机关工作人员滥用职权或者玩忽职守,致使公共财产、国家和人民利益遭受重大损失的,处三年以下有期徒刑或者拘役;情节特别严重的,处三年以上七年以下有期徒刑。本法另有规定的,依照规定。国家机关工作人员徇私舞弊,犯前款罪的,处五年以下有期徒刑或者拘役;情节特别严重的,处五年以上十年以下有期徒刑。本法另有规定的,依照规定。"可以据此将在民办学校审批过程中出现滥用职权、徇私舞弊的,定为滥用职权罪;将在教师资格认定工作中玩忽职守、徇私舞弊的,定为玩忽职守罪。

(二)学校教职员工的刑事责任

1. 危害公共安全罪——教育设施重大安全事故罪

危害公共安全罪是《刑法》中的第二大类罪,《刑法》在这类罪中确立了教育设施重大安全事故罪。教育设施重大安全事故罪是指学校及其他教育机构的直接责任人员,明知校舍或者教育教学设施有危险而不采取措施或者不及时报告,致使发生重大伤亡事故的行为。《刑法》第138条规定"明知校舍或者教育教学设施有危险,而不采取措施或者不及时报告,致使发生重大伤亡事故的,对直接责任人员,处三年以下有期徒刑或者拘役;后果特别严重的,处三年以上七年以下有期徒刑"。《教育法》第73条也规定:"明知校舍或者教育教学设施有危险,而不采取措施,造成人员伤亡或者重大财产损失的,对直接负责的主管人员和其他直接责任人员,依法追究刑事责任。"

教育设施重大安全事故罪的主体为特殊主体,即对校舍或者教育教学设施负有直接责任的人员。本罪在主观上表现为"对发生严重后果是出于过失,但对校舍和教育教学设施存在的危险和隐患则是明知"。本罪在客观方面表现为对校舍或者教育教学设施存在危险却不采取措施或者不及时报告,致使发生重大伤亡事故的行为。发生重大伤亡事故是构成本罪的必要条件,只是造成重大财产损失而没有伤亡的,不构成本罪。因此,作为学校的领导,校舍和教育教学设施的管理者要注意定期检查校舍和教育教学设施,一旦发现问题要立即采取措施,保证校舍和教育教学设施的安全使用,预防教育设施重大安全事故的发生。

2. 侵犯公民人身权利、民主权利罪——故意伤害罪、过失伤害罪

学校教师有可能触犯《刑法》的是涉嫌侵犯公民人身权利罪。《义务教育法》《教师法》和《未成年人保护法》都规定了教师要为人师表,要关心爱护学生,尊重学生的人格尊严,不能体罚或变相体罚学生,不能侮辱学生。《教师法》第37条还专门规定了教师有"体罚学生,经教育不改的"或"品行不良、侮辱学生,影响恶劣的",情节严重,构成犯罪的,要依法追究其刑事责任。《残疾人教育条例》第57条也规定:歧视、侮辱、体罚残疾学生,或者放任对残疾学生的歧视言行,对残疾学生造成身心伤害的,构成犯罪的,依法追究刑事责任。

教师体罚学生,情节严重的,会构成故意伤害罪。《刑法》第234条规定:"故意伤害他人身体的,处三年以下有期徒刑、拘役或者管制。犯前款罪,致人重伤的,处三年以上十年以下有期徒刑;致人死亡或者以特别残忍手段致人重伤造成严重残疾的,处十年以上有期徒刑、无期徒刑或者死刑。"

在现实生活中,教师变相体罚学生的情形数见不鲜。如:限制学生人身自由,对学生罚站,不许走动;把学生关在教室里,不让其回家。这一情节如果达到严重的标准,将会构成非法拘禁罪。《刑法》第238条第1款规定:"非法拘禁他人或者以其他方法非法剥夺他人人身自由的,处三年以下有期徒刑、拘役、管制或者剥夺政治权利。具有殴打、侮辱情节的,从重处罚。"

此外,教师侮辱学生的情形也是比比皆是,如当众辱骂学生,情节严重的,将会构成侮辱罪或诽谤罪。《刑法》第246条第1款规定:"以暴力或者其他方法公然侮辱他人或者捏造事实诽谤他人,情节严重的,处三年以下有期徒刑、拘役、管制或者剥夺政治权利。"因此,教师在教育、管理学生时一定要注意自己的言行,不要触犯法律。

3. 侵犯财产罪——诈骗罪

侵犯财产罪是《刑法》中的第五大类罪。侵犯财产罪的具体罪名很多,诈骗罪便是其

中之一。诈骗罪是指以非法占有为目的,用虚构事实或者隐瞒真相的方法,骗取数额较大的公私财物的行为。

当前,一些民办学校的招生诈骗花样百出,群众防不胜防。《民办教育促进法》第62条有针对性地对"发布虚假招生简章或者广告,骗取钱财"的行为做出规定,除了"由县级以上人民政府教育行政部门、人力资源社会保障行政部门或者其他有关部门责令限期改正,并予以警告;有违法所得的,退还所收费用后没收违法所得;情节严重的,责令停止招生、吊销办学许可证",还强调了"构成犯罪的,依法追究刑事责任"。《刑法》第266条规定:"诈骗公私财物,数额较大的,处三年以下有期徒刑、拘役或者管制,并处或者单处罚金;数额巨大或者有其他严重情节的,处三年以上十年以下有期徒刑,并处罚金;数额特别巨大或者有其他特别严重情节的,处十年以上有期徒刑或者无期徒刑,并处罚金或者没收财产。"

诈骗罪侵犯的客体,是公私财物所有权。在客观方面,表现为使用骗术,即虚构事实或者隐瞒真相的欺骗方法,使财物所有人、管理人产生错觉,信以为真,从而似乎"自愿地"交出财物。故,民办学校要自律,预防犯罪;教育行政部门要加大监督,防止违法行为的发生;上当受骗的学生要举报,绝不能让诈骗犯逍遥法外。

第三节　教育法律救济

没有权利就没有侵权,没有侵权就没有救济,没有救济最终将导致权利的虚置,即"没有救济就没有权利"。根据现行法律法规,教育行政法律救济的途径主要包括教育申诉、教育行政复议、教育行政诉讼以及教育行政赔偿,本节主要介绍前三种救济途径。

一、教育法律救济简述

(一)基本含义

法律救济是指通过一定的程序和途径裁决社会生活中的纠纷,从而使权益受到损害的相对人获得法律上的补救。权利与救济构成一对相对语,实体权利是基础和前提,救济权利是保障。救济是一种纠正或减轻性质的权利,这种权利在可能的范围内会矫正由法律关系中他方当事人违反义务行为造成的后果。

有权利就有救济,相应地,无救济就无权利。19世纪奥地利法学家约瑟夫·翁格认为:诉权是权利所固有的天然属性。换言之,权利在原则上是一种可诉的权利,权利包含着通过审判实现自己的可能性。

法律救济就其本质而言,也是一种权利,即当实体权利受到侵害时从法律上获得自行解决或请求司法机关及其他机关给予解决的权利。救济具有双重特性:在本质上,它是权利主体所取得的一种合法权利,一个人若被剥夺了救济权,也就意味着他已丧失了"第一权利";在功能方面,它是"第一权利"实现的保障,通过冲突的解决,为权利提供一种程序化的机制。法律救济包含以下三层含义:第一,法律救济意味着权利冲突或纠纷解决;第二,法律救济意味着解决冲突或纠纷的目的之一是实现合法权利并保证法定义务的履行;第三,法律救济意味着通过冲突或纠纷的解决,合法权利的实现以及法定义务的履行,使规范权利转化为现实权利。法律救济的过程,实际上就是把规范权利转化为现实权利的过程之一。因此,所谓"教育权的法律救济"即指当学校、公民的教育权和受教育权受到行政主体、公民、法人或者其他组织不当行为的侵害时,由法定的国家机关依照法定的程序予以矫正、恢复或补救,使之能正当享有教育权与受教育权的法律活动。

(二) 基本原则

教育法律救济主要分为三大类,即行政法律救济、民事法律救济和刑事法律救济。事实上,三种救济手段都有其特有的基本原则,这里主要阐述贯穿于三大法律救济之中、对三大法律救济均起指导作用的共有原则。

第一,事后救济的原则。事后救济原则是指只有侵害教育权益的不法行为发生之后,受害的当事人才能寻求相应的教育权益法进行救济,一般不存在事前救济或事中救济。如当教师的合法权益遭受侵害后,受害者既可以通过民事救济的渠道获得一定的财产补偿,使受侵害的权利在一定程度上得以恢复;也可以通过行政救济的渠道,用行政处罚措施惩罚侵害行为者,及时修复被侵害行为所破坏的社会关系、社会秩序;还可以通过行政赔偿的渠道,使受到违法或不当行政行为侵害的受害人得到一定的财产补偿。但所有这一切的前提只有一个,即:在不法侵害教育权益的行为发生之后。

第二,救济主体法定的原则。本原则的基本含义是指权利救济要求只能向特定的机关提起,即只有特定的机关才有分配社会正义的权力,如刑事诉讼一般由公安机关侦查、检察院提起公诉、人民法院审判;民事诉讼和行政诉讼只能向人民法院提起;而行政复议、行政申诉也只能向特定的复议和申诉机关提起。这种主管职权由特定机关行使的原则实际上是宪法所规定的"司法统一"原则的具体体现。唯有如此,权利救济才能真正体现社会公平。

第三,正当程序(due process)原则。本原则是指特定的权力机关在履行分配正义的过程中,必须遵循法律规定的程序,做出分配正义的结果,这样得到的结果才具有法律效力,相关的当事人必须遵从,从而为受害者提供有效的法律救济。现代法治的基本内容之一就是程序公正,这种公正的程序不仅仅是为了保证行为结果的公正,更主要的是为了向广大的社会公众宣示过程的公正,从而体现执法和司法的公正。

(三) 法律救济渠道

法律救济的渠道分为司法救济、行政救济和其他救济。首先,司法救济,又称为诉讼渠道,凡符合民事诉讼法、刑事诉讼法和行政诉讼法受案范围的,都可以通过诉讼渠道获得司法救济。针对学校特点,《教育法》和《教师法》都明确规定了学校、教师和学生三个重要主体的诉讼渠道。其次，行政救济，即行政渠道，我国有行政申诉、行政复议和行政赔偿制度。《教育法》《教师法》都规定了受教育者申诉和教师申诉制度两种行政救济方式。最后，其他救济渠道，主要是仲裁制度、本组织机构内部调解制度以及社会其他救济渠道，如：1994年8月31日第八届全国人大第九次会议通过的《中华人民共和国仲裁法》（后分别于2009年8月、2017年9月进行了两次修正）。此外，在人民调解制度的基础上，随着教育法制的健全，根据《教育法》《教师法》的基本精神，正在逐步建立校内调解制度。

二、教育申诉制度

申诉，一般是指公民和国家机关工作人员对国家机关作出的涉及个人权益的处理决定不服，依法向原处理机关或其上级机关或法定的其他专门机关声明不服、述说理由并请求复查或重新处理的行为。它是公民和国家工作人员维护个人合法权益的重要救济手段，也是保障宪法赋予公民申诉权利的一项具体制度。教育申诉制度分为教师申诉制度与学生申诉制度。

（一）教师申诉制度

教师申诉制度是指教师对学校或其他教育机构及政府有关部门作出的处理决定不服，或对侵犯其权益的行为，依照《教师法》的规定，向主管的行政机关申诉理由，请求处理的制度。教师申诉制度的法律依据来自《教师法》。《教师法》第39条明确规定，"教师对学校或者其他教育机构侵犯其合法权益的，或者对学校或者其他教育机构作出的处理不服的，可以向教育行政部门提出申诉，教育行政部门应当在接到申诉的三十日内，作出处理"。同时又规定，"教师认为当地人民政府有关行政部门侵犯其根据本法规定享有的权利的，可以向同级人民政府或上一级人民政府有关部门提出申诉，同级人民政府或上一级人民政府有关部门应当作出处理"。

1. 教师申诉制度的特征

与其他申诉制度相比，教师申诉制度具有如下特征：第一，教师申诉制度是一项法定申诉制度。《教师法》明确规定了教师申诉的程序，各级人民政府及其有关部门必须依法在规定的期限内对教师的申诉作出处理决定，使教师的合法权益及时得到保护。第二，教师申诉制度是一项专门性的权利救济制度。它在宪法赋予公民申诉权利的基础上，将教师的申诉权利具体化。对教师申诉的处理决定具有行政法上的效力，当然具有执行力、确定力和拘束力。第三，教师申诉制度是非诉讼意义上的行政申诉制度。其中，被请求方为特定的行政机关，申诉的内容为享有行政管理权的机关的行政行为。

2. 教师申诉制度的受案范围

《教师法》对可以提起申诉的范围规定得比较宽泛，具体内容包括以下三点。

第一，教师认为学校或其他教育机构侵犯其《教师法》规定的合法权益的，可以提起申诉。这里的合法权益包括《教师法》规定的教师在职务聘任、教学科研、工作条件、民主管理、考核奖惩、培训进修、工资福利待遇、退休等方面的各项权益。只要教师认为自己的上述权益受到侵犯,就可以提起申诉。

第二,教师对学校或其他教育机构作出的处理不服的,可以提出申诉。学校和其他教育机构本无教育执法的职权,但是有关教育法律法规授权其实施某些执法行为,其中与教师相关的包括评定教师职称、依法奖励或处分教师等行为使得这些组织成为教育执法的主体。因此,教师对学校和其他教育机构作出的决定不服的,可以比照行政执法机关的执法行为提起申诉。

第三,教师认为当地人民政府的有关行政部门侵犯其根据《教师法》享有的合法权益的,可以提出申诉。需特别指出的是,此处被起诉的对象只能是当地人民政府隶属的行政机关而非当地人民政府。

3. 受理申诉的机关和管辖

第一,受理申诉的机关。受理申诉的机关因被起诉的对象不同而有所不同,教师如果是对学校和其他教育机构提出申诉,受理申诉的机关为主管的教育行政部门;如果是对当地人民政府有关行政部门提出申诉,受理申诉的机关可以是同级人民政府或者是上一级人民政府对应的教育行政主管部门。

第二,教师申诉的管辖。教师申诉的管辖是指行政机关之间受理教师申诉案件的分工和权限。教师申诉制度的管辖主要有以下四类。其一,隶属管辖,教师提出申诉时,应当向该学校或其他教育机构所隶属的教育行政部门提出申诉。其二,地域管辖,在没有直接隶属关系的学校或其他教育机构工作的教师提出申诉时,可以按照教育行政部门的管理权限,由所在行政区的教育行政部门受理该申诉。其三,选择管辖,教师在两个或两个以上有管辖权的行政机关之间选择一个提出申诉,受理申诉的机关不得以另一机关也有管辖权为理由推诿。对当地人民政府有关行政部门的申诉,申诉人可以在同级人民政府或上一级人民政府对应的行政部门之间选择受理机关。其四,移送管辖,行政机关对不属于其管辖范围的申诉案件,应当移送至有管辖权的行政机关办理,同时告知申诉主体。此外,还有协议管辖和指定管辖,前者是指因申诉管辖发生争议,由涉及管辖的行政机关协商确定。后者是指因管辖权发生争议,由它们所属的同一级人民政府或共同的上级主管部门进行指定。

4. 教师申诉制度的程序

教师申诉的程序主要包括提出申诉、对申诉进行处理以及对申诉作出处理决定三个环节。

第一,提出申诉。教师应当以书面形式提出申诉。申诉书应载明如下内容:① 申诉人的姓名、性别、年龄、住址等信息。② 被申诉人(指教师所在学校或其他教育机构以及当地人民政府的有关行政部门)的名称、地址,法定代表人的姓名、性别、职务等信息。③ 申诉要求。主要写明申诉人对被申诉人因侵犯其合法权益或不服申诉人的处理决定,而要求受理机关进行处理的具体要求。④ 申诉理由。主要写明被申诉人侵害其合法权益或不服被申诉人处理决定的事实依据,针对被申诉人的侵权行为或处理决定的错误,提出纠正的法律、政策依据,并就其陈述理由。⑤ 附项。写明并附交有关的物证、书证或复印件等文件。

第二,对申诉的处理。主管的教育行政部门接到申诉书后,应对申诉人的资格和申诉的条件进行审查,根据不同情况,作出如下处理:其一,对于符合申诉条件的,应予以受理。其二,对于不符合申诉条件的,答复申诉人不予受理。其三,对于申诉书未说明申诉理由和申诉要求的,要求其重新提交申诉书。

第三,对申诉作出处理决定。行政机关对受理的申诉案件,应当进行全面核查,根据不同情况,作出如下处理决定:其一,学校或其他教育机构的管理行为符合法定权限和程序、适用法律法规正确、事实清楚的,维持原处理结果。其二,对于被申诉人不履行法律、法规和规章规定的职责的,责令其限期改正。其三,学校管理行为部分适用法律、法规和规章错误的,或处理决定事实不清的,可变更不适用部分或责令学校重新处理。其四,学校管理行为违反法律法规的,可撤销其原处理决定,其所依据的内部规章制度与法律、法规及其他规范性文件相抵触的,可责令学校进行修改或废止。

对学校和其他教育机构提起的申诉,主管教育行政部门应在收到申诉书的次日起30天内进行处理,在移送管辖的情况下,从有管辖权的主管教育部门接到移送的申诉案件的次日起计算期限。主管教育部门逾期未作处理或者久拖不决的,其申诉内容直接涉及人身权①、财产权②以及属于其他行政复议、行政诉讼受案范围的,申诉人可依法提起行政复议或行政诉讼。

行政机关作出申诉处理决定后,应当将申诉处理决定书发送申诉当事人,申诉处理决定书自送达之日起发生效力。申诉当事人对申诉处理决定书不服的,可向原处理机关隶属的人民政府申请复核。其申诉内容直接涉及人身权、财产权内容的,可依法提起行政诉讼。

(二)学生申诉制度

学生申诉制度是指学生在接受教育的过程中,对学校给予的处分决定不服,或认为学校和教师侵犯其合法权益而向有关部门提出要求重新做出处理的制度。《教育法》第43条明确规定,学生享有对学校给予的处分不服向有关部门提出申诉,对学校、教师侵犯其人身权、财产权等合法权益,提出申诉或者依法提起诉讼的权利。这为维护学生的合法权益确立了明确的法律救济制度,同时也是教育法赋予学生维护自身合法权益的一项民主权利。

1. 学生申诉的范围

《教育法》对受教育者申诉范围的规定比较宽泛,依据提出申诉的对象和内容的不同可以分为如下四种:其一,学生对学校给予的诸如学籍管理、考试作弊等处理决定不服的,有权申诉。其二,学生对学校和教师侵犯其合法财产权利,有权提出申诉。例如:对学校

---

① 人身权指的是与人身相联系的没有直接财产内容的权利,包括生命健康权、姓名权、名称权、肖像权、名誉权、荣誉权、婚姻自主权等。

② 财产权是指具有经济利益的权利,包括物权、债权、专利权、商标权、继承权等。

违反《义务教育法》的规定进行乱收费的现象,作为受教育者的学生有权提起申诉。其三,学生对学校和教师侵犯其人身权利,有权提起申诉。例如:学生对学校在校纪管理中处理不当而侵害了其人身健康权、名誉权的,有权申诉。又如:学生对教师私拆、扣压信件而导致其身心受到伤害、教师体罚学生、放学后长时间将学生留校、限制学生人身自由、非法搜查学生书包等行为,均有权提起申诉。其四,学生对学校或教师侵犯其知识产权,有权提出申诉。例如:教师剽窃学生的著作权、发明权、其他科技成果权或学校强行将学生的知识产权收归学校,学生有权提出申诉。

2. 学生申诉的管辖和程序

根据学校教育的实际情况,如果学生对学校的处分不服或因学校侵犯其人身权、财产权等合法权益而提出的申诉,学校是被申诉人,受理申诉的机关应是与该校有隶属关系的教育行政主管部门;如果学生因教师侵犯其权益而提出申诉,那么,教师是被申诉人,此时,受理申诉的机关应是学校或教育行政部门。

学生申诉应遵循严格的法定程序:首先,由学生自己提出申诉,等待主管机关受理审查,听取对申诉的处理结果。其次,学生对申诉不服,可以向人民法院提起诉讼,提出申诉可以以口头或书面形式。以口头形式提出的申诉,学生要讲明被申诉人的自然状况、申诉的理由和事件发生的基本事实经过,最后提出申诉要求。

书面形式的申诉要求包括以下四点:① 写明申诉人的年龄、性别、住址、申诉人与被申诉人的关系等信息;② 写明被申诉人的名称、地址,法定代表人的姓名、性别、职务等信息;③ 写明申诉要求,主要写明申诉人对被申诉人因侵犯其合法权益或对某个具体行为的实施,要求受理机关重新处理或撤销决定的具体要求;④ 写明申诉理由和事实经过,要求写明被申诉人侵害申诉人合法权益的事实经过或处理决定的事实与法律政策依据,并陈述理由。

主管机关在接到学生的口头或书面申诉后,可以依具体情况经审查后做出不同的处理。对于属于自己主管的,予以受理;对于不属自己主管的,告知学生向其他部门申诉或驳回申诉;对于虽属本部门主管,但不符合申诉条件的,告知学生不能申诉;对于未说明申诉理由和要求的,可要求其再次说明或重新提交申诉书。主管机关对于口头申诉应在当时或规定时间内作出是否受理的答复;对于书面申诉则应在规定时间内给予是否受理的正式通知。

3. 对申诉的处理

主管机关受理申诉后,应该对事件进行调查核实,根据实际情况做出正确处理:如果学校、教师或其他教育机构的行为或决定符合法定权限或程序,适用法律规定正确,事实清楚,可以维持原来的处分或决定和结果;如果处分或决定违反相关的法律法规规定,侵害了申诉人的合法权益,可以撤销原处理决定或责令被申诉人限期改正;具体处分决定或具体行为决定的一部分适用法律、法规或规章错误,或事实不清的,可责令退回原机关重新处理或部分撤销原决定;处理或决定所依据的规章制度或校纪校规与法律、法规及其他规范性文件相抵触时,可撤销原处理决定;如果是对侵犯人身权、财产权等进行的申诉,学生对申诉处理结果不服,可依法向人民法院起诉。

三、教育行政复议制度

行政复议制度是我国行政法律制度的重要组成部分,是向公民、法人和其他组织提供行政法律救济的基本渠道之一。行政复议制度通过行政机关的层级监督和对行政活动的审查,纠正违法和不当的行政行为,以保护公民、法人和其他组织的合法权益不受行政机关的侵犯,监督行政机关依法行使职权。行政复议的依据是《中华人民共和国行政复议法》(简称《行政复议法》),该法于1999年4月29日颁布,后分别于2009年8月与2017年9月进行两次修订。当前,行政复议制度已经成为教师、学生、学校和其他教育机构的法律救济手段,在遭受违法的行政行为侵害时,作为行政相对人可以通过行政复议获得及时、全面的行政法律救济。

(一)教育行政复议的概念

教育行政复议是指教育行政管理相对人认为教育行政机关做出的具体行政行为侵犯其合法权益,向做出该行为机关的上一级教育行政机关或该机关所属的人民政府提出申请,受理申请的行政机关对发生争议的具体行政行为进行复查并作出决定的活动。

教育行政复议与教育申诉制度都是重要的教育行政救济途径,都是为了解决教育行政相对人和行政主体之间的纠纷,其处理决定都具有法律效力,都会对争议双方当事人的权利、义务产生重大的影响。有关教育法律和文件还规定,对教育申诉处理决定不服的或受理申诉的主体未按期作出申诉处理决定的,其申诉内容及人身权、财产权及其他属于行政复议受案范围的,申诉人可以依法提起行政复议,可见,教育行政复议同时也是对教育申诉的救济。但是,教育行政复议与教育申诉制度的差异性亦十分明显,主要表现在以下五点。

第一,两者的提起主体不同。按照现行有关教育法律法规的规定,目前能够提出教育申诉的只限于认为其合法权益受到损害或对行政主体作出的处理不服的教师或学生,其他组织和个人虽然也是教育行政相对人,但无权提起教育申诉。而有权提起教育行政复议的主体较为广泛,既包括教师和学生,也包括其他教育行政相对人。

第二,两者的受理机关不同。教师对学校或者其他教育机构提出申诉的受理机关主要为其所在区域的主管教育行政部门,对当地人民政府的有关行政部门提出的申诉,受理机关为同级人民政府或上一级人民政府的有关部门;学生对学校的处分不服或认为学校、教师侵犯其合法权益的申诉,则主要由当地教育主管部门或学校来受理。而教育行政复议的受理机关,可由本级人民政府或上一级教育主管部门管辖;只有对国务院教育主管部门的具体行政行为不服的复议申请,才由原教育行政机关管辖。

第三,两者的被申请人不同。教育行政复议中的被申请人只能是做出具体行政行为的教育行政机关,而教育申诉中的被申请人可以是教育行政机关,也可以是所在的学校,还可以是当地人民政府的其他行政部门。

第四,两者的程序不同。教育申诉制度在我国尚处于起步阶段,并无非常严格的程序规定。而教育行政复议须按《行政复议法》关于程序的规定严格执行。

第五，两者的受案范围不同。教育申诉的范围按《教育法》和《教师法》的规定，教师、学生可以对受到的处理、处分提起申诉，也可以对其他侵犯合法权益的行为提起申诉。而教育行政复议一般只能对教育行政机关的具体行政行为提起。教育申诉的内容只有直接涉及人身权、财产权及其他属于行政复议受案范围的，才可以依法提起行政复议。

此外，教育行政复议与教育申诉在当事人的称谓、处理期限、法律依据等方面也存在诸多不同。

(二) 教育行政复议的范围

教育行政复议的范围，是指教育行政复议机关受理行政复议案件的权限和界域，即教育行政相对人对教育行政机关做出的具体行政行为不服，认为侵犯其合法权益而向有关机关申请救济的范围。教育行政复议的范围主要包括以下八点：

第一，对教育行政处罚不服的。《教育行政处罚暂定实施办法》第 9 条规定了教育行政处罚的种类包括：警告；罚款；没收违法所得，没收违法颁发、印制的学历证书及其他学业证书；撤销违法举办的学校和其他教育机构；取消颁发学历、学位和其他学业证书的资格；撤销教师资格；停考，停止申请认定资格；责令停止招生；吊销办学许可证；法律、法规规定的其他教育行政处罚。教育行政部门实施上述处罚时，应当责令当事人改正、限期改正违法行为。

第二，对教育行政强制措施不服的。按照《行政复议法》的规定，教育行政相对人对教育行政机关对其财产的查封、扣押、冻结等行政强制措施不服的，可以申请复议。

第三，对教育行政机关作出的有关许可证、执照、资质证、资格证等证书变更、中止、撤销的决定不服的。教育法律法规将办学许可证审批和管理、教师资格的审批及教师资格证书的发放及管理等行政管理权限赋予各级教育行政机关。当教育行政机关在日常管理中认为管理相对人不符合法定的资格条件或者有违法行为发生时，可作出变更、中止或撤销相对人的办学许可证、教师资格证书等处理决定，如果行政相对人对此不服，则可以申请行政复议。

第四，对教育行政机关因不作为的违法行为不服的。例如：教育行政相对人认为符合法定条件，申请教育行政机关颁发许可证、执照、资质证、资格证等证书，或者申请行政机关审批、登记有关事项，行政机关没有依法办理。

第五，认为教育行政机关违法集资、征收财物、摊派费用或者违法要求履行其他义务。行政主体要求相对人履行义务，必须有合法的依据，任何没有合法依据而依职权要求相对人承担义务的行为都属于违法要求履行义务的行为，包括行政主体要求相对人履行超出法定义务量的义务、行政主体违反法定程序要求相对人履行义务以及相对人无法定义务但行政主体要求其履行三种情形。

第六，认为教育行政机关侵犯自己合法的经营自主权的。经营自主权是法律法规赋予经济活动主体的一项基本权利，一般包括对财产的占有权、自主使用权、对收益的自主支配权、对资产的自主处分权以及人事安排权等。在教育行政复议中，校办企业作为行政相对人,认为教育行政机关侵犯其法律法规规定的经营自主权,可以向有关部门申请行政复议。

第七,认为教育行政机关的具体行政行为所依据的规定不合法,在对具体行政行为申请行政复议时,可以一并向行政复议机关提出对该规定的审查申请。依据我国《行政复议法》第7条,此处的"规定"包括国务院部门的规定、县级以上地方各级人民政府及其工作部门的规定以及乡、镇人民政府的规定,但是不包括国务院部、委员会规章和地方人民政府规章,因为规章的审查须依照相关法律,行政法规办理。

第八,认为行政机关的其他具体行政行为侵犯其合法权益的,可向行政复议机关提起行政复议。这是在《行政复议法》第6条第1项至第10项对纳入行政复议范围的具体行政行为进行了列举之后作出的概括规定。之所以这样规定,是因为在现实生活中,具体行政行为的表现形式多种多样,前述10项规定远不能穷尽所有具体行政行为,需作此概括性规定作为列举的完善和补充,以使公民、法人和其他组织在认为上述10项具体行为之外的具体行政行为侵犯其合法权益时,能获得相应的行政救济。应予以注意的是,《行政复议法》的概括规定不限于人身权和财产权,而是"合法权益",包括政治权利、社会经济权利及其他权利。因此,只要公民、法人和其他组织认为的行政机关的具体行政行为侵犯了其合法权益的,都可提起行政复议,无论这种合法权益是人身权、财产权还是其他合法权益。

案例讨论

莲花镇地处山区,经济不发达,教育条件也相当落后,全镇仅有一所初级中学,所使用的教室还是20世纪50年代所建的平房,已相当破旧,一到下雨天就四处漏水,学生和家长们对此意见很大。为改变这种状况,2000年8月,镇政府决定筹资建设新校舍,所需资金除向县教委申请一部分,镇政府负责筹集一部分外,同时向每位在校学生集资300元,规定在9月1日学生开学时上交,否则不得上课。然而,到了9月下旬,仍有20余名学生未缴清300元集资费。镇政府在多次催告未果后,决定未缴清集资款的学生10月1日起不得进入教室上课。学生家长郑某由于有两个孩子在学校就读,经济负担很重,根本无力缴纳集资款。在其子遭受停学处理后,郑遂联合其他家长多次向上级反映情况。后经他人指点,于11月底向县教委提起行政复议。县教委未予受理,告知其应向县政府提起行政复议。县政府经审理后,作出复议决定:撤销镇政府不许未缴清集资款的孩子上学的决定,并允许这部分学生家长在一年内缴清集资款。

郑某等人能否就镇政府的行为向县政府提起行政复议?

在本案中,镇政府实际上存在两个行为:一是在没有法律依据的情况下向学生家长集资,属于违法要求履行义务的行为;二是不允许未缴清集资款的学生上课,侵犯了学生依法接受教育的权利。对于前者,郑某等人可以自己的名义向县政府提起行政复议;对于后者,郑某等人作为子女的法定代理人,可以其子女的名义向县政府提起行政复议。

应注意的是,县政府在复议决定中撤销镇政府不许未缴清集资款的学生上学的行政复议决定固然是符合法律规定的,但其又"允许这部分学生家长在1年内缴清集资款"是没有法律依据的,既然镇政府的集资决定是违法的,就应一并予以撤销。

(三) 教育行政复议机关

行政复议机关是指受理行政复议申请,依法对具体行政行为进行合法性、适当性审查并作出裁决的行政机关。我国并未特设行政复议机关,对县级以上人民政府教育行政部门的具体行政行为不服申请复议的,由本级人民政府或上一级教育行政部门作为复议机关。对国务院教育行政部门的具体行政行为不服申请复议的,做出具体行政行为的国务院教育行政部门作为复议机关;国务院、乡级人民政府和不设立派出机构的县级人民政府所属工作部门不承担复议职责,不能成为行政复议机关。

(四) 教育行政复议的管辖

行政复议的管辖是确定行政复议机关在受理行政复议案件上的分工和权限的制度,主要包括上级管辖、本级管辖以及特殊管辖三种情形。

第一,上级管辖。上级管辖是指由上一级行政机关管辖。实践中,绝大多数不服行政处罚的复议案件都由作出行政处罚决定的行政机关的上一级行政机关管辖。

第二,本级管辖。本级管辖是指由做出具体行政行为的行政机关本身或本级人民政府管辖。包括三种情况:其一,上一级没有相应主管部门的由本级人民政府管辖;其二,对省、自治区、直辖市人民政府的具体行政行为不服的,由做出具体行政行为的人民政府管辖;其三,对国务院各部门的具体行政行为不服的,由做出具体行政行为的部门管辖,例如:对教育部的具体行政行为不服,复议案件由原机关(教育部)管辖。

第三,特殊管辖。特殊管辖主要包括以下七种情形:其一,不服共同行政行为的,由做出该行为的行政机关的共同上一级行政机关管辖;其二,不服派出机关和派出机构的具体行政行为的,由设立派出机关或派出机构的政府或其部门管辖;其三,不服被授权或委托组织的具体行政行为的,由直接主管该组织的行政机关管辖;其四,不服需要逐级批准的具体行政行为的,由批准机关的上一级机关管辖;其五,不服被撤销的行政机关在被撤销前做出的具体行政行为的,由继续行使其职权的行政机关的上一级行政机关管辖;其六,申请人向两个或两个以上有管辖权的复议机关申请复议的,由最先收到申请的复议机关管辖;其七,相对人在法定复议期间内向信访部门申诉的,信访部门应当及时告知申诉人向有复议管辖权的复议机关申请复议,即"复议优于申诉"。

(五) 教育行政复议的程序

教育行政复议程序一般包括申请、受理、审理、决定和执行五个步骤。

第一,申请。申请是指公民、法人或其他组织认为行政机关的具体行政行为侵犯其受到教育法所保护的合法权益,依照法律规定的条件向有关机关提出复议。复议申请书应载明下列内容:申请人的自然情况(姓名、性别、年龄、职业、住址等);被申请人的名称、地址;申请复议的要求和理由;附交有关的物证、书证或复印件以及提出复议申请的日期。

第二,受理。受理是指教育行政复议机关基于相对人的申请,经审查认为符合法律规定的申请条件,决定立案并准备审理的行为。复议机关决定受理的标志是立案,一旦立案,复议机关必须依法对案件进行审理,复议申请人和被申请人法律地位平等,申请人不得重复申请复议。

第三,审理。审理是教育行政复议的中心阶段。复议机关应当在受理之日起 7 日内将复议申请书副本发送被申请人。被申请人在收到复议申请书副本之日起 10 日内,提出书面答复,并提交当初做出该具体行政行为的证据、依据和其他有关材料。被申请人逾期不答辩,不影响复议。复议机关根据复议申请书和被申请人提供的证据、依据和其他有关材料,对原行政执法决定进行审查。通过审查,查明事实真相,确定原行政执法决定是否违法、失当、侵害了申请人的合法权益。行政复议应以书面形式进行,复议机关认为必要时,也可采取其他方式。

第四,决定。决定是指对案件进行审理后,在判明具体行政行为的合法性、正当性的基础上,有关机关作出相应的裁决。复议机关应在复议期限内(自受理之日起 60 日内)作出决定。复议决定包括维持决定、补正程序决定、撤销和变更决定、履行职责决定以及赔偿决定。

第五,执行。复议决定生效后,申请人如果对复议决定不服,可以在收到复议决定书之日起 15 日内,或者法律法规规定的其他期限内向人民法院起诉,但复议决定不停止执行。除此以外,复议决定生效后便具有国家强制力,复议双方应自觉履行,否则,将被强制执行。在教育行政复议的过程中,如果行政机关拒绝履行复议决定的,复议机关可以直接或建议有关部门对该行政机关的法定代表人给予行政处分;复议参加人或其他人阻碍复议人员依法执行公务的,在未使用暴力和其他威胁手段的情况下,由公安机关给予行政处罚;在使用暴力或其他威胁手段的情况下,依法追究其刑事责任;复议机关工作人员失职的,复议机关或有关部门应批评教育或给予行政处分,直至追究刑事责任。

四、教育行政诉讼制度

行政诉讼,俗称"民告官"。在我国,行政诉讼的主要依据是《中华人民共和国行政诉讼法》(简称《行政诉讼法》),该法于 1989 年 4 月 5 日公布,自 1990 年 10 月 1 日起施行,后分别于 2014 年 11 月以及 2017 年 6 月进行了两次修订。

(一)行政诉讼

行政诉讼是指公民、法人或者其他组织认为行政主体的具体行政行为侵犯其合法权益,依法向人民法院提起诉讼,由人民法院对具体行政行为的合法性进行审理并作出裁判的制度。这一概念包含以下四个方面的内容:第一,行政诉讼是处理和解决行政争议的活动;第二,行政诉讼是在人民法院主持下进行的;第三,行政诉讼适用独立的行政诉讼程序;第四,行政诉讼起因于处于行政相对方的公民、法人或者其他组织对具体行政行为不服而向法院提起诉讼,没有相对人的起诉行为,法院不能依职权主动地启动诉讼程序。

行政诉讼与行政复议都是处理行政争议的行政救济制度。二者有很多相似之处,例如:二者产生的根源均在于行政纠纷的存在;目的都是为了解决行政争议,保护行政相对方的合法权益,维护和监督行政机关依法行使职权;二者都是对具体行政行为进行的审查,都是依申请的行为。但二者的差别亦十分明显,主要表现为以下五点:

第一,两者性质不同。行政复议是行政活动,本质上属于行政机关内部的自查自纠;而行政诉讼是人民法院行使审判权的司法活动,本质上是用司法权来监督行政权的依法行使。

第二,两者的受理机关不同。行政复议的受理机关是行政机关,而行政诉讼的受理机关是人民法院。

第三,两者适用程序不同。行政复议适用行政程序,实行一级复议制,进行书面审理,程序简便;而行政诉讼适用司法程序,实行两级终审制,以公开审理为主,程序严格。

第四,两者审查范围不同。行政复议对具体行政行为的合法性与合理性(适当性)进行审查,而行政诉讼只对其合法性进行审查。

第五,法律效力的终局性不同。行政复议决定除法律规定的终局复议外,一般不具有终局效力,相对方不服,可在法定期限内向人民法院提起诉讼,而行政诉讼的终审判决具有最终的法律效力,当事人必须履行。

(二) 教育行政诉讼的内涵

行政诉讼在我国教育领域中正在得到越来越广泛的运用。各级各类学校、教育机构、教师和学生作为行政管理的相对人,如果认为行政主体的具体行政行为侵犯了其合法权益,都可以依法向人民法院提起行政诉讼。因此,教育行政诉讼是指教育行政管理相对人认为教育行政机关或教育法律法规授权的组织的具体行政行为侵犯其合法权益,依法向人民法院起诉,请求给予法律救济,人民法院对教育行政机关或教育法律法规授权的组织的具体行政行为的合法性进行审查,维护和监督行政职权的依法行使,矫正或撤销违法侵权的具体行政行为,保护相对人合法权益的法律救济活动。

(三) 教育行政诉讼的范围

关于教育行政诉讼的具体受案范围,《行政诉讼法》第 12 条和第 13 条分别从肯定性的列举和排除性的规定两方面做出了明确的规定。在教育行政诉讼中,教育行政案件的涉案范围与教育行政复议的范围极为相似,主要集中在以下六个方面:① 对教育行政处罚不服的;② 认为符合法定条件申请教育行政机关颁发许可证或执照,教育行政机关拒绝颁发或不予答复的;③ 申请教育行政机关履行保护人身权、财产权等合法权益的法定职责,教育行政机关拒绝履行或者不予答复的;④ 认为教育行政机关违法集资、摊派费用或者违法要求履行其他义务的;⑤ 认为教育行政机关构成行政不作为,行政不作为是指负有职责的行政主体在接到相对人提出的要求其履行法定职责请求情况下,不履行或者拖延履行的状况;⑥ 认为教育行政机关侵犯其他人身权、财产权等合法权益的。

不可诉的行政行为主要有:① 教育行政法规、规章或者教育行政机关制定、发布的具有普遍约束力的决定、命令;② 教育行政机关对行政机关工作人员的奖惩、任免等决定;③ 法律规定由教育行政机关最终裁决的具体行政行为。

案例讨论

1996年6月29日,东台市教育局按照惯例部署全市小学毕业班会考,会考成绩作为学生升入东台镇初中部的入学依据。东台镇中心小学学生杨某会考后,于7月6日收到学校书面通知,被告知毕业考试成绩为语文92分,数学90.5分。杨某认为成绩有误,要求核查,其父书面要求东台镇教管会予以核查,东台镇教管会书面告知的考分与学校通知相同。随后杨父又先后找到东台镇、东台市教育局的领导要求核查评分情况,均被答复为:只查积分,不查试题批改情况,即使改错了,也不能纠正。由于杨某的考分与东台市中学初中部的分数只差1分,致使杨某只能作为"集资生"入学,由此需交纳6 000元。9月24日,杨某以自己的名义提起行政诉讼,请求法院判令东台镇政府和东台市教育局对其会考试题批改情况予以核查。一审法院受理了原告对东台市教育局的起诉。

法院能否受理因拒绝核查考试成绩而提起的行政诉讼?

在本案中,被告拒绝为原告核查考试成绩的行为构成不作为行为。首先,被告依法负有满足原告请求的法定职责。我国《教育法》规定,县级以上地方各级人民政府教育行政主管部门主管本行政区域的教育工作。本案被告对该市的教育工作享有概括性的管理权力,权力与职责是一致的。在对本市的教育工作享有管理权力的同时,被告依法负有为受教育者了解其学业成绩提供便利并使受教育者在学业成绩上获得公正评价的法定职责。其次,作为被告的东台市教育局享有对教育考试进行管理的权力,因此其有条件满足原告提出的核查请求,具有履行法定职责的可能。最后,对于原告提出的核查申请,被告确实存在不允许核查的情况,客观上表现为拒绝了原告的核查请求。

在我国,当未成年人的合法权益受到侵犯时,被侵犯人或者其监护人有权要求有关主管部门处理,或者依法向人民法院提起诉讼。在本案中,由于原告与被告处于不平等的法律地位——被告依法享有对原告的管理权,所以双方之间存在着管理与被管理的关系,由此发生的争议属于行政争议。综上所述,本案作为行政案件受理当属正确,法院应当受理原告提起的行政诉讼。

(四)教育行政诉讼的管辖

1. 级别管辖

级别管辖是上下级人民法院受理第一审行政案件的权限分工。第一,基层人民法院受理第一审行政案件,但属于中级、高级和最高人民法院管辖的第一审行政案件除外。第二,中级人民法院管辖的行政案件有三类:一是海关处理的案件;二是对国务院部门或县级以上地方人民政府所作的具体行政行为提起诉讼的案件;三是本辖区内重大、复杂的案件。第三,高级人民法院管辖本辖区内重大、复杂的第一审行政案件。第四,最高人民法院管辖全国范围内重大、复杂的第一审行政案件。

2. 地域管辖

地域管辖是关于同级人民法院之间受理第一审行政案件的权限分工,可分为一般地域管辖和特殊地域管辖。一般地域管辖是对地域管辖的原则性规定,原则上由最初做出具体行政行为的行政机关所在地的人民法院管辖,这里的"最初"是针对经过行政复议的案件,复议机关没有改变原具体行政行为,由做出原具体行政行为的行政机关所在地的人民法院管辖。特殊地域管辖包括以下三点:其一,对复议机关改变原具体行政行为的,原具体行政行为的行政机关所在地或复议机关所在地人民法院都有管辖权;其二,对限制人身自由的行政强制措施不服提起的诉讼,由被告所在地或原告所在地人民法院管辖,原告所在地包括原告的住所地、经常居住地和被羁押地;其三,因不动产提起的行政诉讼,由不动产所在地人民法院管辖。

(五) 教育行政诉讼当事人

行政诉讼当事人是指因具体行政行为发生争议,以自己的名义参加诉讼,并受人民法院管辖约束的主体,包括原告、被告和第三人。

1. 原告

作为原告,必须是因不服教育行政机关的具体行政行为,而以教育行政机关为被告向人民法院提起诉讼的公民、法人或其他组织。原告必须是认为被行政行为侵害的人,包括具体行政行为直接针对的行政相对人,如果被违法行为侵害的人不服行政机关对违法行为人的处罚,也可以作为原告向人民法院提起行政诉讼。

2. 被告

作为被告,应当是由原告指控其具体行政行为侵犯了原告的合法权益,并经人民法院通知应诉的行政主体。被告具体包括以下六种情形:第一,公民、法人或者其他组织直接向人民法院提起诉讼的,做出行政行为的教育行政机关是被告。第二,经复议的案件,复议机关决定维持原行政行为的,做出原行政行为的教育行政机关和复议机关是共同被告;复议机关改变原行政行为的,复议机关是被告。第三,复议机关在法定期限内未作出复议决定,公民、法人或者其他组织起诉原行政行为的,做出原行政行为的教育行政机关是被告;起诉复议机关不作为的,复议机关是被告。第四,两个以上行政机关做出同一行政行为的,共同做出行政行为的行政机关是共同被告。第五,教育行政机关委托的组织所作的行政行为,委托的教育行政机关是被告。第六,教育行政机关被撤销或者职权变更的,继续行使其职权的教育行政机关是被告。

3. 第三人

行政诉讼的第三人是指与被诉的具体行政行为有利害关系,而申请或者由人民法院通知参加到诉讼中的公民、法人或者其他组织。第三人是独立的诉讼主体,与诉讼的原告和被告之间不存在连带关系,其有权提出与案件有关的独立的诉讼请求。第三人对一审判决不服,可依法提起上诉。

(六) 教育行政诉讼的程序

教育行政诉讼的程序包括起诉和受理、审理和判决以及执行三部分。

1. 起诉和受理

起诉是公民、法人或其他组织认为自己的合法权益受到具体行政行为的侵害而以自己的名义依法向人民法院提出诉讼请求,以保护其合法权益的诉讼行为。由于起诉将产生一定的法律后果,因此必须符合法定的起诉条件:第一,原告适格,原告是认为行政主体的具体行政行为侵犯了其合法权益的公民、法人或者其他组织;第二,有明确的被告;第三,有具体的诉讼请求和事实依据;第四,属于人民法院受案范围和受诉人民法院管辖;第五,符合起诉的时间限定和法定形式要件。

人民法院在接到起诉状时,符合起诉条件的应当登记立案;对当场不能判定是否符合起诉条件的,人民法院应当接收起诉状,出具注明收到日期的书面凭证,并在 7 日内决定是否立案;不符合起诉条件的,作出不予立案的裁定,裁定书中应当载明不予立案的理由,原告对裁定不服的,可以提起上诉。

2. 审理和判决

行政诉讼实行两审终审,二审作出的判决和裁定为终审的判决裁定,案件到此为止,如果发现确有错误,可以再经审判监督程序予以纠正。

在审理依据上,根据《行政诉讼法》第 63 条的规定,"人民法院审理行政案件,以法律和行政法规、地方性法规为依据。地方性法规适用于本行政区域内发生的行政案件。人民法院审理民族自治地方的行政案件,并以该民族自治地方的自治条例和单行条例为依据。人民法院审理行政案件,参照规章"。所谓"参照",是指有条件地适用规章。人民法院在审理行政案件时,首先要对行政规章的合法性加以确定,合法的予以适用,不合法的不予以适用。但对不予适用的规章,人民法院无权撤销。人民法院如果认为部委之间的规章或地方规章与部委规章有不一致的,由最高人民法院报请国务院作出解释或裁决。

此外,值得注意的是,人民法院审理行政案件,不适用调解。但是,行政赔偿、补偿以及行政机关行使法律、法规规定的自由裁量权的案件可以调解。调解应当遵循自愿、合法原则,不得损害国家利益、社会公共利益和他人合法权益。

人民法院对行政案件作出审理后,根据不同情况作出不同判决:第一,维持判决,具体行政行为证据确凿,适用法律、法规正确,符合法定程序的,人民法院作出维持具体行政行为的判决。第二,撤销判决,即撤销或部分撤销被告的具体行政行为,该判决适用的前提条件是具体行政行为主要证据不足、适用法律法规错误、违反法定程序、超越职权或者滥用职权。第三,强制履行判决,对于被告不履行或拖延履行法定职责的,人民法院可以判决其在一定期限内履行职责。第四,变更判决,人民法院经审查,认为被告做出的行政处罚行为显失公正,可以直接加以变更。第五,驳回诉讼请求,即人民法院经过审理对原告的实体诉讼请求不予满足的判决。第六,确认判决,即人民法院审理行政案件终结时,针对被诉具体行政行为的合法与否所作出确认的判决。

3. 执行

执行程序是指人民法院对发生法律效力的判决、裁定或其他法律文书,在义务人逾期不执行时,有权依法采取强制措施,迫使其履行义务。它是整个诉讼过程的最后一道程序,但不是每个案件的必经程序。

行政诉讼的执行有两种情况:一种是当公民、法人或其他组织拒不履行判决、裁定时,有强制执行权的行政主体可自行执行,没有强制执行权的行政主体可以向人民法院申请强制执行;另一种是当行政主体不履行判决、裁定时,根据另一方当事人的申请,人民法院依法强制执行。对行政主体主要的强制执行措施有:对应当归还的罚款或者应当给付的款额,通知银行从该行政机关的账户内划拨;在规定期限内不履行的,从期满之日起,对该行政机关负责人按日处五十元至一百元的罚款;将行政机关拒绝履行的情况予以公告;向监察机关或者该行政机关的上一级行政机关提出司法建议。接受司法建议的机关,根据有关规定进行处理,并将处理情况告知人民法院;拒不履行判决、裁定、调解书,社会影响恶劣的,可以对该行政机关直接负责的主管人员和其他直接责任人员予以拘留;情节严重,构成犯罪的,依法追究刑事责任。

综上所述,在我国,当各级各类学校、其他教育机构、教师和学生的教育权、受教育权以及其他合法权益遭受不法侵害时,完全可以根据侵权主体、侵权性质、侵权程度、损害后果等的不同,通过上述的教育申诉制度、教育行政复议制度、教育行政诉讼制度等获得相应的法律救济。当然随着社会主义市场经济体制的确立,各级各类学校、其他教育机构、教师和学生也可以通过民事救济制度切实维护自己在教育领域和其他领域所享有的合法权益。

测 试 题

一、填空题

1. 违反《教育法》规定,颁发学位证书、学历证书或者其他学业证书的,由教育行政部门_____,责令收回或者予以没收;有违法所得的,没收违法所得;情节严重的,_____。

2.《教育法》规定:在国家教育考试中作弊的,由教育行政部门_____,对直接负责的主管人员和其他直接责任人员,依法_____。

3.《义务教育法》规定:县级以上地方人民政府未定期对学校校舍安全进行检查,并及时维修、改造的,由上级人民政府_____;情节严重的,对直接负责的主管人员和其他直接责任人员依法_____。

4.《教师法》规定:教师对学校或者其他教育机构侵犯其合法权益的,或者对学校或者其他教育机构作出的处理不服的,可以向教育行政部门提出申诉,教育行政部门应当在接到申诉的_____,作出处理。

5.《教师法》规定:侮辱、殴打教师的,根据不同情况,分别给予_____或者_____;造成损害的,责令赔偿损失;情节严重,构成犯罪的,依法追究刑事责任。

二、单项选择题

1.《义务教育法》第57条规定:学校分设重点班和非重点班的,或者违反本法规定开除学生的,由县级人民政府教育行政部门责令限期改正;情节严重的,对直接负责的主管人员和其他直接责任人员依法予以（　　）。

  A. 行政处罚   B. 行政处分   C. 处分   D. 处罚

  2. 教师有下列情形之一的，只能由所在学校、其他教育机构或者教育行政部门给予行政处分或者解聘（　　）。

    A. 故意不完成教育教学任务，给教育教学工作造成损失的

    B. 体罚学生，经教育不改的

    C. 品行不良、侮辱学生，影响恶劣的

    D. 过失伤人，致人重伤

  3. 明知校舍或者教育教学设施有危害性，而不采取措施或者不及时报告，致使发生重大伤亡事故的，对直接责任人员，处 3 年以下有期徒刑或者拘役；后果特别严重的（　　）。

    A. 处 3 年以下有期徒刑   B. 处 3 年以上 7 年以下有期徒刑

    C. 处 3 年以上 10 年以下有期徒刑 D. 处 10 年以上有期徒刑

  4. 故意伤害他人身体、致人重伤的，处（　　）。

    A. 处 3 年以下有期徒刑   B. 处 3 年以上 7 年以下有期徒刑

    C. 处 3 年以上 10 年以下有期徒刑 D. 处 10 年以上有期徒刑

  5. 诈骗公私财物、数额较大的（　　）。

    A. 处管制

    B. 处管制或拘役

    C. 处 3 年以下有期徒刑、拘役或者管制

    D. 处 3 年以下有期徒刑、拘役或者管制，并处或单处罚金

三、简答题

1. 什么是教育设施重大责任事故罪？如何处罚？

2. 什么是招收学生徇私舞弊罪？如何处罚？

3. 什么是挪用公款罪？对此如何处罚？

4. 对违反国家有关规定向受教育者收取费用的行为如何处罚？

5. 教师体罚学生、侮辱学生影响恶劣的，将承担何种行政责任和刑事责任？

6. 什么是滥用职权罪和玩忽职守罪？在教育领域如何表现？如何处罚？

7. 什么是诈骗罪？在教育领域如何表现？如何处罚？

8. 教育行政复议的受案范围有哪些？

9. 简述行政诉讼的管辖。

10. 比较教育行政复议、行政诉讼与教育申诉的相同点与不同点。

四、案例分析题

1. 2012 年 3 月 11 日，上海复兴中学的魏某和张某在有 20 多名学生上自修课的情况下，在教室后排发生亲昵举止，被学校监控摄像头摄下。2013 年 4 月 7 日，复兴中学以"校园不文明现象"为题，集中播放摄录的包括以上行为片段在内的校园不文明现象。魏某和张某认为复兴中学侵犯了其隐私权、名誉权以及人格权，于 2013 年 8 月向上海虹口区法院起诉，一审法院经审理认为，复兴中学的行为不构成侵害人身权。后，魏某提出上

诉,魏某认为,复兴中学在公开场合将上诉人与其女友的亲昵镜头公开播放是一种侵犯隐私权的行为,复兴中学在已经出现上诉人脸部特征后再打马赛克,其所谓的隐形处理已没有意义,即使在公开场合也存在隐私权,学校的管理不能违法,播放录像的行为侵犯了上诉人的名誉权。此外,复兴中学用监视器全天监视学生侵犯了上诉人的人格权。故,要求改判。

复兴中学答辩称,魏某的亲昵行为违反了学校制定的学生行为规范。学校进行播放是以教育为目的,并无侵害魏某隐私权、名誉权的过错,魏某的成绩也未受影响。

上海第二中级人民法院终审认为,复兴中学的摄录、播放行为并不具有违法性,主观上并无侵害上诉人名誉的故意,而且现也无充分证据表明魏某的社会评价因此降低,复兴中学构不成对魏某名誉权的侵害。请问:(1)如何协调学校的管理行为与学生的权益保护?(2)学生权益保护可以通过何种途径寻求法律救济?

2. 2013 年 11 月 10 日,天津市某高校某学院教师刘某、张某分别在其电子邮箱内收到举报学生黄某在 2013 年 6 月全国英语四、六级考试中请"枪手"替考的电子邮件。2013 年 12 月 8 日,黄某在其所写的检查中,承认找"枪手"替考并支付替考费。2014 年 1 月 6 日,该高校教务处作出 2014 年第 1 号(总第 24 号)《学生考试违纪与作弊处分决定书》,并告知黄某可在收到处分决定书后 5 日内,向教学纪律管理委员会申请复核。1 月 9 日,黄某申请复核。3 月 6 日,由该高校教务处盖章,教学纪律管理委员会作出《关于黄某同学考试作弊处理争议的仲裁决定》。5 月 19 日,黄某向原审法院提起行政诉讼,请求撤销该高校教学纪律管理委员会作出的仲裁决定。5 月 19 日,该高校作出《关于给予黄某开除学籍处分的决定》,并于 2014 年 6 月 3 日送达黄某。请问:(1)学校能否成为行政主体?(2)学校在对学生作出处分时应遵循哪些行政程序?(3)如何正确理解学校教育管理权与司法审查的关系?

3. A 市某校学生人数严重超标,每班超出标准 30 人,全体学生集中在一栋教学楼内上课。教学楼本来有两个楼梯供师生使用,但为了方便管理,其中一个楼梯长期封闭,楼道里也没有应急灯。一天晚上,突然停电,当下晚自习的学生走到二楼时,一名学生恶作剧地喊了一声"地震了",结果造成严重拥挤,多名学生受伤。请用教育法律知识分析这一事件中的相关法律责任。

4. 谢某是 A 市第一小学六年级女生,2016 年 5 月 9 日下午课间,因与同学吵架,谢某私自离开学校。晚自习时,班主任检查发现谢某不在教室,谢某同桌向班主任报告称"谢某与同学吵架,可能回家了"。班主任信以为真,未予追查,准备等待谢某回校后再予以批评教育。5 月 10 日下午,班主任上课时发现谢某仍未返校,才与谢某父母联系,但谢某父母称谢某昨晚并未回家,经谢某父母与亲友联系,仍无下落。无奈之下,谢某父母报案,但仍无谢某下落。最后,谢某父母到法院起诉学校,要求学校赔偿 10 万元。请问:(1)谢某失踪,学校和谢某班主任是否需要承担责任?如果承担,学校和谢某班主任可能承担什么法律责任?(2)本案对我们的启示是什么?

5. A 市第一小学教师郑某,因住房分配政策对领导心存不满,对工作失去信心,于是向学校提出了请调报告,要求立即调走。当时学校工作非常紧张,并且郑某担任的课程还未结束,与学校签订的聘任合同也未到期。因此,经研究,学校决定暂不考虑郑某的调动问题,并派人做他的思想工作,劝其认真考虑。郑某却认为这是有意拦阻不放其走,因而拒不上课,致使其所担任的课程被迫叫停。领导多次找郑某做思想工作,但郑某仍然拒绝上课。试运用所学的教育法规知识进行分析,郑某的做法对吗?为什么?

6. 某班黑板旁边贴着一张班规:值日卫生不整洁者,每人每次罚款1元;上课教师提问回答不出者,每人每次罚款2元;上课迟到者,每人每次罚款3元;上课不专心听讲或交头接耳者,每人每次罚款4元;考试不及格者,每人每科罚款5元。罚款由生活委员统一收取、保管,由学习委员奖励给每次考试前五名的学生。钟某是该班的学生,其父在外地工作。有一天,他的母亲突然生病,为了照顾母亲,钟某上学迟到,成为班级第一位受罚者。第二天,他以买笔为由,向母亲要了3元钱,"主动"交给生活委员。这条班规制定实施仅1个月,就有13位同学受罚。对此,学生们众说纷纭,褒贬不一。而老师们认为对违纪者实行经济制裁,会起到激励先进、鞭策后进的作用。请问:(1)这样的班规合法吗?为什么?(2)学校是否有罚款权?请说明理由。

参考文献

书籍类:

1. 郭林茂主编:《中华人民共和国未成年人保护法释义》,法律出版社2021年版。

2. 周伟主编:《宪法教程》,四川大学出版社2021年版。

3. 未成年人检察专业委员会秘书处主编:《检察视角下的未成年人司法保护:兼论〈未成年人保护法〉〈预防未成年人犯罪法〉修改完善建议》,中国检察出版社2020年版。

4. 张华主编:《小学教师职业道德与教育法律法规》,湖南大学出版社2020年版。

5. 郑净方主编:《家庭法视域下儿童权利研究》,法律出版社2020年版。

6. 曲中林主编:《教师职业道德与教育法规》,高等教育出版社2020年版。

7. 周强主编、最高人民法院编:《谁来保护我——家庭保护篇、学校保护篇》《谁来保护我——网络保护篇、社会保护篇》《谁来保护我——司法保护篇、政府保护篇》,人民法院出版社2019年版。

8. 周农、张彩凤主编:《法理学》,中国人民公安大学出版社2018年版。

9. 周佑勇主编:《行政法原论》,北京大学出版社2018年版。

10. 刘毓航、朱平主编:《教育法规》,南京大学出版社2018年版。

11. 姚金菊主编:《教育法问题研究》,法律出版社2017年版。

12. 刘凝主编:《未成年人法律保护问题100问》(第二版),中国法制出版社2014年版。

13. 张丽主编:《教育法律问题研究》,法律出版社2007年版。

14. 张明楷著:《刑法学》(第四版),法律出版社2011年版。

15. 魏振瀛主编:《民法》(第四版),北京大学出版社、高等教育出版社2010年版。

16. 法律出版社大众出版编委会:《中华人民共和国未成年人保护法实用问题版》,法律出版社2013年版。

17. 吴永科、宋宏飞主编:《胎儿及未成年人权益法律保护实务研究》,中国人民公安大学出版社2013年版。

18. 白桂梅、王雪梅主编:《人权知识未成年人权利读本》,湖南大学出版社2012年版。

19. 孙林编著:《未成年人保护法律实用全书》(第二版),法律出版社2012版。

20. 《中华人民共和国未成年人保护法注解与配套》(第二版),中国法制出版社2012年版。

21. 《中华人民共和国未成年人保护法案例解读本》,法律出版社2010年版。

22. 陈卫东主编:《流动青少年权益保护与违法犯罪预防研究报告》,中国人民公安大学出版社2009年版。

23. 佟丽华主编:《未成年人维权典型案例精析》,法律出版社2012年版。

24. 瞿瑛主编:《学校教育法律问题案例研究》,浙江大学出版社2011年版。

期刊类：

1. 姚建龙、公长伟：《未成年人保护中的国家亲权理念研究——以新未成年人保护法为重点》，《预防青少年犯罪研究》2021 年第 1 期。

2. 牛帅帅、赵越：《〈未成年人保护法〉的国际法评析——以〈儿童权利公约〉为视角》，《中华女子学院学报》2021 年第 1 期。

3. 张雪梅：《未成年人监护制度六大亮点解读》，《检察日报》2020 年 10 月 29 日，第 007 版。

4. 汪全胜、宋琳璘：《我国未成年人网络安全风险及其防范措施的完善》，《法学杂志》2021 年第 4 期。

5. 李万青、汪麟、黄春、敬官旭：《我们要为学生办什么样的职业教育——以学生为中心的职业教育观重构与职业教育供给侧改革》，《职教发展研究》2021 年第 2 期。

6. 高维俭：《〈未成年人保护法（2020 修正案）〉评述》，《内蒙古社会科学》2021 年第 2 期。

7. 郗杰英、郭开元：《与时俱进的〈中华人民共和国未成年人保护法〉》，《预防青少年犯罪研究》2021 年第 2 期。

8. 贵贺湧：《疫情防控背景下未成年人临时监护制度的反思》，《中共南京市委党校学报》2021 年第 1 期。

9. 李翠林：《略论家庭教育与未成年人的习惯养成》，《山西青年职业学院学报》2015 年第 4 期。

10. 敖海静：《论儿童表达意见的权利——〈儿童权利公约〉第 12 条评注》，《人权》2019 年第 6 期。

11. 王建敏、孙玉娟、康琳婧：《立法实践与解读：未成年人网络保护制度》，《预防青少年犯罪研究》2021 年第 1 期。

12. 周爱民、王亚：《留守儿童教育公平问题及其治理对策》，《湖南社会科学》2021 年第 3 期。

13. 姚建龙、柳箫：《〈预防未成年人犯罪法〉的修订及其进步与遗憾》，《少年儿童研究》2021 年第 5 期。

14. 苏明月：《〈预防未成年人犯罪法〉修订中的选择与平衡》，《少年儿童研究》2021 年第 5 期。

15. 杨丽璇、刘洪广：《标签理论视角下未成年人再犯预防——自我形象重塑》，《湖北警官学院学报》2020 年第 6 期。

16. 苑宁宁：《论未成年人犯罪三级预防模式的法律建构——以〈预防未成年人犯罪法〉的修订为视角》，《预防青少年犯罪研究》2021 年第 2 期。

17. 宋青帝、康杰：《社会心理学视角下的未成年人犯罪原因分析》，《辽宁公安司法管理干部学院学报》2021 年第 3 期。

18. 焦洪昌、赵德金：《未成年人检察公益诉讼制度的实践困境与优化路径》，《浙江工商大学学报》2021 年第 2 期。

19. 孙宇、李百福：《"性侵儿童犯罪"治理中刑事诉讼制度的检讨与改造》，《江西警察学院学报》2021 年第 2 期。